中国法学会“中日韩法律研究中心暨中日韩高端法律人才培养基地”支持

山東大學法律評論(2020)

日韩法专辑

周长军　主编

山东大学出版社
SHANDONG UNIVERSITY PRESS
·济南·

图书在版编目（CIP）数据

山东大学法律评论．2020：日韩法专辑／周长军主编．—济南：山东大学出版社，2021.8
ISBN 978-7-5607-6955-4

Ⅰ．①山… Ⅱ．①周… Ⅲ．①法学-文集 Ⅳ．①D90-53

中国版本图书馆 CIP 数据核字（2021）第 176364 号

责任编辑 陈佳意
文案编辑 张馨月
封面设计 王 昆 杜 婕

出版发行 山东大学出版社
社 址 山东省济南市山大南路 20 号
邮政编码 250100
发行热线 (0531)88363008
经 销 新华书店
印 刷 山东华鑫天成印刷有限公司
规 格 720 毫米×1000 毫米 1/16
25.25 印张 498 千字
版 次 2021 年 8 月第 1 版
印 次 2021 年 8 月第 1 次印刷
定 价 76.00 元

《山东大学法律评论》(2020)
编 委 会

前　言

《山东大学法律评论》是由山东大学法学院编辑出版的连续性学术辑刊，每年出版一辑。

自2003年创刊以来，得到越来越多校内外法学名家、研究人员及学习者的认同和赞誉，并在日本、韩国等国家和地区产生了一定的影响力。知名学者如日本的近江幸治、道垣内弘人，韩国的金载亨，美国的阿克曼、鲍尔森等均在《山东大学法律评论》上发表过学术论文。

为更好地发挥山东大学作为中国法学会"中日韩法律研究中心暨中日韩高端法律人才培养基地"的学科优势，打造日韩法研究的特色，从2019年开始，连续编辑出版《山东大学法律评论——日韩法专辑》，主要刊载日韩法研究领域的学术论文和最新成果，下设日韩法会议专辑、日本法专辑、韩国法专辑等栏目。同时为适应山东自贸区建设以及青岛建设中国—上海合作组织地方经贸合作示范区的需要，本刊也欢迎海内外法学界和实务界的同仁惠赐有关自贸区法治建设、中国—上海合作组织地方经贸合作法治保障方面的佳作。

为提高书稿质量，办出水平，《山东大学法律评论》成立了编委会。主编由山东大学法学院院长周长军担任，编委由以下10位学者组成（按姓氏笔画排序）：

毛映红，山东大学法学院教授，山东大学工学博士，2001~2007年在日本访学和工作。

申政武，山东大学法学院教授，1994~1999年在日本京都大学攻读法学硕士、法学博士学位。

付本超，山东大学法学院研究员，韩国海洋大学法学博士。

刘善华，山东大学法学院副教授，日本一桥大学法学博士。

李长勇，山东大学法学院副教授，日本山口大学法学博士。

杨瑞贺，山东大学法学院助理研究员，日本北海道大学法学博士。

［韩］金永完，山东大学法学院教授，韩国高丽大学法学学士、日本中央大学法学博士。

周长军，山东大学法学院教授、院长，北京大学法学博士。

［韩］郑栽骏，山东大学法学院教授，韩国东国大学警察行政法学硕士、高丽大学法学博士结业，美国加州大学伯克利分校法学博士。

徐千寻，山东大学法学院讲师，日本京都大学法学博士。

满洪杰，山东大学法学院教授、副院长，复旦大学法学博士。

最后，感谢王风瑞、刘武、郭若宇等研究生同学对本书提供的文字校对等协助工作。

编　者

2021 年 8 月

目　录

会议专辑

日本法专辑

韩国法专辑

会议专辑

编者按 本期日韩担保法专题的论文是中日韩课题组的日韩学者在日本东京第五届研讨会上提交的论文,中译稿由作者本人提供。山东大学法学院和延边大学法学院几位具有留学日韩背景的教师对中译稿进行了校对。

日本法关于债权担保的课题*

[日]道垣内弘人 著　徐千寻 校**

一、序言

(一)我作为助教的论文

1982 年我大学毕业,成为一名助手(即助教——译者注)。助手有义务于 3 年内完成一篇助手论文。于是我便写了一篇以所有权保留为中心,在买方破产时,信用动产的卖方拥有怎样权利的论文。

在论文里,除了日本法,我还讨论了英国法和法国法。英国法在 1976 年的 Romalpa 事件判决[Aluminium Industrie Vaassen BV v Romalpa Aluminium Ltd. (1976) 1 WLR 676]出现后,所有权保留之法理有了新的发展。我在介绍这一判决的同时进行了分析。

Romalpa 事件判决的事实部分如下:在 X 为卖方的有关铝箔的所有权保留之买卖中,买方 Y 在结清价款前破产了。由于所有权仍属于 X,X 被认

* 本文得到 2017 年日本银行学术研究振兴财团的资助。

** 道垣内弘人,日本东京大学教授;徐千寻,山东大学法学院讲师。

为有权取回现存之铝箔。然而,该纠纷产生时,Y已将一部分铝箔转卖给了第三方,并受领了转卖之价款。此时的问题在于,针对该被受领之价款,X是否享有权利。

从结论来看,判决认可了X就Y保管之转卖价款享有权利。此时被用到的是信托法理。也就是说,Y的确从X处购买了铝箔,但根据该买卖合同,Y只有履行了合同规定的全部义务,才能取得铝箔的所有权。结合合同中的其他条款,可以看出,在Y取得该所有权之前,Y仅仅是在为了X之利益保存、持有作为X所有物的铝箔,这样理解的话,X与Y之间即是信托的关系。

如果是信托的话,作为信托财产的铝箔被转卖后所产生的转卖价款债权便属于信托财产。因债权而回收之价款也属于信托财产。因此,收回的价款应被理解为是Y为了X而保管的财产,X就该价款享有权利。

(二)债权担保的现代化论点

我的这篇论文提交于1985年,已是34年前的事情了。今天的报告之所以从以前的话题切入,是因为现在这些有关以债权为标的物之担保的重要课题,其实在当年就已经浮现出来了。在我看来,重要的问题有以下三点:

第一,以债权为标的之担保被设定后,该债权若被催收,后以现金或存款的形式存于担保人处,那么担保的效力是否及于该现金或存款。

第二,是否能就普通的存款账户中的存款债权设定担保。

第三,动产所有权保留或动产让与担保之标的物被卖出时,担保之效力是否及于价款债权。

虽然并非与以上所有问题都有关联,但前面提到的Romalpa事件之判决,是运用信托法理,即普通法上的权利与衡平法上权利相分离的法理,得出的结论。

那么,若不采用这种普通法上之权利与衡平法上之权利相分离的思路,在日本、韩国和中国,应该怎样考虑这些问题呢?当然,并不是说这次就可以得出令大家都满意的结论。但我认为,有关债权担保的讨论应以这些问题为基点展开。

二、以债权为标的的让与担保——一般之整理

(一)序

以债权为标的的让与担保的基础,相信各位都是知道的,这也是一直以

来多次出现于这个研究会上的话题,但我还是先来作个简单的整理。

(二)实体性要件

首先,关于实体性要件,就将来债权之让与而言,究竟多长一段时间内的将来债权是可以被让与的这一问题曾为大家所议论。但是,1999 年 1 月 29 日的最高裁判所的判决(《最高裁判所民事判例集》第 53 卷 1 号 151 页)指出,只要满足了特定性之条件,那么将未来长时间段内的债权一起转移给他人这一行为是有效的。本次债权法修改后,《民法》第 466 条规定:"债权让渡无须债权于其意思表示之时现存。"明文规定也印证了这一转让的有效性。

虽然 1999 年最高裁判所的判决还指出,"如果让与人的营业活动明显超出了一般社会观念中应有的活动范围,或是存在着不当损害其他债权人之利益的情况",那么债权让与的有效性则另当别论。但是这样的限制同样适用于一般的担保,所以不是什么太大的问题。

(三)对抗要件

那么,对抗要件方面又是怎样的情况呢?

关于这一点,1999 年的最高裁判所的判决等也指出,如果将债权让与一事通过附有确定日期的证书通知给了标的之债权的债务人,或是从债务人处得到了对于此事的承诺,且这一承诺记载于附有确定日期的证书上,那么将现在及将来的数个债权作为一个整体,统一进行的通知和承诺,是可以产生作为对抗要件的效力的。

《与动产及债权让与之对抗要件有关的民法之特例等的法律》将债权让与的对抗要件划分为了针对标的之债权的债务人的对抗要件和针对其他第三人的对抗要件,对于后者,可以通过在债权让与登记簿上登记而具备。据此,即使是在存有多数债务人、将很多债权统一进行让与的情况下,也很容易使其具备针对第三人的对抗要件。

另外,2004 年修改后的该法规定,在进行债权让与登记时,债务人的姓名不再是必须的登记项目。据此,即使标的债权之债务人是不特定的,也不会妨碍对抗要件之具备。这样一来,例如信贷公司转让还无法确定的将来会员之间的债权时,也可以成立针对第三人的对抗要件。

(四)总结

通过这样的形式,最起码以金钱债权为标的之让与担保的设定变得简便了。同时,让与担保权人亲自进行操作,实践也变得更加顺畅了。但是,刚刚提到的三个问题仍然存在,下面将依次进行分析。

三、与三个课题的关系

(一)对催收款的效力

第一个要说的是,以债权为标的之担保被设定后,该债权被催收,以现金或存款的形式存在于担保设定人处时,担保之效力是否及于该现金或存款。

日本现在的一般看法是并不及于。这样的话,第二个问题,即能否就普通储蓄账户的普通存款债权设定担保,就进入了我们的视线。

先来考虑这样一种情况,设定人催收了账款,并将金钱存入自己的储蓄账户,这样一来,担保权人的权利将无法及于该存款。那么,我们就会考虑,是否能就该存款债权再另外取得担保权呢?

这样的普通存款债权的担保化,并不只在与集合债权让与担保相关联时必要,在债权流动化的局面下,也存在着债权的让与人代替受让人催收债款时,将催收款保管于让与人特定的账户中,受让人就该普通存款债权取得担保的情况。还有,在各种各样的金融衍生工具交易中,经常存在着作为债务人的当事人,仅将等同于债务额的金钱存入自己的储蓄账户中,相对人就该普通存款债权取得担保权的情况,也就是现金担保(Cash Collateral)。

(二)关于金融担保的EU指令的重要性与美国统一商法典中的存款担保

于2002年颁布、2009年修改的关于金融担保(Financial Collateral)的欧盟指令(EU Directive)对这样的担保来说是有重要意义的。这里的金融担保,是指借款人提供给贷款人的证券担保或金钱担保。从美国2007年的次贷危机和次年的金融危机就可以看出,现如今,一个国家的一个制度出现破绽,就可能对全世界的银行造成巨大的影响。这是因为银团贷款等各种金融衍生工具的利用,使得各国的金融机关处在一种相互依存的关系之中。因此,各国都被要求在本国出现金融危机时,能将对他国的影响控制在最小范围内。为了实现这一目标,欧盟对各加盟国发出了如下指令:(1)废除有关金融担保之登记、注册等诸项制约,具体而言,不能赋予登记、注册以“由担保权人或其代理人占有或支配”之外的要件;(2)债务人进入破产程序后,担保权人可不受任何制约地实行担保权;(3)各国须明确本国法律制度,以应对国际性的担保交易。

欧盟各国不得不采取各种各样的对应措施,使得不具备要式性的强有力的担保权,在很大范围内得到承认。另外,与之相关的还有存款担保的有效性也被要求承认。美国也通过统一商法典(UCC)承认了普通存款的担保化。

(三)日本围绕普通存款债权担保化的议论

关于普通存款债权的担保化,早先的时候,我认为,可将普通存款债权视为同一性不变、数额变动的债权。若要让这样的债权成为像质权等担保权的标的,其自身必须具备独立性、特定性之条件。为此,要求质权人对普通存款债权能够排他地支配。假如该存款处于完全可以自由存取的状态,实行时的债权额也完全是靠偶然决定,那么,就可以认为该普通存款债权是不具备足够的特定性的。但在实务中需要实现担保化的普通存款债权,会因债权回收合同或衍生品交易合同而处于被限制存取的状态,这也足以使其具备特定性,从而能够就其设定担保权。

虽然基于这一观点的有关普通存款债权性质的看法,受到了来自森田宏树教授的批判,但森田教授也认为,就普通存款债权可以设定质权。在这个意义上,也可以说普通存款债权之担保化是可能的。这一观点也为多数人所支持。

但是,议论本身还是不够充分,可能还是要依靠立法予以明确。

(四)所有权保留、让与担保和物上代位

关于第三个问题,即动产所有权保留或动产让与担保之标的物被卖出时,担保之效力是否及于价款债权。对此越来越多的人认可物上代位观点。只是,物上代位之时,若该债权被催收,那么效力则无法及于催收款。这样还是避不开普通存款债权担保化的问题。

四、普通存款债权的担保化和非典型担保法之立法

(一)普通存款债权的担保化之正当化要件

根据以上可以看出,我认为日本债权担保之课题在于普通存款债权之担保化。这会是解决问题的关键。

当然,并不是说一定要承认它。只是,举例来讲,如果从信托的角度来

考虑,受托人有受托人名义的账户,即使一定金额被存入该账户,只要该存款债权属于信托财产一事可以被证明,那么就受托人之固有财产享有权利的债权人就无法扣押该存款债权,只有信托财产的债权人可以扣押该债权。也就是说,在并未被公示的情况下,给予一定的债权人以优先权。因此,普通存款债权之金额处在变动的状态所以无法担保化这一点,从根本上来讲并没有什么道理。

那么,究竟需满足怎样的要件,这件事才能被正当化呢?我认为,就像在债权回收合同或衍生品交易合同中,因为对存取进行了限制,所以作为被排他地支配着的对象所需具备的特定性是足够的那样,应将这样的特定性作为普通存款债权之担保化的有效要件。欧盟指令和美国统一商法典也看重"在担保权人或其代理人的占有或支配之下"这一点。这和我的主张可能是一样的。

(二)非典型担保之立法

作为日本非典型担保之立法的准备环节,法务省从今年开始组织了研究会,并于3月4日召开了第一次会议。我担任了负责人。我们将在研究会上进行为期两年的讨论,制作完成一份报告书,日本法制审议会下的部会将参考这一报告书,正式召开有关立法会议。只是,究竟怎样的内容会被制定成法律,仍是未知。

以上内容虽是杂谈,若能就此展开讨论就再好不过了。

【原文】

日本における債権担保の課題

道垣内弘人

1. はじめに

(1)私の助手論文

私は、1982年に大学を卒業し、助手になりました。助手は3年間で助手論文というものを書くという義務を負っています。私は、所有権留保を中心として、買主の倒産の局面で、動産の信用売主はどのような権利を有するか、という問題について論文を書きました。

そこでは、日本法のほかに、イングランド法とフランス法を検討しました。イングランドにおいては、1976年にRomalpa事件判決［Aluminium Industrie Vaassen BV v Romalpa Aluminium Ltd.（1976） 1 WLR 676］という重要な判決が登場し、所有権留保の法理について新たな展開が始まりました。それについて紹介するとともに、分析をしました。

さて、このRomalpa事件判決なのですが、事案としては、Xを売主とするアルミニウム・ホイルの所有権留保売買において、代金完済前に買主Yが倒産したというものです。所有権がXに属していますから、現物として存在するアルミニウム・ホイルについて、Xにおいて取り戻しができることは認められました。ところが、この紛争が生じた時点で、すでにそのアルミニウム・ホイルの一部は、Yによって転売されており、その代金をYがすでに受領していたのです。この受領金についてXが権利を有するか、が問題になりました。

結論として、判決では、Yの保管している転売代金について、Xが権利を有することが認められました。このとき用いられたのが、信託の法理なのです。つまり、Yは、たしかにXからアルミニウム・ホイルを購入したのですが、その所有権は、YがXに対して負う債務のすべてを完済した時点でYに移転するという契約になっていました。 そして、その他の条項と合わせ、Yに所有権が移転するまでは、Yは、Xの所有物としてXのために当該アルミニウム・ホイルを保持していると理解され、したがって、信託の関係にある、とされたわけです。

信託であるとしますと、信託財産であるアルミニウム・ホイルの売却によって生じた転売代金債権は信託財産になります。 そして、その債権の回収金も信託財産になります。 そこで、回収金は、YがXのために保持していることになり、Xの権利が認めたのです。

(2)債権担保の現代的論点

この論文を提出したのは、1985 年ですから、すでに34 年も前のことになります。 本日の報告を、そのような昔話から始めたのは、債権を目的物とする担保において、現在、重要な問題が、そこにはすでに現れていると思うからです。 私が重要だと思う問題は、次の3つです。すなわち、

第 1に、債権を目的とする担保が設定され、その後、その債権が取り立てられて、現金または預金として、担保設定者のもとに存在するとき、その現金または預金に対して担保の効力が及ぶか、

第 2に、普通預金口座の普通預金債権について、担保を設定できるか、

第 3に、動産所有権留保や動産譲渡担保の目的物が売却されたとき、その代金債権に担保の効力は及ぶか、

という問題です。

このすべてについてではありませんが、先に述べたRomalpa 事件判決は、信託の法理、つまり、コモン・ロー上の権利とエクイティ上の権利の分離の法理を用いて、一定の結論を導いています。

それでは、コモン・ロー上の権利とエクイティ上の権利の分離といった考え方をとらない、日本・韓国・中国ではどう考えるべきか。 もちろん、ここで、みんなが納得する結論を出すことはできません。 しかし、これらの問題を軸にして、債権担保の議論がされるべきだと思っています。

2. 債権を目的とする譲渡担保——一般的な整理

(1)序

ご存じの方も多いと思いますし、これまで、この研究会でも何度も話が出てきたと思いますが、債権を目的とする譲渡担保の基礎について簡単に整理しておきます。

(2)実体的な要件

まず、実体的な要件については、将来債権譲渡について、どのくらいの将来にわたる債権が譲渡可能か、という議論がありました。しかし、1999年1月29日の最高裁判決（民集53巻1号151頁）が、特定性が満たされていれば，将来の長期間にわたる債権の包括的譲渡は有効であると判断しました。そして、このたびの債権法改正においては、民法466条1項に、「債権の譲渡は、その意思表示の時に債権が現に発生していることを要しない」と規定されました。明文上も、将来債権譲渡の有効性が規定されることになりました。

もっとも、1999年の最高裁判決には、「譲渡人の営業活動等に対して社会通念に照らし相当とされる範囲を著しく逸脱する制限を加え、又は他の債権者に不当な不利益を与えるものであると見られるなど特段の事情」がある場合は別だとされています。しかし、このような制限は，担保一般に課されうる制限ですので、あまり大きな問題ではないと思います。

(3)対抗要件

それでは、対抗要件についてはどうでしょうか。

これについても、1999年の最高裁判決などが、目的債権の債務者に対して、確定日付のある証書で通知をし、または、当該債務者から確定日付のある証書による承諾を得られれば、現在および将来の複数の債権の譲渡について、1つの包括的通知・承諾で、対抗要件としての効力が生じるとしています。

さらに、「動産及び債権の譲渡の対抗要件に関する民法の特例等に関する法律」は、債権譲渡の対抗要件を、目的債権の債務者に対する対抗要件と、他の第三者に対する対抗要件とに分離しました。そして、後者に関しては、債権譲渡登記ファイルに登記することによって具備できることにしています。 これによって、債務者が多数にわたる、多くの債権を一括して譲渡するときでも、第三者対抗要件を具備しやすくなりました。

また、この法律の2004 年改正によって、譲渡される債権の債務者名が必要的登記事項から除外されました。 これによって、目的債権の債務者が不特定でも対抗要件が具備できることになりました。 そうすると、たとえば、クレジット会社が、まだ具体的には確定していない将来の会員に対する債権を譲渡するといった場合にも、第三者に対する関係での対抗要件を具備できることになります。

(4)小括

こういうかたちで、とりわけ金銭債権を目的とする譲渡担保は設定しやすくなりました。 そして、譲渡担保権者が自らで取り立てることができますので、実行もそれなりにうまく行っています。 しかし、先ほど述べた3つの問題が残っています。 順に考えていきます。

3. 3つの課題との関係

(1)取り立て金に対する効力

第1として述べたところ、つまり、債権を目的とする担保が設定され、その後、その債権が取り立てられて、現金または預金として、担保設定者のもとに存在するとき、その現金または預金に対して担保の効力が及ぶか、という問題はどうでしょうか。

日本における現在の一般的見解は、及ばない、というものだと思います。 そうなると、第2の問題、つまり、普通預金口座の普通預金債権について、担保を設定できるか、がクローズアップされてきます。

設定者が取り立てて、その金銭を自分の預金口座に入れているという状態を考えたとき、そのままでは、担保権者の権利は及ばない。 そこで、その預金債権にも別個に担保権を取得できないか、が考えられることになるわけです。

このような普通預金債権の担保化は、集合債権譲渡担保に関連して必要となるだけではありません。 債権の流動化の局面で、債権の譲渡人が譲受人に代わって取り立てているとき、その取り立てた金銭を、譲渡人の特定の口座に保管させ、その普通預金債権に譲受人が担保を取得する、ということも問題になります。 さらには、さまざまな金融デリバティブ取引で、債務者となっている当事者は、債務の額だけ、自己の普通預金に金銭を預け入れておき、その普通預金債権に相手方が担保権を取得する、ということもよく行われます。 現金担保、Cash Collateral というものです。

(2) 金融担保に関するEU指令の重要性とアメリカ合衆国統一商事法典における預金担保

そして、このような担保については、2002年に出され、2009年に改正された金融担保（financial collateral）に関するEU指令（EU Directive）が重要です。 ここで、金融担保とは、借主から貸主に与えられる証券担保や金銭担保を指します。 2007年のアメリカ合衆国におけるサブプライム問題や、翌年のリーマンショックなどの金融危機を見れば明らかなように、いまや一つの国の一つの制度破綻によって全世界の銀行などが大きな影響を受けることになります。 シンジケートローンや各種のデリバティブによって，各国の金融機関は相互に依存している関係にあるからです。 そのような状況では、1国における金融危機において他の国への波及を最小限にとどめることが求められます。 そのため、EUは、加盟各国に対して、次のような指令を出しました。 つまり、①金融担保の登記・登録について、様々な制約を廃止すること、具体的には、「担保権者またはその代理人の占有または支配下にある」という以外の要件を課してはならないこと、②債務者の倒産手続において、担保権者が、何らの制約なく、担保が実行できるようにすること、③国際的な担保取引について各国の法制度を明確にすること、といった内容です。

これによって、EU各国は、様々な対応を迫られることになり、いまや、かなり広い範囲で、要式性のない強力な担保権が認められるようになっています。 また、これに関連して、預金担保の有効性を認めることも要求されています。

さらに、アメリカ合衆国においても、UCCによって、普通預金の担保化が認められています。

(3) 日本における普通預金債権の担保化をめぐる議論

普通預金債権の担保化については、早い時期に、私は、普通預金債権を、同一性を有したまま、その額が変動するものととらえたうえ、そのような債権を、たとえば、質権の目的にしようとすると、独立性・特定性を有することが必要であるところ、特定性を充足するためには、質権者が当該普通預金債権について排他的支配を有することが必要であるとしました。そのうえで、仮に当該預金がまったく出し入れ自由のものであり、実行時の債権額はまったく偶然によって定まるとするならば、排他的支配の対象として十分な特定性はないというべきであるが、実務において担保化の需要のある普通預金債権は、サービサー契約やデリバティブ取引契約において、出し入れに拘束が課されているものであるから、排他的支配の対象としての十分な特定性を有しており、そのようなときには、普通預金債権に担保権を設定することができる、と論じました［道垣内弘人「普通預金の担保化」中田裕康＝道垣内弘人編『金融取引と民法法理』43 頁以下（2000 年）〔同『典型担保法の諸相』118 頁以下（2013 年）所収〕］。

この見解における普通預金債権の捉え方については、森田宏樹教授から批判を受けましたが［森田宏樹「普通預金の担保化・再論」道垣内弘人ほか編『信託取引と民法法理』299 頁以下（2003 年）］、森田教授も、普通預金債権に、たとえば質権を設定するということは可能だという見解であり、学説上は、普通預金債権の担保化は可能であるという見解が強いといえます。

しかし、議論自体が十分にされておらず、おそらくは、立法で明確にすることが求められると思います。

(4) 所有権留保・譲渡担保と物上代位

第3の問題、すなわち、動産所有権留保や動産譲渡担保の目的物が売却されたとき、その代金債権に担保の効力は及ぶか、という問題については、物上代位は認められる、という見解が強くなっているように思います。

ただし、物上代位の場合には、取り立てられてしまうと、もはや効力は及ばなくなります。そこで、やはりここでも普通預金債権の担保化の問題が生じてきます。

4. 普通預金債権の担保化と非典型担保法の立法

(1)普通預金債権の担保化の正当化要件

以上見てきたように、私は、日本における債権担保の課題は、普通預金債権の担保化だろうと思います。 これが鍵になります。

もちろん、絶対に認めるべきだ、というわけではありません。 しかし、たとえば、信託を考えますと、受託者が、受託者の名前で口座を有し、そこに一定額が預金されていても、その預金債権が信託財産であることが証明されますと、受託者の固有財産に係る債権者は、その預金債権を差し押さえることができず、信託財産に係る債権者のみが差し押さえうることになります。 つまり、公示はされないままで、一定の債権者に優先権が与えられるのです。 したがって、普通預金債権は額が変動するので担保化できない、ということには、根本的にはあまり理由がないように思います。

それでは、どういった要件があれば、そのことは正当化されるでしょうか。 私は、サービサー契約やデリバティブ取引契約において、出し入れに拘束が課されているものであるから，排他的支配の対象としての十分な特定性を有しているとするとともに、このような特定性を普通預金債権の担保化の有効要件とすべきだと主張しました。 EU 指令や、UCCは、「担保権者またはその代理人の占有または支配下にある」ということを重視しています。 私が主張しているところと同じかもしれません。

(2)非典型担保法の立法

日本においては、非典型担保の立法を行う準備として、法務省が、本年から、研究会を始め、3 月 4 日に第 1 回目の回が開催されました。座長は私です。 研究会で 2 年程度の検討を行い、報告書を提出し、それを参考資料としながら、法制審議会に部会を設置し、正式に立法に向けた会議を始めることになりそうです。

ただ、どのような内容の立法がされるかは、まったくわからない状況です。

以上、雑ぱくですが、議論のきっかけになれば幸いです。

日本关于 ABL 的讨论(与功能论的关系)*

——中小企业担保交易中的间接融资与企业间的信用

[日]青木则幸 著　李长勇 校**

一、问题的提出

在日本,有关 ABL 的讨论开始于 21 世纪前十年的中期,主要是围绕对中小企业所进行的信用交易,即指企业债务人以其保有的库存商品、应收账款及结算账户作整体担保而进行的交易。其所利用的担保制度是民法上一般所提到的以流动资产为标的物的非占有担保,包括集合动产让与担保及流动债权让与担保等。但就其特征而言,其包含以下内容,提倡在一定的交易框架内进行利用:(1)在企业的生命周期内对债务人的资产价值进行评估;(2)就作为集合财产的在企业各种情形下会发生变动的库存商品、应收账款、回收金(存款)而言,即使发生变动,设定能够维持同一顺位优先价值的连续担保;(3)在试图通过破产程序而非实行程序以进行回收的交易中,有效的担保权内容就成为问题。①

本报告的主题是,聚焦于 ABL 被期望承担的功能,在具有多种选择的

---

* 本文得到 2017 年日本银行学术研究振兴财团的资助。

** 青木则幸,日本早稻田大学教授;李长勇,山东大学法学院副教授。

① 在经济产业省《ABL 研究会报告书》(2006 年 3 月)之后出现了诸多文献,但本稿主要是依据日本学者池田真朗等的《动产债权担保——比较法的模型》(《商事法务》2015 年,第 3 页以下)。

中小企业金融[①]中,此种交易究竟被设定为何种定位。在本报告中,通过比较在ABL导入之前中小企业金融中的"担保的功能",对从功能所观察到的ABL的形势加以讨论。

二、日本中小企业金融的传统构造

首先梳理一下ABL导入之前的有关担保中小企业金融中的利用及功能的讨论。

(一)高度成长期的中小企业金融

一般而言,在高度成长期,日本的企业金融机制可作以下理解:此种机制是指"在直至高度经济成长过程结束的这段时间内,在间接融资处于优势的构造之下,以城市银行为中心的超额贷款以及以大企业为中心的超额负债现象不断出现,采纳在特定金融机构与企业之间形成密切关系的'主银行制与系列融资'构造",在采纳"人为的低息政策以减轻处于超额负债状态的产业的利息负担"的基础上,城市银行要"以低息满足引领经济成长的大企业的资金需要"。[②]

需要注意的是,该说明直接将城市银行与大企业之间的金融交易作为对象。中小企业仅在因经济繁荣导致资金充裕的情形下才会被作为融资对象,这也就是所谓"金融转嫁"现象的存在。

因此,特别是就在信用窘迫期间中小企业可以运用的融资手段而言,大致可以利用两种信用系统和手段:

一种是由民间的中小企业专门金融机构(过去的互助银行、信用金库、信用组合)或政府中小企业专门金融机构(国民金融公库、中小企业金融公库、商工组合中央金库)进行授信。这些金融机构,与城市银行相同,都是进行间接融资的贷款方,仅在规模与利息等条件方面存在差异,交易目的与城市银行相同。

还有一种是通过对中小企业财务上的"应付账款"加以整理的结算方法

---

① 近年,除了像风险投资那样的内部资金筹措方法及,企业间信用之外,CP(商业票据)、夹层基金(Mezzanine Fund)以及私募等直接金融的方法正在探索之中。参见[日]小野有人:《面向中坚·中小企业交易型贷款的决定要因》,《瑞穗总研论集》2007年第16号。

② 参见[日]上田达三:《金融构造的变革与中小企业金融》,《关西大学经济论集》1989年第4~5期。

而进行授信。这被称为批发式金融。在此情形下,债权人本身就是交易对象,不需要金融机构的介入。但是,此种批发式金融多见于二战前。二战后,批发商自身也逐渐依赖于金融机构的融资,同时也存在通过利用票据而参与金融机构授信的情形,这就使其无法与金融机构的授信活动相绝缘。但是,此种类型的中小企业金融被商社金融重组,并在高度成长期达到最盛。这些授信方法都属于企业间信用。

(二)担保的实际利用状况——间接融资与企业间信用的重复

在这一时期的中小企业金融中,担保的利用情况究竟如何?依据学者高桥保治在高度成长期结束的1982年公开发表的论文,其在对传统的担保交易进行分析时介绍了如下情况:我在对有来往的数家中小企业最近的担保进行了调查之后,发现其存在如下的共通事项:(1)在公司以及董事长个人的不动产上,为政府背景的金融机构或交易银行的债务,设定了第一乃至第二顺位的最高额抵押权。(2)为作为该公司的原材料供应者的公司等在金融机构的顺位之后,设定了最高额抵押权。(3)对金融机构所负担的债务,董事长个人无一例外地均提供了保证。(4)金融机构的债权限度额全都在担保物估价范围之内。因此,即使债务人破产,该债权也不会陷入无法回收的境地。(5)这些公司对转包公司或交易对象所享有的应收账款或预付款等债权,大多是无担保债权。

如果对此种交易状况的认识具有一般性的话,就其与前述中小企业金融的宏观分析之间的关系而言,应关注以下几点:(1)通过中小企业专门金融机构进行的间接融资与通过商社等进行的企业之间的信用,并非二者择其一,两者并存但往往前者处于领先。(2)不仅仅是金融机构,交易对象、商社等也要求担保,且皆为不动产上的抵押权。(3)金融机构要求在不动产上取得第一顺位的抵押权,不仅是在该物件的估价范围之内授信,同时还要求经营者作保。与此相对,商社金融要求提供担保的程度要轻微一些。

在与ABL进行对比的过程中,需要注意的是,在此种间接融资与企业间信用的重复之中,就通过企业间信用而进行的授信而言,被积极加以运用的是以流动资产尤其是库存商品等集合动产为标的物的担保交易。实际上,在日本集合动产让与担保的案例中占据主流的,也是此种通过企业间信用而进行的授信担保。在最高裁判所导入集合物论之前的相关案例介绍中[①],如下这些案例被认为是企业间金融的集合动产让与担保:○大阪地判昭30.12.6《下民》6卷12号2559页(电力设备器具·批发商)、●神户地判姬路昭43.4.25《金法》516号29页[废钢铁·出卖人(以解除后的损害赔偿请求权作为被担保债权)]、●东京地判昭44.3.29《下民》20卷3~4号179页(食品等商品·供货商)、●冈山地判昭44.6.2《判时》575号69页(液化气罐等·石油批发商)、●冈山地判昭45.8.25《下民》(服装·供货商)、○东京高判昭47.3.29《判时》665号57页(建材·供货商)。

其后,在因提出集合物特定化路径而闻名的最高裁判所判例●最判昭54.2.15《民集》33卷1号51页中,尽管被担保债权是融资债权,但其是与债务人企业(电器经营者将其扩张为干燥葱企业)相关联的电器商社(山阳通商)所进行的与企业相关的融资。在判令集合动产让与担保优先于动产买卖留置权的○最判昭62.11.10《民集》41卷8号1559页中,担保权人是综合商社(三井物产),且被担保债权是现在及将来的价款债权。在因处分授权的推定及后顺位让与担保的承认与处理而闻名的○最判平18.7.20《民集》60卷6号2499页中,是鱼苗养殖及其饲料的出售商,被担保债权是因鱼类饲养所用配合饲料的买卖交易而产生的现在及将来的应收账款债权。

此外,提供间接融资一方的金融机构以债务人经营活动的流动动产设定让与担保的事例也并非完全不存在。例如,○东京地判昭32.3.19《下民》8卷3号521页(出版物·银行)。但与企业间信用情形下的利用状况相比,在间接融资中集合动产让与担保的利用则极为稀少。

(三)担保的功能

如此一来,在高度成长期的中小企业金融中,应当如何说明间接融资的担保(第一顺位的抵押权及诸多保证)及企业间信用的担保(主要是集合动产让与担保)的功能呢?

1. 间接融资

在间接融资中,金融机构为何偏重于要求提供担保?以下的访谈可作参考。“对银行来说,基于仅为了获得最终的保障而取得担保的想法,从最初开始就仅仅以担保作为目标而提供贷款的情况非常少。也就是说,为了

① 参见[日]铃木禄弥:《判例》第513期,第43页。

实行担保而提供贷款这种做法并不可取。对银行而言,应该是基于对方企业能够得到发展而且从国民经济的角度来看是会起到帮助作用这一考虑出发才提供贷款,如果企业积极运营,最终肯定会返还贷款。处分担保以收回贷款是在万不得已的情况下才作出的,如果最初就能预见此种情形的发生从而要求提供担保的话,那么不提供贷款反而会更好。尽管银行一直以来是基于担保主义而提供贷款的,但在实际运用中,担保本身只是最终阶段的准备金。”①因此,优先受偿的功能在“最终阶段”尽管不能被忽视,但应对其作谦抑的理解。

在此种间接融资中的优先受偿功能的谦抑性,可以成为银行作为主银行对中小企业的业绩进行评价从而对其进行持续授信的现象的证据而被加以说明。在20世纪90年代,伴随着美国中小企业金融研究(抑或是当时颇受关注的日本主银行制度研究)的深入,有观点认为,就作为间接融资的主银行的融资活动而言,其具有“融资银行集团中的受托监控”功能。② 担保作为对此种监控进行有效对应(对企业的信用不确定性进行劝告、经营介入、撤退等)的工具,承担着必要的功能。

作为具体示例,针对中小企业与主银行之间的关系,存在下述调查③:中小企业与主银行之间的交易中3/4是20年以上,算上10年以上的话总共超过90%。尽管80%的企业表示其对主银行的借款依存度是最高的,但却并非只此一家贷款方,对于20%的企业来说,主银行甚至算不上最大的贷款方。中小企业期待主银行实现的功能是提供信息、服务及支援期待度等。

总而言之,主银行虽然获得了强力担保,但却并未给中小企业的经营提供全部的必需资金。即便如此,对中小企业而言,其也是来之不易的交易对象。这是因为中小企业将主银行作为对象(不从交易中撤离)会成为其从后续授信者处获得融资的基础。因此,担保是主银行在监控的过程中已经放弃作为债务人的中小企业,但为了不发生“即使想要离开,但因无法回收债权而不能离开”的状况而取得的权利,承担着对作为监控者的银行所采取行动的正确性的证明功能。

---

① [日]铃木竹雄编:《担保·保证》,有斐阁1964年版,第3页。

② 参见[日]丑山优、小松章编著:《现代企业的财务战略》,密涅瓦书店2004年版,第44页。

③ 参见日本《商工金融》,1988年11月,第40页。

2. 企业间信用

这从商社中可窥见典型，有观点认为，对授信者而言，企业间信用发挥着为了确保商权的投资功能。[①] 也有观点认为，相较于作为债务人的中小企业的价值而言，授信者的动力在于扩大流通网络。由此可见，相较于间接融资中的主银行，企业间信用的授信者会更为严格地对交易对象当前的交易状况进行观察。而且，授信者本身是中小企业的库存商品的出卖人。这就使得其相较于中小企业在账簿上的业绩，会更倾向于从与商品市场价值存在密切关联的信息出发进行授信判断，且作为债权回收手段，其会更倾向于从商品价值中进行回收。

即使是对商社而言，通过实行担保权而进行回收也是其最终的手段。但是，因为其监控的对象是商品的流通过程，所以，其可以视为是侧重于库存商品价值的集合动产让与担保的优先受偿功能的交易类型。

三、中小企业金融的转变与担保交易

在20世纪70年代后半期之后的金融自由化时期，传统的中小企业金融的转变表现得极为显著。宏观而言，其以从间接融资向直接融资转换、提高企业内部资金率为目标，减少了对间接融资及企业间融资的利用。

这一时期也是不动产市场高涨显著的时期。以空地转卖为基准的交换价值急剧上升，也使得尤为重视不动产担保的间接融资的交易意识发生了变化。在因金融自由化而导致的竞争之下，极大依存于不动产担保的优先受偿功能的融资也开始膨胀。

在以1991年对不动产担保融资的总量规制为转机的泡沫破灭过程中，这一点逐渐得以明朗化。当时发生了也称得上是社会问题的金融机构的不良债权处理以及惜贷、强制回收贷款的病理现象。而且，银行对租金债权积极行使物上代位的案例也处于多发之中。在间接融资理论上的功能无法发挥、无法满足社会期待的情况下，在银行破产、重组的过程中，也有实务界人士发言怀念前述间接融资中所引用的访谈情景。

日本有关ABL的讨论是在经历此种泡沫经济破灭之后，作为中小企业重组的一环，由行政主导进行的，并非极大地依存于从不动产的交易价值及

---

① 参见[日]岛田克美：《商社商权论》，东洋经济新报社1990年版，第154页。

收益价值中进行债权回收,而是推动重视中小企业收益性的融资。这样一来,就没有必要拘泥于与中小企业的经营内容未必存在关联的不动产担保。即使是设定担保,也可以是中小企业内在的流动资产。ABL论正是在此语境下展开的。在此种意义上,尽管ABL论是以间接融资中主银行的功能为前提,但其鼓励摆脱不动产担保,具有缓和担保的意义。

此种讨论应被看作是建立在下述两种争论的联系之上的。

其一是以20世纪80年代后半期以来美国的讨论为基础,对担保的效率性所进行的讨论。如往常一样,其立场并非是无条件地赞成金融机构取得大于被担保债权的担保,而是将金融机构持有包含担保权在内的资产的成本作为问题。就日本的论述而言,最早是神田秀树教授1993年的论文,其指出担保权具有信用审查、债权管理、债权回收、财产分离、物品评价、物品管理以及事务性的功能,并在此基础上提倡对这些功能进行分解(unbundling)。在担保交易的重组中,也应在多种担保功能中为该类型交易提供所必需的最低限度之物(尽管有关分解的讨论是为了探索不依赖于物保的代替制度),即使是就利用物的担保而言,也是从同样的观点出发探索摆脱不动产担保。

其二是对间接金融的讨论,尤其是对主要银行的功能分析,它提供了一种对被分解的功能束中究竟哪些为交易所必需的思路。在这一点上,产生较强影响力的是森田修教授2005年及2007年的论文。作为研究美国担保法的一环,将担保的功能区分为优先权、破产隔离及债务人的支配,尤其是对在直至破产的过程中支配功能的重要性进行论述。在同一时期,池田真郎教授还对"活用担保论"加以论述,其论述内容聚焦于日本间接融资中主银行的交易功能,并通过实证分析证明在日本与之相适应的担保是流动资产的整体担保。这些讨论的特征表现为,在作为监控者的银行的反应之中,没有过多地重视撤出的选择空间,而是主要考虑选择干预措施。

四、结语

如上所言,日本的ABL论可谓是对利用整体担保的交易类型进行提倡的同时,也提示了旨在"缓和担保"的交易类型。

此外,在前述的聚焦于间接融资、作为"受托监控者"所必需的最低限度的工具、以流动资产设定整体担保的语境之中,尚有一个问题未决。在间接融资机构(在银团贷款的情形下是间接融资机构团体)并非独家贷款人的情形下,企业间信用变得重要,对其而言,难道没有必要确保其担保手段吗?这成为问题。以目前的集合动产让与担保的案例为前提,在主银行积极地在集合动产上取得担保并使其具备对抗要件之后,中小企业从商社等之处取得企业间信用就只能设立没有实行权限的后顺位让与担保(最判平 18.7.20《民集》60 卷 6 号 2499 页)。从某种意义上来说,间接融资型与企业间信用型之间就产生了对立。对此,尽管也可以通过授信者之间的合意进行解决,但如何在法制度上解决该问题亦值得研究。

【原文】

日本におけるABLの議論（機能論との関係）

——中小企業の担保取引における間接金融と企業間信用

青木則幸

1. はじめに

日本のABLの議論は、2000年代半ばに始まる。主に中小企業への与信取引を想定しつつ、事業者たる債務者が保有する在庫商品や売掛債権、決済口座を包括的に担保にとる取引である。利用する担保制度は、集合動産譲渡担保や流動債権譲渡担保など、民法の議論として一般的に論じられる流動資産を目的とした非占有担保の議論そのものである。しかし、次のような内容を持つ、一定の取引スキームでの利用を提唱する点で、特徴的である。①債務者の資産価値を事業のライフサイクルの中で評価する。②事業の諸局面で変質する在庫商品、売掛債権、その回収金（預金）をまとまりある財産として、変質しても同一順位の優先的価値把握を維持しうる連続的な担保を設定する。③実行によらず、倒産手続を介した回収方法を企図した取引において有効な担保権の内容を問題とする①。

本報告のテーマは、このようなABL取引が、担うことを期待されている機能に注目した場合、多くの選択肢のありうる中小企業金融②の中

---

① 経済産業省「ABL研究会報告書」（2006年3月）以降多くの文献が出ているが、本稿は主として池田真朗ほか編『動産債権担保–比較法のマトリクス』（商事法務、2015）3頁以下〔森田修〕に拠る。

② 近年では、ベンチャー・キャピタルのような内部資金の調達方法、企業間信用のほか、CP、メザニン・ファンド、私募調達などの直接金融の方法も模索されている。小野有人「中堅・中小企業向けトランザクション型貸出の決定要因」みずほ総研論集16号95頁（2007）等。

で、どのような位置づけにあるものとして構想されているのかという点である。本報告では、ABL 論導入前の中小企業金融における「担保の機能」との比較によって、機能からみたABL 論の位相を検討する。

2. わが国の中小企業金融の伝統的構造

最初に、ABL 論が導入される前の中小企業金融における担保の利用と機能に関する議論を整理しよう。

(1) 高度成長期の中小企業金融

高度成長期のわが国の事業金融の仕組みは、一般的に次のように理解されているといってよい。「高度経済成長過程の終わりまで続いた間接金融優位の構造のもとでは、都市銀行を中心にしたオーバー・ローンと、大企業を中心としたオーバー・ボロウイングの現象が進行し、特定の金融機関と企業とが密接な関係を結ぶ「メインバンク制と系列融資」の構造」をとっており、「オーバー・ボロウイングの状態にある産業の金利負担を軽減する人為的低金利政策」のもと、都市銀行が「経済成長をリードする大企業の資金需要を低利に充足させる」という仕組みである①。

注意を要するのは、このような説明が直接的には、都市銀行と大企業の間の金融取引を対象としていることである。中小企業は、好況等により資金余裕が生じた場合にのみ融資する対象とされ、いわゆる「金融しわよせ」という現象の存在が指摘されてきた。

それでは、特に信用逼迫期に中小企業に利用可能な資金調達手段として、どのような与信体制が存在したのか。大別して2 系統の与信手段が利用されてきた。

1つは、民間の中小企業専門金融機関（旧相互銀行、信用金庫、信用組合）や政府中小企業専門金融機関（国民金融公庫、中小企業金融公庫、商工組合中央金庫）による与信である。これらの金融機関は、都市銀行同様に、間接金融を行う貸手であり、規模や金利等の条件こそ違

---

① 上田達三「金融構造の変革と中小企業金融」関西大学経済論集 39 巻 4 = 5 号（1989 年）668 頁。

え、取引志向は都市銀行と同様であった。

もう1つは、中小企業の財務上「買入債務」として整理される決済方法を利用した与信方法である。 問屋的金融と呼ばれる。 この場合、債権者は、取引先そのものであり、金融機関の介在を要しない。 ただし問屋金融が典型的に見られたのは、戦前であった。 戦後は、問屋自体が金融機関の融資に依存するようになったことや、手形の利用を介して金融機関の与信に取り込まれていったこともあり、金融機関の与信行動と無縁ではない。 しかし、このタイプの中小企業金融は、商社金融に再編され、高度成長期にピークを迎えた。 これらの与信方法は、企業間信用に分類される。

(2)担保の利用実態…間接金融と企業間信用の重複

この時期の中小企業金融に、担保の利用状況はどうであったのか。高度成長期の終わった1982年に公刊された論文の記述ではあるが、伝統的な担保取引の分析として、次のような実態が紹介されている。 「私が関係している中小企業の数社について最近担保の問題を調べたところ。 次のような共通項があることが分かった。 すなわち、①会社並に代表取締役個人の不動産の上に政府関係の金融機関又は取引銀行の債務につき順位一番乃至二番の根抵当権が設定されていること。 ②その会社の原材料の供給者である商社等に対して更に金融機関の次の順位で根抵当権が設定されていること。 ③金融機関に対する債務につき代表取締役個人が例外なく保証をなしていること。 ④金融機関の債権の限度額はすべて担保物の評価額の範囲内であること。 従って債務者がたとえ倒産に至っても此の債権は回収不能になることはまずないということ。 ⑤これらの会社の下請企業又は取引先に対する売掛金又は前渡金等の債権の多くは無担保債権であること。」である[①]。

このような取引実態の認識が、一般的であったのだとすると、上述の中小企業金融のマクロ的な分析との関係で、注目すべきポイントがいくつかある。 ①中小企業専門金融機関による間接金融と、商社等による企業間信用は、二者択一的なものでなく、前者が先行する形で併存し

---

① 高橋保治・高島還暦390頁。

ている。②金融機関のみならず、取引先・商社等も担保を徴求している。いずれも不動産上の抵当権である。③金融機関が不動産上の第1順位の抵当権を徴求し、その物件の評価額の範囲内の与信しかしていないにもかかわらず、なおかつ、経営者保証も徴求している。それに対して、商社金融のほうが、担保の徴求の度合いが軽い。

ABLとの対比で注目すべきは、このような、間接金融と企業間信用の重複の中で、企業間信用による与信について、積極的に活用されてきたのが、流動資産とくに在庫商品等の集合動産を目的物とする担保取引であったことである。実際、わが国の集合動産譲渡担保の裁判例を牽引してきたのは、この企業間信用による与信の担保で利用された事案である。最高裁が集合物論を導入する前の裁判例として紹介されているもの[①]のうち、次のものが企業間金融において集合動産譲渡担保が主張されたものである。○大阪地判昭30.12.6下民6巻12号2559頁（電気設備器具・卸売商）、●神戸地判姫路昭43.4.25金法516号29頁［屑鉄・売主（解除後の損害賠償請求権を被担保債権とする）］、●東京地判昭44.3.29下民20巻3・4号179頁（食品等の商品・仕入先）、●岡山地判昭44.6.2判時575号69頁（ガスボンベ等・石油卸売商）、●岡山地判昭45.8.25下民（衣料品・仕入れ先）、○東京高判昭47.3.29判時665号57頁（建材・仕入れ先）である。

その後、集合物の特定のルールを示した最高裁判例として知られる●最判昭54.2.15民集33巻1号51頁は、被担保債権は融資債権であるものの、債務者の事業（電器業者が、乾燥葱事業に拡大していた）に関連する電器専門商社（山陽通商）が事業に関連してした融資であった。集合動産譲渡担保を、動産売買先取特権に優先させた○最判昭和62.11.10民集41巻8号1559頁では、担保権者は総合商社（三井物産）であり、被担保債権は現在及び将来の代金債権であった。処分授権の推定や後順位譲渡担保の承認と処遇についての判示で知られる○最判平18.7.20民集60巻6号2499頁では、養殖稚魚やその飼料等の販売業者であり、被担保債権は養魚用配合飼料の売買取引により生じる現在及び将来

---

① 鈴木禄弥・判タ513号43頁。

の売掛債権である。

なお、間接金融側の金融機関が、債務者の事業の流動動産を譲渡担保にとることも皆無ではない。○東京地判昭32.3.19下民8巻3号521頁（出版物・銀行）は、その例である。しかし、企業間信用における利用に比較すると、間接金融における集合動産譲渡担保の利用は圧倒的に少ない。

(3)担保の機能

それでは、高度成長期の中小企業金融において、間接金融の担保（第1順位の抵当権や数々の保証）や企業間信用の担保（主に集合動産譲渡担保）の機能は、どのように説明されてきたのか。

(a)間接金融

間接金融における金融機関が、重厚に担保をとるのは、なぜか。手がかりになるのは、次のインタビューである。「〔実務家〕銀行としては、ただ最終的なよりどころとして担保をいただくという考え方で、最初から担保だけを目当てにして金を貸すという例は非常に少ないわけです。〔鈴木竹雄〕ということは、担保を実行するということではうまくない、ということですね。〔実務家〕銀行としては、相手の企業が発展し国民経済的に見てお役に立つと思うからこそお金を貸すわけで、企業が活動していれば、必ず最終的には貸出金は返るわけです。担保を処分して回収するというのは、よくよくの場合でして、初めからそういう事態になることを見越して担保をとるというのだったら、貸さない方がいいと考えています。銀行は従来は担保主義ということで貸出をやっているといわれておりますけれども、実際の運用では、担保というものは臨終の段階の引き当てという考え方です」[①]。このように、優先弁済機能は、「臨終の段階」では無視されていないものの、きわめて謙抑的に捉えられていたといってよい。

このような間接金融における優先弁済機能の謙抑性は、メインバンクとしての銀行が、中小企業の業績を評価して継続的な与信を行っていることの証左として説明されてきた。1990年代、アメリカの中小企業

① 鈴木竹雄編『担保・保証』（有斐閣・昭39）3頁。

金融の研究（あるいは、当時注目されていた日本のメインバンクそのものの研究）の進展に伴い、間接金融であるメインバンクの融資行動には、「融資銀行団における委託されたモニター」としての機能が指摘されるようになったが①、担保はこのようなモニターのリアクション（企業の信用不安に対しての勧告・経営介入・撤退等）を効率的に行う道具として必要な機能を担うものとして整理されるようになった。

具体的な状況を示すものとして、中小企業とメインバンクの関係に関する次のような調査がある②。中小企業とメインバンクとの取引は全体の3/4が20年以上、10年以上のものとあわせると9割を超える。8割の企業は、メインバンクに対する借入依存度が最も高いと答えているが、単独貸主ではなく、2割の企業にとってはメインバンクは最大の貸主ですらない。中小企業がメインバンクに期待している機能としては、情報・サービスの提供や支援期待度などであった。

要するに、メインバンクは、強力な担保を取っておきながら、中小企業の事業に必要な資金をすべて提供することはない。それでも中小企業にとって得難い取引相手であるのは、当該中小企業を、メインバンクが相手にしていること（取引から撤退していないこと）が、他の後発与信者からの信用の基礎となるためである。そして、担保は、メインバンクが、モニタリングの過程で債務者たる中小企業を見限った場合に、「本当は離れたくても、債権を回収できないために離れられない」といった状況を生み出さないために取られており、それがモニターとしての銀行の行動の正確性を裏付ける機能を担っているということである。

(b)企業間信用

これに対して、企業間信用ではどうか。

商社に典型がみられるように、与信者にとっての企業間信用には、商権の確保のための投資としての機能を担うとの見方がある③。債務者である中小企業の価値よりも、流通網の拡大そのものが与信者のインセ

---

① 丑山優＝小松章編著『現代企業の財務戦略』（ミネルヴァ書房）44頁。
② 商工金融1988年11月号40頁。
③ 島田克美『商社商権論』（東洋経済新報社・1990年）154頁。

ンティブになるという見方である。 このことから、企業間信用の与信者は、間接金融のメインバンクよりも、よりシビアに取引先の現時の取引状況を観察する傾向にあるという。 さらに、与信者自身が、中小企業の在庫商品の売主である。 このことは、中小企業の帳簿上の業績よりも、商品の市場価値に密着した情報から与信判断をしており、債権回収手段としても、商品の価値からの回収に意欲を持つ傾向につながっている。

商社にしても、担保権の実行による回収は、最後の手段であることには変わらない。 しかし、そのモニタリングの対象が、商品の流通過程そのものであることから、在庫商品の価値に注目した集合動産譲渡担保の優先弁済的機能に、重きを置いた取引類型であるとみられている。

3. 中小企業金融の転回と担保取引

伝統的な中小企業金融の転回は、当初、1970 年代後半以降の金融自由化期において顕著であった。 マクロ的には、間接金融から直接金融への転換・企業の内部資金率の向上が志向され、間接金融・企業間金融共に利用が減少したとされる①。

この間は、不動産市場の高騰が顕著な時期でもあった。 更地の転売を基準とする交換価値が急激に上昇したことは、とりわけ不動産担保を重視する間接金融の取引意識にも変化をもたらしていたようである。 金融自由化による競争下で、不動産担保の優先弁済機能に大きく依存した融資が膨らんでいたのである。

この点が明るみに出るのは、1991 年の不動産担保融資への総量規制を転機とする、バブル崩壊過程である。 当時、金融機関の不良債権処理や、貸し渋り・貸し剥がしが社会問題ともいえる病理現象を引き起こした。 また、裁判例においても、銀行が、賃料債権に対する物上代位を積極的に行使するケースが多発した。 間接金融について理論化されてきた機能や社会的期待が発揮されないまま、銀行が破綻・再編されていくなか、実務家筋による上記(3)(a)に引用したインタビューの当時を懐かしむかのような発言も記録されている。

---

① 大企業について、丑山優=小松章編著『現代企業の財務戦略』(ミネルヴァ書房)52 頁。

わが国のABLの議論は、このようなバブル経済崩壊を経た、中小企業再編の一環として、行政の主導で行われてきた。不動産の交換価値や収益価値からの債権回収に大きく依存するのではなく、中小企業の収益性に注目した融資が促された。そうであれば、なにも、中小企業の事業内容とは必ずしも関係のない不動産担保にこだわる必要はない。担保をとるにしても、中小企業に当然に内在する流動資産でよい。このような文脈をもつのが、ABL論である。この意味では、ABL論は、間接金融のメインバンクとしての機能を前提にしつつ、不動産担保を外すことを推奨するものであり、担保の緩和を意味する。

このような議論を支えるのは、2つの議論の接触であると見るべきである。

ひとつには、1980年代後半以降のアメリカの議論を踏まえた、担保の効率性の議論がある。従来のように、金融機関が被担保債権に比して大きな担保をとることを無条件に是とするのではなく、金融機関が担保権を含む資産を保有することのコストを問題とする立場である。わが国の議論としては、神田秀樹教授の1993年論文が先駆的であり、担保権に含まれる①信用審査、②債権管理、③債権回収、④財産分離、⑤物件評価、⑥物件管理、⑦その他事務の機能を指摘したうえで、それらのアンバンドリングを説かれた①。担保取引の再編においても、多様な担保の機能のうち、当該タイプの取引で必要とされるミニマムのものを付与すべきであり、(アンバンドリングの議論そのものは物的担保によらない代替的制度を模索するものの) 物的担保を利用するにしても、同様の視点から脱不動産担保が模索されることになる。

もう一つは、分解された機能の束のうちどれを必要とする取引かという分析の視点を提供する、間接金融とりわけメインバンクの機能的分析の議論である。この点で強い影響を及ぼしているのは、森田修教授の2005年論文および2007年論文である。アメリカ担保法の研究の一環として、担保の機能を①優先権、②倒産隔離、③債務者の支配とし、特

① 神田秀樹「担保法制の理論的構造と現代的課題」金融研究12巻2号(1993年)51頁。

に、倒産に至る過程での支配の機能の重要性を説かれている[①]。 また、同時期に、池田真朗教授が、「活かす担保」論を説かれたが、その叙述内容は、わが国の間接金融におけるメインバンクの取引機能に注目したものであり、それに適した担保を流動資産の包括担保であることを、わが国の文脈で実証している[②]。 これらの議論の特徴は、モニターとしての銀行のリアクションのうち、撤退の選択の余地をあまり重視せず、介入を選択する場合を主に想定している点にある。

4. おわりに

以上のように、日本のABL論は、包括担保を利用する取引類型を提唱するものでありながら、「担保の緩和」を志向する取引類型の提示であるといえる。

もっとも、以上のように、間接金融に注目し、その「委託されたモニター」として必要なミニマムの道具として、流動資産を包括担保にとるという文脈には、1つの問題点が残る。 間接金融機関（シンジケート・ローンの場合には間接金融機関団）が、単独の貸主とならない場合に重要となる企業間信用の担保手段を確保する必要はないのか、という問題である。 現状の集合動産譲渡担保の判例を前提とすれば、先行するメインバンクが積極的に集合動産を担保にとり、対抗要件を具備する場合、その後に、中小企業が商社等から企業間信用を受ける場合には、実行権限のない後順位の譲渡担保（最判平 18. 7. 20 民集 60 巻 6 号 2499 頁）しか設定できないことになる。 いわば間接金融型と企業間信用型の対立が生じるのである。 与信者間の合意による解決も考えられるが、法制度上の解決も検討に値しよう。

---

① 森田修『アメリカ倒産担保法』（商事法務・2005 年）、森田修「アメリカにおける『DIP 融資者の優越』」平井古稀（2007 年）415 頁。

② 池田真朗「ABL 等に見る動産・債権担保の展開と課題」伊藤古稀（2006 年）275 頁等。

资产的集合:作为概括担保制度的基础理论

[日]片山直也 著　李长勇 校*

一、问题的提起——我妻荣博士提出的问题

在日本,企业担保、财团抵押、集合动产让与担保等所谓的“概括担保”被特别法及判例法承认,并在实务中被广泛运用。但作为私法基本法的民法,借鉴德国民法,将“物”限定于“有体物”(第85条),以“(有体物)所有权”为中心构筑了“物权法”。

通说认为,“有体物”是指“存在于人之外,占据一定空间的物”,即指液体、气体、固体(“有形物”说[①])。据此,所谓的“无体物”,是指电力及光等能量(自然力)、债权等权利、作为著作权及专利权等知识产权的对象物的精神产物、技术秘诀等,并不被民法上的“物”包括在内。对此,近来的主张逐渐认为:“当今社会正在逐渐创造出一些在之前并不被视为权利的客体的新型‘财产’(时间、信息等),这就要求民法构筑与之相应的理论。”[②]但是,我妻荣博士早已主张“将法律上的物限定为物理学上的有体物,并不适应于当今的社会经济状况”,与能源的问题相同,“不能将所谓的集合物作为一个物加以对待将导致诸多不妥”,并认为“应将法律上的‘有体物’在‘法律上排他支配的可能性’的意义上进行解析,应将物的观念加以扩张”。[③]

---

* 片山直也,日本庆应大学教授;李长勇,山东大学法学院副教授。

① 参见[日]鸠山秀夫:《增订日本民法总论》,岩波书店1930年版,第239页。

② [日]四宫和夫、能见善久:《民法总则》,弘文堂2005年版,第134页。

③ 参见[日]我妻荣:《新订民法总则(民法讲义Ⅰ)》,岩波书店1965年版,第202页。

此外,也应注意到,我妻荣博士以"物的结合"为题,将"物"分为"单一物""合成物"之外,还包括"与其他物相结合时各自并不失去其独自的价值,同时作为结合体也具有其独特的独立价值的物"①。而且,就近来的经济组织而言,因与物相结合而构成客观的组织,故法律"应该努力掌握这种结合体并对其进行统一的法律规制整体",此时,"物的经济效用"是第一标准,"只要其作为结合体能发挥特殊的独立作用,在法律上就应将该结合体作为一个物加以对待"。② 因此,作为概括担保的基础理论,本文将对日本资产集合把握的现状加以检讨。

二、固定资产的整体性把握

日本在民法制定不久之后的1905年制定了工厂抵押法、矿业抵押法及铁道抵押法。自此以降,各种财团抵押制度逐渐出现并扩张,企业可以将作为企业设施的有形无形的固定资产作为一个整体提供概括担保,从而获得融资。在此,所使用的法技术即"财团(Inventar)"。③

首先是工厂抵押权。工厂抵押法对"附加整体物(《民法》370条)"的概念进行扩张,规定工厂抵押权的效力及于"在其土地(建筑物)上所设置的机械、器具及供工厂之用的物"(该法第2条第1款、第2款),并认可"财团"的成立(该法第8条以下)。工厂财团可以由属于工厂的土地及建造物(1号),机械、器具、电线杆、电线、配管、轨道线路等附属物(2号),地上权(3号),在取得出租人承诺情形下的物的租赁权(4号),工业所有权(5号),大坝使用权(6号)的全部或一部分组成(11条),同时规定"工厂财团被视为一个不动产"(第14条第1款)。根据该"拟制",工厂财团被作为一个物(不动产),能够成为所有权及抵押权的客体(第14条第2款),且就每个工厂财团设置工厂财团登记簿(第19条)。通过工厂财团的保存登记,禁

---

① 作为具体的事例,土地及树木、果树及果实、房屋及室内装修、农场及农具、工厂及机械、家畜群、仓库的商品等被加以列举(参见[日]我妻荣:《新订民法总则(民法讲义Ⅰ)》,岩波书店1965年版,第204页)。

② [日]我妻荣:《新订民法总则(民法讲义Ⅰ)》,岩波书店1965年版,第204页。第二个标准是"公示原则","只要不扰乱公示原则就应尽力满足经济的要求"。

③ 参见[日]广中俊雄、星野英一编:《民法典的百年Ⅰ全般的观察》,有斐阁1998年版,第184页以下;[日]古积健三郎:《财团抵押制度与德国法制》,《NBL》2006年第849期,第8页以下。

止对其构成要素(属于工厂财团的物)加以处分(第 29 条、第 33 条)。[①]

由此,工厂财团是为了实现经营活动所用的有形、无形的固定资产(能够获得收益的工具)的整体化,通过"拟制"而将其作为一个物(不动产)的"法技术"[②],与法国法上的"基于用途的不动产化"具有相同的一面。

其次,虽然铁道抵押法规定的"铁道财团"由铁道线路(等铁道用地与其上的建造物以及属于此的器具机械)(该法第 3 条第 1 号),工厂、仓库……及因施工作业或运输所需的建筑物及其用地以及属于此的器具机械(第 2 号),地上权、已登记的租赁权、地役权(第 5 号),车辆(及属于此的器具机械)(第 6 号)等组成,但其被视作"一个物"(该法第 2 条第 3 款),而非不动产,可以成为所有权或抵押权的客体(该法第 4 条第 1 款)。公示方法是登记(该法第 27 条第 1 款)。与工厂财团不同,在工厂财团中,工厂及其用地等的价值高,以集约为不动产的形式而形成,但在铁道财团中,相较于建筑物及其用地,铁道线路的价值更高,其是将铁道事业所需的各种各样的财产广泛地集为整体加以对待。[③]

总而言之,各种财团抵押法所规定的"财团"虽然大致可以分为"不动产"财团构成(任意选择主义)及"物"财团构成(当然归属主义),但这两者都是经营活动所需的有形、无形的固定资产的集合(能够产生收益的工具),通过法律上的拟制,将其作为一个物加以对待,以确保经济的整体性。此外,战后制定了企业担保法,与将"财团"作为标的物的财团抵押权不同,其规定了将作为债务人的股份公司的"全部财产"视为整体以作为担保权标的物的"企业担保权"(《企业担保法》第 1 条第 1 款)。尽管企业担保权是以英国的浮动担保(floating charge)为蓝本的"流动担保",但其仅在为股份公司发行的公司债券提供担保时才能加以利用,且随着无担保公司债券的出现,此种担保是否仍有存在的意义,令人存疑。[④] 从资产的集合把握这一点

---

① 参见[日]酒井荣治:《特别法评注·工厂抵押法》,《第一法规》1988 年,第 86 页以下。

② 除此之外,"矿业财团"(《矿业抵押法》第 3 条)、"渔业财团"(《渔业财团抵押法》第 6 条)、"港湾运送事业财团"(《港湾运送事业法》第 26 条)、"道路交通事业财团"(《道路交通事业抵押法》第 19 条)、"观光设施财团"(《观光设施财团抵押法》第 11 条)也有同样的性质。

③ 同样,还存在准用"铁道抵押法"的"轨道财团"(1909 年法律第 28 号·与轨道抵押相关的法律第 1 条)、准用 1909 年法的"运河财团"(《运河法》第 13 条)。

④ 参见[日]加藤一郎、林良平:《担保法大系》第 4 卷,金融财政事情研究会 1985 年版,第 2 页以下。

来看,其可称得上是较为特殊的立法。

三、流动财产的整体把握

就集合动产让与担保而言,日本的判例认为,“即使是构成部分处于变动中的集合财产,只要通过指定其种类、所在地以及数量范围等方法可以确定标的物的范围,就可以将其解释为一个集合物而成为让与担保的标的物”[①],明确采纳了不同于“构成部分”的、而将其视为(一个)集合物的所谓“集合物论”[②],且就处于流动中的构成部分而言认可对抗要件(占有改定)的自动取得[③]。另一方面,就债权而言,尽管也有学说认为不需要“集合债权”这一概念,但判例仍是持“以所谓的集合债权为对象的让与担保合同”[④]的认识。

总而言之,就日本的“集合物论”而言,其具有主要是围绕担保类型中的所有权转移型担保即让与担保(集合动产让与担保、集合债权让与担保)而展开的特征。这是为了满足对流动财产及经营收益等进行整体把握的需要,但近来的ABL等则是将流动财产(商品、应收账款、存款)进行打包而提供担保。[⑤]

四、事业的整体把握与责任财产的分离

(一)营业财产(有机的整体)

关于商法上的营业及营业财产的概念,即使是在日本,争议亦是由来已久。依据最高裁判所大法庭1965年的判决,2005年改正前的《商法》第245条第1款第1项所规定的应经特别决议的营业转让是指,对“为了一定的营业目的而被组织在一起、作为有机的整体而发挥作用的财产(包括客户关系

---

① 最判1979年2月15日,《民集》33卷1号,第51页。

② 就学说而言,除了支持判例的集合物论(二重归属说)之外,还有从“价值范围”对集合物加以理解的价值范围说、否定集合物概念的分析论(学说分歧可参见[日]镰田薰等:《民事法Ⅱ担保物权·债权总论》,日本评论社2010年版,第145页以下)。同时,判例也认可设定人在通常营业范围内对作为构成部分的动产享有处分的权利(参见最判2006年7月20日,《民集》60卷6号,第2499页)。

③ 参见最判1987年11月10日,《民集》41卷8号,第1559页。

④ 最判2001年11月22日,《民集》55卷6号,第1056页。

⑤ 参见日本事业再生研究机构编:《ABL的理论与实务》,《商事法务》2007年。

等具有经济价值的事实关系)"的全部或者重要部分所做的转让。[①]

通说及判例所采纳的立场均是将固有事实关系包含在营业之内从而形成具有系统性的整体,并将此种整体解释为一种集合财产。依据此种观点:(1)事实关系是重要的组成部分,这构成营业(财产)具备有机整体性的基础,且其相较于各构成要素的总和具有较高的、独自的价值;(2)即使在营业的存续过程构成要素发生变动,也不会对营业(财产)的同一性产生影响。[②]

综上,判例及通说是通过认可营业财产的组织整体性、有机整体性,才得以满足当前对企业经营及项目全体进行整体把握的需求。[③] 但因不存在像财团抵押法及企业担保法那样的实定法制度,不能将营业作为一个财产权对待而使其成为交易(尤其是担保交易)的客体,现状是不得不针对各个构成要素而分别进行权利变动及公示。[④]

(二)特别财产(目的财产)

最后是关于"特别财产"的概念。该概念过去是为了承认合伙财产的独立性,而被法院(大审院)判决所采纳的。[⑤] 依据该判决,特别财产的判断依据在于基于"特定的目的(合伙的事业经营)",据此亦将其称为"目的财产"。近来,各种各样的工具(合伙、信托等其他事业体)逐渐被采用。[⑥] "特别财产"具有资产整体化及责任财产分离的双重功能。

五、资产的集合把握的意义——概括性与代替性

就资产的集合把握的意义而言,将其分为如下两类并加以整理是有益的,即基于整体性、概括性的效果和基于代替性的效果。

---

① 参见最大判1965年9月22日,《民集》19卷6号,第1600页。

② 参见[日]大隅健一郎:《商法总则》,有斐阁1957年版,第299~301页等。也存在少数学说认为,营业是指顾客关系、供货商关系、销售机会、营业秘密、经营组织等固有的事实关系(goodwill),其本体是作为无形价值物的事实关系,财产物件只不过是从物(参见[日]野津务:《商法总则第二部:营业论》,有斐阁1934年版,第124~125页)。

③ 消极财产,即因营业上的交易及其他营业活动所产生的一切债务,也被视为组织化的整体而被包含在营业财产之内(参见[日]大隅健一郎:《商法总则》,有斐阁1957年版,第300页),但当前仍有商榷的余地。

④ 参见[日]大隅健一郎:《商法总则》,有斐阁1957年版,第303页。

⑤ 参见大判1936年2月25日,《民集》15卷,第281页。

⑥ 参见[日]须藤正彦等编著:《事业体的法务与税务》,《第一法规》2009年,第3页以下。

(一)基于整体性·概括性的效果

鉴于一个行为可以使多个构成要素发生同一法律效果,因此可以就一个集合整体设定担保、进行处分或收益管理。具体而言,正如日本的各种财团抵押制度,将有形、无形的固定资产作为可以产生收益的工具而集中在一起,或设定担保,或设定用益权。为了产生如此效果,将其解释为“一个物”是符合目的的。正因如此,在法理论上,如果是像法国法那样将集合财产视为一个财产(无形财产)的法制度的话,是没有问题的。但是,如果像日本法那样采纳“有体物”制度的话,就需要进行法律的拟制,将其视作“一个物”。此外,在以包含不动产在内的各种各样的有形、无形的固定财产为构成要素而形成集合的情形下,从交易安全的角度出发,实际上必须完善公示制度的有关立法。

(二)基于代替性的效果

新的构成要素被自动纳入集合之中的效果,具体而言,是针对库存、收益等流动资产的担保以及使用资产组合之类的基于投资目的而运用资产等情形的。这种效果是由构成要素具有替代性,抑或是资本(价值)具有同质性而必然引申出来的。就次要效果而言,其一是物上代位,即是否应认可对构成要素的销售款,甚至是使用该货款而取得的物进行物上代位;其二是就担保价值维持义务而言,是否应认可填补义务,皆有疑问。① 就此二者而言,笔者认为这取决于是否将就集合资产所设定的权利等同于对集合资产的一定价值进行支配的权利。

并非是只要属于集合资产就必然会产生以上所论及的全部效果,而是有必要对集合资产进行类型化考察。在此之际,设定“作为能够产生收益的工具的集合”“流动的集合”这两种类型是有益的②,集合资产是属于这两者的其中一方还是兼具双方的性质,是确定其效果的重要标准。

六、代结语——“物”的范式转换

在现代社会,如果以财产的多样性为前提的话,应该导入一种取代将物

① 就担保价值维持义务而言,参见[日]近江幸治、道垣内弘人:《日中韩的抵押权的现在》,成文堂2015年版。

② 参见[日]吉田克己、片山直也:《财产的多样化与民法学》,《商事法务》2014年,第140页。

限定为有体物的现代民法体系，抑或是与之并存但将有体物、无体物及集合物相互之间的区分加以相对化，通过将“财产”视为能给法主体带来有用性、效用的单位，保障法主体享受（独享）该有用性、效用的法体系（这被称为“财产的法”）。[①]

如果在广义上，将“物”的概念界定为存在于作为主体的“人”之外，能给人带来有用性、效用的物（客体），就不能将其限定为有体物，无体物及集合物也包括在内，但这反而使脏器等身体组成部分等仅供人格之用的物也被包含在内，由此，“财产”这一概念只有在指代具有让渡性及扣押可能性、构成责任财产（patrimoine）的物时才是有益的。此外，“财产”这一概念并不仅仅是客体，从其着眼于主体与客体之间的关系（更正确地说，是客体所产生的对主体的关系）这一角度出发，应将其区分于指代客体的“物”的概念。

就此而言，法国民法典的特点在于在被称为财产法（le droit des biens）的第 2 编中，区别于罗马法，并未直接规定“物（res，choses）”，而是从“财产（les biens）”的视角出发对法典进行编纂。换言之，尽管其规定“所有的财产（biens）是指动产或不动产”（516 条），但“动产”这一概念是“开放性的”，自民法典制定以来直至今日，伴随着社会的发展而产生的新型财产（无形财产）、也即知的财产、顾客（营业财产）、有价证券组合等都被纳入到了“动产”之中。[②] 就营业财产及有价证券组合而言，其既是无形财产，也具有集合财产的特征。

法国民法中的“财产”概念并非是指作为客体的“物”本身，而是为了表明与作为主体的“人”之间的关系的概念，其实其与“权利”这一概念接近。[③] 因为给人带来效用（经济价值）的物是“财产”，所以有形财产、无形财产与集合财产的区别就得以相对化。此外，博瓦索纳德旧民法在法国民法典的基础上往前迈出了一步，将“财产（biens）”定义为“权利（droits）”（财产编第

---

① 参见［日］片山直也：《财产的管理》，《新世代法政策学研究》2012 年第 17 期，第 124 页。

② Cf. ex. Voirin P., La composition des fortunes modernes au point de vue juridique, Rev. gén. Droit, 1930, p.103.

③ 参见［日］北村一郎编：《法国民法典的 200 年》，有斐阁 2006 年版，第 181 页。

1 条第 1 款)[①],且为了区分“物”,其列举了“特定物”“定量物”“集合物(collection)”及“概括财产(universalité des biens)”这四种(第 16 条)。

就无体物与集合物而言,上述“物”与“财产”的区分是有意义的。就无体物而言,将其视为作为客体的物本身并无法律意义,不过是就其效用而言,人的行为(活用、实施行为)成为规制的对象。就能给主体带来效用的集合物而言,将区别于一个个构成要素(物)的集合视为“财产”具有重要意义。也正是因其作为概括担保论的理论基础,探讨区别于“物”的财产这一概念也是有意义的。

---

① Boissonade G., Projet de Code civl pour l'Empire du Japon, accompagne d'un Commentaire, t. 1er : des droits réels, 2e éd., 1882, no.2, p.21. 四宫、能见教授针对旧民法的构成,认为“就排他支配以无体物为中心的各种利益的权利而言,旧民法典将这一构想变为可能,实则极具现代性”,“姑且不论现代民法第 85 条的解释,就立意而言,其有多处可供参考之处”(参见[日]四宫和夫、能见善久:《民法总则》,弘文堂 2005 年版,第 136 页)。

【原文】

「資産の集合的把握——包括担保制度の基礎理論として」(日本法)

片山直也

1. はじめに——我妻博士の問題提起

日本において、企業担保、財団抵当、集合動産譲渡担保などのいわゆる包括担保が特別法や判例法によって承認され、実務において広く行われているが、他方、私法の基本法たる民法は、ドイツ民法に倣って、「物」を「有体物」に限定し(85条)、「(有体物)所有権」を中心として「物権法」が構成されている。

通説は、「有体物」とは、「人間以外ニ存シ、空間ノ一部ヲ占ムルモノ」、端的にいえば、液体・気体・固体を指すとする(「有形物」説[①])。これによると、いわゆる「無体物」、すなわち電気や光などのエネルギー(自然力)や、債権などの権利、著作権や特許権などの知的財産権の対象となる精神的産物、ノウハウなどは、民法上の「物」には含まれない。これに対して、近時は、「現在の社会は、従来は権利の客体としては考えてこなかったような新しい『財』を作り出しており(時間・情報など)、民法もこれに対応する理論の構築を迫られている」との指摘がなされるようになってきている[②]。しかしすでに我妻博士は、「法律上の物を物理学上の有体物に制限することは、今日の社会的・経済的事情に適さない」とし、エネルギーの問題とともに、「いわゆる集合物を一物となしえない点でも種々の不都合を生じる」としつつ、「法律における『有体物』を『法律上の排他的支配の可能性』という意義に解し、

---

① 鳩山秀夫:『増訂日本民法総論』,岩波書店1930年,239頁など。

② 四宮和夫,能見善久:『民法総則第7版』,弘文堂2005年,134頁。

物の観念を拡張すべきものと考える」との主張をなしていた①。

さらに我妻博士が、「物の結合」と題して、物には、「単一物」、「合成物」の他に、「他の物と結合し、各自の経済的な独自の価値を失うことなくしかも結合体としても独特な独立の価値を有するもの」②もあるとしている点に注目すべきである。そして、近時の経済組織においては、物もまた相結合して客観的な組織を構成するので、法律は、「その結合体を把握し、一体としての法律的規律を与えることに努むべきである」とし、その際、「物の経済的効用」が第1の標準であり、「結合体として特殊の独立作用を営む限り、この結合体を法律的にも一個の物としてとり扱うべきである」としている③。

ここでは、包括担保の基礎理論として、日本における資産の集合的把握の現況について検討する。

2. 固定資産の一体的把握

日本では、民法制定からほどない1905年、工場抵当法、鉱業抵当法、鉄道抵当法が制定されて以来、徐々に各種財団抵当制度が整備・拡張され、企業が企業施設である有形無形の固定資産を一体化して担保に供し、融資を得ることが可能となった。そこで用いられた法技術が「財団(Inventar)」である④。

まずは、工場抵当権が挙げられる。工場抵当法は、付加一体物概念（民法370条）を拡張し、「其ノ土地（建物）ニ備附ケタル機械、器具其ノ他工場ノ用ニ供スル物」に工場抵当権の効力が及ぶと規定するが（同法2条1項2項）、さらに「財団」の組成を認める（同法8条以

---

① 我妻栄：『新訂民法総則（民法講義Ｉ）』，岩波書店1965年，202頁。

② 具体例として、土地と樹木、果樹と果実、家屋と造作、農場と農具、工場と機械、家畜群、倉庫の商品などを挙げる（我妻・前掲書，204頁）。

③ 我妻栄：『新訂民法総則（民法講義Ｉ）』，岩波書店1965年，204頁。第2の標準は「公示の原則」であり、「公示の原則を乱さない限りにおいて経済的要求に応じることを努むべきである」とする（同204頁）。

④ 近江幸治：「日本民法の展開(2)特別法の生成——担保法」；広中俊雄，星野英一編：『民法典の百年Ｉ全般的観察』，有斐閣1998年，184頁以下；古積健三郎：「財団抵当制度とドイツの法制」，NBL849号2006年，8頁以下など参照。

下）。工場財団は、工場に属する土地及び工作物（1号）、機械、器具、電柱、電線、配置諸管、軌条その他の附属物（2号）、地上権（3号）、賃貸人の承諾あるときは物の賃借権（4号）、工業所有権（5号）、ダム使用権（6号）の全部または一部をもって組成することができる（11条）。そして「工場財団ハ之ヲ一箇ノ不動産ト看做ス」（同14条1項）との規定を置く。この「擬制」により工場財団は1つの物（不動産）とし、所有権および抵当権の客体となり（同条2項）、1つの工場財団につき、工場財団登記簿が調製される（19条）。工場財団の保存登記によって、その構成要素（工場財団に属すべきもの）の処分が禁止される（29条、33条）①。

このように、工場財団は、事業を営むための有形・無形の固定資産（収益装置）を一体化するために、「擬制」によって一つの物（不動産）を観念するという法技術であり②、フランスにおける「用途による不動産化」と同様の側面を有する。

他方、鉄道抵当法による「鉄道財団」は、鉄道線路（その他の鉄道用地及びその上に存する工作物並びに之に属する器具機械）（同法3条1号）、工場、倉庫…その他工事又は運輸に要する建物及び其の敷地並びに之に属する器具機械（同2号）、地上権・登記した賃借権・地役権（同条5号）、車両（及びこれに属する器具機械）（同条6号）などによって組成されるが、不動産ではなく、「一箇ノ物」と看做され（同法2条3項）、所有権や抵当権の客体となる（同法4条1項）。公示は登録である（同法27条1項）。工場やその敷地の価値が高く、不動産に集約される形で財団が組成される工場財団と異なり、建物やその敷地よりも、鉄道路線の価値が高く、広く鉄道事業のために必要な様々な財が一体として扱われる点に特徴がある③。

---

① 酒井栄治：『特別法コンメンタール・工場抵当法』，第一法規1988年，86頁以下など。

② その他、「鉱業財団」（鉱業抵当法3条）、「漁業財団」（漁業財団抵当法6条）、「港湾運送事業財団」（港湾運送事業法26条）、「道路交通事業財団」（道路交通事業抵当法19条）、「観光施設財団」（観光施設財団抵当法11条）が同様の性質を有する。

③ 同様に、鉄道抵当法を準用する「軌道財団」（1909年法律第28号・軌道ノ抵当ニ関スル法律1条）、1909年法を準用する「運河財団」（運河法13条）がある。

以上、各種財団抵当法が規律する「財団」は、「不動産」財団構成（任意選択主義）と「物」財団構成（当然帰属主義）とに大別されるが①、いずれも事業のための有形・無形の固定資産の集合（収益装置）であり、法律上の擬制により、一物として取り扱い、経済的一体性を確保するという点に特徴が存する。なお、戦後、企業担保法が制定され、「財団」を目的とする財団抵当権とは異なり、債務者である株式会社の「総財産」を一体として担保権の目的とする企業担保権が認められた（企業担保法1条1項）。企業担保権は、イギリスのフォローティング・チャージをモデルとした「流動担保」である点に特徴があるが、株式会社発行の社債の担保のために限定されているため利用が制約され、無担保社債の出現によりその存在意義が問われている②。資産の集合的把握という点からはやや特殊な立法といえよう。

3. 流動資産の一体的把握

日本の判例は、集合動産譲渡担保につき、「構成部分の変動する集合動産についても、その種類、所在場所及び量的範囲を指定するなどなんらかの方法で目的物の範囲が特定される場合には、一個の集合物として譲渡担保の目的となりうると解するのが相当である」③として、「構成部分」とは別に「（一個の）集合物」を観念するいわゆる「集合物論」を採用することを明らかにし④、さらに、流動する構成部分につき対抗要件（占有改定）の自動取得を認めた⑤。他方、債権については、「集合債権」概念が不要だとする学説も有力ではあるが、判例は、「い

---

① 近江幸治：「日本民法の展開(2)特別法の生成——担保法」，191頁など参照。

② 執行秀幸：「企業担保権の内容と効果」；加藤一郎，林良平：『担保法大系第4巻』，金融財政事情研究会1985年，2頁以下など。

③ 最判1979年2月15日，民集33巻1号，51頁。

④ 学説としては、判例を支持する集合物論（二重帰属説）の他に、集合物を「価値枠」と把握する価値枠説、集合物概念を否定する分析論の対立が存する（学説につき、古積健三郎他：「集合動産譲渡担保と動産売買先取特権」；鎌田薫他：『民事法Ⅱ担保物権・債権総論［第2版］』，日本評論社2010年，145頁以下など参照。また判例は、設定者に通常の営業の範囲で構成部分たる動産の処分する権限を認めている（最判2006年7月20日，民集60巻6号，2499頁）。

⑤ 最判1987年11月10日，民集41巻8号，1559頁。

わゆる集合債権を対象とした譲渡担保契約」を観念してはいる①

以上、わが国の「集合物論」は、主として、担保、その中でも所有権移転型の担保である譲渡担保（集合動産譲渡担保・集合債権譲渡担保）をめぐって議論されてきたという特徴がある。流動資産や事業収益自体の一体的把握のニーズに対応したものであるが、近時は、ABLなど、流動資産（商品、売掛債権、預金）をまとめて担保にとるという視角が提示されつつある②。

4. 事業の一体的把握と責任財産の分離

(ア)営業財産（有機的一体）

商法上の営業および営業財産の概念については、わが国においても古くから論争が存したが、最高裁大法廷 1965 年判決は、2005 年改正前商法 245 条 1 項 1 号によって特別決議を経ることを必要とする営業の譲渡とは、「一定の営業目的のため組織化され、有機的一体として機能する財産（得意先関係等の経済的価値のある事実関係を含む。）」の全部または重要な一部の譲渡を指すと判示している③。

通説・判例は、営業に固有の事実関係も含めた組織的な一体を一種の集合財産と構成する立場である。同説によると、①事実関係が重要な構成要素であり、営業（財産）は、それによって有機的一体性が基礎付けられ、各構成要素の総和よりも高い独自の価値を帯有するに至り、かつ、②営業の存続中において構成要素に変動があっても、営業（財産）の同一性に影響を生じないことになる④。

以上のように、判例・通説は、営業財産の組織的一体性・有機的一体性を認めることにより、今日的には、事業やプロジェクト全体を一体

---

① 最判 2001 年 11 月 22 日，民集 55 巻 6 号，1056 頁。

② 事業再生研究機構編：『ABLの理論と実務』，商事法務 2007 年など参照。

③ 最大判 1965 年 9 月 22 日，民集 19 巻 6 号，1600 頁。

④ 大隅健一郎：『商法総則』，有斐閣昭和三十二年，299～301 頁など。なお少数説として、営業とは、得意先関係、仕入先関係、販売の機会、営業上の秘訣、経営の組織などの固有の事実関係（goodwill）を指し、その本体は無体の価値物である事実関係にあって、財産物件は単なる従物に過ぎないと構成する学説も存した（野津務：『商法総則第二部（営業論）』，有斐閣昭和九年，124～125 頁など）。

的に把握するとのニーズに応えようとするものと位置づけることは可能である[①]。しかし、財団抵当法や企業担保法のような実定法制度が存しない以上、営業を一個の財産権として取引（特に担保取引）の客体とすることはできず、現状では、個々の構成要素ごとに権利変動および公示を観念せざるを得ない[②]。

(イ)特別財産（目的財産）

最後に、「特別財産」概念を挙げることができる。これは古くは組合財産の独立性を認めるために大審院判決によって採用された概念であるが[③]、同判決が示すとおり、特別財産の根拠となるのは、「特定ノ目的（組合ノ事業経営）」であり、それゆえに「目的財産」とも呼ばれる。近時は、様々なヴィークル（組合、信託その他の事業体）が用いられるようになってきた[④]。「特別財産」は、資産の一体化と責任財産の分離の両方の機能を持つ。

5. 資産の集合的把握の意義– 包括性と代替性

資産の集合的把握の意義については、以下の2つに分けて整理することが有用であろう。すなわち、(a)一体性・包括性に基づく効果、(b)代替性に基づく効果である。

(ア)「一体性・包括性」に基づく効果

1つの行為によって、複数の構成要素につき同一の法律効果を発生させることができるという点にあり、それによって、集合全体についての担保設定・処分や収益管理が可能となる。具体的には、わが国の各種財団抵当制度のように、有形・無形の固定資産を、収益装置としてまとめて、担保設定をしたり、用益権を設定したりする場合が想定される。かかる効果を認めるためには、「一物」を構成することが合目的

---

① 消極財産、すなわち営業上の取引その他営業に関して生じた一切の債務についても、組織的一体として営業財産に包含されるとされてきたが（大隅健一郎：『商法総則』，有斐閣昭和三十二年，300頁など）、今日的には議論の余地があろう。

② 大隅健一郎：『商法総則』，有斐閣昭和三十二年，303頁など。

③ 大判1936年2月25日，民集15巻，281頁。

④ 須藤正彦ほか編著：『事業体の法務と税務』，第一法規2009年，3頁以下など参照。

的であるので、法理論的には、フランスのように集合財を1つの財（無体財）と観念できる法制であれば問題はないが、日本のような「有体物」法制の下では、「一物」とみなす法的擬制が必要となる。 なお、不動産を含めた多種多様な有形・無形の固定資産を構成要素として集合が組成される場合には、取引安全の観点から、実際には、公示制度が完備した立法が必要となるであろう。

(イ)代替性に基づく効果

新たな構成要素が自動的に集合に組み入れられるという効果であり、具体的には、在庫・収益等の流動資産の担保や、ポートフォリオを用いた投資目的での運用資産などについて想定される。 この効果は、構成要素に代替性があること、または資本（価値）において均質であることによって必然的に導かれる。 副次的な効果として、1つには、物上代位、すなわち構成要素の売却代金、さらに代金による取得物等への物上代位が認めるべきか否か、2つには、担保価値維持義務として補填義務が認めるべきか否かが問題となるが①、この2 点については、資産の集合について設定された権利が、集合資産の一定の価値について支配が認められた権利か否かによって定まると思われる。

以上の効果については、集合資産であれば直ちにすべての効果が認められるわけではなく、集合資産の類型的な考察が必要となるであろう。 その際には、①「収益装置としての集合」、②「流動的な集合」という2つの類型設定が有用であり②、当該集合資産がそのいずれか一方または両方の性質を有するか否かが効果確定の重要なメルクマールとなろう。

6. むすびに代えて—「物」のパラダイム転換

現代社会における財の多様化を前提とするならば、物を有体物に限定する現行民法の体系に代置して、あるいはそれと並置させて、有体

---

①　担保価値維持義務につき、片山直也：「担保価値が低下した場合の債務者の責任」；近江幸治，道垣内弘人：『日中韓における抵当権の現在』，成文堂 2015 年など。

②　片山直也：「財の集合的把握と財の法」；吉田克己，片山直也編：『財の多様化と民法学』，商事法務 2014 年，140 頁など。

物、無体物および集合物の区分を相対化し、法主体に有用性・効用をもたらす単位としての「財」を観念することによって、法主体によるその有用性・効用の享受（専有）を保障する法システム（それを「財の法」と呼ぶ。）を導入することが求められている①。

「物」概念も、広義において、主体である「人」の外界に存し、人に有用性・効用をもたらすモノ（客体）を指すと定義するならば、有体物に限定されず、無体物・集合物も包含できるが、逆に、臓器その他の身体由来物など人格的な効用のみに享受が限定されるべきモノも含まれることになるので、譲渡性や差押可能性が認められ、責任財産（patrimoine）を構成するモノを指す概念として「財」概念は有用である。さらに「財」概念は、単なる客体ではなく、主体と客体との関係（より正確には、客体のもつ主体に対する関係）に着目する概念である点において、客体そのものを指す「物」概念と区別されるべきである。

この点で、フランス民法典は、講学上、「財の法(le droit des biens)」と呼ばれる第2編において、ローマ法と異なり「物(res, choses)」を直接に規定するのでなく、「財 (les biens)」という視角から法典が編纂されている点に特徴がある。すなわち「すべての財産（biens）は、動産または不動産である」（516条）と規定するが、「動産」概念は、「開かれたカテゴリ」であり、民法典制定以来、今日に至るまで社会の発展に伴って生み出されてきた新たな財（無体財）、すなわち知的財産、顧客（営業財産）、有価証券ポートフォリオなどを「動産」として受け入れてきた②。営業財産や有価証券ポートフォリオには、無体財であるとともに、集合財としての特徴が存する。

フランス民法における「財」概念は、客体である「物」自体ではなく、主体である「人」との「関係」を示す概念であり、むしろ「権利」概念に近接している③。人に効用（経済的価値）を与えるモノが「財」

---

① 片山直也：「財産の管理」，新世代法政策学研究17号2012年，124頁参照。

② Cf. ex. Voirin P., La composition des fortunes modernes au point de vue juridique, Rev. gén. droit, 1930, p. 103 ; etc.

③ 片山直也：「財産— bienおよびpatrimoine」；北村一郎編：『フランス民法典の200年』，有斐閣2006年，181頁など参照。

であるので、有体財、無体財、集合財の区別は相対化されることになる。ちなみに、ボワソナード旧民法は、フランス民法の構成を一歩進めて、「財産(biens)」を「権利(droits)」であると定義しつつ（財産編1条1項）①、「物」の区別として、「特定物」、「定量物」、「集合物(collection)」、「包括財産(universalité des biens)」の4つを挙げている（同16条）②。

以上の「物」と「財」の峻別が意味を持ってくるのが、無体物と集合物である。無体物に関しては、客体としての物自体を観念することに法的な意味はなく、その効用について、人の行為（活用・実施）が規制の対象となるに過ぎない。集合物においては、主体に効用をもたらす単位として、個々の構成要素（物）と区別された集合を「財」と観念することに重要な意義が存するのである。そして、包括担保論の理論的基礎としてこそ、「物」と区別された「財」の概念を論じておくことが有用であると考える次第である。

---

① Boissonade G., Projet de Code civl pour l'Empire du Japon, accompagne d'un Commentaire, t. 1er : des droits réels, 2e éd., 1882, no 2, p.21.四宮=能見は、「無体物を中心とした各種の利益を排他的に支配する権利を構想することを可能にする旧民法典の立場は、実は極めて現代的な立場でもあった」と旧民法の構成を評価し、「現行民法85条の解釈としてはともかく、発想としては参考にすべき点が多い」とする（四宮和夫，能見善久：『民法総則第7版』，弘文堂2005年，136頁参照）。

② 片山直也：「財産の管理」，新世代法政策学研究17号2012年，140～142頁。

日本法中的动产非占有担保*

[日]平野裕之 著　刘善华 校**

一、绪论

在日本民法中,以动产为对象的约定担保制度中仅有动产质的规定(《民法典》252~255 条)。动产质主要是考虑到普通百姓在金融方面的需求,如当铺等机构,而不是商业交易,因而实际很少使用。

关于普通百姓的小额融资,作为当铺代替物的无抵押庶民融资正在盛行,虽承受了呆账风险,但获得了高利率。另一方面,对于企业融资,之前的日本商业惯行是需要依靠房地产抵押和个人保证。但是,对于没有房地产可以设置抵押贷款的企业,特别是对于风险投资企业来说需要有替代抵押贷款的担保制度。在个人保证方面,对草率地成为担保人并承担了责任的保证人的救济,成为当下所面临的问题。对于企业债务,日本律师协会从立法论的角度提出了禁止个人保证的决议案,要求企业融资要摆脱依赖个人保证的状况。

本文将检证现行法的状况以及诸课题,并确认实务界的现实要求正借由让渡担保判例加以实现,最后再探讨让渡担保判例的问题以及立法论课题。

---

* 本文得到 2017 年日本银行学术研究振兴财团的资助。

** 平野裕之,日本庆应大学教授;刘善华,山东大学法学院副教授。

二、现行法律

(一)民法典的规定

对于企业动产担保,来自实务的要求包括以下四项:

①非占有担保(无须通过占据来管理物品)
②可私人执行(不必遵循竞卖程序)
③动产集合体可作为单一抵押品(在库商品可在营业的同时担保)
④对于③作为对抗要件可作为一个整体来公示

(1)仅承认占有质(①③④)。现行民法的动产质并不符合实务的实际需要。首先,质权设定是以目标物的交付为要件的要物合同(344条),禁止由质权设定人的代理占有(345条)。因此,债权人必须接收质物的交付并进行管理。这是因为制度设计以留置的效力为本质要素。然而,这对只贷款的债权人而言是沉重的负担。当然,我们不能以流动的集合物作为质权对象。

(2)不允许私人执行(②),禁止流质契约(第349条)。如果承认这一点,在借款时,由于借款人方处于弱势地位,合同合意存在不利于借款方的风险。因此,不是规定清算义务,而是一律禁止。然而,动产质权实行时,要求按竞卖程序来执行没有重大价值的动产,是很烦琐的事情。此外,在拍卖会上质物将比市场的价格更便宜。经法院许可,按评估师鉴定的价格债权人虽然也可以获得质物(354条),且可避免拍卖,但不变的是仍然很复杂。

以上就是为什么不利用动产质的原因。不需要拍卖程序就可以在不占有担保物的情况下私自执行的动产担保,以及可流动的产品组合可作为担保,这些担保方式正是实务所迫切需要的。对于一个企业来说没有不动产来设定抵押,如果个人担保也受到限制,那么从立法论上来说,可以寻求引入保险和新的担保体系,同时在现行法下,让渡担保也是可寻求和利用的方式。

(二)特别法

1. 质权的特别法

首先,在商法中,对于商行为产生的债券的质权,流质禁止被解除(《商法》第515条)。但是,要物合同或代理占有禁止在商事质权里也被继续维持,因而也不能适用商事质权。

其次,作为一项平民金融,对于获得当铺销售许可的典当商来说,有作为特别法的典当经营法的规定。《典当经营法》第19条第1款规定“典当行在流质期限经过时,取得该质物的所有权”,依法通过质权的执行取得质物,且没有清算义务的规定。但是,“在流质物处分前,若入质人在流质期限为止交付了本金和利息以及如若流质期限经过之时需要的更新费用所相当的利息,典当行需作出返还质物的努力”(同一条款的但书),没有明确债务人的赎回权,只是使典当行担负努力义务。

2. 动产抵押

对重要财产引入了登录或登记制度,实现了通过登记乃至登录设定抵押权。与质权设定的禁止配套导入的例子比较多。到目前为止实现的动产抵押如下:

①船舶[商法(1899年)]
②农业用动产[农业动产信用法(1933年)]
③汽车[汽车抵押法(1951年)]
④飞机[飞机抵押法(1953年)]
⑤建筑机械[建筑机械抵押法(1954年)]

(1)未设置抵押权准用规定的立法——船舶

船舶在商法中有规定,可以按照船舶法(《商法典》第686条第1款)的规定进行登记,登记的船舶可以设定抵押权[第847条(改正前第848条)],但已登记船舶的质权设定被禁止[第850条(改正前第849条)]。没有像民法那样对抵押权作出个别规定,也没有规定只要不是在性质上相反,可以准用民法关于抵押权的规定。

(2)设置了抵押权准用规定的立法——农业用动产

①目的物等

最古老的特别法的动产抵押制度是在农业动产信用法中(1933年)的“农业动产”(农业管理的动产)抵押制度。该法律允许在登记的农业用动产上设定抵押权(第12条第1款),规定了农业用动产抵押登记令和农业用动产抵押登记规则,抵押条款只要是性质上不违背规定就可以适用(第12条第2款)。农业动产信用法施行令第1条明确规定了客体,在一定条件下渔船、船舶也包含在内。另外,还列举了牛、马、猪、羊、鸡和鸭。关于施行令第 1 条第 8 款的牛、马和种猪,依据登记令第 8 条第 1 款之 4 的规定,个体的雌雄、出生日期等的特征,已成为注册事项,因此不能作为集合动产设定抵押权。反而言之,关于执行令第 1 条第 10 条款,除了羊、种猪以外的猪、鸡和鸭,登记令里没有规定这样的事项,实际上也不可能这样要求,因而在集合动产上设定抵押权,也就有了考虑的余地。

②与第三方的关系

没有规定禁止设定质押。但也有特殊规定,"农业动产抵押权的得失及变更,若无登记不可对抗善意第三人",登记虽然是对抗要件但要以第三人的善意为条件(第 13 条第 1 款)。即使没有登记,它也能够对抗恶意的第三人。此外,"前款规定即使在规定后也不得干扰《民法典》第 192~194 条的适用"(同条第 2 款)。即使完成了登记,善意无过失的第三者也可以获得没有抵押权负担的所有权。此外,没有必要在目标物本身标识该物品已登记。

(3)与抵押权规定相同,设定个别规定的立法——汽车、飞机、建筑机械

对于汽车而言,已颁布汽车抵押法(1951 年),根据公路运输车辆法(第 3 条)进行了登录的车辆可以设置抵押,有许多规定几乎与民法抵押一样,例如,也可以设定循环抵押(第 19 条第 2 款)。对于登录的车辆必须设定抵押权,禁止设定质权(第 20 条);对于未登录的车辆,可以设定质权。由此可以实现非占有担保,但仍需通过竞卖程序保持抵押贷款的执行,且规定了特殊程序(第 17 条)。

对于飞机,飞机抵押法(1953 年)允许抵押已登录的飞机(第 3 条),并禁止设定质权(第 23 条)。另外,其他相关规定与民法的抵押权规定相同。汽车、飞机和船舶的登记显示于物体本身之上。当然,是否设置了抵押权需要确认登记、登录。

另外,依建筑机械抵押法(1954 年),对于"建设机械"("供建设工程使用的机械",在政令里有具体规定),承认了所有权保存登记(第 3 条),批准在登记建筑机械上设置抵押(第 5 条),并禁止在已登记的工程机械上设定质权,同时设置了与民法抵押规定相似的各种规定(第 25 条)。为申请所有权保全登记,需在施工机械上标示建设大臣的打刻印记,或者必须接受对打刻记印记的鉴认。从这个打刻印记可以知道已登记的建设机械,并且可以

通过登记来确认是否设置了抵押权。

3. 遗留课题——毕竟只是例外的个别立法

不能私自执行,是抵押权面临的共同问题,但对于与不动产匹敌的重要动产来说,没必要作为一个问题来看待。然而,对于农业用动产,包含小数额物品在内,都有较高的私自执行的需求,信用法和施行令却都没有对实行方法作出特别规定。

对于动产来说,可能实现的非占有担保仅限于上述动产,其他动产,尤其是对可流动的在库商品等集合动产的非占有担保并未实现。该需求不是通过立法,而是通过承认实务中让渡担保的判例法发展而来。本人将在下面解释这一点。

三、关于让渡担保的判例法

(一)承认让渡担保的判例法的变迁

1. 所有权转让需要"原因"——"担保"是否成为原因

让渡担保是一种试图通过所有权转移的"形式"实现抵押"目的"的交易。对于所有权的转移而言"原因"是必要的,但与买卖、赠与等不同,对于"信托"来言它不是真正的所有权转让,而只不过是一种财产管理的手段,被广泛认同。那么,"担保"是否可以成为所有权转让的原因呢？只要不承认这一点,那么或者以信托为所有权转让的原因,或者因为其与信托不同,并不是以所有权的转移而只能是以担保权的设定,来对理论进行再构成。

2. 判例承认以担保为原因的所有权转让

在这方面,判例是变化多端的。但现在,在承认"担保"作为所有权转移的原因之后,以"担保"为由引起的所有权转移,不是像买卖等那种全面且终局的所有权转让,也不是像信托那样为了管理财产暂时的所有权转移,可以说是第三种形态的所有权转移。"担保"并不是定位于动机和目的的层面,而是认可以担保为由的直截了当的所有权转移,对该所有权转移的效力,判例采用的表达是"目标不动产的所有权转移的效力仅在债权担保所需要的范围内有效"(最高判平成七年11月10日,《民集》49卷9号2953页等)。虽然它不是担保权设定,但为以担保为原因在其限度内被承认的所有权移转,可以说是一种"担保的构成"。

(二)集体动产让渡担保

当然,也可以为特定的动产设定让渡担保。值得注意的是,不仅限于特定动产的让渡担保,所谓的集合动产让渡担保也被承认。这一点,已在过去的座谈会上说明过,下面将简明扼要地进行说明。

1. 采用"集合物"理论

(1)集合物构成(集合物论)

①肯定一个集合物上成立一个所有权

首次处理集合动产让渡担保问题的是最高法院,其在1979年2月15日判决(《民集》33卷1号51页)中指出:"对于构成部分变动的集合动产,对其种类、所在场所及指定数量的范围等,在其目的物的范围能以某种方式被特定的场合下,该动产可作为一个集合物成为让渡担保的目的物。"该判决承认了"集合物"的概念,明确了以"目标物的范围被特定"为要件。

②效力及于构成部分

判例中,不仅集合物的单一所有权移转,如果各个动产构成集合物,那么让渡担保的效力也将及于动产,且承认其所有权的移转。下面的判例是以有关各个动产的所有权转让为前提,以其如何具备对抗要件为问题点,再者,设定者虽不是所有者却能够进行处分,将从处分权授权的角度对此作出说明。但是,学界对此存有异议。

(2)对抗要件

①公示方法

判例中指出,关于动产让渡的第178条也适用于集合物,并允许通过占有改定具备对抗要件。集合物上的单一观念的所有权也可通过全面的占有改定具备对抗要件,如果集合动产被双重让渡担保,其优先关系将由全面的占有改定的前后来决定。

另外值得注意的是,动产债权特例法允许集合物的让渡登记。可通过集合动产让渡担保契约书加以登记,并在"登记日期"之外记录"登记时间",以便通过登记明确公示具有对抗要件的时间。让渡登记仅被授予《民法》第178条的效力,在此之后不允许阻止第三方的善意取得(第192条)。

②各个动产的对抗力保全效力

"该对抗要件具备的效力及于……包含新成为其构成部分的动产的集合物"(最高法院1987年11月10日判决,《民集》41卷8号1559页)。所有权移转或对抗力当然在其成为构成部分的时候发生,但在与对抗关系的第三者之间,将通过当初的全面占有改定决定其先后。

2. 构成部分的让渡可能性

(1)原则上处分有效

最高法院2006年7月20日判决(《民集》60卷6号2499页)认为:“以组成部分变动的集合动产为目标的让渡担保中,集合物的内容当然通过让渡担保设定者的营业活动而变动,因此让渡担保设定者在通常的营业范围内被赋予了让渡担保的目标动产的处分权限。”换言之,承认了让渡担保契约中的设定者在“正常业务范围内”以自己名义的处分权限。

(2)处分授权的对象外的处分——从集合物中分离

让渡担保权设定者拥有担保物妥善管理保存的义务,即便是在“正常业务范围内的”处分,只要营业在进行,商品就会被补充,因此对让渡担保权者来说只要集合物全体的价值被保持好就可以了,而不应对营业进行干扰。因而只要是“正常业务”在继续,就允许处置。即使买方知道是让渡担保,也会有效地获得所有权。

前述最高法院于2006年7月20日的判决中指出:“当销售处置超出正常业务范围时,因上述处置不是基于上述权限,只要不被认定为是:从让渡担保契约所承认的保管场所搬出、从该让渡担保的目标物——集合物脱离,那么该处分的另一方相对人将不能取得对象物的所有权。”该判决表明:超出正常经营范围的处置无效;不管是否属于该事例,只要构成集合物,即为让渡担保的效力所及于,如果从集合物分离,那么就失去让渡担保的效力——这既是成立要件也是存续要件。

3. 其他

(1)关于物上代位

①物上代位的可能性

让渡担保只是导致了以担保为原因的所有权转移的效果,实质上等于担保权。为此,最高法院在1999年5月17日判决(《民集》53卷5号863页)中指出,“让渡担保设定者破产后,让渡担保权者基于物上代位权,对集合动产让渡担保物的价金债权进行扣押”,从而认可了让渡担保权者“基于让渡担保权物上代位权的行使”对目的物的买卖价金债权的扣押。

②物上代位被认可时的限制

最高法院于2010年12月2日判决(《民集》64卷8号1990页)中,针对保险金请求权的物上代位指出:"在让渡担保权设定者继续着正常业务的情况下,即使因目的动产的灭失产生了上述请求权,只要没有例如可以立即实行物上代位权的合意等特殊情况,让渡担保权者不可对该请求权行使物上代位权。"这同样也适用于价金债权,如果"正常业务"持续,新的目标物得到补充,"集合物"的价值可以得以维持,处分授权得以承认的话,即使不承认在该价金债权上的物上代位,也不会有任何不便。

(2)双重让渡担保

最高法院在2006年7月20日关于将养殖鱼类集体转移到集体动产的让渡担保的案例(《民集》60卷6号2499页)中指出:"即使像这样允许设置重复的让渡担保,在后的让渡担保若被承认独自的私自执行的权限,与民事执行法上正在进行执行程序的场合不同,不会对在先的让渡担保权者赋予行使优先权的机会,让渡担保可能会成为有名无实的东西。不能认可导致了这样结果的后顺位让渡担保权者的私自执行。"另判决傍论也指出以下两点:让渡担保是以担保目的为限度的所有权,因此可以设定复数的让渡担保;后顺位让渡担保权者不可私自执行。

这一理论也适用于让渡担保和所有权保留,如果保留所有权的动产被用作集合动产的让渡担保,那么所有权保留优先,让渡担保权成为后顺位的担保权。但是,最高法院于2018年12月7日作出的判决否认了关于所有权保留的目的物成立让渡担保的效力。

四、结论——针对立法论的若干建言

如上所述,在日本,尽管针对重要动产设立抵押权的路径是开放的,但对除此之外的在库商品等的集合体也采用非占有担保的方式,能够回应实务界这一需求的法律制度尚未建立。对这一需求的回应目前由承认集合动产让渡担保的判例法承担着。然而,因为它依赖于判例,不同于立法,具有柔软性,可临机应变进行变更,在这一点上是有吸引力的,但同时也具有不确定性,所以大家所期盼的是,对于诸争议点还是应该通过立法来加以解决。

集合动产让渡担保的公示通过特别法也成为可能,那么现行判例法是否还存在问题？对于让渡担保的法律构成，理论上的疑惑尚未消除，这一问题还是很重要的。其实可以考虑的是，直接承认设置动产抵押权或者设定非占有动产质，并且，对于能够通过所有权转移的方式实现的实际利益，在可能的限度内通过立法来实现。例如，可以考虑明文规定私自执行的清算义务。与以不动产为对象的暂时登记担保不同，对于需要迅速、安全交易的动产，没有必要规定执行期间的设定和执行后的赎回权。

作为相对较新的担保法修订，法国针对动产创设了非占有质，同时设立了登记制度，通过登记，公示制度也得以实现。另外，担保信托制度也随后推出，它把日本所称的让渡担保作为信托制度来公认并加以规定。对于非占有质，甚至准备采取诸如通过登记排除善意取得之类的强有力的保护措施。

即使是日本，也引入了动产转让登记，对于债权而言不仅可以转让还可以设定质权登记。上述提案也可考虑与特例法的改正配套一起实现。但是，需要慎重探讨的是，在完成了登记时也要排除善意取得的效力，这是否应该承认？

【原文】

「動産の非占有担保」(日本法)

平野裕之

1. はじめに

日本民法において、動産を対象とする約定担保制度は、動産質のみが規定されているにすぎない(民法252条～255条)。動産質は、質屋といった庶民金融を念頭に置いて導入された制度であり、事業者取引における担保制度としては適切なものではなく、実際に使われることは殆どない。

庶民の小口金融については、質屋に代わる無担保の庶民金融が花盛りであり、ただし、無担保の代わりに貸し倒れのリスクを引き受ける代わりに高金利になっている。他方、企業金融については、従前の日本では、抵当権による不動産担保と個人保証とに依存するのが慣例であった。しかし、抵当権を設定できる不動産を持たない事業者、とりわけベンチャー企業にとっては抵当権に代わる担保制度が要請された。また、個人保証をめぐっては、軽率に保証人になって責任を取らされる者の救済が問題となり、日本弁護士会では、事業者の債務についての個人保証の禁止を立法論として提案することを決議している。個人保証に依存する融資からの脱却が求められているのである。

本報告では、現行法の状況またその課題を検証し、実務の要請が譲渡担保による判例により実現されていることを確認した上で、最後に譲渡担保による判例の問題点を検討しつつ立法論的な課題に言及をしたい。

2. 現行法

(1)民法の規定

動産担保における企業担保における実務の要請は、次の4つを実現する担保である。

①非占有担保(物を取り上げて管理しなくてよい) ②私的実行が可能(競売手続きを踏まなくてよい) ③動産の集合体を包括的に1つの担保にとれる(在庫商品等を担保にしつつ営業が可能) ④③について、包括的な公示・対抗要件具備が可能

(a)占有質しか認められていない(①③④)　現行法の民法上の動産質は、これらの実務上の要請に応えるものではない。 まず、質権の設定は目的物の引渡しを要件とする要物契約とされ(344 条)、質権設定者による代理占有が禁止されている(345 条)。 そのため、債権者は、必ず質物の引渡しを受け管理しなければならないことになる。 これは、留置的効力を質権の本質的要素として制度設計をしているためである。しかし、これは融資をするだけの債権者にとっては大きな負担となる。もちろん、内容の流動する集合物を質に取ることはできない。

(b)私的実行は認められない(②)　次に、流質契約が禁止されている(349 条)。 これを認めると、金を借りるに際しては、借主側が弱い立場にあることから、不利益な契約内容が合意されてしまう恐れがある。そのため、清算義務を規定するのではなく、一律禁止としたのである。しかし、価値の大きくない動産について、質権実行のためにいちいち競売手続きを要求するのは煩わしい。 また、競売では市場価格よりも安く買いたたかれてしまう。 裁判所の許可を得て、鑑定人の評価による価格で債権者にも——質物を帰属させることができる制度があるものの(354 条)、これにより競売は回避できるが煩雑であることには変わりない。

以上が、動産質が用いられない原因である。 非占有担保で競売手続きによることなく私的実行ができる動産担保、しかも、内容の流動する商品群を担保にとる方法が切望されることになる。 抵当権を設定する不動産を持たない事業者としては、個人保証も規制されるとなると、保険と共に新たな担保制度の導入が立法論として要請されると共に、現行法においては、譲渡担保へとその活用との途を求めることになる。

(2)特别法

(a)質権についての特別法　まず、商法において、商行為によって生じた債権についての質権は、流質禁止が解除される(商法515条)。しかし、要物契約また代理占有禁止は、商事質権であっても維持されている。そのため、商事質権も利用されることはない。

次に、庶民金融として、質屋営業の許可を得た質屋(公益質屋)については、質屋営業法という特別法が制定されている。質屋営業法19条1項本文は、「質屋は、流質期限を経過した時において、その質物の所有権を取得する」と、質権実行による質物の取得を法定している。清算義務も規定されていない。ただし、「質屋は、当該流質物を処分するまでは、質置主が元金及び流質期限までの利子並びに流質期限経過の時に質契約を更新したとすれば支払うことを要する利子に相当する金額を支払つたときは、これを返還するように努めるものとする」と規定され(同項但書)、債務者に受戻権を明記せず、質屋の努力義務としている。

(b)動産抵当　他方で、重要な財産については登録ないし登記制度を導入し、登記ないし登録による抵当権設定が可能とされている。質権の設定の禁止をセットで導入する例が多い。これまで実現されている動産抵当は次のようである。

①船舶(商法[1899年])
②農業用動産(農業動産信用法[1933年])
③自動車(自動車抵当法[1951年])
④航空機(航空機抵当法[1953年])
⑤建設機械(建設機械抵当法[1954年])

(ア)抵当権規定の準用規定を置かない立法——船舶　船舶については、商法に規定であり、船舶法の定めに従い登記ができること(商法686条1項)、登記した船舶には抵当権が設定できること(同847条［改正前848条］)、また、登記した船舶の質権設定が禁止されこと(同849条［改正前850条］)が規定されている。個別に民法の抵当権規定同様の規定を置いていないが、性質に反しない限り民法の抵当権規定を準用

するという規定もない。

（イ）抵当権規定の準用規定を置く立法——農業用動産

❶目的物など　最も古い特別法による動産抵当制度は、農業動産信用法(1933年)による「農業用動産」(農業の経営の用に供する動産)についての抵当権制度である。同法は、登記された農業用動産への抵当権設定を認め(同12条1項)——農業用動産抵当登記令また農業用動産抵当登記規則が制定されている——、抵当権規定を性質に反しない限り準用する規定を置く(同12条2項)。農業動産信用法施行令1条により客体が具体的に規定されており、一定の要件の下で漁船も「船舶」も含まれ、また、牛、馬、豚、羊、鶏及びあひるも掲げられている。施行令1条8号の牛、馬及び種豚については、登記令8条1項4号により、個々の雄雌、生年月日などの特徴が登記事項になっているので、集合動産としての抵当権設定はできない。逆に言うと、施行令1条10号の羊、種豚以外の豚、鶏及びあひるについては、登記令にそのような登記事項は規定されておらずまた実際に要求することは不可能であり、集合動産への抵当権設定が可能と考える余地がある。

❷第三者との関係　質権設定を禁止する規定はない。ただ特則規定があり、「農業用動産の抵当権の得喪及変更は其の登記を為すに非ざれば之を以て善意の第三者に対抗することを得ず」という規定され、登記を対抗要件とするが第三者の善意を要件としている(13条1項)。登記がなくても悪意の第三者には対抗できることになる。また、「前項の規定は登記の後と雖も民法第192条乃至第194条の規定の適用を妨げず」とされている(同2項)。登記をしたとしても、善意無過失の第三者は、抵当権の負担のない所有権を取得しうることになる。なお、目的物自体に登記がされていることを示す表示はされない。

(ウ)抵当権規定と同様の個別規定を置く立法——自動車、航空機、建設機械　自動車については自動車抵当法(1951年)が制定されており、道路運送車両法による登録を受けた車両につき、抵当権の設定を可能とし(同法3条)、ほぼ民法の抵当権についてと同様の数多くの規定が置かれている(例えば、根抵当権も設定可能［同法19条の2］)。登録車両については、必ず抵当権によることにして、質権の設定は禁止されている(20 条)。 登録されていない車両については質権設定が可能である。 非占有担保がこれにより実現されるのであるが、抵当権の実行は競売手続きによる必要があることに変わりはない(ただし、特別の手続きが既定されている［17 条］)。

航空機については、航空機抵当法(1953 年)により、登録された航空機について抵当権の設定を認め(同 3 条)、質権設定を禁止し(23 条)、その他、民法の抵当権規定と同様の規定が置かれている。 自動車、飛行機、船舶は登記されていることは目的物に表示される。 もちろん抵当権の設定の有無は登記・登録を確認する必要がある。

また、建設機械抵当法(1954 年)により、「建設機械」(「建設工事の用に供される機械類」であり政令により具体的に定められる)について、所有権保存登記を認め(同法 3 条)、登記された建設機械への抵当権設定を認め(同 5 条)、民法の抵当権規定と同様の諸規定を置きつつ、既登記建設機械についての質権設定を禁止している(25 条)。 所有権保存登記の申請のためには、建設機械に建設大臣の行う記号の打刻を受けるかまたはすでに打刻された記号の検認を受けなければならない。 この打刻により登記されている建設機械であることが分かり、抵当権の設定の有無を登記により確認することができる。

(c)残された問題点——あくまでも例外的個別立法　私的実行ができないという点は、抵当権に共通の問題であり、不動産に匹敵する重大な動産については特別に問題視する必要はない。 しかし、農業用動産については少額の物品も含まれ私的実行の要請は高いが、実行方法については信用法にも施行令にもこの点の特別の規定はない。

動産について非占有担保の実現が可能なのは、上記の動産に限られ、それ以外の動産、とりわけ流動する在庫商品といった集合動産についての非占有担保の要請は実現されていない。 この要請は、立法ではなく、譲渡担保の実務を生み出し、これを認める判例法により発展せられることになる。 次にこの点を説明したい。

3. 譲渡担保をめぐる判例法

(1)譲渡担保を認める判例法の変遷

(a)所有権移転には「原因」が必要——「担保」は原因になるか　譲渡担保は所有権移転という「形式」により担保という「目的」を達成しようとする取引である。所有権の移転には「原因」が必要であるが、売買、贈与等とは別に「信託」までは、真正の所有権の移転ではなく管理のための手段に過ぎないが認められている。では、「担保」は所有権移転の原因になるのであろうか。これを認めない限り、「信託」を原因とするか、または、信託とも異なるので所有権の移転ではなく「担保権の設定」と再構成するしかない。

(b)判例は「担保」を原因とする所有権移転を認める　判例は、この点、紆余曲折があったが、現在では、「担保」を所有権の移転原因として認めた上で、「担保」を原因とする所有権の移転であるため、売買などの終局的かつ全面的な所有権の移転ではなく、かといって、信託のような財産管理のための仮託的な所有権移転とも異なるいわば第三の所有権移転を認めている。「担保」を動機や目的の次元に位置付けるのではなく、「担保」を原因とする所有権の移転を直截に認め、その所有権の移転の効力につき、「債権担保の目的を達するのに必要な範囲内においてのみ目的不動産の所有権移転の効力が生じるにすぎ」ないというのが、確立した判例の採用する表現である(最判平7・11・10民集49巻9号2953頁等)。担保権の設定ではないが、「担保」を原因としその限度での所有権移転を認めるので「担保的構成」といえる。

(2)集合動産譲渡担保

もちろん特定の動産の譲渡担保もできるが、特筆すべきは、特定動産の譲渡担保に限らず、いわゆる集合動産の譲渡担保が認められていることである。この点は、既に過去のシンポジウムで説明をしたので、要点に止める。

(a)「集合物」理論の採用

(ア)集合物構成(集合物論)

❶1つの集合物及びその上の1つの所有権の肯定　集合動産譲渡担保

の問題を初めて扱った最高裁 1979 年 2 月 15 日判決(民集 33 巻 1 号 51 頁)は、「構成部分の変動する集合動産についても、その種類、所在場所及び量的範囲を指定するなどなんらかの方法で目的物の範囲が特定される場合には、一個の集合物として譲渡担保の目的となりうる」と判示した。本判決は、「集合物」という概念を認め、その要件につき「目的物の範囲が特定される」ことで足りることを明らかにしている。

❷個々の構成部分にも効力が及ぶ　判例は、集合物の1つの所有権が移転するだけでなく、個々の動産も集合物を構成するに至ると譲渡担保の効力が及び、その所有権が移転することを認めている。後述の判例は、個々の動産についての所有権移転を前提しとして、その対抗要件具備を問題にし、また、設定者が所有者でないのに処分できることを処分授権により説明をするのである。ただし、学説には異論がある。

(イ)対抗要件

❶公示方法　判例は、集合物についても動産の譲渡についての178条を適用し、占有改定による対抗要件具備を認める。集合物の上の1つの観念的な所有権についても包括的な占有改定により対抗要件が具備され、集合動産譲渡担保が二重になされた場合には、この包括的な占有改定の先後により優劣が決められることになる。

さらに特筆すべきは、いわゆる動産債権特例法により集合物の譲渡登記が認められていることである。集合動産譲渡担保契約書による登記ができ、「登記の年月日」のほか、「登記の時刻」も記録されるため、登記により対抗要件を備えた時刻も明確に公示ができる。譲渡登記は民法 178 条の効力が与えられるだけであり、その後の第三者による即時取得(192 条)を阻止する効力までは認められない。

❷個々の動産の対抗力保全効　そして、「この対抗要件具備の効力は、…新たにその構成部分となった動産を包含する集合物について及ぶ」と考えられている(最高裁 1987 年 11 月 10 日判決［民集 41 巻 8 号 1559 頁］)。所有権の移転また対抗力は勿論構成部分になった時に発生するが、対抗関係に立つ第三者との関係においては、当初の包括的な占有改定によりその優劣が決められることになる。

(b)構成部分の譲渡の可能性

(ア)原則として処分有効　最高裁2006年7月20日判決(民集60巻6号2499頁)は、「構成部分の変動する集合動産を目的とする譲渡担保においては，集合物の内容が譲渡担保設定者の営業活動を通じて当然に変動することが予定されているのであるから，譲渡担保設定者には，その通常の営業の範囲内で，譲渡担保の目的を構成する動産を処分する権限が付与されて」いることを認める。即ち、譲渡担保契約において設定者に「通常の営業の範囲内で」自己の名で処分する権限いわゆる「処分授権」が認められていることになる。

(イ)処分授権の対象外の処分——集合物からの分離　譲渡担保権設定者には、担保物適切管理保存義務があり、「通常の営業の範囲内」で処分されても、営業が続いている限り商品等が補充されるので、譲渡担保権者は集合物の全体の価値が保持されていればよく、その営業への干渉を認めるべきではない。そのため、「通常の営業」が継続している限り処分は許されることになる。買主は譲渡担保を知っていても、有効に所有権を取得することになる。

先の最高裁2006年7月20日判決は、「通常の営業の範囲を超える売却処分をした場合，当該処分は上記権限に基づかないものである以上，譲渡担保契約に定められた保管場所から搬出されるなどして当該譲渡担保の目的である集合物から離脱したと認められる場合でない限り，当該処分の相手方は目的物の所有権を承継取得することはできない」、と判示する。2つのことが述べられており、①通常の営業の範囲を超える処分は効力が認められないこと、②その事例か否かを問わず、集合物を構成する限りで譲渡担保の効力が及び、分離によって効力が及ばなくなることである——成立要件かつ存続要件。

(c)その他

(ア)物上代位について

❶物上代位の可能性　譲渡担保は「担保」を原因とする所有権の移転という効果を生じさせるだけであり、その実質は担保権に等しいため、最高裁1999年5月17日判決(民集53巻5号863頁)は、設定者が倒産し集合動産譲渡担保目的物の代金債権について譲渡担保権者が物上

代位に基づいて差押えをした事例で、譲渡担保権者は「譲渡担保権に基づく物上代位権の行使として」、目的物の売買代金債権を差し押さえることを認める。

❷物上代位が認められる場面の制限　最高裁 2010 年 12 月 2 日判決 (民集 64 巻 8 号 1990 頁)は、保険金請求権への物上代位につき、「譲渡担保権設定者が通常の営業を継続している場合には，目的動産の滅失により上記請求権が発生したとしても，これに対して直ちに物上代位権を行使することができる旨が合意されているなどの特段の事情がない限り，譲渡担保権者が当該請求権に対して物上代位権を行使することは許されない」と述べている。 これは代金債権にもあてはまり、「通常の営業」が続いていれば、新たな目的物が補充され「集合物」の価値が維持されるので、処分授権が認められる以上、その代金債権に物上代位を認めなくても不都合はない。

(イ)二重の譲渡担保　最高裁 2006 年 7 月 20 日判決(民集 60 巻 6 号 2499 頁)は、養殖魚の集合動産譲渡担保の事例について、「このように重複して譲渡担保を設定すること自体は許されるとしても，劣後する譲渡担保に独自の私的実行の権限を認めた場合，配当の手続が整備されている民事執行法上の執行手続が行われる場合と異なり，先行する譲渡担保権者には優先権を行使する機会が与えられず，その譲渡担保は有名無実のものとなりかねない。 このような結果を招来する後順位譲渡担保権者による私的実行を認めることはできない」と判示している。 傍論であるが、①譲渡担保は担保目的の限度での所有権の点なので、複数の譲渡担保の設定が可能なこと、そして、②後準譲渡担保権者は私的実行ができないことが確認されている。

この論理は譲渡担保と所有権留保との関係にもあてはまり、所有権留保がされた動産が集合動産譲渡担保に供された場合、所有権留保が優先し、譲渡担保権も劣後する担保として成立するということも考えられる。 しかし、最高裁 2018 年 12 月 7 日判決は、所有権留保の目的物につきなさた譲渡担保の効力を否定する。

4. おわりに——立法論への若干の言及

以上のように、日本においては重要な動産については抵当権設定の途が開かれているが、それ以外の在庫商品等の集合体を非占有担保にとるという実務の要請に応える制度は未だ実現されていない。この要請の実現は、集合動産譲渡担保を認める判例法によって担われていることになる。しかし、判例に依拠するが故に——立法とは異なり臨機応変に変更される柔軟性は魅力ではある——不確実さが残され、また、議論のある点を立法により解決することが望まれる。

では、特例法により集合動産譲渡担保の公示も可能となっており、現行判例法に問題点はあるのであろうか。やはり譲渡担保という法的構成についての理論的疑念を払しょくできない点は大きい。直接に動産抵当権または非占有動産質の設定を認め、かつ、所有権移転方式で実現されていた実益を可能な限り立法で実現することが考えられる。例えば、私的実行を明文でもって認め清算義務を規定することが考えられる。不動産を対象とする仮登記担保とは異なり、実行期間の設定、実行後の受戻権の規定は、迅速かつ安全な取引が要請される動産では不要であろう。

比較的新しい担保法の改正としては、フランスにおいて、非占有質を動産にも認め登記制度を創設し登記により公示する制度が実現されている。他方で、少し遅れて担保信託制度も導入されており、これは日本でいう譲渡担保を信託として公認して規定するものである。非占有質については、登記により即時取得が排除されるまでの強力な保護が用意されている。

日本においても、動産譲渡登記が導入され、債権については譲渡だけでなく質権設定登記も認められている。上記の提案を特例法の改正とセットで実現することが考えられる。ただし、登記がされた場合に、即時取得を排除する効力まで認めるべきかは慎重に検討することを要する。

动产让与登记与善意取得

——动产让与登记是否构成善意取得

[日]水津太郎 著　申政武 校*

一、引言

(一)动产让与登记与动产物权让与的对抗要件

日本法规定,动产物权的转让基于当事人的意思表示发生效力(《民法》176条)。不过,动产物权的让与要对抗第三人需要完成交付(《民法》178条)。通说认为,采用占有改定方式交付也属于构成动产物权让与对抗要件的交付的一种形式。

不过,由于从外观上无法判断当事人是否已通过占有改定完成了交付,因此即使动产受让人通过占有改定已取得了对抗要件,事后仍然有可能在受让人与第三人之间就是否完成了交付或何时完成交付发生纠纷。

这种风险将会给企业利用动产筹集资金的活动带来障碍。因此,日本在平成十六年(2004年)建立了"动产让与登记制度",以此作为法人动产物权让与对抗要件的特殊规则。

该制度规定,将动产让与登记"视为民法第178条所规定的交付"(《动产债权转让特例法》3条1款)。换句话来说,动产让与登记与交付具有同等效力。即在交付之后进行动产让与登记时,交付优先于动产让与登记。该法没有采纳动产让与登记优先于交付的规则(所谓"登记优先于交付规则")。

---

* 水津太郎,日本庆应大学教授;申政武,山东大学法学院教授。

法人的所有动产让与都可以登记。让与的标的动产既可以是个别动产也可以是集合动产,并且,动产让与没有必要以担保债权为目的。

(二)动产让与登记与善意取得

通过交易行为平稳且公然开始占有动产的人,若为善意且无过失,则可即时对该动产行使权利(《民法》192条)。这被称之为善意取得(或即时取得)。动产让与登记与即时取得的关系存在下列两个问题:

动产让与登记与后手交易。第一个问题是,在进行动产让与登记之后,转让该动产让与登记的标的动产并完成现实交付时,该受让人是否可以善意取得该动产?

动产让与登记与前手交易。第二个问题是,在进行动产让与登记之前转让该动产让与的标的动产并采用占有改定方式完成交付时,该动产让与登记标的动产的受让人是否可以善意取得该动产?

本报告将对第二个问题进行探讨。

(三)本报告的课题与方法

如上所述,本报告的目的是,对能否通过动产让与登记善意取得标的动产进行分析和探讨。为此,本报告首先指出动产让与登记的特征;其次,作为相关的问题,分析采用占有改定的方法为交付与善意取得的关系;然后,在前述考察的基础上,讨论本报告提出的课题;最后,对整体内容作出概括。

二、不动产登记与动产让与登记

(一)不动产登记的特征

动产让与登记具有与不动产登记不同的特征。在此,我将对二者的特征在与本报告相关的范围内进行比较。

1. 登记的编成方式——物的编成主义

在不动产登记中,需要就每一块土地、每一个建筑物进行登记(《不动产登记法》2条5款),即关于登记的编成方式采纳了物的编成主义。登记记录具体分为标题部与权利部。其中,标题部主要是关于不动产的物理现况等表示的登记;权利部是关于权利的登记,分为甲区与乙区。在甲区对所有权的变动进行登记,而在乙区对所有权以外的权利变动进行登记。

采纳这种编成方式是因为不动产登记是以"公示不动产的表示与不动产的有关权利"(《不动产登记法》1条)为目的的制度。

2. 对于多重公示的处理——驳回双重登记的申请

> 例 1-1
>
> A 将其所有的甲土地转让给 B 之后,又将甲转让给 C。A 向 B 的转让已构成了所有权转移登记。

在例 1-1 中,甲土地已经进行了 A 向 B 的所有权转移登记。此时,C 与 A 共同申请将甲土地所有权由 A 向 C 转移登记时,登记官将会驳回该申请(《不动产登记法》25 条 7 款),因为申请信息中的登记义务人 A 与应该成为登记义务人的登记名义人 B 不一致。

不动产登记是以公示不动产的物权变动为目的的制度。双重登记会妨碍登记的真实性,因此,不动产登记法规定了双重登记申请的驳回。

3. 登记信息的公开——无限制

关于不动产登记,谁都可以请求登记事项证书的开具(《不动产登记法》119 条 1 款),从而,谁都可以看到登记事项的一切内容。

(二)动产让与登记的特征

动产让与登记具有如下特征:

1. 登记的编成方式——实质上是人的编成主义

与不动产不同,动产的数量无限,因此,像不动产登记一样就每一个动产进行登记是非常困难的。于是,动产让与登记需要就每一个动产让与作为独立的登记,在动产让与登记档案中关于让与的有关事项进行记录(《动产债权让与特例法》7 条 2 款)。

动产让与登记采纳了只要指定动产让与人,而搜索动产让与登记档案就可以查到让与人所具有的一切动产让与登记的机制,从而,动产让与登记被认为实质上是采纳人的编成主义的制度。

2. 对于多重公示的处理——双重登记或动产让与登记与交付冲突的风险

如上所述,动产让与登记是公示"该动产的让与"(《动产债权让与特例法》3 条 1 款)的制度,在性质上,并没有公示动产确实存在或就该动产确实发生了所有权转移的功能,从而,关于双重登记申请的处理也与不动产登记不同。

> 例 1-2
>
> A 将其所有的甲机器转让给 B 之后,又将甲转让给 C。A 向 B 的让与已构成了动产让与登记。

在例 1-2 中,甲机器已经进行了 A 向 B 的动产让与登记。此时,C 与 A 共同就甲申请 A 向 C 的动产让与登记时,登记官不会审查甲是否已构成了动产让与登记。一般认为,在动产让与登记中,只要 A 向 C 转让了甲就应该公示其事实。从而,甲将会具有双重登记,即 A 向 B 的动产让与登记与 A 向 C 的动产让与登记。此时,B 与 C 的优劣根据动产让与登记时间的先后来决定。

即使甲具有了 A 向 B 的动产让与登记,该登记只是公示 A 将甲转让给了 B 的事实而已,并不是公示甲确实存在或关于甲确实发生了所有权的转移。因此,动产让与登记只具有与交付相同的效力。从而,在例 1-2 中,A 可以向 C 交付甲。此时,甲会发生 A 向 B 的动产让与登记与 A 向 C 的交付的冲突。B 与 C 的权利根据动产让与登记时间与交付时间的先后来决定。

3. 登记信息的公开——双阶段公开方式

在动产让与登记中,登记事项概要证书或概要记录事项证书与登记事项证书的开具请求权人的范围不同。前者是记载登记事项概要的证书,谁都可以请求开具(《动产债权让与特例法》11 条 1 款、13 条 1 款)。与此不同,后者是记载一切登记事项的证书,只有让与当事人、利害关系人与让与人的使用人可以请求开具(《动产债权让与特例法》11 条 2 款)。

如上所述,动产让与登记采纳了双阶段登记信息公开模式。登记事项证书与登记事项概要证书或概要记录事项证书不同,前者关于**特定让与动产的信息**也有记载,如让与人具体所有哪些动产,或者是否确实所有该动产的信息与让与人的营业秘密或事业战略有关。所以,登记事项证书开具请求人的范围仅限于让与当事人与利害关系人等。

三、占有改定方式交付与善意取得

> 例 2-1
>
> A 将其所有的机器甲寄存到 B 处之后,B 擅自将甲转让给了 C。C 善意且无过失相信 B 为甲的所有人。C 从 B 通过占有改定得到了交付。

(一)论点

在例 2-1 中,善意且无过失相信 B 为甲所有人并受让甲的 C 是否可以善意取得甲?为了构成善意取得,需要满足"通过交易行为""开始占有"(《民法》192 条),即交付的要件。

C 从 B 通过占有改定得到了交付。占有改定方式交付属于动产物权让与的对抗要件(《民法》178 条),但是,占有改定方式交付是否可构成善意取得?这个问题目前还没有明确的结论。

(二)案例——否定说

案例认为,为了构成善意取得,需要"取得在一般外观上给前占有状态带来变更的占有"。但是,占有改定方式交付不是以这种形式取得占有,从而,只通过占有改定得到交付时,无法满足善意取得的交付要件(最判昭 35.2.11,《民集》14 卷 2 号 168 页)。

也就是说,根据案例的解释,只通过占有改定得到交付的 C 不构成善意取得。

(三)否定说的正当化根据

那么案例为什么作为善意取得的要件要求"在一般外观上给前占有状态带来变更的占有取得"呢?

1. 为了抑制无权交易与善意取得的成立

首先,有学说认为,只通过占有改定得到交付的受让人对该动产没有确立值得保护的支配,受让人对于转让人的占有所拥有的信赖不值得保护。不过,显然这一评价根据并不明确。

关于这一点可以理解如下:

在例 2-1 中,有学说认为,C 只要通过占有改定得到交付就可以善意取得甲,在 C 善意取得甲的同时,A 会失去自己的所有权。可是,事实上 B 还在占有甲。此时,B 向其他人作出无权转让的可能性较高,并且,B 将甲交付给该受让人时,即使是以占有改定方式交付,也有构成善意取得的余地。该受让人善意取得甲的同时,C 就会失去曾经善意取得的自己的所有权。B 向该受让人通过占有改定进行交付时,由于事实上 B 还在占有甲,有可能反复发生同样情况。

相对于此,主张占有改定方式交付不构成善意取得的见解则认为,C 无法善意取得甲。另外,C 得到现实交付而善意取得甲时,B 没有占有甲。从而,B 向其他人作出无权转让的可能性较低。即使将甲转让给了其他人,该受让人也没有善意取得的余地。

笔者认为,动产应尽量减少无权交易与善意取得制度的冲突。从这一角度而言,应主张占有改定方式交付不构成善意取得。

2. 原权利人应当承担的调查成本

另外,还有些学说认为,只通过占有改定方式完成交付时,至少在外观上,原权利人还没有完全丧失对转让人的信任。但是,这为什么会成为占有改定方式交付不构成善意取得的理由呢?这个问题可以理解如下:

在例 2-1 中,B 还在实际占有甲。如果在这种情况下认同 C 对甲的善意取得的话,A 为了确认是不是还没有因为善意取得而失去所有权,必须要调查 B 是不是没有将甲转让给其他人,或者是不是没有完成占有改定方式交付。这会给 A 带来重大负担。

相对于此,如果理解为占有改定方式交付不构成善意取得的话,A 为了确认甲所有权的归属,只对 B 是否在实际占有甲进行调查就可以。

由于原权利人可能因善意取得的适用而失去权利,因此不应该采用对原权利人不利的解释。若从合理压缩原权利人调查成本的角度而言,应该理解为占有改定方式交付不构成善意取得。

四、动产让与登记与善意取得

> 例 2-2
>
> A 将其所有的甲机器寄存到 B 处,B 擅自将甲转让给了 C。C 善意且无过失地信赖 B 为所有人,并履行了 B 向 C 的动产让与登记。

(一)论点

在例 2-2 中,C 已完成了动产让与登记。受让人完成动产让与登记时,

“视为已完成了《民法》第 178 条的交付”(《动产债权让与特例法》3 条 1 款)。但是,动产让与登记是否构成善意取得(《民法》192 条),这个问题目前还没有明确的结论。

(二)争议

多数学说认为,动产让与登记可以构成善意取得。因为当 C 完成动产让与登记时,从外观上,不仅可以识别 B 将甲转让给 C 的事实,而且 A 也已经失去了对 B 的信任。

但是,这种见解没有掌握好动产让与登记的特征。如果考虑到这一点,笔者认为与占有改定方式交付相同,应该理解为动产让与登记不构成善意取得。

(三)否定说——基于动产让与登记特征的解释

下面,将从与占有改定方式交付相同的角度对完成动产让与登记的情形进行探讨。

1. 防止无权交易或善意取得

关于例 2-2 的情形,多数学说认为,只要 C 完成动产让与登记就可构成对甲的善意取得,同时导致 A 失去所有权。不过,由于 B 还在实际占有甲,因此,即使 C 完成了 B 向 C 的动产让与登记,B 在制度上依然可将甲转让或交付给他人。因此,仍存在较高的 B 可能向他人作出无权转让的风险。B 可能通过受让人动产让与登记或现实交付使善意取得甲的行为成立。在受让人善意取得甲的同时,C 将会失去曾短暂获得的甲的所有权。甲具有动产让与登记或进行占有改定方式交付时,由于 B 还在实际占有标的物,而且还有多重公示的可能性,因此这种情形不断出现的可能性较高。

虽然通过动产让与登记可以从外观上认识到动产转让的事实,但是,从抑制无权交易与善意取得的观点而言,无法依据动产让与登记认同善意取得的效力。

2. 原权利人应当承担的调查成本

在例 2-2 中,如果依据甲的动产让与登记认同善意取得的效力,A 为了确认是不是还没有因为善意取得而失去甲的所有权,必须要调查 B 是不是没有将甲转让给其他人,或者是不是没有进行动产让与登记。但是,这种调查对于 A 来说是非常困难的。

C 关于甲已经具有了 B 向 C 的动产让与登记。如上所述,不管是谁都可以请求登记事项概要证书与概要记录事项证书的开具。从而,A 可以通过这些证书确认 B 向 C 的动产转让。此时,如果要确认转让的标的动产是不是“甲”,必须要开具登记事项证书,但是登记事项证书的开具请求权人仅限于转让当事人与利害关系人等。利害关系人包括“取得转让标的动产的人”(《动产债权让与登记令》15 条 1 项),在进行动产让与登记之前取得转让标的动产的受让人不包括在内①,从而,A 本人无法提出登记事项证书的开具请求。此时,A 为了确认 B 关于甲没有进行无权转让,可以与 B 订立由 B 定期开具以“无转让证明”(参照《动产债权转让登记令》16 条 3 款,2 款 2 项)为内容的登记事项证书并将其提交给 A 的协议。但是,A 的谈判能力低于 B 时,A 无法与 B 订立上述的协议。而且,即使订立了协议,在 B 进行无权转让的情况下,也无法保证 B 向 A 提交证书的真实性。

即使完成动产让与登记,在外观上原权利人已经失去了对于转让人的信任,原权利人也很难确认这件事。笔者认为,应当在合理范围内压缩原权利人的调查成本。从这一角度来说,无法将动产让与登记视为满足了善意取得的要件。

五、结语

动产让与登记与不动产登记特征不同。如果考虑到动产让与登记的特征,我们就无法采用在依占有改定方式为交付时构成善意取得的主张,进而也就无法依据动产让与登记认同善意取得的效力。

① 这以动产让与登记不构成善意取得为前提。相对于此,虽然也有认同在具有动产让与登记之前取得标的物动产的受让人开具登记事项证书的余地,但是在请求开具时,A 需要作为附件提交三个月以内开具的印鉴证书(《动产债权让与登记规则》22 条 1 款 1 项与同 2 款)与证明在具有动产让与登记之前已受让了标的物动产的“书面证书”(《动产债权让与登记令》16 条 4 款 3 项)等。这对 A 而言是沉重的负担。

【原文】

動産譲渡登記と即時取得

——動産譲渡登記による即時取得の可否について

水津太郎

I. はじめに

1. 動産譲渡登記と動産物権譲渡の対抗要件

日本法では、動産物権の譲渡は、当事者の意思表示のみによって、その効力を生じる（民法 176 条）。もっとも、動産物権の譲渡を第三者に対抗するためには、引渡しがされなければならない（民法 178 条）。この動産物権譲渡の対抗要件としての引渡しには、占有改定（民法 183 条）の方法によるものも、含まれるとされている。

もっとも、占有改定の方法による引渡しがされたかどうかは、外形上明らかでない。そのため、動産を譲り受けた者が、占有改定の方法による引渡しによってその対抗要件を備えたとしても、後日、その者と第三者との間で、その引渡しがされたかどうかや、その引渡しがされたのはいつかについて、争いが生じるおそれがある。

このようなおそれがあると、動産を用いた企業の資金調達が阻害される。そこで、平成十六年（2004 年）に、法人がする動産物権譲渡の対抗要件の特例として、動産譲渡登記制度が創設されることとなった。

同制度によれば、動産譲渡登記がされたときは、「民法第 178 条の引渡しがあったものとみな」される（動産債権譲渡特例法 3 条 1 項）。言い換えれば、動産譲渡登記には、引渡しと同等の効力しか認められていない。そのため、動産譲渡登記が引渡しに後れたときは、引渡しが優先する。動産譲渡登記を引渡しに優先させるルール（いわゆる登記優先ルール）は、とられていない。

動産譲渡登記は、法人がする動産譲渡一般について、これをすることができる。 譲渡にかかる動産が個別動産であるか、集合動産であるか、また、動産譲渡が債権を担保するためにされたものであるかどうかは、問われない。

2. 動産譲渡登記と即時取得

取引行為によって、平穏に、かつ公然と動産の占有を始めた者は、善意であり、かつ過失がないときは、即時にその動産について行使する権利を取得する（民法192条）。 これを、即時取得（または善意取得）という。 動産譲渡登記と即時取得との関係については、次の2つの問題がある。

①動産譲渡登記と後行取引　第1の問題は、動産譲渡登記がされた後に、その動産譲渡登記の目的である動産が譲渡され、現実の引渡しがされた場合において、その譲受人は、その動産を即時取得することができるかどうかである。

②動産譲渡登記と先行取引　第2の問題は、動産譲渡登記がされる前に、その動産譲渡登記の目的である動産がすでに譲渡され、占有改定の方法による引渡しがされていた場合において、その動産譲渡登記の目的である動産を譲り受けた者は、その動産を即時取得することができるかどうかである。

本報告では、このうち、②の問題を扱うこととする。

3. 本報告の課題と方法

このように、本報告は、動産譲渡登記によって即時取得をすることができるかどうかについて、分析・検討をおこなうものである。

そのために、本報告では、まず、動産譲渡登記の特徴を示し（Ⅱ）、次に、関連する問題として、占有改定の方法による引渡しと即時取得の問題を扱った（Ⅲ）後、それらの考察を踏まえたうえで、本報告の課題に取り組み（Ⅳ）、最後に、まとめをおこなう（Ⅴ）。

Ⅱ. 不動産登記と動産譲渡登記

1. 不動産登記の特徴

動産譲渡登記には、不動産登記にはない特徴がある。 本報告と関連する限りで、不動産登記と動産譲渡登記の特徴を対比すると、次のとおりである。

(1)登記の編成方式——物的編成主義

不動産登記では、1筆の土地、1個の建物ごとに、1単位の登記記録を備える（不動産登記法2条5号）こととされている。つまり、登記の編成方式について、物的編成主義がとられている。登記記録は、①表題部と、②権利部からなる。①には、表示に関する登記がされる。ここでは、おもに、不動産の物理的現況が示される。他方、②には、権利に関する登記がされる。②は、甲区と乙区とに分かれる。甲区には、所有権の変動が登記され、乙区には、所有権以外の権利の変動が登記される。

このような編成方式がとられているのは、不動産登記が、「不動産の表示及び不動産に関す利を公示する」（不動産登記法1条）ものだからである。

(2)多重の公示の扱い——二重登記の申請の却下

〔CASE1-1〕

Aは、Bに対し、自分が所有する甲土地を譲渡した後、Cに対しても、甲を譲渡した。AからBへの所有権移転登記がされている。

〔CASE1-1〕では、甲について、AからBへの所有権移転登記がされている。この場合において、CがAとの共同で、甲について、AからCへの所有権移転登記を申請したときは、その申請は、登記官によって却下される（不動産登記法25条7号）。その申請情報において登記義務者とされている者は、Aであるのに対し、登記義務者となるべき登記名義人は、Bであるため、両者が一致しないからである。

不動産登記は、不動産についての物権変動を公示するものである。そのため、登記が二重にされると、登記の真正が害される。そこで、二重登記の申請は、却下されることとされている。

(3)登記情報の開示——制限なし

不動産登記では、だれでも、登記事項証明書の交付を請求することができるとされている（不動産登記法119条1項）。これにより、だれでも、記録されているすべての登記事項を知ることができる。

2. 動産譲渡登記の特徴

これに対し、動産譲渡登記には、次のような特徴がある。

(1)登記の編成方式——実質的な人的編成主義

動産は、不動産と異なり、その数にほぼ限りがない。そのため、不動産登記と同じように、1つの動産ごとに、1単位の登記記録を備えるのは、きわめて困難である。そこで、動産譲渡登記では、動産の譲渡ごとに、独立の登記として、動産譲渡登記ファイルに譲渡にかかる事項を記録する（動産債権譲渡特例法7条2項）こととされている。

そのうえで、動産譲渡登記を調べようとする者が、動産の譲渡人を指定して動産譲渡登記ファイルを検索することで、その譲渡人が備えたすべての動産譲渡登記を知ることができる仕組みがとられている。動産譲渡登記が、実質的な人的編成主義をとるものであるとされているのは、そのためである。

(2)多重の公示の扱い——二重登記がされたり、動産譲渡登記と引渡しとが二重にされたりするおそれ

このように、動産譲渡登記は、「当該動産の譲渡」（動産債権譲渡特例法3条1項）がされたことを公示するものである。その制度上、動産が実際に存在することや、その動産について実際に所有権の移転が生じたことを公示することは、予定されていない。そのため、二重登記の申請の扱いも、不動産登記とは、異なるものとなっている。

〔CASE1-2〕

Aは、Bに対し、自分が所有する甲機械を譲渡した後、Cに対しても、甲を譲渡した。AからBへの動産譲渡登記がされている。

〔CASE1-2〕では、甲について、AからBへの動産譲渡登記がされている。この場合において、CがAとの共同で、甲について、AからCへの動産譲渡登記を申請したときは、登記官は、甲について、すでに動産譲渡登記がされているかどうかを審査しない。動産譲渡登記では、AからCへと甲の譲渡がされたのであれば、そのことを公示すべきであると

される。そのため、この場合には、甲について、AからBへの動産譲渡登記と、AからCへの動産譲渡登記とが二重にされる。BとCとの間の優劣は、動産譲渡登記の時間的な先後によって定まる。

甲について、AからBへの動産譲渡登記がされても、その登記は、AからBへと甲の譲渡がされたことを公示するものであって、甲が実際に存在することや、甲について実際に所有権の移転が生じたことを公示するものではない。そのため、動産譲渡登記には、引渡しと同等の効力しか認められていない（前述Ⅰ1）。したがって、〔CASE1-2〕では、Aは、Cに対し、甲を引き渡すこともできる。この場合には、甲について、AからBへの動産譲渡登記と、AからCへの引渡しとが二重にされる。BとCとの間の優劣は、動産譲渡登記がされた時と引渡しがされた時との先後によって定まる。

(3)登記情報の開示——二段階開示方式

動産譲渡登記では、①登記事項概要証明書または概要記録事項証明書と、②登記事項証明書とで、証明書の交付請求権者の範囲が区別されている。①は、記録されている登記事項の概要を記載した証明書であり、だれでも、その交付を請求することができる（動産債権譲渡特例法11条1項・13条1項）。他方、②は、記録されている登記事項のすべてを記載した証明書であり、譲渡の当事者、利害関係人［後述Ⅳ3(2)］および譲渡人の使用人に限って、その交付を請求することができる（動産債権譲渡特例法11条2項）。

このように、動産譲渡登記では、登記情報の開示について、2つの段階が設けられている。②では、①と異なり、譲渡にかかる動産を特定する事項まで記載されている。譲渡人がどのような動産を所有し、これを譲渡しているかという情報は、譲渡人の営業秘密や事業戦略にかかわるものである。そのため、②では、①と異なり、証明書の交付請求権者の範囲が、譲渡の当事者や利害関係人等に限定されている。

Ⅲ. 占有改定の方法による引渡しと即時取得

〔CASE2-1〕
Aは、Bに対し、自分が所有する甲機械を預けていた。 その後、Bは、Aに無断で、Cに対し、甲を譲渡した。 Cは、甲がBのものであると過失なく信じていた。 Cは、Bから、占有改定の方法による引渡しを受けた。

1. 問題の所在

〔CASE2-1〕において、甲がBのものであると過失なく信じてこれを譲り受けたCは、甲を即時取得することができるか。 即時取得が成立するためには、その要件として、「取引行為によって」「占有を始めた」こと（民法192条）、つまり引渡しがされたことが求められる。

Cは、Bから、占有改定の方法による引渡しを受けている。 占有改定の方法による引渡しは、動産物権譲渡の対抗要件（民法178条）にあたる（前述Ⅰ1）。 これに対し、占有改定の方法による引渡しが、即時取得の要件としての引渡しにあたるかどうかは、明らかでない。

2. 判例——否定説

判例は、この問題について、次のような立場をとっている。 すなわち、即時取得が成立するためには、「一般外観上従来の占有状態に変更を生ずるがごとき占有を取得すること」を要する。 しかし、占有改定の方法による引渡しは、そのような形式で占有を取得するものではない。 したがって、占有改定の方法による引渡しがされただけでは、即時取得の要件としての引渡しがされたものとはいえない（最判昭和35〔1960〕・2・11民集14巻2号168頁）。

したがって、判例によれば、占有改定の方法による引渡しを受けたにとどまるCは、甲を即時取得することができないこととなる。

3. 否定説の正当化根拠

では、即時取得の要件として、「一般外観上従来の占有状態に変更を生ずるがごとき占有を取得すること」が求められるのは、なぜなのか。

(1) 無権限取引・即時取得の成立の抑止

これについては、まず、占有改定の方法による引渡しを受けただけでは、譲受人は、その物について保護に値する支配を確立していないとされたり、譲渡人の占有に対する譲受人の信頼は、保護に値しないとされたりすることがある。 しかし、なぜそのような評価がされるのかは、明らかでない。 これについては、次のように考えることができよう。

〔CASE2-1〕において、Cは、占有改定の方法による引渡しを受けただけで、甲を即時取得することができるという見解によれば、Cが甲を即時取得する反面で、Aは、自分の所有権を失う。 もっとも、Bは、まだ甲を現実に占有している。 そのため、Bは、他の者に対し、さらに甲を無権限で譲渡するおそれが高い。 そして、甲について、Bからその者へと引渡しがされたときは、それが占有改定の方法によるものであったとしても、即時取得が成立する余地がある。 その者が甲を即時取得するときは、その反面で、Cは、いったん即時取得した自分の所有権を失う。 甲について、Bからその者へと占有改定の方法による引渡しがされたときは、Bは、まだ甲を現実に占有しているため、さらに同じことが繰り返されるおそれが高い。

これに対し、占有改定の方法による引渡しは、即時取得の要件としての引渡しにあたらないという見解によれば、Cは、甲を即時取得することができない。 他方、Cが現実の引渡しを受けて、甲を即時取得したときは、Bは、甲を占有していない。 そのため、Bが他の者に対し、さらに甲を無権限で譲渡するおそれは低い。 かりにそのような譲渡がされたとしても、その者について、即時取得が成立する余地はない。

動産について無権限取引がされ、即時取得によってその権利の得喪が生じるという事態は、できるだけ少ないほうが望ましい。 無権限取引・即時取得の成立を抑止するという観点からは、占有改定の方法による引渡しは、即時取得の要件としての引渡しにあたらないとみるべきである。

(2) 原権利者が負担すべきモニタリングコスト

また、占有改定の方法による引渡しがされただけでは、原権利者の譲渡人に対する信頼は、形のうえでは裏切られていないとされることもある。 しかし、そのことがなぜ、占有改定の方法による引渡しが即時取得の要件としての引渡しにあたらない理由になるのかは、明らかでない。 これについては、次のように考えることができよう。

〔CASE2-1〕では、Bは、まだ甲を現実に占有している。 にもかかわらず、Cが甲を即時取得することができるとすると、Aは、甲について、自分の所有権が即時取得によって失われていないかどうかを確認するため、Bがだれかに甲を譲渡し、占有改定の方法によって引き渡していないかどうかについてまで、モニタリングをしなければならなくなる。 このことは、Aにとって、過度な負担となろう。

これに対し、占有改定の方法による引渡しは、即時取得の要件としての引渡しにあたらないとすれば、Aは、自分の所有権が即時取得によって失われていないかどうかを確認するために、その現実の占有がBのところにあるかどうかについてだけ、モニタリングをすればよい。

即時取得の成立によって権利を失う立場にある原権利者に対し、不合理なコストを払わせるような解釈は、とるべきではない。 原権利者が負担すべきモニタリングコストを合理的な水準に抑えるという観点からは、占有改定の方法による引渡しは、即時取得の要件としての引渡しにあたらないとみるべきである。

Ⅳ. 動産譲渡登記と即時取得

〔CASE2-2〕

Aは、Bに対し、自分が所有する甲機械を預けていた。その後、Bは、Aに無断で、Cに対し、甲を譲渡した。Cは、甲がBのものであると過失なく信じていた。BからCへの動産譲渡登記がされた。

1. 問題の所在

〔CASE2-2〕では、Cは、動産譲渡登記を備えている。 動産譲渡登記がされたときは、「民法第178条の引渡しがあったものとみな」される（動産債権譲渡特例法3条1項〔前述Ⅰ1〕）。 これに対し、動産譲渡登記がされたことをもって、即時取得（民法192条）の要件としての引渡しがされたものとみることができるかどうかは、明らかでない。

2. 議論状況

学説では、この問題について、肯定説が有力である。それによれば、Cが動産譲渡登記を備えたときは、BからCへと甲の譲渡がされたことが、外形上明らかになっていることや、AのBに対する信頼は、形のうえでも裏切られていることが指摘される。

しかし、これらの指摘は、動産譲渡登記を、不動産登記の延長でとらえているのではないかという疑念がある。動産譲渡登記の特徴を踏まえれば、占有改定の方法による引渡しがされたときと同様に、動産譲渡登記がされたときにも、そのことをもって即時取得の要件としての引渡しがされたものとみることはできないものと考えられる。節をあらためて検討しよう。

3. 否定説——動産譲渡登記の特徴を踏まえた解釈論

以下では、占有改定の方法による引渡しがされたとき（前述Ⅲ3）と同じ観点から、動産譲渡登記がされたときについて、検討をおこなう。

(1)無権限取引・即時取得の成立の抑止

〔CASE2−2〕において、Cは、動産譲渡登記を備えただけで、甲を即時取得することができるという見解によれば、Cが甲を即時取得する反面で、Aは、自分の所有権を失う。もっとも、Bは、まだ甲を現実に占有している。そして、甲について、BからCへの動産譲渡登記がされたとしても、甲について、Bから他の者への動産譲渡登記がされることや、Bから他の者への引渡しがされることは、制度上、妨げられていない（前述Ⅱ2）。そのため、Bは、他の者に対し、さらに甲を無権限で譲渡するおそれが高い。そして、甲について、Bからその者へと動産譲渡登記がされたり、現実の引渡しがされたりすることで、即時取得が成立する余地がある。その者が甲を即時取得するときは、その反面で、Cは、いったん即時取得した自分の所有権を失う。甲について、Bからその者へと動産譲渡登記がされたり、占有改定の方法による引渡しがされたりしたときは、Bは、まだ甲を現実に占有しており、多重の公示も妨げられないため、さらに同じことが繰り返されるおそれが高い。

動産譲渡登記がされたときは、動産の譲渡がされたことが、外形上明らかになるとしても、無権限取引・即時取得の成立を抑止するという観点からは、動産譲渡登記がされたことをもって、即時取得の要件としての引渡しがされたものとみることはできないものと考えられる。

(2)原権利者が負担すべきモニタリングコスト

〔CASE2-2〕において、甲について、動産譲渡登記がされただけで、即時取得が成立すると考えると、Aは、甲について、自分の所有権が即時取得によって失われていないかどうかを確認するため、Bがだれかに甲を譲渡し、動産譲渡登記をしていないかどうかについてまで、モニタリングをしなければならなくなる。しかし、そのことは、Aにとって、非常に困難である。

〔CASE2-2〕では、甲について、BからCへと動産譲渡登記がされている。登記事項概要証明書や概要記録事項証明書の交付は、だれでも請求することができる。そのため、Aは、これらの証明書の交付を受けて、BからCへと動産の譲渡がされたことを確認することができる。もっとも、その譲渡にかかる動産が「甲」であるかどうかは、登記事項証明書の交付を受けなければ、確認することができない。しかし、登記事項証明書の交付請求権者は、譲渡の当事者や利害関係人等に限られている［前述Ⅱ2(3)］。利害関係人には、「譲渡に係る動産を取得した者」（動産債権譲渡登記令15条1号）が含まれるものの、動産譲渡登記がされる前に譲渡にかかる動産を取得していた者は、これにあたらないとされている①。したがって、Aは、みずから登記事項証明書の交付を請求することができない。そこで、Aとしては、Bとの間で、甲が無権限譲渡されていないことを確認するため、Bが、定期的に、「ないこ

① このことは、動産譲渡登記がされたことをもって、即時取得の要件としての引渡しがされたものとみることはできない、という立場を前提としたものであると考えられる。これに対し、動産譲渡登記がされる前に譲渡にかかる動産を取得していた者も、登記事項証明書の交付を請求することができるようにしたらどうか。この場合であっても、Aは、その交付を請求するにあたって、作成後3か月以内の印鑑証明書（動産債権譲渡登記規則22条1項1号および2項）や、動産譲渡登記がされる前に譲渡にかかる動産を取得していたことを「証する書面」（動産債権譲渡登記令16条4項3号）等を添付しなければならない。このことは、Aにとって、大きな負担になるものと考えられる。

と証明」（動産債権譲渡登記令16条3項柱書・2項2号参照）を内容とする登記事項証明書の交付を受けて、これを自分に提示する旨を合意しておくことが考えられる。しかし、バーゲニング・パワーにおいて、AがBの劣位にあるときは、Aは、Bとの間で、そのような合意をすることができない。また、そのような合意をしたとしても、甲が無権限譲渡される局面では、BがAに対し、真正な証明書を提示するとも限らない。

動産譲渡登記がされたときは、原権利者の譲渡人に対する信頼が形のうえでも裏切られているとしても、そのことを原権利者が確認するのは、非常に困難である。原権利者が負担すべきモニタリングコストを合理的な水準に抑えるという観点からは、動産譲渡登記がされたことをもって、即時取得の要件としての引渡しがされたものとみることはできないものと考えられる。

V. おわりに

動産譲渡登記には、不動産登記にはない特徴がある（前述Ⅱ）。そして、そのような特徴を踏まえるならば、占有改定の方法による引渡しがされたときに、即時取得が認められない（前述Ⅲ）以上、動産譲渡登記がされたときにも、これと同様に、即時取得は認められないものと考えられる（前述Ⅳ）。

作为企业概括担保的工厂抵押、融资租赁和资产支持贷款(ABL)

[韩]金星洙 著　李鲜花 校*

一、引言

对于以企业拥有的不属于不动产的动产(流动资产)或权利①为标的的担保交易,按照传统方式设定以交付为要件的质权,并且根据具体情况可以按照《动产、债权担保的法律》(2010)②进行担保登记。除此之外,还有依据判例③所作的动产或债权让与担保。④ 但是这种方法以某种特定的动产为

---

* 金星洙,韩国警察大学教授;李鲜花,韩国成均馆大学商事法博士,延边大学法学院讲师。

① 权利中的债权设定权利质权、专利权等知识产权根据特别法设定质权。判例虽然承认了动产让与担保或债权让与担保,但适用的情况较少。2010 年制定的《关于动产、债权等担保的法律》中除了动产担保权之外,还通过承认债权担保权这一新的担保权,用担保登记代替之前的移转占有的公示方法。在此法律中,在承认以动产和债权担保登记的新担保的同时,也承认原有的担保制度。除了民法规定的交付标的物的质权,还承认了判例或者《假登记担保法》中承认的让与担保、融资租赁、所有权保留买卖等。本文论述后者中的一部分。

② 由于该法律的实施,没有不动产的中小企业也可以把动产、应收账款等资产作为担保,进行融资。实施初期,动产担保贷款很活跃,但是 2014 年以后利用的并不多,最近也在讨论修改该法。这是因债务人继续占有作为担保物的动产,在债权人不知情的情况下,担保物消失或价值大大减少的情况较多。对于应收账款,因无法明确是否是出售物品的价款请求权,所以出现无法回收债权的情况。

③ 本来《假登记担保法》中没有明文规定,但由于以不动产为标的,所以对动产或债权等权利是否适用本法有学说上的对立(参见[韩]郭润直、金哉衡:《物权法》,博英社 2014 年版,第 574 页)。判例不适用这一法律,而是采取信托让与说(参见大判 1986.8.19,86DAKA315;大判 1994.8.26,93DA44739 等)。

④ 这是一种实现动产转让抵押(参见[韩]郭润直、金哉衡:《物权法》,博英社 2014 年版,第 567 页)。

对象,并不能在企业或公司所拥有的多种资产上概括设定担保,因此为了以企业或公司拥有的资产为标的获得充分的担保,应利用这些制度未考虑的其他制度。从这方面来看,要考虑“非典型”制度。在韩国,如果能一次性将这些企业所拥有的各种物品作为担保,可以增加担保价值。为此,传统上也承认将企业或公司工厂中的各种物品依特别法组成财团,认定财团抵押权,但是也有很多问题,因此企业以新的制度来利用融资租赁、资产支持贷款(ABL)等。1995年修改商法后,融资租赁就被当作商行为之一。下面先查看财团抵押,然后以融资租赁、ABL等顺序进行说明,最后再进行总结。

二、财团抵押(特别法)[①]

(一)一般财团抵押

财团抵押是将企业或公司经营的土地、建筑、机械、器具以及其他物资设备和知识财产权组成一个财团,在此之上设定抵押权的制度。它将企业或公司财产在经济上有机结合起来,使其整体上具有价值。如果用单个财产提供担保,其价值会明显减少,而且在单个财产上设定担保权,需要花费很多的费用和精力。如果是动产,转移占有[②]也会带来不便。由此可以看出将这些财产的集合作为一个物设定担保权在企业抵押交易中的必要性。为此,韩国制定了《工厂及矿业财团抵押法》(2009)[③],在工厂里的各种物品上设定一个抵押权,规定了财团抵押和狭义的工厂抵押。[④]

(二)狭义的工厂抵押

该法承认在不组建财团的情况下,将机械、器具等与不动产一同视为抵押权标的物。狭义的工厂抵押不是以整体工厂提供担保,且效力不及于知识产权等权利或附加于其他不动产的机械、器具等,因此本质上不同于工厂财团抵押。但是抵押权效力及于土地、建筑物上的附加物、从物、在土地上安装的机器,甚至工厂的共用物(第3条、第4条)。因此,其不同于民法的

---

① 参见[韩]郭润直、金哉衡:《物权法》,博英社2014年版,第515页;[韩]宋德洙:《物权法》,博英社2012年版,第533页。

② 除此之外,企业动产原则上以质权为标的,但在登记或以登记公示的动产中禁止设定质权,反而承认动产抵押。汽车、小型船舶、飞机、建设机械的情况参照《汽车等特定动产抵押法》(2009)和《商法》(第787条)的船舶抵押权。

③ 《财团抵押法》是将之前的《工厂抵押法》和《矿业财团抵押法》统合的法律。

④ 这与日本的企业担保法中的浮动担保相似。

抵押权,也可以说是弥补了民法的缺陷。在工厂抵押权标的物交付于第三人后,抵押权人仍可以在该标的物上设定抵押权。但在善意取得的动产上,不承认其溯及力。对工厂抵押,准用抵押权相关规定(《民法》第 372 条)。

(三)工厂财团抵押

该法承认可对一个或两个以上的工厂设定财团(第 10 条)。工厂财团可将不属于工厂的土地、建筑物及其他工作物,机械、器具、电线杆、电线、管道、铁轨及其他附属物,航空器、船舶、汽车等可登记的动产,地上权、传贯权,出租人同意的物品租赁权,知识产权等作为其对象。若设定工厂财团抵押,可将该财团视为一个不动产(第 12 条),作为所有权和抵押权的标的。

在工厂财团登记簿上对工厂财团只进行一个所有权保存登记(第 11 条)。如工厂财团所有权保存登记,将工厂财团目录视为登记簿的一部分(第 36 条),这与财团登记簿一样具有公示功能。在工厂财团里,如果不是一同概括出让,就不能将其个别转让。有关抵押权的规定也准用于工厂财团抵押(《民法》第 372 条)。选择设定狭义的工厂抵押还是工厂财团抵押是当事人的自由。[①]

(四)小结

将用于企业经营的物资设备和财产权作为一个有机单一体,并设定抵押权,此种抵押方法相比于传统抵押制度具有相当的进展。特别是,结合担保债权信托作为企业担保交易的媒介手段很有效果。

但该财团抵押也存在着多种根本性问题。如果企业规模扩大,制作或变更财团目录是一件非常烦琐的事情,且将很多机械、器具等频繁的增减变动一一填写在目录上也非常麻烦。另外,构成财团的基本上是物资设备或产品。顾客及营业秘密等企业利益,甚至巨额债权有时也不能作为担保物。从这一点来看,财团抵押比较适合小规模的中小企业,大型企业需要的是企业担保,即将企业作为担保物或更具概括性的担保制度。因此在实务中,有人利用狭义工厂抵押,几乎无人利用财团抵押。

---

① 除此之外,矿业权人可以将矿业权,土地、建筑物以及其他工作物,机械、器械及其他附属物等属于其矿业权人所属的全部或一部分组成矿业财团(第 53 条),在矿业财团上抵押设定企业担保。

三、融资租赁(商法)[①]

(一)融资租赁的概念[②]

融资租赁(Finance Lease)是指出租人将承租人选定的机械、设备以及其他财产(融资租赁物),从第三人(供给人)处取得或租赁后交由承租人使用的行为。以此为谋生手段的人称之为出租人(《商法》第168条之2)[③]。

在韩国产业高速发展时期的20世纪70年代,融资租赁主要用于将发达国家高价的机械、设备引入韩国。融资租赁不仅有融资设备资金的效果,并且融资租赁的资产主要由可折旧的固定资产组成,可以享受税收减免的优惠,因此成为现代企业取得常用固定资产的通常办法。

原先由《信贷业务金融法》(1997)[④]规制融资租赁,在1995年修改商法时,将融资租赁以"物融"的专有名称追加为基本的商行为(第46条第19

---

① 此外,租赁还有运营租赁并通用于租赁设施的法律形式。运营租赁是指租赁使用人选择出租人事前取得的物品,在一定期间内定期支付对价并进行使用的行为。具体来说,是将机动车、电脑、复印机等具有通用性的物品作为对象。此种运营租赁与租赁契约本质上是一致的。企业担保租赁主要以融资租赁为对象,以此为中心。此外,最近比较常用的是,作为融资租赁的特殊形态的出租人从租赁使用人处承包一定规模的工程或规划工程,在竣工后再将此租赁给租赁使用人的项目租赁。

② 参见[韩]李基秀、崔秉哇:《商法总则・商行为法》,博英社2016年版,第571页;[韩]李哲松:《商法总则・商行为》,博英社2015年版,第594页;[韩]郑灿亨:《商法讲义》(上),博英社2015年版,第396页;[韩]崔基元:《商法学新论》(上),博英社2004年版,第441页等。有关韩国融资租赁的文献有:[韩]郑东润:《商行为的新类型(其一)——关于租赁》,《退休纪念论文集》,法文社1986年版,第79页;[韩]郑熙喆:《租赁契约研究》,《法学》1980年第20卷第2号,第72页;[韩]权伍成、具然昌:《租赁契约研究》,《庆熙法学》1987年第22卷第1号,第133页以下;[韩]姜熙甲:《融资租赁交易的法则构造及其法律关系》,《现代财产法的诸问题》,法文社1987年版;[韩]赵龙镐:《租赁交易的法律问题》,《司法论集》1985年第16集,第172页;[韩]崔基元:《浅论融资租赁契约的特殊性》,《法学》1989年第29卷第3号,第66页;[韩]姜贞慧:《对融资租赁法条修订的争议焦点》,《商司法研究》2009年第28卷,第39页;[韩]金载国:《租赁交易当事人之间的法律关系》,《民事法研究》1994年第3卷第1号等。

③ 商法修改以前的判例为大法院判例1997.11.28,97DA26098。

④ 《设施贷款产业培育法》更名为《设施贷款法》后在1997年与其他特种金融业一起通译为现在的名称。但此法是以对租赁行业进行行政规制为目的引入,无法解决司法层面的问题。因此,租赁契约是根据出租人单方面约定的条款而签订,产生纠纷时对于条款的解释也成为争议的焦点。

号)。2010年,以修改商法为契机,新设了融资租赁交易相关的规定。[①] 根据此次修改,商法第二篇(商行为)增设第12章,并新设4个条文(第168条之2~5)。这次修改虽然对于规制融资租赁此种纷繁复杂的法律关系稍显单薄,但是在规定了规制融资租赁的商交易法方面具有重要的意义。[②]

从法律角度来讲,融资租赁是由出租人取得承租人选定的物品,交由承租人使用的交易行为。但是从实际交易来看,出租人需要采购承租人需要的物品,同时融资租赁一般以不具有通用性的昂贵物品为对象。

通过融资租赁,承租人具有等同于购买所需物品的效果,承租人具有从出租人处收取100%设备金融的效果。与承租人自行购入物品相比,在资产负债表中租金不会记载为负债,因此具有改善债务结构、将采购费用灵活转化为运转资金的效果。融资租赁的租金比银行利息高,并且如果租赁物品的残存价值高,对于承租人来讲,在某种意义上是一种损失,但相对来说优点明显高于缺点,因此广泛适用于现代租赁产业。

融资租赁是出租人取得标的物的所有权或用益权,以便承租人产生收益,因此具有租赁的性质。但以取得标的物为目的的与供货人的交易成立于承租人阶段,仅是由出租人支付代价,并且为了保证回本,出租人取得所有权或使用收益权,在此层面上具有金融交易的性质。即从形式上这仅是物的租赁,但实际上是资金的借贷。从这一点来看,融资租赁能将生产和资本分离,具有使生产者迅速回收资本和再投资的经济必要性,更好地将资本家的金融资本稳定地投入到生产和交易,是一种为了弥补承租人资本力量不足的金融法律制度。[③]

关于如何定义融资租赁契约的性质,有租赁理论、特殊租赁理论、非典

---

① 此外称为特许经营权的加盟在第13章(第168条之6~10的5处改造)予以新规定(作为基本商行为的商号、商标等基于使用许可相关的营业行为——第46条第20号),贴现性质的债权买入也已在第14章(第168条之11~12的两条)进行了设立。

② 参见[韩]李哲松:《商法总则、商行为》,博英社2015年版,第595页。

③ 参见[韩]徐丰锡:《租赁契约的契约法则及法理构造的考察》,《法学论丛》2014年第31辑第2号,第333页。

型契约说、特殊消费贷说。多数学说[①]认为，应重视融资租赁的经济性的金融（担保）层面，将其视为区别于民法上的租赁的特殊无名契约。

判例采取非典型契约说，着眼于租赁交易中的金融交易性质，使用“物的金融”这一用语，同时排除适用民法有关租赁的规定。[②] 特别是，融资租赁格式条款中对于租赁物存在延迟交付，物品的规格、样式、性能、功能不相符、不完整及其他有瑕疵等情况，会设置出租人免除承租人责任的免责条款，但民法上的租赁对承租人不利的特别约定无效（《民法》第 652 条）。但是在非典型契约说中，这种免责条款有效。

（二）融资租赁的法律关系

1.融资租赁契约的开始

融资租赁契约随着契约的签订而成立，但结合双方义务的履行期限，商法规定出租人应当在租赁契约规定的期限内交付符合租赁契约的租赁物（第 168 条之 3 第 1 款）。承租人在接受租赁物的同时[③]应当支付租赁金（第 168 条之 3 第 2 款）。因此，接受租赁物时，租赁契约生效。

2.融资租赁契约当事人的权利义务

融资租赁契约是出租人将融资租赁作为资金运营方式或担保及融资的一种方法。融资租赁期间一般为租赁物的耐用年限，承租人在租赁期间内原则上不能解除租赁契约。租金包括租赁物的购买贷款、附加成本及出租人的利润等，由承租人承担标的物的保养、管理责任。

---

① 参见［韩］姜渭斗、林载稿：《商法讲义》（上），萤雪出版社 2009 年版，第 363 页；［韩］金星泰：《商法（总则、商行为）》，法文社 2002 年版，第 734 页；［韩］金正皓：《商法总则 · 商行为法》，法文社 2008 年版，第 381 页；［韩］徐宁济：《实例中心体系商法讲义》（上），法文社 2007 年版，第 427 页；［韩］孙珠桀：《商法》（上），博英社 2005 年版，第 415 页；［韩］孙普华：《商法讲义》，新潮社 2013 年版，第 320 页；［韩］宋沃烈：《商法讲义》，弘文社 2014 年版，第 205 页；［韩］李哲松：《商法总则 · 商行为》，博英社 2015 年版，第 600 页；［韩］全遇贤：《商法总则 · 商行为法》，博英社 2011 年版，第 367 页；［韩］郑敬永：《商法学讲义》，博英社 2009 年版，第 287 页；［韩］郑东润：《商法》（上），法文社 2012 版，第 315 页；［韩］郑灿亨：《商法讲义》（上），博英社 2015 年版，第 400 页等。

② 大判 1986. 8. 19，84DAKA503，504 后一贯的观点。同样的还有大判 1987. 11. 24，86DAKA2799，2800；大判 1994. 11. 8，94DA23388；大判 1996. 8. 23，95DA51915；大判 1997. 10. 24，97DA27107 等多个判决。此外，判例将租赁契约的内容确定为当事人之间约定（租赁契约）（大判 1990.5.11，89DAKA17065），也称之为不以物的交付为成立要件的诺成契约（大判 1991. 4. 9，90DAKA26515；大判 1991.12.10，90DA19114；大判 1997.10.24，97DA27107）。

③ 租金一般在租赁期间分期支付，同期支付租金仅指签订契约时确定的分期付款租金。

融资租赁契约的当事人为融资出租人与融资承租人。融资出租人应当保证融资承租人实际占有租赁物,对于融资承租人对供应商实现损害赔偿请求权应当提供协助。此外,租赁条款中对于一般物品的瑕疵应当承担担保责任,也就是说承租人将租赁物从供应商转移并交付给使用人时应当对该物品能够正常使用进行保证。使用人无异议的,在交付物品收货单时即视为履行了此种瑕疵担保义务。[①] 与此相对应,承租人有出具租赁物的发票以及支付租金的义务[②]与租赁物[③]的保养以及管理义务。

此外,供货人虽然不是租赁契约的当事人,但作为对契约产生重大影响的一方,有转移交付租赁物的义务(第 169 条之 4 第 1 款)。如果供货人不履行转移交付义务,承租人可以直接请求赔偿损害或者请求交付与租赁契约内容相符的标的物。

3.融资租赁的终结

融资租赁因租赁期限届满而终结或者因解除契约而终结。

在出租人因承租人的原因而解除融资租赁契约时,出租人可以请求一次性支付剩余租金或要求返还租赁物,此种请求并不影响其对承租人提出损害赔偿请求(第 168 条之 5 第 1 款、第 2 款)。同时,承租人因重大的情势变更而无法继续使用租赁物时应当提前 3 个月进行告知,并可以解除租赁契约,但在此情形中承租人应当支付出租人因解除合同所受到的损失(第 168 条之 5 第 3 款)。

---

① 参见大判 1996.8.23,95DA51915。

② 在承租人从出租人处受领租赁物时,即推定所交付的租赁物符合要求。根据此种推定如果承租人无法提出反证,那么免除出租人的担保责任。此种观点体现在大判 1996.8.23,95DA51915 中。在制定本规定前,一般判例认为承租人受领租赁物之前,承租人出具发票,即表明租赁期开始,同时承租人承担支付租金的义务。

③ 支付租金的消灭时效为 3 年(《民法》第 163 条),此种观点体现在大判 2013.7.12,2013DA20571 中;虽然租金应当分期计算,但这仅仅是比较方便的计算方法。租金为承租人清偿方便获得资金时的本金、利息等,同时包含出租人向承租人提供的使用便利,体现对整个交易的代价。此种观点体现在大判 2004.9.13,2003DA57208 中。

四、资产支持贷款和资产流动化证券[①]等[②]

对于向他人提供资金的债权人来说,最重要的是获得像利息一样的一定收益的同时回收全部本金。融资的债务人,与最初期待不同,会出现无法正常融资而导致不能偿还本息的情况。针对该情况,债权人比债务人个人更乐意选择设立企业,或由企业发行股份等方式承担责任。除了企业发行股份以外,还可以将企业未实现的财产,特别是应收账款等视为资产,并将其作为流动资产进行担保贷款。

首先,《资产流动化法》(1998)[③]已将上述类型的金融方法制度化。该法规定资产所有人基于债权、不动产等流动化资产,以发行流动证券的方式卖给多数的资金提供者,并将其销售款支付给资产保有人。资产流动化企业将通过管理、运用、处分的资产而取得的收益,作为流动化证券保有人的收益金支付给他们。对此,对资产保有人来说可以提前处分流动性低的资产,能够保留现金,并可以与流动化证券保有人一起分担风险。虽然该法律适用范围比较狭小,但可以将担保方式及金融提供方式一般化。

其次,还有出售应收账款等企业保有的特定财产[④]简单地融资的担保方法。即首先出售作为集合债权的应收账款后,将集合债权作为基本资产,通过发行证券的方式出售给多数的资金提供者,并将销售款支付给集合债权的出卖人。因为要平均分配运营集合债权的全部收益,为了尽量实现该目的而发行证券。此种担保提供方法需要将管理费用最小化,且应由金融机关处理,并结合金融机关的投资方式开发多种融资方法。

2009年出台的《动产债权等担保相关的法律》制定了企业的动产、应收

---

① 参见[韩]朴煊日、李昌奎:《美国式动产债权担保贷款(ABL)的国内引进方案》,《庆熙法学》2014年第49卷第4号,第95页。

② 针对该问题,作为新型担保,特别是在最近多为活用,且其种类也多样化。以下主要是针对现在韩国施行的制度进行简要介绍,很多部分是在实务中以契约形式存在,其具体法律尚未进行规范,其法律关系的说明也是以外国制度的介绍或时事点作为依据,因此尚不充分。如果有机会,在秋后对以上问题进行补充。以下内容是参照[韩]诸哲雄:《担保法》,粟谷出版社2009年版,第11页;[韩]朴煊日:《ABL交易的构造和法律方面》,《全球化时代的企业法(李基秀先生定年纪念论文集)》,博英社2010年版,第233页。

③ 20世纪90年代末,在克服IMF危机过程中制定了《资产流动化法》,并盛行于资产流动化交易。

④ 将来一切应收账款都可以出售。

账款、知识产权等可以通过电子方式进行担保登记后融资的方案。该法规定,企业可以将其所有的库存财产、债权、知识产权,甚或是家畜提供担保。虽然将来取得的动产或将来的应收账款也可以提供担保,但能提供的担保达到什么程度以及其担保价值能达到多少,仍是问题。

最后,最近韩国也使用与之关联的资产担保贷款或称之为资产支持贷款的ABL(Asset Backed Loans)。这是以现在拥有的资产、库存资产、应收账款等作为担保进行贷款的商品。这虽然与传统上使用的资产流动化证券或称之为担保证券的ABS(Asset Backed Security)类似,但与发行债券不同的是其由特殊目的法人(SPC)以贷款形式融资。[①] 特殊目的法人不发行债券,而通过将其资产作为担保进行融资,因为是出售资产的方式融资,也具有无法增加更多资金的效果。特别是,规模大的库存资产或应收账款更偏向于以SPC为媒介的资产支持贷款方式。资产支持贷款是不需要发行有价证券就可以融资的,因此可以减少信用评价等烦琐的过程。如果特殊目的法人拥有信用保障,还具备减少贷出资产的信用风险的优点,但其缺点是特殊目的法人的设立程序烦琐、需要很多资金,时间也比较长。[②] 除此之外,最近还出现作为资产支持贷款的其他形态,由企业所有的以收益价值为基础进行贷款的非典型资产支持贷款。另外,还出现了以工程价款债权作为担保,进行贷款的资产支持贷款。

让银行放心,以中小企业动产、应收账款等资产作为担保进行贷款的,与在出现金融危机时发挥重大作用的资产流动化(ABS)不同的是,以企业的动产、债权等资产作为担保进行贷款的ABL方式是登记动产或应收账款,并由担保人将现在的动产、债权以及将来能够取得的收益都作为担保进行贷款的金融方式。这比起借款人的信用,更注重担保资产的收益价值。基于该原因,美国中小企业经常使用此种方式。只不过这种ABL融资方式,需要能够合理地维持担保物的资产(收益)价值,且有形资产或库存资产

---

① 比方说,2008年设立的连锁咖啡馆是“咖啡陪你”,在2012年把将来应收账款流动化而融资了500亿资金。咖啡馆通过特殊目的企业(SPC)发行ABCP350亿元,并以资产支持贷款(ABL)150亿元。基础资产是咖啡馆直营点和所有营业场所发生的信用销售贷款债权、加盟店债权、存款返还债权等。

② 例如,2010年东方精工通过ABL融资了2000万美元的外化资金,从2008年开始融资花了将近两年的时间。

容易定价,也要防止出现双重转让,同时要控制好担保物的状态。由债权银行直接执行上述所有工作必然存在困难,因此需要专门的服务作为保障。特别是,ABL 贷款的成败在于担保物的评估、现场调查、担保物处分等的服务有多少,是否能有效地提供给 ABL 经纪银行。作为债权银行,可以监控对象资产的公示方法是否适当,是否以公示的情况实际存在,其是否能维持相应价值,对于出入库频繁的库存财产更需要明确。在韩国,为了积极灵活运用 ABL,针对 ABL 对象资产的鉴定评价服务,特别是以低价管理监控有形资产和库存资产的信息技术(IT)基础服务,是必不可少的。进一步说,应具备适时取得相应资产价款并能够及时出售的服务能力。

实务中出现的各种新型担保方式要求重新审视传统担保制度,因此将来需要相应内容的法律考察。①

五、结语

以上考察了作为企业概括担保的工厂抵押、融资租赁和资产支持贷款等新型担保。企业担保交易中概括担保是传统制度的补充,但也在持续发展中,这也反映了现代商事交易或企业交易中的各种担保的必要性。为此,民法、商法及特别法规定了"典型"担保制度,另外如何规定"非典型"担保,不仅是个现实问题,也对体系化理解担保法具有重要意义。在这一点上,可以看出韩国的担保法也面临协调传统和现代的法律问题。这需要中、日、韩三国一起通过对担保法的比较研究而解决。希望将来各国的比较法动向,特别是中、日、韩的相互比较研究更进一步,相互提出合理解决问题的方案。

---

① 根据建议,现在或将来的商号、商标、营业标志等知识产权的使用而产生的加盟金、专利费等特许经营权收入作为担保融资的流动化贷款(ABL)也被讨论到。这针对无法提供不动产或资产的加盟者来说是非常有利的融资方式(参见[韩]朴烜日:《特许经营权的特殊问题》,《银行法研究》2010 年第 3 卷第 2 号,第 89 页)。

【原文】

기업의 포괄담보로서의 공장저당, 금융리스와 자산유동화대출(ABL)*

金星洙

I. 들어가며

기업이 보유하는 부동산이 아닌 동산(유동자산)이나 권리①를 목적으로 하는 담보거래는 전통적으로 인도에 의한 질권을 설정하고 경우에 따라서는 동산·채권 등의 담보에 관한

* 본 논문은 제5회 한중일 담보법연구회에서의 발표문으로 작성한 것이다. 이번 연구회의 대주제는 기본적으로 기업이 보유하는 자산을 목적으로 하는 담보거래인데 필자는 이중 동산, 부동산이나 채권을 담보로 하는 것을 제외한 넓은 의미의 기업이 보유하는 유동자산(=동산)을 담보로 하는 '포괄담보'를 한국의 제도를 중심으로 다루는 것이다. 한국의 발표에는 이외에 동산채권담보, 설비금융 등의 개별동산 양도담보를 포함한 집합동산 양도담보, 매출채권을 이용한 기업자금 조달(팩토링)을 포함한 유동채권 양도담보의 3가지 주제도 예정하고 있다. 원래 연구회에서 제안된 주제인 기업담보법(일본)의 부동담보, 주식담보나 양도담보, 동산저당이나 채권저당에 해당하는 동산채권담보는 이후에 연구하고자 한다. 무엇보다도 이 글은 학술대회의 발표용으로 요약하여 작성한 것으로 부분적으로 아직 완결되지 못한 부분이 있고 추후에 보완하고자 한다.

① 권리 중 채권은 권리질권을 특허권 등의 지식재산권은 특별법으로 질권을 설정한다. 판례에서는 동산양도담보나 채권양도담보를 인정하기도 하였지만 많이 이용되지는 않았다. 2010년 제정된 '동산·채권 등의 담보에 관한 법률'은 동산담보권 이외에도 채권담보권이라는 새로운 담보권을 인정하여 종래의 점유이전이라는 공시방법 대신에 담보등기도 할 수 있도록 하고 있다. 이 법에서는 동산과 채권에 관한 담보등기에 의한 새로운 담보를 인정하면서도 기존의 담보제도를 그대로 인정하고 있다. 이에 따라 민법의 인도에 의한 질권 뿐만 아니라 판례 또는 가등기담보법에서 인정한 양도담보, 금융리스, 소유권유보부 매매 등이 병존하는 것을 인정하고 있다. 본 논문에서는 일단 이 후자 중 일부를 다룬다.

법률 (2010 년)[①]에 의한 담보등기를 하고 이외에도 판례[②]에 의한 동산이나 채권의 양도담보를 설정한다.[③]하지만 이러한 방법은 어느 것이나 특정한 동산을 대상으로 하는 것이 기업이나 회사가 가진 여러 자산을 일괄하여 포괄적으로 담보를 설정할 수는 없고 이에 따라 기업이나 회사가 가진 자산을 목적으로 충분한 담보를 얻기 위하여는 이러한 제도가 생각하지 아니한 제도를 이용하여야 한다. 이런 점에서 전통적인 제도에서 보면 '비전형'적 제도를 고려하여야 한다. 한국에서는 이러한 기업이 보유한 여러 물건을 한꺼번에 담보로 제공할 수 있으면 담보가치가 훨씬 증가할 수 있다. 이를 위하여 역시 전통적으로는 우선 기업이나 회사의 공장에 있는 여러 물건을 특별법에 의하여 재단을 구성하여 재단저당을 인정하여 저당권을 설정할 수 있는 것으로 하고 있다. 하지만 이를 활성화하기에는 여러 가지 문제점이 있고 이에 따라 기업은 새로운 제도로서 가령 금융리스, 자산유동화대출 (ABL) 등을 활용하고 있고 이중 리스의 경우에는 1995 년 상법 개정으로 상행위의 하나로 편입되었다.

이하에서는 우선 재단저당을 살펴보고 이어서 금융리스, ABL 등의 순서로 살펴보고 마지막으로 이를 종합해보고자 한다.

---

① 이 법의 시행으로 부동산이 없는 중소기업들도 동산·매출채권 같은 자산을 채권자에게 담보로 제공하고 자금을 빌릴 수 있게 되었다. 다만 시행 초기에는 동산담보대출이 활발하였으니 2014 년 이후 활성화되지 않고 있고 최근 이 법에 대한 개정도 논의되고 있다. 이는 담보물인 동산을 채무자가 계속 점유하면서 사용하여 채권자가 모르는 사이에 담보물이 없어지거나 가치가 크게 감소되는 일이 많고 매출채권의 경우도 물품을 판매한 대금 청구권인지 불분명하여 채권회수를 못 하는 경우가 종종 발생하기 때문이다.

② 원래 가등기담보법은 명문은 없지만 부동산을 목적으로 하므로 동산이나 채권 등의 권리에 대하여는 이 법이 적용되는가에 대하여는 학설은 대립한다. 이에 대하여는 郭潤直, 金載亨, 물권법, 제 8 판, 博英社, 2014, 574 쪽; 판례는 이 법이 적용되지 않고 종래의 신탁적 양도설에 따르는 것으로 한다. 가령 대판 1986.8.19., 86 다카 315; 대판 1994.8.26, 93 다 44739 등.

③ 이는 일종의 동산의 양도저당을 실현하는 것이다. 이러한 점은 郭潤直, 金載亨, 앞의 책, 567 쪽.

II. 재단저당 (특별법)[①]

1. 재단저당 일반

재단저당은 기업이나 회사경영을 위한 토지·건물·기계·기구 그 밖의 물적 설비나 지식재산권 등을 한데 묶어 하나의 재단을 구성하고 그 위에 저당권을 설정하는 제도이다. 기업이나 회사의 재산을 경제적으로 서로 유기적으로 결합하여 전체로 의미와 가치를 가지는 것으로 개개의 재산으로 나누어 이를 담보로 하면 그 가치가 현저하게 줄어들 뿐만 아니라 개개의 재산에 담보권을 설정하는 경우에는 많은 비용과 노력이 들고 동산 등의 경우에는 점유도 이전하여[②]불편을 겪게 된다. 여기서 이러한 재산의 집합을 하나의 물건으로 보아 담보권을 설정하는 것이 기업의 담보거래에 필요한 것을 알 수 있다. 이를 위하여 「공장 및 광업재단저당법」(2009 년) 이 제정[③]되어 공장 등에 있는 여러 물건에 하나의 저당권을 설정할 수 있도록 재단저당과 협의의 공장저당을 규정한다.[④]

2. 협의의 공장저당

이 법은 재단을 구성하지 아니하면서 기계·기구 등을 부동산과 함께 저당권의 목적으로 하는 것을 인정한다. 이는 전체로서 공장을 담보로 제공하는 것이 아니고 지식재산권 등의 권리나 다른 부동산에 부가된 기계·기구 등에 저당권의 효력이 미치지

① 이에 대한 설명은 우선 郭潤直, 金載亨, 물권법, 제 8 판, 博英社, 2014, 515 쪽 이하 참조. 이외에도 宋德洙, 물권법, 博英社, 2012, 533 쪽 이하 참조.

② 이외에 기업의 동산은 원칙적으로 질권이 목적이지만 등기 또는 등록으로 공시되는 동산에는 질권설정을 금지하고 오히려 동산저당이 인정되기도 한다. 자동차, 소형선박, 항공기, 건설기계의 경우에는 '자동차 등 특정동산 저당법'(2009 년) 과 상법 (제 787 조) 의 선박저당권이 그것이다.

③ 재단저당법은 종전에는 공장저당법과 광업재단저당법이 있었으나 이를 통합한 것이다.

④ 이는 일본의 기업담보법의 부동담보와 유사한 것이라고 소개되기도 한다.

않아서 공장재단저당과는 그 본질이 다르다. 그러나 토지·건물의 부가물·종물뿐만 아니라 그 토지에 설치된 기계 그 밖의 공장의 공용물에까지 저당권의 효력이 확장되어 있어(이 법 제3조, 제4조) 민법의 저당권과 다르고 그 결함을 보완한 것이라고 할 수 있다. 저당권자는 공장저당권의 목적이 된 물건이 제3자에게 인도된 후에도 그 물건에 대하여 저당권을 설정할 수 있다. 다만 선의취득이 된 동산에는 그 추급을 인정하지 아니한다. 공장저당에는 저당권에 관한 규정이 준용된다(민법 제372조).

3. 공장재단저당

이 법은 1개 또는 2이상의 공장에 관하여 재단은 설정할 수도 있는 것을 인정한다(이 법 제10조). 공장재단에는 ①공장에 속하는 토지, 건물, 그 밖의 공작물 ②기계, 기구, 전봇대, 전선, 배관, 레일, 그 밖의 부속물 ③항공기 선박, 자동차 등 등기나 등록할 수 있는 동산 ④지상권과 전세권 ⑤임대인이 동의한 물건의 임차권 ⑥지식재산권을 그 대상으로 한다. 공장재단저당이 설정되면 이 재단은 1개의 부동산으로 보고(제12조) 이에 소유권과 저당권의 목적이 될 수 있다.

공장재단은 공장재단등기부에 한 소유권보존등기로 설정된다(제11조). 공장재단의 소유권보존등기가 있으면 공장재단목록은 등기부의 일부로 보고(제36조), 이는 재단등기부와 같이 공시의 기능을 한다. 공장재단에 속하는 것은 이를 일괄하여 양도하는 것이 아니라면 이를 개별적으로 양도하지 못한다. 공장재단저당에도 저당권에 관한 규정이 준용된다(민법 제372조). 협의의 공장저당을 설정할 것이지 공장재단저당을 설정할지는 당사자의 자유이다.①

① 이외에 광업권자는 ①광업권 ②토지, 건물, 그 밖의 공작물 ③기계, 기구 그밖의 부속물 등을 그 광업에 관하여 동일한 광업권자에게 속하는 것의 전부나 일부로 광업재단을 구성하여(제53조) 광업재단저당을 기업담보로 설정할 수도 있다.

4. 소결

기업경영에 사용되는 물적 설비와 재산권을 포괄하여 하나의 유기적 단일체로 파악하여 이를 일괄하여 담보로 저당권을 설정하는 것은 전통적인 저당제도에 비추어 상당히 진보적인 것이라고 할 수 있다. 특히 담보부 사채신탁과 결합하면 기업담보거래의 매개수단으로 아주 효과적일 수 있다.

다만 이 재단저당에는 여러 근본적 문제점이 존재하기도 한다. 가령 기업의 규모가 확대되면 재단목록이 작성이나 변경이 너무 번거로운 일이 되고 많은 기계·기구 등의 끊임없는 증감변동을 일일이 목록에 기재하는 것이 아주 번거롭기 때문이다. 또한 재단을 구성하는 것은 기본적으로 물적 설비나 물권으로 고객·영업상의 비밀 등의 기업이익은 물론이고 경우에 따라서는 막대한 액에 달하는 채권 등은 담보대상에서 제외된다. 이러한 점에서 재단저당은 비교적 소규모의 기업의 담보수단으로 이용될 수 있을 뿐이고 대기업의 담보제도로서는 기업담보, 즉 기업자체를 담보하거나 더 포괄적인 담보제도가 필요하게 된다. 이러한 제한으로 실무에서도 협의의 공장저당이 어느 정도 이용되고 재단저당은 거의 이용되지 않고 있다.

III. 금융리스(상법)①

1. 리스의 개념②

금융리스(finance lease)는 리스 이용자가 선정한 기계, 시설, 그 밖의 재산(금융리스 물건)울 제3자(공급자)로부터 취득하거나 대여받아 금융리스 이용자에게 이용하게 하는 것을 말한다. 이를 영업으로 하는 사람을 금융리스업자라고 한다(상법 제168조의 2).③

리스는 한국이 고도 산업발전기로 도약하던 70년대 이후 주로 선진국의 고가의 기계·시설 등을 리스에 의해 도입함으로써 최신의 기계·시설을 취득할 수 있는 기회로 사용되었다. 리스는

---

① 리스는 이외에도 운용리스(operating lease)도 있고 시설대여라는 법형식에서 공통이다. 운용리스는 리스업자가 사전에 취득한 물건을 이용자가 선택하여 일정한 기간 정기적 대가를 지급하고 이용하는 거래이다. 대체로 자동차, 컴퓨터, 복사기 등 범용성이 있는 물건을 대상으로 한다. 이러한 운용리스는 전형계약인 임대차와 본질적으로 같다. 기업의 담보로서의 리스는 주로 금융리스를 대상으로 하는 것이므로 이하에서도 이를 중심으로 다룬다. 이외에도 금융리스의 특수한 형태로 리스업자가 리스이용자로부터 일정한 규모의 공사나 계획사업을 도급받아 이를 시공·완성한 후에 이를 리스 이용자에게 다시 리스하여 주는 계획사업리스(project lease)도 최근에는 많이 활용되고 있다.

② 금융리스에 대하여는 우선 李基秀, 崔秉珪, 상법총칙·상행위법, 제8판, 博英社, 2016, 571쪽 이하; 李哲松, 商法總則·商行爲, 제13판, 博英社, 2015, 594쪽 이하; 鄭東潤, 상법총칙·상행위법, 개정판, 1996, 655쪽 이하; 鄭燦亨, 상법강의(상), 제18판, 博英社, 2015, 396쪽 이하; 崔基元, 상법학신론(상), 제15판, 博英社, 2004, 441쪽 이하 등 참조. 한국의 리스에 관한 문헌으로는 鄭東潤, 새로운 유형의 상행위(其一)-리스(Lease)에 관하여, 상사법논집(無碍徐燉珏教授 停年紀念論文集), 法文社, 1986, 79쪽 이하; 鄭熙喆, 리스계약에 관한 연구, 法學(서울대), 제20권 제2호, 1980.5, 72쪽 이하; 權五乘, 具然昌, 리스계약에 관한 연구, 慶熙法學, 제22권 제1호, 1987.12, 133쪽 이하; 姜熙甲, 금융리스거래의 법적 구조와 그 법률관계, 현대재산법의 諸問題(柊隱金基善博士 古稀紀念論文集), 法文社, 1987; 趙龍鎬, 리스(Lease) 거래의 법률문제, 司法論集 제16집, 1985, 172쪽 이하; 崔基元, 금융리스계약의 특수성에 관한 소고, 法學 제29권 제3호, 1988.9, 66쪽 이하; 姜貞嘒, 금융리스에 대한 개정상법안의 쟁점, 상사법연구 제28권 제2호, 2009, 39쪽 이하; 金載國, 리스거래의 당사자간의 법률관계, 민사법연구, 제3권 1호 1994년 등.

③ 상법개정 전의 판결로는 대판1997.11.28, 97다26098 참조.

설비자금의 조달효과도 있고 리스 자산이 주로 감가상각할 수 있는 고정자산으로 구성되어 세제의 이점을 누릴 수 있어 오늘날 기업이 사업용 고정자산을 취득하는 일상수단으로 이용되고 있다.

리스는 여신전문금융법(1997 년)[①]에서 규율되던 것을 1995 년 상법개정에서 금융리스를 物融이라는 명칭으로 기본적 상행위로 추가되었고(제 46 조 제 19 호) 금융리스거래를 실질적으로 규율하는 사법규정이 2010 년 개정으로 신설되었다.[②] 이 개정으로 상법 제 2 편(상행위)에 제 12 장을 신설하고 4 개 조문(제 168 조의 2 내지 제 168 조의 5)을 신설한 것이다. 이러한 개정이 리스의 다양한 법률관계를 규율하기에는 빈약하기는 하지만 금융리스업을 규율하는 상거래법 규정이 신설되었다는 점은 의미가 있다.[③]

법적으로 보면 금융리스는 리스 이용자가 선택한 물건을 금융리스업자가 취득하여 리스이용자로 이용하게 하는 거래이다. 하지만 실제 거래를 보면 금융리스업자는 리스이용자가 필요로 하는 물건을 조달하기 위한 자금을 공급하는 기능을 가지고 따라서 금융리스는 대개 汎用性이 없는 고가의 물건을 대상으로 한다.

금융리스에 의하여 리스 이용자는 필요한 물건을 구입한 것과 동일한 효과를 가져와 리스이용자는 리스업자로부터 100% 설비금융을 받는 효과를 가져오고 리스 이용자가 스스로 자금을 차입하여 구입한 것과 비교할 때 대차대조표에 리스료는 부채로 기재되지 않아 채무구조를 개선하고 구입비용을

---

① 종래 시설대여 산업육성법(1973 년)이 시설대여업법으로 이름이 바뀐 후 1997 년 다른 특수 금융업종과 함께 현재의 이름으로 통합되었다. 다만 이 법은 리스업에 대한 행정규제의 목적으로 입법되어 사법측면의 문제는 해결수단이 되지 못한다. 이에 따라 리스계약은 리스업자가 일방적으로 정한 약관에 의하여 체결되었고 분쟁이 있는 경우에도 약관해석이 쟁점이 되어왔다.

② 이외에도 이른바 프랜차이즈(franchise)라고 하는 加盟業이 제 13 장(제 168 조의 6-제168조의 10의 5개조)으로 신설되었고(기본상행위로 상호·상표 등의 사용허락에 의한 영업에 관한 행위-제 46 조 제 20 호) 이른바 팩토링(factoring)이라고 하는 債權買入業도 제 14 장(제 168 조의 11-제 168 조의 12 의 2 개조)에 신설되었다.

③ 이러한 평가로는 李哲松, 앞의 책, 595 쪽 참조.

운전자금으로 활용할 수 있는 효과도 가져온다. 금융리스는 리스료가 은행이자율보다 비싸고 리스물건의 잔존가치가 크면 리스이용자에게 손해라는 단점도 있지만 그 장점이 크기 때문에 오늘날 리스산업은 날로 번창하고 있다.

금융리스는 리스업자가 목적물의 소유권이나 용익권을 취득하여 리스이용자로 사용수익하게 하는 점에서 임대차의 성질이 있지만 목적물을 취득에 필요한 원래의 공급자와 거래는 리스이용자의 단계에서 이루어지고 다만 취득대가를 리스업자가 지급하고 그 회수를 담보하기 위하여 리스업자가 소유권이나 원래의 사용수익권을 취득할 뿐이라는 점에서 금융거래라는 성질도 강하다. 즉, 이는 형식적으로 보면 물건의 임대차이지만 실질적으로 보면 자금의 대여이다. 이러한 점에서 리스는 생산과 자본을 분리하여, 생산자의 신속한 자본회수와 재투자라는 경제적 필요성과 자본가의 금융자본을 생산과 거래의 활성화에 안정적으로 투여할 수 있게 하고, 이용자의 부족한 자본력을 보충해 주는 고도화된 금융을 위한 법제도이다.①

이러한 금융리스계약의 성질이 무엇인가는 임대차설, 특수임대차설, 비전형계약설, 특수소비대차설이 대립하고 다수설②은 금융리스의 경제적 실질인 금융(담보)적 측면을 중시하여 이는 민법의 임대차와는 다른 특수한 無名契約(비전형계약)이라고 본다.

---

① 이러한 점은 徐丰錫, 리스계약의 계약법적 법리구조에 대한 고찰, 法學論叢 第31輯 第2號, 2014.6, 333쪽.

② 가령 姜渭斗, 林載鎬, 商法講義(上), 제3전정판, 螢雪出版社, 2009, 363쪽; 金星泰, 상법(총칙·상행위), 法文社, 2002, 734쪽; 金正晧, 상법총칙·상행위법, 法文社, 2008, 381쪽; 徐憲濟, 사례중심체계 상법강의(상), 法文社, 2007, 427쪽; 孫珠瓚, 상법(상), 제15정증보판, 博英社, 2005, 415쪽; 孫晋華, 상법강의, 제4판, 新潮社, 2013, 320쪽; 宋沃烈, 상법강의, 제4판, 弘文社, 2014, 205쪽; 李哲松, 앞의 책, 600쪽; 全遇賢, 상법총칙·상행위법, 博英社, 2011, 367쪽; 鄭敬永, 상법학강의, 개정판, 博英社, 2009, 287쪽; 鄭東潤, 상법(상), 제6판, 法文社, 2012, 315쪽; 鄭燦亨, 앞의 책, 400쪽 등.

판례는 비전형계약설을 취하고 리스거래의 금융거래의 성질에 착안하여 物的金融이라는 용어를 사용하고 이에 따라 민법의 임대차 규정의 적용을 배제한다.①특히 리스계약의 약관에는 리스물건의 인도의 지연이나 물건의 규격·사양·성능·기능에 부적합, 불완전, 기타의 하자가 있는 때에는 리스업자는 리스이용자에게 책임이 없다는 면책약관을 두는데 민법의 임대차에서는 임차인에게 불리한 특약은 무효이다(민법 제652조). 하지만 비전형계약설에는 이러한 면책약관도 유효하게 된다.

2. 금융리스의 법률관계

가. 금융리스계약의 개시

리스계약은 계약의 체결과 더불어 발생하지만 쌍방의 의무의 이행기와 관련하여 리스업자는 리스계약에서 정한 시기에 리스계약에 적합한 리스물건을 수령할 수 있도록 상법은 규정한다(제168조의 3 제1항). 리스이용자는 이에 따라 리스물건을 수령하고 동시에②리스료를 지급하여야 한다(같은 조 제2항). 이에 따리 리스계약은 리스물건이 수령으로 개시된다.

나. 리스계약의 당사자 등의 권리의무

금융리스업자는 자금의 운영방법이나 담보 또는 금융의 한 방법으로 이러한 금융리스를 이용한다. 금융리스기간은 보통 리스물건의 내용기간(耐用年數)이고 금융리스 이용자는 리스기간 중에 리스계약을 원칙적으로 해지할 수 없고 금융리스료는 리스물건이 구입대금·부대비용과 리스업자의 이윤 등을 합한

---

① 이는 대판 1986.8.19, 84다카503, 504 이후 일관된 태도이다. 같은 취지로는 대판 1987.11.24, 86다카2799, 2800; 대판 1994.11.8, 94다23388; 대판 1996.8.23, 95다51915 판결; 대판 1997.10.24, 97다27107 등 다수. 이외에 판례는 리스계약의 내용은 당사자 사이의 약정(리스계약)으로 정해지고(대판 1990.5.11, 89다카17065), 물건의 인도를 계약성립요건으로 하지 않는 낙성계약이라고 한다(대판 1991.4.9, 90다카26515; 대판 1991.12.10, 90다19114; 대판 1997.10.24, 97다27107).

② 리스료는 리스기간에 분기마다 분할지급하는 것이 통상적이므로 동시에 지급하여야 할 리스료는 당초계약에서 정한 회차의 분기 리스료만을 말한다. '동시에'라는 것은 물건이 인도와 동시이행의 관계를 말한다.

금액이고 리스물건에 대한 유지·관리책임을 리스이용자가 부담한다.

금융리스계약의 당사자는 금융리스업자와 금융리스 이용자이다.

금융리스업자는 리스 이용자가 리스물건을 수령할 수 있도록 할 의무(상법 제168조의 2 제1항), 리스이용자의 공급자에 대한 손해배상청구권의 행사에 협력할 의무(제168조의 4 제2항, 제3항) 등이 인정된다. 이외에 리스약관에서는 통상 물건의 하자에 대한 담보책임을 정하고 있고 이는 리스물건이 공급자로부터 이용자에게 인도될 당시의 물건이 성능이 정상적임을 담보하고 이용자가 별다른 이의없이 물건 수령증(인도인수확인서)을 발급하면 이러한 하자담보의무는 충족된 것으로 보는 범위에서의 책임이다.[①] 이에 대하여 리스이용자는 리스물건의 수령증을 발급할 의무(제168조의 3 제3항)[②]와 리스료를 지급할 의무(제168조의 3 제2항)[③], 리스물건의 유지와 관리의무(제168조의 3 제4항) 등이 있다.

이외에 리스계약의 직접적인 당사자는 아니지만 이에 큰 영향을 미치는 공급자는 금융리스물건의 인도의무(제169조의 4 제1항)가 있고 공급자의 인도의무 불이행이 있으면 리스

---

① 이러한 점은 대판 1996.8.23, 95다51915.

② 리스이용자가 리스업자에게 리스물건 수령증을 발급한 경우에는 리스계약 당사자 사이에 적합한 리스물건이 수령된 것으로 추정된다(상법 제168조의 3 제3항). 이러한 추정으로 리스이용자의 반증이 없으면 리스업자는 리스물건에 대한 담보책임을 면한다. 이러한 취지의 판결로는 대판 1996.8.23, 95다51915. 이 규정이 신설되기 전에 판례는 리스물건이 리스이용자에게 인도되기 전이라도 리스이용자가 수령증을 발급하면 리스기간이 개시되고 리스 이용자에게 리스료 지급의무가 발생한다고 판시하기도 하였다. 가령 대판 1995.5.12, 94다2862; 대판 1995.7.14, 94다10511

③ 리스료 지급채무의 소멸시효기간은 3년이다(민법 제163조 제1호). 이러한 취지의 판결로는 대판 2013.7.12, 2013다20571; 리스료는 분기별로 회차를 나누어 계산하지는 하지만 편의한 하는 계산방법에 불과하고 리스료는 리스료는 리스이용자에게 제공하는 취득자금의 금융편의에 대한 원금과 이자·비용 등을 변제하게 하고 리스업자가 리스이용자에게 제공하는 이용의 편익을 포함하여 거래관계 전체에 대한 대가로서의 의미를 가진다. 이러한 점은 대판 2004.9.13, 2003다57208.

이용자의손해배상의 직접 청구권이나 공급계약의 내용에 맞는 리스물건의 인도를 청구할 수 있다(제168조의 4 제2항).

다. 리스의 종료

리스는 리스기간의 만료로 하기도 하고 해지에 의하여 중도에 종료하기도 한다.

금융리스업자가 리스 이용자의 책임있는 사유로 리스계약을 해지하는 경우에 리스업자는 잔존 리스료 상당액의 일시지급이나 리스 물건의 반환을 청구할 수 있고 이는 리스이용자에 대한 손해배상청구에 영향을 미치지 아니한다(제168조의 5 제1항, 제2항). 또한 리스이용자는 중대한 사정변경으로 리스 물건을 계속 사용할 수 없게 된 경우에는 3개월 전에 예고하고 리스계약을 해지할 수 있는데 이 경우 리스이용자는 계약의 해지로 인하여 리스업자에게 발생한 손해를 배상하여야 한다(제168조의 5 제3항).

IV. 자산유동화 대출(ABL)과 자산유동화증권(ABS)[①]등[②]

타인에게 자금을 제공하는 채권자는 이자와 같은 일정한 이익을 실현함과 동시에 그 대여금을 전부 회수하는 것이 중요하다. 자금을 조달받은 채무자는 애초의 기대와는 달리 금융조달이 제대로 실현되지 못하여 자금제공자에게 이자나 원본을

① 이에 대한 논의로는 박훤일, 이창규, 미국식 동산채권담보대출(ABL)의 국내도입 방안, 경희법학 제49권 제4호, 2014.12, 95쪽 이하 등 참조.

② 이에 대하여는 새로운 유형의 담보로서 특히 최근에 많이 활용되고 그 종류도 다양화되고 있다. 이하에서는 현재 한국에서 시행되는 제도만을 간략하게 소개하는 것으로 한다. 많은 부분이 실무에서 주로 계약(약관)으로 되고 있고 구체적인 법률로 규율되지 못하고 그 법률관계의 설명도 외국제도의 소개나 시사점 등으로 아직 충분하지 못한 것도 있다. 기회가 되면 추후에 이런 점을 보충하고자 한다. 이하의 설명은 諸哲雄, 담보법, 栗谷出版社, 2009, 11쪽 이하; 朴烜日, ABL거래의 구조와 법적 측면, 세계화시대의 기업법(李基秀先生 정년기념논문집), 博英社, 2010, 233쪽 이하를 참조하였다.

반환할 수 없는 경우도 있고 이러한 경우를 대비하여 채권자는 채무자 개인보다는 회사나 기업을 설립하여 책임을 부담하고 회사나 기업을 주식의 발행 등을 통하여 책임을 부담하게 할 수 있다. 이러한 기업의 주식발행 이외에 기업가의 사업상의 미실현재산, 특히 매출채권을 매각하는 방법 등을 이른바 자산으로 파악하여 이를 유동화된 자산으로 대출하여 담보로 하는 방법도 생각할 수 있다.

우선 '자산유동화에 관한 법률'(1998년)[①]은 이런 유형의 금융방법을 제도화하였다. 이 법은 자산의 보유자가 채권, 부동산 등의 유동화자산을 토대로 유동화증권을 발행하여 다수의 자금제공자에게 판매하고 그 판매대금으로 자산보유자에게 매매대금을 지급한다. 유동화전문회사는 유동화 자산을 관리, 운용, 처분하여 나온 수익금으로 유동화증권보유자에게 수익금을 지급한다. 자산보유자에게는 유동성이 낮은 자산을 미리 처분하여 현금을 보유할 수 있게 되고 사업상의 위험(채권 등이 미실현)을 유동화증권보유자와 분담하게 된다. 다만 이 법률은 그 적용범위가 비교적 협소한데, 이런 담보방법이나 금융제공방법을 더 일반화할 수 있다.

이외에 매출채권 등 기업가가 보유하는 특정범위의 재산[②].을 매각하여 자금을 간단한 방법으로 조달받는 담보방법을 생각할 수도 있다. 즉, 먼저 집합채권인 매출채권을 매각하고 그 집합채권을 기본자산으로 하여 증권을 발행새서 이를 다수의 자금제공자에게 판매하여 그 판매대금을 집합채권의 매도인에게 지급하는 것이다. 개개의 매출채권이 아니라 집합채권 전체를 운용한 수익금을 균등하게 배분해야 하기 때문에 이를 실현할 수 있도록 증권을 발행하는 것이다. 이러한 담보제공방법에서는 관리비용을

---

① 1990년대 말의 IMF 위기를 극복하는 과정에서 자산유동화에 관한 법률이 제정되고 자산유동화 거래가 성행하였다.

② 이는 장래의 매출채권 일체를 매각할 수도 있다.

최소화해야 하고 이러한 업무는 금융기관이 처리하고 금융기관의 투자기법이 덧붙여져 다양한 금융제공방법이 개발되고 있다.

한국에서는 기업의 동산, 매출채권, 지재권 등에 전자적인 방식으로 담보등기를 하여 자금을 융통할 수 있게 하는 방안이 2009년 동산채권 등의 담보에 관한 법률로 마련되었다. 이는 기업이 보유하는 재고자산과 매출채권, 지재권, 심지어는 농가의 가축까지도 담보로 제공할 수 있다. 다만 장래에 취득할 동산이나 장래의 매출채권까지도 담보로 제공할 수는 있지만 여전히 어느 정도 담보로 제공될 수 있는지는 그 담보가치를 얼마까지 인정할 것이냐에 달려 있다.

또한 이와 관련하여 최근에 이러한 자산 담보부 대출 또는 자산유동화대출이라고 하는 ABL(Asset-Backed Loans)이 한국에서도 사용되고 있는데 이는 현재 보유 자산과 재고 자산, 매출 채권 등을 담보로 대출을 해주는 상품이다. 이는 종래 사용되던 자산유동화증권 또는 담보부증권이라고 하는 ABS(Asset-Backed Security)과 유사하지만 채권을 발행하는 대신 특수목적법인(SPC)이 대출 형식으로 자금을 조달한다는 점에서 다르다.①이는 특수목적법인이 채권을 발행하지 않고 자산을 담보로 자금을 조달하고, 자산 매각 형태로 조달하기 때문에 차입금이 늘어나지 않는 효과가 있다. 특히 재고 자산이나 매출 채권의 규모가 크면 SPC를 매개로 하는 자산유동화 대출방식이 선호된다. 자산유동화대출은 유가증권 발행 없이 자금을 직접 조달할 수 있기 때문에 신용 평가 과정 등 번거로운 절차를 줄일 수 있고 특수목적법인이 신용보장까지 있으면 대출자산이 신용위험도 줄어드는 장점이 있다. 다만 특수목적법인이 설립 자체가 번거롭고

① 가령 2008년 설립된 커피 관련 프랜차이즈 전문업체인 카페베네는 2012년에 장래 매출채권을 유동화해 500억원의 자금을 조달했다. 카페베네는 특수목적회사(SPC)인 카페베네제일차를 통해 ABCP 350억원과 자산유동화대출(ABL) 150억원을 발행했다. 기초자산은 카페베네가 직영 영업점 등 모든 영업장에서 발생하는 신용판매대금채권, 가맹점채권, 예금반환채권 등이다.

자금 소요액과 시간이 오래 걸린다는 단점도 있다.[①] 이외에도 자산유동화대출의 다른 형태로 기업이 보유하고 있는 담보가치가 아니라 수익가치에 기출하여 대출을 받는 비전형 자산유동화대출도 최근에 등장하고 있다. 그 외에 공사대금 채권을 담보로 대출하는 자산유동화대출이 등장하기도 하였다.

은행이 안심하고 중소기업의 동산, 매출채권 등의 자산을 담보로 대출하는 것은 금융위기 시마다 큰 힘이 되었던 자산유동화(ABS)와는 달리 기업의 동산, 채권 등 자산을 담보로 대출해 주는 ABL 기법은 동산이나 매출채권을 등기하고 담보권설정자가 현재의 동산, 채권은 물론 장래 취득할 것까지도 담보로 잡고 대출하는 금융기법으로 차주의 신용보다 담보자산의 수익가치를 보고 돈을 빌려주는 까닭에 미국에서는 중소기업 대출에 많이 이용된다. 다만 이러한 ABL 금융기법은 담보물의 자산(수익)가치가 적정하게 유지되고, 유형자산이나 재고자산은 가액산정이 용이하고 이중양도를 막을 수 있어야 하며 담보물의 현황을 파악할 수 있어야 한다. 이 모든 작업을 채권은행이 직접 수행하기는 곤란하므로 전문적인 서비스가 뒷받침되어야 하고 특히 ABL 대출의 성패는 담보물 평가, 현장 조사, 담보물 처분 등의 서비스가 얼마나 효율적으로 ABL 취급은행에 제공되느냐에 달려 있다. 채권은행으로서는 대상자산의 공시방법이 적정한지, 공시된 대로 실제로 존재하고 가치를 유지하고 있는지 모니터링할 수 있어야 한다. 이 점은 입출고가 빈번한 재고자산의 경우 더 확실해야 할 것이고 우리나라에서 ABL을 적극 적으로 활성화되기 위하여는 ABL 대상자산에 대한 감정평가 서비스, 특히 유형자산과 재고자산을 저렴한 비용으로 관리하고 모니터링해주는 정보기술(IT) 기반의 서비스가 절대 필요하고, 나아가 해당 자산을 적시에 제값

① 예컨대 2010년 오리엔탈 정공은 ABL로 2천만 달러의 외화자금을 조달하였는데 ABL은 2008년에 마련하여 자금조달을 시작하여 거래 성사까지 2년에 가까운 시간이 걸렸다.

받고 팔아주는 서비스도 이용할 수 있어야 한다.

실무에서 나타난 여러 새로운 유형의 담보법제는 전통적인 담보제도에 대한 새로운 검토를 요하고 이러한 점에서 향후 그 내용의 법적검토가 있어야 할 것이다.①

V. 나가며

이상에서 기업의 포괄담보로서의 공장저당, 파이낸스 리스와 자산유동화 대출(ABL) 등의 새로운 유형의 담보에 관하여 살펴보았다. 기업의 담보거래 중 포괄담보는 종래의 제도에 대한 보완으로 마련된 것이지만 계속 발전 중이고 현대의 상거래나 기업거래를 위한 여러 담보의 필요성을 반영한 것이다. 이를 위하여 민법이나 상법과 그에 대한 특별법의 적합한 「전형적」 담보제도와 이에 규정되지 않고 실무에서 개발된 「비전형」 담보를 어떻게 조화롭게 마련할 것인가는 담보의 현실문제의 해결뿐만 아니라 담보법의 체계적 이해에서도 중요할 것이다. 이런 점에서 전통과 현재의 조화라는 한국의 법문제가 담보법에서도 여전히 현존한 것을 알 수 있다. 이러한 문제는 바로 한중일담보법이 그동안 함께 한 담보법의 비교연구를 통하여 해결될 수 있을 것이다. 앞으로도 각국의 비교법적 동향과 특히 한국, 중국, 일본의 상호비교가 더 활성화하여 이러한 새로운 제도의 더욱 합리적인 문제해결을 위해 상호 도움을 주기를 기대한다.

---

① 견해에 따라서는 상호·상표·영업표지와 같은 지적재산권의 사용에 따른 가맹금, 로열티 등의 이른바 프랜차이즈 수입을 현재는 물론 장래의 것까지 담보로 하여 자금을 조성하는 유동화 대출(ABL)도 논의되기도 한다. 이는 특히 담보로 할 만한 부동산이나 자산이 없는 가맹업자로서는 매우 유력한 자금조달방법이 될 수 있을 것이다. 이러한 점은 朴烜日, 프랜차이즈의 특수문제, 은행법연구, 제3권 제2호, 2010.11, 89쪽 이하.

从韩国《关于动产债权等担保的法律》考察担保制度的改革方向*

[韩]金哉衡 著　李鲜花 校**

一、绪论

韩国在2010年为了完善担保制度，制定了《关于动产债权等担保的法律》（简称《动产债权担保法》）①，从此开启了韩国担保法的新篇章。

韩国民法②以动产或债权等权利为标的物的担保物权为质权。在金融实务中通常会使用让与担保或所有权保留买卖等非典型性担保。《动产债权担保法》承认了动产担保权及债权担保权等新型担保物权。尤其重要的变化是，通过引进动产担保登记制度和债权担保登记制度，使以动产或债权为标的物的担保也能进行登记。

自制定韩国民法以后，根据学说和判例，担保法也得到了发展。《动产债权担保法》所谋求的是原有担保法体系的大转变，这可以说是担保法模式的转换。

---

* 本文是笔者为参加第五届韩中日担保法研究会而撰写的论文，以之前发表的论文为基础完成。

** 金哉衡，原韩国首尔大学教授，现韩国最高法院大法官；李鲜花，韩国成均馆大学商事法博士，延边大学法学院讲师。

① 制定于2010年6月10日法律第10366号，自2012年6月11日起实施。以下法律条款不写法律名称，均以条款引用。

② 《韩国民法》制定于1958年2月22日法律第471号，自1960年1月1日起实施。以下所称《民法》若无特别说明均指《韩国民法》。

笔者很早开始就主张引进关于动产或债权的担保注册或担保登记制度[①],并编写了《动产债权担保法》修正案[②]。本文主要考察《动产债权担保法》中出现的担保制度的改革方向。

二、新物权的创设:动产担保权和债权担保权

(一)制定《动产债权担保法》时,最核心的问题为是否采用统一担保权概念

1960年代美国的《统一商法典》第九章的担保交易制度引进了统一担保权概念。以前通常利用质权、附条件买卖等多种多样的担保制度,但是在统一商法典引进统一担保制度,并采用金融明细表公示制度后,转变为新型的担保制度。[③] 这影响了东欧等很多地区[④]并引起了德国等多国对于担保制度改革的讨论。[⑤] 联合国国际贸易法委员会制定了关于担保交易的立法方针,其中就包含了担保权的统一概念。[⑥]

---

① 参见[韩]金哉衡:《动产担保制度的改善方案——关于引进注册制度的试论》,《民事研究》2005年第30号,第3页;[韩]金哉衡:《论联合国国际贸易法委员会的"关于担保交易立法指南的草案"》,《比较私法》2006年第13卷第4号,第41页(全部重新收录于《民法论Ⅲ》,博英社2007年版,以下参考均以此书页数为准)。

② 参见[韩]金哉衡:《担保制度的改革方案——以动产及债权担保为中心》,《正义》2008年第106号,第655~684页(重新收录于《民法论Ⅳ》,博英社2011年版);[韩]金哉衡:《"关于动产、债权等担保的相关法律"制定草案的构成与内容》,《民法论Ⅳ》,博英社2011年版;[韩]石光砚:《联合国国际贸易法委员会的担保权立法指南与韩国的动产、债权担保法制》,《通商法律》2009年第88号;[韩]诸哲雄:《动产及债权担保制度的修订方向:特定性或者特定可能性原则的选择》,《人权和正义》2009年第392号。

③ 参见[韩]金哉衡:《动产担保制度的改善方案——关于引进注册制度的试论》,《民事研究》2005年第30号,第267页。

④ EBRD, *Model Law on Secured Transactions*, 1994; Dahan & Simpson, "The European Bank for Reconstruction and Development's Secured Transactions Project", in Kieninger(ed.), *Security Rights in Movable Property in European Private Law*, 2004, pp. 102-113.

⑤ 参见[韩]梁彰洙:《德国的动产担保改革论》,《法学》2003年第44卷第2号,第1页;[韩]梁彰洙:《日本的动产担保改革论议》,《民法研究》第9卷,博英社2007年版,第161页。

⑥ 联合国国际贸易法委员会于1966年联合国总会上成立后,一直致力于编写关于国际贸易的协议、示范法、立法指南等。第6工作小组于2002~2007年完成了关于担保交易的立法指南(资料 http://www.uncitral.org/uncitral/en/commission/working_groups/6Security_Interests.html)。之后联合国总会在2008年12月各会员国开始制定或修订担保法时提议参考此协议(A/RES/63/121)。参见[韩]金哉衡:《论联合国国际贸易法委员会的"关于担保交易立法指南的草案"》,《比较私法》2006年第13卷第4号,第301页;[韩]石光砚:《联合国国际贸易法委员会担保权立法指南的研究》,法务部2010年版,第6页。

起初在日本也有主张引进与美国相同制度的观点，但是在讨论过程中，决定不引进统一的担保制度，而改为引进转让登记形式的公示制度。[①]

韩国的《动产债权担保法》虽然创设了以动产、债权等为担保标的物的新型担保权，但是并未采用统一担保权概念。将动产或债权提供为担保时采用担保登记制度的同时，并未规定直接变更之前的动产及债权担保制度的规定。这种将动产或债权提供为担保并要求登记的规定虽然受美国的影响[②]，但是从未采用统一的担保权概念来看，并未照搬美国模式。韩国是在综合了关于担保法的各国模式的基础上，想要创造出一个独立的体系。

（二）民法中关于动产或债权等权利的典型担保是质权，根据其标的物分为动产质权与权利质权，而非典型担保是让与担保、所有权保留买卖、融资租赁等

《动产债权担保法》中关于动产和债权使用了“担保权”这一用语，并且根据法律创设了新的担保权。创设关于动产或债权的新的担保权并引进登记制度采用的是“担保权的构成”，这与维持让与担保等所有权移转型担保的同时以动产转让或债权转让的公示方式引进转让登记制度的所谓“所有权的构成”不同。制定《动产债权担保法》时，有人士认为以设定担保为目的采取所有权移转的形式，则其实质与形式不相符；而且在将动产或债权提供为担保后仍在登记簿上登记为移转所有权的，其公示移转的权利比实际移转的权利更多。[③] 因此若采用担保权构成，则可以重新规定担保权的内容和效力，并有助于担保法的发展。

设定动产让与担保时，判例依据信托让与说，认为让与担保权人以信托的方式受让所有权[④]，而在破产程序中则将其视为担保权人。[⑤] 这与债权让

---

① 参见［韩］梁彰洙：《日本的动产担保改革论议》，《民法研究》第 9 卷，博英社 2007 年版，第 161 页；［日］佐藤岁二、山野目章夫、山本和彦：《新担保法 · 执行法讲座》第 4 卷，民事法研究会，2009 年。

② 参见［韩］金哉衡：《担保法的现在与将来》，《民法论Ⅳ》，博英社 2011 年版，第 314 页。

③ 参见［韩］金哉衡：《“关于动产、债权等担保的法律”制定草案的构成和内容》，《民法论Ⅳ》，博英社 2011 年版，第 239 页。

④ 参见大判 1986.8.19，86DAKA（公 1986，1218）；大判 1994.8.26，93DA44739（公 1994，2514）；大判 1995.7.28，93DA61338（公 1995，2958）；大判 2004.10.28，2003DA30463（公 2004，1942）。

⑤ 参见《关于债务人重整及破产的法律》第 141 条第 1 款。在破产程序中将让与担保权或假登记担保权明文规定称之为担保权是从 1998 年修订《公司整理法》开始的。参见［韩］金哉衡：《破产程序中担保权人的地位》，《民法论Ⅲ》，博英社 2007 年版，第 208 页。

与担保的情形相同,所有权保留买卖或融资租赁等情形亦类似。[1] 为了减少在实体法和破产法上处理方式的不同,采用担保权的构成较为合理。

(三)动产担保权和债权担保权是新型担保物权

动产担保权是以动产为担保标的物的担保权(第2条第2号)。与质权不同,动产担保权并不向担保权人转移担保标的物的占有,只要进行担保登记,动产担保权即成立(第7条第1款)。在同一动产上设定的动产担保权的顺位遵循其登记顺序(第7条第2款)。这是根据"时间在先,权利在先"的物权法原则而规定的内容。因此,可以在同一动产上设定不同顺位的担保权并可将其公示。

债权担保权是以金钱支付为标的的指名债权,即以金钱债权为担保标的的担保权(第2条第3号)。民法规定,指名债权质权只有在具有确定日期的通知或第三债务人的同意时,才能对抗除第三债务人外的第三人。债权担保权只要有债权担保登记就可以对抗除第三债务人外的第三人(第35条第1款)。若要以债权担保权对抗第三债务人,虽然需要通知第三债务人或得到第三债务人的同意,但是也可以通过使债权担保权人将登记事项证明书交给第三债务人的方式进行通知(第35条第2款)。

三、担保约定的概念:实质优于形式

质权设定合同和让与担保设定合同有明确的区分。设定质权须签订质权设定合同,设定让与担保须签订让与担保合同。

但是《动产债权担保法》中对担保约定作了概括定义,因此并不需要这种区分。即让与担保等不论其名称为何,只要作了担保约定,就可以根据《动产债权担保法》进行登记。这是采用了"实质支配形式"的原则。不仅是让与担保,所有权保留买卖或融资租赁等也都可以根据《动产债权担保法》进行登记。基于担保约定并按照《动产债权担保法》规定完成担保登记,则与其约定内容无关,均视为《动产债权担保法》规定的担保权。换言之,不论当事人使用何种名称或表达方法,只要实质上是可将其视为具有担保作用的担保约定,即可根据《动产债权担保法》进行担保登记。因为并不是根据当事人之间的交易或约定的形式,而是根据其作用或实质判断担保

---

① 参见[韩]金哉衡:《破产程序中担保权人的地位》,《民法论Ⅲ》,博英社2007年版,第207页。

约定,所以也可以说是担保的功能主义或实质主义。

《动产债权担保法》扩大了担保标的物的范围。首先,多数动产(包括将来取得的动产)只要能确定其标的物的种类、保管地点、数量,或者能以类似的方法予以确定时,可以设定动产担保权(第3条第2款)。这是采纳关于动产让与担保的判例法理①的结果。其次,不论是个别动产还是集合动产,均可成为动产担保权的标的物。在此需要关注的是,作为确定方法,并未局限在判例所承认的范围内,而且还增加了"以类似的方法可以确定的情形"。以此明确表示,作为确定担保标的物的方法,除了确定标的物的种类、保管地点、数量的方法外,也允许以其他方法确定。

对于债权担保权,明文规定不仅是多数债权,将来债权也可成为担保标的物,不问债务人特定与否,但是应能确定债权的种类、发生原因、发生日期或以其他类似的方法确定(第34条第2款)。大法院认为,若要让将来发生的债权让与有效,须具备确定可能性和发生可能性。② 但是根据《动产债权担保法》设定债权担保权时,并不要求具备发生可能性。正因如此,其扩大了将来的债权提供为担保的范围,可以更加稳定地以将来债权提供作为担保。

四、动产、债权担保登记制度的引进

(一)法律制定过程中,在让与登记制度与担保登记制度中应选择哪一个的问题上有过很多争议

大法院的特殊登记研究小组在2007年发表了《动产及债权的让与登记相关特例法草案》。③ 该草案将关于动产让与的成立要件及债权让与的对抗要件等规定为民法特例。与民法不同,这里提议引进让与登记制度。因为该草案具有引进让与担保登记制度的这一特点,遂称其为《让与登记草案》。

法务部则不提议引进动产及债权的让与登记制度,而提议引进关于动

---

① 参见大判1988.10.25,85NU941(公1988,1484)等。

② 参见大判1991.6.25,88DAKA6358(公1991,1993)等。对此的批判参见[韩]金哉衡:《关于最高额抵押附债权的流动化的法律问题》,《民法论Ⅰ》,博英社2004年版,第473页;[韩]梁彰洙:《将来债权的让与》,《民法研究》第7卷,博英社2003年版,第264页。

③ 参见法院行政处:《为引进动产及债权的让与登记制度的立法资料》,2007年11月。

产及债权的担保登记制度。[①] 因为该草案主张将动产和债权提供为担保时引进担保登记制度,所以称其为《担保登记草案》。

《动产债权担保法》采用了担保登记制度,而并未采用让与担保登记制度。这与引进新的担保权即动产担保权与债权担保权是相同脉络,其结果也可以对担保权的实体内容作出规定。

(二)以何种方式进行担保登记

不动产登记采用物的编成主义(《不动产登记法》第 15 条第 1 款),根据法律分为土地类或建筑物类各自进行不动产登记。而对于动产或债权而言,若要对每一个动产都各自制定登记簿是不可能且毫无意义的事情,因此关于动产或债权的登记只能采用人的编成主义。最终,《动产债券担保法》决定以担保权设定人为准,根据人的编成主义进行担保登记(第 2 条第 8 号)。

五、担保权效力的强化与实现方法的多样化

(一)担保权效力的强化

民法上的质权和抵押权,在其内容和效力上不只有共同点,还有不同之处。判例上承认的动产让与担保,其内容和效力亦不同于质权或抵押权。《动产债权担保法》是以在质权和抵押权的相关规定中筛选符合新的担保权的内容及对用语或表述进行修改或增加新的内容的方式,确定了担保权的内容和效力。

强化担保权效力的规定如下:

第一,关于被担保债权的范围规定:“动产担保权担保本金、利息、违约金、担保权实现费用、担保标的物的保存费用及因债务不履行或担保标的物的瑕疵而发生的损害赔偿债权。但是设定时若有其他约定的,依照该约定。”(第 12 条)对于抵押权,迟延赔偿金仅限于一年的赔偿金(《民法》第 360 条但书),但是《动产债权担保法》中没有这种限制性规定。

---

① 参见[韩]金哉衡:《担保制度的改革方案——以动产及债权担保为中心》,《正义》2008 年第 106 号,第 655~684 页(重新收录于《民法论Ⅳ》,博英社 2011 年版);[韩]金哉衡:《“关于动产、债权等担保的相关法律”制定草案的构成与内容》,《民法论Ⅳ》,博英社 2011 年版;[韩]石光砚:《联合国国际贸易法委员会的担保权立法指南与韩国的动产、债权担保法制》,《通商法律》2009 年第 88 号;[韩]诸哲雄:《动产及债权担保制度的修订方向:特定性或者特定可能性原则的选择》,《人权和正义》2009 年第 392 号。

第二,关于物上代位的规定:"动产担保权也可以对担保人因担保标的物的出售、租赁、灭失、毁损或公用征收等而取得的金钱或其他物行使。此时必须在其支付或交付之前扣押。"(第 14 条)从中可以看出,在出售、租赁标的物时,对其对价等承认物上代位。《民法》第 342 条对于物上代位规定为"质权也可以对质权设定人因质物的灭失、毁损或公用征收而取得的金钱或其他物行使。此时必须在其支付或交付之前扣押",而该规定准用于抵押权(第 370 条)。因此,不同于日本民法对于质物或抵押物的出售、租赁否定其物上代位,《动产债权担保法》扩大物上代位的范围,是为了强化担保权人的地位。

第三,对于动产担保权的担保物返还请求权和妨害排除请求权作了详细的规定。担保权人有权请求占有担保标的物的人向担保人返还担保物(第 19 条第 1 款)。因为担保权人不具备可以直接占有担保标的物的权源,所以为了使担保权人原则上可以请求向担保人返还而设此规定。但是担保权人具有占有担保标的物的权源或担保人无法接受返还担保标的物的,担保权人可以请求担保标的物的占有人向自己返还担保标的物(第 19 条第 2 款)。上述两种情形,若占有人享有占有标的物的权利时,可以拒绝返还(第 19 条第 3 款)。关于抵押权,因抵押权人并不占有标的物,所以并不准用所有物返还请求权的《民法》第 214 条规定。① 《动产债权担保法》中的动产担保权,因为有时担保权人可能会占有或者虽未占有但也需要向无权占有人提出返还请求,所以设定了关于担保物返还请求权的规定,只是根据是否具有占有权源作了上述区分。对于担保标的物的妨害排除、预防妨害请求权,抵押权准用所有权规定(《民法》第 370 条、第 214 条),而《动产债权担保法》中则对此作出了明确的规定(第 20 条)。

(二)担保权实现方法的多样化

动产担保权的实现方法以拍卖为原则(第 21 条第 1 款),但是具有正当事由时允许私力实现(第 21 条第 2 款)。作为私力实现的方法,法律规定了担保权人以担保标的物直接偿还的归属清算和将其出售并以其对价偿还的

---

① 参见大判 1996.3.22,95DA55184(公 1996,1353)。将工厂抵押权的标的动产无故携带出去时,原则上抵押权人可以请求将抵押标的物在其原设置场地恢复原状。虽然这是关于工厂抵押权的案例,但是一般抵押权可视为类似情形。即,若将抵押权效力所及的从物无故携带出去时,因为抵押权的效力及于该从物(《民法》第 358 条),因此抵押权人可以向无权占有人请求将从物返还于抵押权设定人。

处分清算。质权或假登记担保权除了拍卖以外只允许归属清算,而不允许处分清算,但是在《动产债权担保法》中,允许处分清算。这种不仅允许私力实现,而且还作出详细规定的做法,具有非常重大的意义。

关于动产担保权的实现,允许当事人之间提前约定,即第 31 条第 1 款规定:"担保权人与担保权设定人,可以约定不同于该法所规定之实现程序的内容。"《民法》第 339 条规定,禁止出质人在未届债务清偿期时,代替清偿使质权人取得质物的所有权,或者采用法律上未规定之方法处分质物的所谓流质合同的约定。[①] 该规定是强制性规定,是为了从质权人的不当剥削中保护窘迫的债务人。如果允许流质合同,当急需用钱的债务人为了担保少量债务而以高价物品入质后无法履行债务时,则会导致债务人丧失高价物品的所有权。[②]《动产债权担保法》中关于担保权的实现,广泛允许当事人的自治,尤其是私力实现。[③] 除了《动产债权担保法》中规定的担保权实现方法外,法律规定动产担保权人也可以用其他方法实现担保权。但是关于私力实现,在没有法律所规定的担保权实现通知的情形下,约定担保权人处分担保标的物或直接以标的物偿还的,约定无效(第 31 条第 1 款但书)。这是虽然允许流担保合同,但是作为私力实现的最基本的程序,规定了担保权实现的通知程序。[④]

六、结论

在韩国,自韩国民法制定以来,《动产债权担保法》是担保法领域中最重要的变化。虽然《动产债权担保法》是在现行民法上有担保制度的基础上制定的法律,但是将来包括民法上的担保制度乃至整个担保制度,都会受到巨大影响。因此,相信该法律将会引领担保制度的现代化。尤其是,该法律承认新的担保权并为统一各种形态的担保权奠定了基础;与担保约定的形式无关,重视其实质并灵活掌握;在登记簿上公示动产担保权和债权担保权;尝试强化担保权的效力和担保权实现的多样化等。相信这些均会为担保法的改革提供正确的方向。

---

① 但是为担保因商行为而发生的债权设定的质权,则不适用此规定(《商法》第 59 条)。

② 参见[韩]郭润直:《物权法》,博英社 2002 年版,第 307 页。

③ 参见法院行政处:《为引进动产及债权的让与登记制度的立法资料》,2007 年 11 月,第 70 页。

④ 参见法院行政处:《为引进动产及债权的让与登记制度的立法资料》,2007 年 11 月,第 74 页。

【原文】

한국의 『동산·채권 등의 담보에 관한 법률』을 통해서 본 담보제도의 개혁방향 *

김재형

I. 서론

한국에서는 2010년 담보제도를 개선하고자 「동산·채권 등의 담보에 관한 법률」(이하 '동산채권담보법'이라 한다)①을 제정함으로써 담보법의 새로운 변화가 시작되었다.

한국 민법②에서 동산이나 채권 등 권리를 목적물로 하는 담보는 질권이다. 금융실무에서는 양도담보나 소유권유보부 매매 등 비전형담보가 이용되었다. 동산채권담보법은 동산담보권이나 채권담보권이라는 새로운 담보물권을 인정하였다. 무엇보다도 중요한 변화는 동산담보등기제도와 채권담보등기제도를 도입함으로써 동산이나 채권을 목적물로 하는 담보에 관해서도 등기를 할 수 있도록 한 점이다.

한국 민법 제정 이후 학설과 판례에 의하여 담보법의 점진적인

---

* 이 글은 제5회 한중일담보법연구회 심포지엄에서 발표하기 위하여 필자가 기존에 발표한 논문을 토대로 동산채권담보법에 나타난 담보법의 개혁방향에 관해서 작성한 것이다.

① 2010년 6월 10일 법률 제10366호로 제정되어 2012년 6월 11일부터 시행되고 있다. 이하 이 법률의 조항은 법명을 표시하지 않고 조항만으로 인용한다.

② 한국 민법은 1958년 2월 22일 법률 제471호로 제정되어 1960년 1월 1일부터 시행되고 있다. 이하 특별한 지시가 없는 한 민법은 한국 민법을 가리킨다.

발전이 이루어졌는데, 동산채권담보법의 제정은 기존 담보법체계의 대전환을 도모한 것으로 담보법 분야에서 패러다임의 전환이라고 할 수 있다.

필자는 오래 전부터 동산이나 채권에 관한 담보등록 또는 담보등기 제도를 도입할 것을 주장하였고,① 동산채권담보법 제정안을 작성하였다.② 이 글에서는 동산채권담보법에 나타난 담보제도의 개혁방향을 몇 가지로 나누어 살펴보고자 한다.

Ⅱ. 새로운 물권의 창설: 동산담보권과 채권담보권

1. 동산채권담보법을 제정할 당시 통일적인 담보권 개념을 채택할 것인지는 핵심적인 문제이다.

미국은 1960년대에 통일상법전(UCC) 제9장에 있는 담보거래(Secured Transaction) 제도에서 통일적인 담보권 개념을 도입하였다. 종전에는 질권, 조건부 매매 등 다양한 담보제도가 이용되었으나, 통일상법전에서 통일적인 담보제도를 도입하고 금융명세서를 공시하는 제도를 채택하면서 새로운 담보제도로

---

① 김재형, "동산담보제도의 개선방안—등록제도의 도입에 관한 시론—," 민사법학 제30호(2005. 12), 3면 이하; 김재형, "UNCITRAL 「담보거래에 관한 입법지침 초안」논의," 비교사법 제13권 제4호(2006. 12), 41면 이하(모두 민법론 Ⅲ, 박영사, 2007에 재수록하였는데, 아래의 인용은 이 책의 면수로 한다).

② 김재형, "담보제도의 개혁방안—동산 및 채권 담보를 중심으로—," 저스티스 제106호(2008. 9), 655-684면(김재형, 민법론 Ⅳ, 박영사, 2011 재수록되어 있음. 이하 이에 따라 인용함); 김재형, "「동산·채권 등의 담보에 관한 법률」 제정안의 구성과 내용," 민법론 Ⅳ, 박영사, 2011 참조. 또한 석광현, "UNCITRAL의 담보권 입법지침과 우리나라의 동산·채권담보법제," 통상법률 제88호(2009. 8); 제철웅, "동산 및 채권담보 제도의 개정방향: 특정성 또는 특정가능성 원칙의 선택," 인권과 정의 제392호(2009. 4)도 참조.

전환을 한다.[①] 이것은 동구 유럽 등 많은 나라에 영향을 미쳤고,[②] 독일 등 여러 나라에서 담보제도에 관한 개혁논의를 촉발시켰다.[③] 유엔국제거래법위원회에서도 담보거래에 관한 입법지침을 마련하였는데, 담보권에 관한 통일적 개념이 포함되어 있다.[④]

일본에서는 초기에 미국과 같은 제도를 도입하자는 주장이 있었다. 그러나 논의가 진행되는 과정에서 통일적인 담보제도를 도입하지 않고 양도등기라는 형태의 공시제도를 도입한다.[⑤]

한국의 동산채권담보법은 동산·채권 등을 담보목적물로 하는 새로운 담보권을 창설하기로 하였지만, 통일적인 담보권 개념을 채택하지는 않았다. 동산이나 채권을 담보로 제공하는 경우에 담보등기를 하는 제도를 채택하면서도, 기존의 동산 및 채권 담보제도를 직접적으로 변경하는 규정을 두지 않았다. 이와 같이 동산이나 채권을 담보로 제공하고 이를 등기하도록 하였다는 점은

---

① 이에 관하여 필자가 소개한 글로는 김재형, "동산담보제도의 개선방안"(주 3), 267면 이하.

② EBRD, *Model Law on Secured Transactions*, 1994; Dahan & Simpson, "The European Bank for Reconstruction and Development's Secured Transactions Project", in Kieninger(ed.), *Security Rights in Movable Property in European Private Law*, 2004, pp. 102-113.

③ 견해에 따라서는 상호·상표·영업표지와 같은 지적재산권의 사용에 따른 가맹금, 로열티 등의 이른바 프랜차이즈 수입을 현재는 물론 장래의 것까지 담보로 하여 자금을 조성하는 유동화 대출(ABL)도 논의되기도 한다. 이는 특히 담보로 할 만한 부동산이나 자산이 없는 가맹업자로서는 매우 유력한 자금조달방법이 될 수 있을 것이다. 이러한 점은 朴烜日, 프랜차이즈의 특수문제, 은행법연구, 제3권 제2호, 2010.11, 89쪽 이하.

④ 유엔국제거래법위원회는 1966년 유엔총회에 의해 설립된 이래 국제거래에 관한 협약, 모델법, 입법지침 등을 작성하고 있다. 제6작업그룹은 2002년부터 2007년까지 담보거래에 관한 입법지침을 완성하였다(회의자료는 http://www.uncitral.org/uncitral/en/commission/working_groups/6Security_Interests.html에 게시하고 있음). 그 후 유엔총회는 2008년 12월 회원국들이 담보법을 제정 또는 개정할 때 이를 고려할 것을 권고하는 결의를 하였다. A/RES/63/121. 상세한 것은 김재형, "UNCITRAL 「담보거래에 관한 입법지침 초안」 논의"(주 3), 301면 이하; 석광현, UNCITRAL 담보권 입법지침 연구, 법무부, 2010, 6면 이하.

⑤ 양창수, "일본의 동산담보개혁논의"(주 7); 佐藤歳二·山野目章夫·山本和彦, 新擔保·執行法講座 第4卷, 民事法研究會, 2009 참조.

미국법의 영향을 받았지만,[①] 통일적인 담보권 개념을 채택하지 않는다는 점에서 미국 모델을 그대로 채택한 것은 아니다. 한국은 담보법에 관한 해외의 여러 모델을 종합하여 하나의 독자적인 체계를 만들어가고자 하였다.

2. 민법에서 동산이나 채권 등 권리에 관한 전형담보는 질권으로서, 그 목적물에 따라 동산질권과 권리질권으로 구분된다. 한편 비전형담보로 양도담보, 소유권유보부 매매, 금융리스 등이 이용되고 있다.

동산채권담보법은 동산과 채권에 관하여 '담보권'이라는 명칭을 사용하면서 법률에 의한 새로운 담보권을 창설하였다. 동산 또는 채권에 관한 새로운 담보권을 창설하고 담보등기제도를 도입하였다는 점에서 이른바 '담보권적 구성'을 채택한 것이다. 이것은 양도담보 등 소유권이전형 담보를 유지하되, 동산양도나 채권양도의 공시방법으로 양도등기제도를 도입하는 이른바 '소유권적 구성'과 대비된다. 동산채권담보법 제정 당시 담보를 설정할 목적으로 소유권을 이전하는 형식을 취하는 것은 실질과 형식이 맞지 않는다고 보았다. 또한 동산이나 채권을 담보로 제공하였는데도 등기부에 소유권을 이전한 것으로 등기하는 것은 실제보다 많은 권리를 이전하는 것처럼 공시하는 것이다.[②] 이와 같이 담보권으로 구성하면 뒤에서 보는 바와 같이 담보권의 내용과 효력을 새롭게 정할 수 있기 때문에 담보법의 발전에도 기여할 것이다.

동산양도담보를 설정한 경우에 판례는 신탁적 양도설에 따라 양도담보권자가 소유권을 신탁적으로 이전받는 것으로 보고 있으

---

① 김재형, "담보법의 현재와 미래," 민법론 Ⅳ, 박영사, 2011, 314면.

② 김재형, "「동산·채권 등의 담보에 관한 법률」 제정안의 구성과 내용"(주 4), 239면.

나,[①] 도산절차에서는 담보권자로 취급하고 있다.[②] 이는 채권양도담보의 경우에도 마찬가지이고, 소유권유보부 매매나 금융리스의 경우에도 유사하게 취급하고 있다.[③] 이와 같이 실체법과 도산법에서 법적 취급이 달라지는 것을 줄이는 것이 바람직하다는 점에서도 담보권적 구성이 바람직하다.

3. 동산담보권과 채권담보권은 새로운 유형의 담보물권이다.

동산담보권은 동산을 담보목적물로 하는 담보권이다(제2조 제2호). 질권과는 달리 담보권자에게 담보목적물에 대한 점유를 이전하지 않고 담보등기를 하면 동산담보권이 성립한다(제7조 제1항). 동일한 동산에 설정된 동산담보권의 순위는 등기의 순위에 따른다(제7조 제2항). 이는 "시간에서 앞서면 권리에서도 앞선다."라는 물권법의 원칙을 규정한 것이다. 따라서 하나의 동산에 순위가 다른 담보권을 설정하고 이를 공시할 수 있다.

채권담보권은 금전지급을 목적으로 하는 지명채권, 즉 금전채권을 담보목적으로 하는 담보권이다(제2조 제3호). 민법상 지명채권에 대한 질권의 경우에는 확정일자 있는 통지나 제3채무자의 승낙이 있어야 제3채무자를 제외한 제3자에게 대항할 수 있지만, 채권담보권의 경우에는 채권담보등기를 하면 제3채무자를 제외한 제3자에게 대항할 수 있다(제35조 제1항). 다만 채권담보권으로 제3채무자에게 대항할 수 있으려면 제3채무자에게 통지를 하거나 제3채무자의 승낙이 필요하나, 채권담보권자도 등기사항증명서를 제3채무자에게 건네주는

---

① 대판 1986. 8. 19, 86다카315(공 1986, 1218); 대판 1994. 8. 26, 93다44739(공 1994, 2514); 대판 1995. 7. 28, 93다61338(공 1995, 2958); 대판 2004. 10. 28, 2003다30463(공 2004, 1942).

② 채무자 회생 및 파산에 관한 법률 제141조 제1항. 도산절차에서 양도담보권이나 가등기담보권을 담보권으로 법률에 명문으로 규정한 것은 1998년에 회사정리법을 개정할 당시부터이다. 김재형, "도산절차에서 담보권자의 지위," 민법론 Ⅲ, 박영사, 2007, 208면.

③ 상세한 것은 김재형(주 13), 207면 이하 참조.

방법으로 통지를 할 수 있도록 하였다(제35조 제2항).

III. 담보약정 개념: 형식에 대한 실질의 우위

질권설정계약과 양도담보설정계약은 명확하게 구별된다. 질권을 설정하려면 질권설정계약을 해야 하고, 양도담보를 설정하려면 양도담보설정계약을 해야 한다.

그러나 동산채권담보법은 담보약정을 포괄적으로 정의하고 있어 이러한 구분이 필요 없다. 즉, 양도담보 등 그 명칭을 불문하고 담보약정을 한 경우에는 동산채권담보법에 따른 등기를 할 수 있다. 이것은 이른바 "실질이 형식을 지배한다."는 원칙을 채택한 것이다. 양도담보뿐만 아니라 소유권유보부 매매나 금융리스 등의 경우에도 동산채권담보법에 따른 등기를 할 수 있다. 이와 같은 담보약정에 기하여 동산채권담보법에 따라 담보등기를 하면 원칙적으로 그 약정내용과 무관하게 동산채권담보법에 따른 담보권으로 취급하도록 하였다. 결국 당사자들이 사용하는 명칭이나 표현에 구애받지 않고 그 실질을 보아 담보의 기능을 수행하는 담보약정으로 볼 수 있으면 동산채권담보법에 따라 담보등기를 할 수 있다. 당사자들 사이의 거래 또는 약정의 형식이 아니라 그 기능이나 실질에 따라 담보약정을 판단하는 것이기 때문에, 담보에 대한 기능적 접근방법 또는 실질주의를 따른 것이라고 설명한다.

동산채권담보법은 담보목적물의 범위를 넓혔다. 먼저 다수의 동산(장래에 취득할 동산을 포함한다)도 목적물의 종류·보관장소·수량을 정하거나 그 밖에 이와 유사한 방법으로 특정할 수 있는 경우에는 동산담보권을 설정할 수 있도록 하였는데(제3조 제2항), 이는 동산양도담보에 관한 판례법리①를 수용한 것이다. 따라서 개별동산이든 집합동산이든 동산담보권의 목적물이 될 수 있다. 그런데 특정방법을 판례에서 인정하는

---

① 대판 1988. 10. 25, 85누941(공 1988, 1484) 등 다수.

방법에 한정한 것은 아니고 "이와 유사한 방법으로 특정할 수 있는 경우"를 추가한 점에 주목하여야 한다. 따라서 담보목적물을 특정하는 방법은 목적물의 종류·보관장소·수량을 정하는 방법 이외에도 허용된다는 점을 분명히 하였다.

채권담보권의 경우에는 다수의 채권뿐만 아니라 장래 채권도 담보목적물로 명시하고 있다. 채무자가 특정되었는지 여부를 묻지 않는다. 다만 채권의 종류·발생원인·발생연월일을 정하거나 그 밖에 이와 유사한 방법으로 특정할 수 있어야 한다(제34조 제2항). 대법원은 장래 채권의 양도가 유효하려면 특정가능성과 발생가능성이 있어야 한다고 하나,① 동산채권담보법에 따라 채권담보권을 설정하는 데는 발생가능성을 요구하지 않고 있다. 이와 같이 장래의 채권을 담보로 제공할 수 있는 범위를 넓혔기 때문에, 장래 채권을 좀 더 안정적으로 담보로 제공할 수 있을 것이다.

IV. 동산·채권 담보등기 제도의 도입

1. 법률을 제정하는 과정에서 양도등기제도와 담보등기제도 중에서 어느 쪽을 선택할 것인지에 관하여 논란이 많았다.

대법원 특수등기연구반에서는 2007년에 "동산 및 채권의 양도등기에 관한 특례법안"을 발표하였다.② 이 법안은 동산양도의 성립요건 및 채권양도의 대항요건 등에 관하여 민법의 특례 등을 규정한 것으로, 민법과는 달리 양도등기제도를 도입할 것을 제안하고 있다. 이 안은 양도등기제도를 도입한다는 점에 특징이 있기 때문에, '양도등기안'이라고 부를 수 있다.

---

① 대판 1991. 6. 25, 88다카6358(공 1991, 1993) 등. 이에 대한 비판으로는 김재형, "근저당권부채권의 유동화에 관한 법적 문제," 민법론 Ⅰ, 박영사, 2004, 473면; 양창수, "장래채권의 양도," 민법연구 제7권, 박영사, 2003, 264면.

② 법원행정처, 동산 및 채권의 양도등기제도 도입을 위한 입법자료(2007. 11).

그러나 법무부에서는 동산 및 채권의 양도등기제도를 도입하지 않고 동산 및 채권에 관한 담보등기제도를 도입할 것을 제안하였다.[①] 이 방안은 동산과 채권을 담보로 제공한 경우에 담보등기를 할 수 있는 제도를 도입하는 것이기 때문에, '담보등기안'이라고 할 수 있다.

동산채권담보법에서 양도담보등기제도가 아니라 담보등기제도를 채택하였는데, 이는 동산담보권과 채권담보권이라는 새로운 담보권을 도입하기로 한 것과 같은 맥락이다. 그 결과 담보권의 실체적 내용에 관해서도 규정할 수 있게 되었다.

2. 담보등기를 어떠한 방식으로 할 것인지 문제된다. 부동산등기의 경우에는 물적 편성주의를 채택하고 있다(부동산등기법 제15조 제1항). 이에 따라 토지별로 또는 건물별로 부동산등기를 하고 있다. 동산이나 채권의 경우에는 동산 하나하나에 대하여 개별적으로 등기부를 편제한다는 것은 불가능하고 의미도 없다. 동산이나 채권에 관한 등기는 인적 편성주의를 취할 수밖에 없다. 결국 담보권설정자를 기준으로 인적 편성주의에 따라 담보등기를 하도록 하였다(제2조 제8호).

V. 담보권의 효력 강화와 실행방법의 다양화

1. 담보권의 효력 강화

민법상의 질권과 저당권은 그 내용이나 효력에 공통점도 있지만 차이점도 있다. 또한 판례에 의하여 인정되는 동산양도담보는 그 내용이나 효력이 질권이나 저당권과 다르다. 동산채권담보법은 질권과 저당권에 관한 규정 중에서 새로운 담보권에 적합한 내용을 추려내고 용어나 표현을 수정하거나 새로운 내용을 추가하는 방식으로 담보권의 내용과 효력을 정하였다.

---

① 위 주 4 참조.

담보권의 효력을 강화하는 규정은 다음과 같다. 첫째, 피담보채권의 범위에 관하여 "동산담보권은 원본(元本), 이자, 위약금, 담보권실행의 비용, 담보목적물의 보존비용 및 채무불이행 또는 담보목적물의 흠으로 인한 손해배상의 채권을 담보한다. 다만, 설정행위에 다른 약정이 있는 경우에는 그 약정에 따른다."라고 정하였다(제 12 조). 저당권의 경우에는 지연배상에 대해서는 1 년분에 한하여 저당권을 행사할 수 있지만(민법 제 360 조 단서), 동산채권담보법에서는 이와 같은 제한을 두지 않았다.

둘째, 물상대위에 관한 제 14 조는 "동산담보권은 담보목적물의 매각, 임대, 멸실, 훼손 또는 공용징수 등으로 인하여 담보권설정자가 받을 금전이나 그 밖의 물건에 대하여도 행사할 수 있다. 이 경우 그 지급 또는 인도 전에 압류하여야 한다."라고 정함으로써, 매각, 임대의 경우에도 그 대가 등에 대하여 물상대위를 허용하고 있다. 민법 제 342 조는 물상대위에 관하여 "질권은 질물의 멸실, 훼손 또는 공용징수로 인하여 질권설정자가 받을 금전 기타 물건에 대하여도 이를 행사할 수 있다. 이 경우에는 그 지급 또는 인도 전에 압류하여야 한다."라고 정하고 있고, 이를 저당권에 준용하고 있으므로(제 370 조), 질물이나 저당물의 매각, 임대의 경우에 일본 민법과는 달리 물상대위를 부정하고 있다. 동산채권담보법에서 물상대위의 범위를 넓힌 것은 담보권자의 지위를 강화하기 위한 규정이다.

셋째, 동산담보권에 기한 담보물반환청구권과 방해배제청구권에 관하여 세밀하게 규정하였다. 담보권자는 담보목적물을 점유한 자에 대하여 담보권설정자에게 반환할 것을 청구할 수 있다고 정하였는데(제 19 조 제 1 항), 이는 담보권자가 직접 담보목적물을 점유할 권원이 없기 때문에, 담보권자는 원칙적으로 담보권설정자에게 반환하라는 청구를 할 수 있도록 한 것이다. 다만 담보권자가 담보목적물을 점유할 권원이 있거나 담보권설정자가 담보목적물을 반환받을 수 없는 사정이 있는 경우에 담보권자는 담보목적물을 점유한 자에 대하여 자신에게 담보목적물을 반환할 것을 청구할 수 있다(제19조 제2항). 위 두 경우에 점유자가 그 물건을 점유할 권리가 있는 때에는 반환을 거부할 수 있다(제19조 제3항). 저당권의 경우에는 저당권자가 점유하지 않고 있기 때문에, 소유물반환청구권에 관한 민법 제213조를 준용하지 않고 있다.[①] 그러나 동산채권담보법에 따른 동산담보권의 경우에는 담보권자가 점유를 하고 있을 수도 있고, 그렇지 않은 경우에도 무단점유자를 상대로 반환청구를 할 필요가 있기 때문에, 담보물반환청구권에 관한 규정을 두었다. 다만 점유권원이 있는지 여부에 따라 위와 같이 구분하여 정하였다. 또한 담보목적물의 방해제거·방해예방청구권에 관해서도 저당권에 관한 규정에서 소유권에 관한 규정을 준용한 것(민법 제370조, 제214조)과 달리 명확하게 규정하였다(제20조).

2. 담보권 실행방법의 다양화

동산담보권의 실행방법으로 경매를 원칙으로 하되(제21조 제1항), 정당한 이유가 있는 경우에는 사적 실행을 허용하였다(제21조 제2항). 사적 실행의 방법으로 담보권자가 담보목적물을 직접 변제에 충당하는 귀속정산과 이를 매각하여 그 대금을 변제에 충당하는 처분정산을 정하고 있다. 질권이나 가등기담보권의 경우에는 경매 이외에도 귀속정산을 인정하고 있을 뿐이고 처분정산을 허용하고 있지는 않다. 그러나 동산채권담보법에서는 동산담보권의 실행으로 처분정산까지 인정한 것이다. 이와 같이 사적 실행을 인정하고 이에 관한 상세한 규정을 두었다는 점에서 중대한 의미가 있다.

나아가 동산담보권 실행에 관하여 당사자들이 사전에 약정을

① 대판 1996. 3. 22, 95다55184(공 1996, 1353)는 공장저당권의 목적 동산을 무단 반출한 경우에 저당권자는 원칙적으로 저당목적물을 원래의 설치 장소에 원상회복할 것을 청구할 수 있다고 하였다. 이는 공장저당권에 관한 사안이지만, 일반적인 저당권의 경우에도 유사하게 보아야 한다. 즉, 저당권의 효력이 미치는 종물을 무단 반출한 경우에 위와 같은 종물에도 저당권의 효력이 미치므로(민법 제358조), 저당권자는 무단점유자를 상대로 종물을 저당권설정자에게 반환할 것을 청구할 수 있다.

하는 것을 허용한다. 즉, 제31조 제1항 본문은 "담보권자와 담보권설정자는 이 법에서 정한 실행절차와 다른 내용의 약정을 할 수 있다."라고 정하고 있다. 민법 제339조는 질권설정자가 채무의 변제기 전에 질권자에게 변제에 갈음하여 질물의 소유권을 취득하게 하거나 법률에 정하지 않은 방법으로 질물을 처분하도록 하는 약정을 하는 流質契約을 금지하고 있다.① 이는 강행규정으로서 궁박한 사정에 있는 채무자를 질권자의 부당한 착취로부터 보호하기 위한 것이다. 만일 위와 같은 유질계약을 허용한다면, 일시적인 금융이 필요한 채무자가 고가품을 적은 채무를 담보하려고 入質하고 그 불이행시에 채무자가 고가품의 소유권을 상실하게 될 수 있기 때문이다.② 그러나 동산채권담보법에서는 담보권의 실행에 관하여 당사자의 자치, 특히 사적 실행을 넓게 허용하고 있다.③ 동산담보권자의 경우에 동산채권담보법에서 정하는 담보권실행방법 이외의 방법으로도 담보권실행을 할 수 있도록 규정하였다. 다만, 사적 실행의 경우에 법에 정해진 담보권 실행 통지 없이 담보권자가 담보목적물을 처분하거나 직접 변제에 충당하기로 하는 약정은 무효라고 규정하였다(제31조 제1항 단서). 이는 流擔保契約을 허용하되, 사적 실행을 위한 최소한의 절차로서 담보권 실행의 통지절차를 밟도록 한 것이다.④

VI. 결론

한국에서 동산채권담보법의 제정은 한국민법 제정 이후

---

① 이 규정은 "질권설정자는 채무변제기전의 계약으로 질권자에게 변제에 갈음하여 질물의 소유권을 취득하게 하거나 법률에 정한 방법에 의하지 아니하고 질물을 처분할 것을 약정하시 못한다."고 정하고 있다. 그러나 상행위로 인한 채권을 담보하기 위하여 설정된 질권에는 이 규정이 적용되지 않는다(상법 제59조).

② 곽윤직, 물권법, 제7판, 박영사, 2002, 307면.

③ 김재형(주 17), 70면.

④ 김재형(주 17), 74면.

담보법 분야에서 가장 중요한 변화이다. 동산채권담보법은 민법상 담보권을 그대로 둔 채 제정된 것이지만, 향후 민법상의 담보제도를 포함하여 담보제도 전반에 커다란 영향을 미칠 것이다. 따라서 이 법률은 담보제도의 현대화를 이끌 것이라고 생각한다. 특히 이 법률에서 새로운 담보권을 인정함으로써 다양한 형태의 담보권을 통합할 수 있는 토대로 마련한 점, 담보약정을 형식과는 무관하게 실질을 중시하여 유연하게 파악하고 있는 점, 동산담보권과 채권담보권을 등기부에 공시하고 있는 점, 담보권의 효력을 강화하고 담보권 실행의 다양화를 시도하고 있는 점은 담보법 개혁의 올바른 방향을 제시하고 있다고 생각한다.

韩国法中利用应收账款的融资

[韩]权澈 著　李鲜花 校*

一、利用应收账款的传统融资方式

一般来说,应收账款(account receivable)是指,在企业的主要经营活动中,通过贩卖财物或者劳动力等创收活动而产生的债权。金钱债权作为赊账销售款表现在票据上时则记载为应收票据。① 利用应收账款的传统融资方式有如下几种:(1)通过转让该应收账款获得对价或者获得对既有债务的免除(债权让与);(2)获得折扣(票据折扣);(3)通过提供担保获得贷款(提供债权担保)等;(4)通过从企业买入应收账款来进行回收的金融服务,也就是保理(factoring),商法上将此定义为保理业。② 上述利用应收账款的传统融资方式各有各的限制,在此仅对保理进行简单探讨。

保理是保理人(factor)通过买入顾客们在经营活动中产生的应收账款来提供资金的制度。③ 韩国商法于1995年起就将其列为商行为之一,而对其具体法律关系的规定却是2010年商法修改时在商行为编第14章“保理业”中新设的,不过仅有两个条文,且在保理人是否可以请求交易相对人偿还的问题上明示允许可以由当事人约定,仅规定了基本内容。根据由谁负担保理人买入的应收账款的支付风险,保理分为无追索权的保理(真正保

---

* 权澈,韩国成均馆大学教授;李鲜花,韩国成均馆大学商事法博士,延边大学法学院讲师。

① 旧《企业会计准则》中规定为“在一般交易中发生的应收账款和应收票据”。

② 韩国《商法》第2编第14章。

③ 根据《国际统一私法协会国际保理公约》,保理是指在金融提供、会计管理、债权回收、信用接收等四种服务中至少要提供两种以上服务。

理)和有追索权的保理(不真正保理)。① 在无追索权的保理(without recourse)中,即使没有支付应收账款,保理人也不能向出售企业(应收账款转让人)要求偿还;而在有追索权的保理(with recourse)中,当没有支付应收账款时,保理人可以向出售企业行使追索权。因此从经济上来看,保理与以应收债权为担保进行融资的情况类似。

由于保理采取的也是转让应收账款的法律形式,因此为具备指名债权让与的对抗要件所需的费用和界限的问题,同样也值得思考。另外,若想把将来债权纳入保理的对象,则出现法律不稳定问题。②

二、克服传统融资方式限制的金融技术

克服传统融资方式限制的金融技术有以下几种:(1)利用电子方式的应收账款的融资;(2)将应收账款作为集合债权融资的方式;(3)通过资产流动化的融资等。以下主要以(2)和(3)为中心进行探讨,但在这之前简单介绍(1)的内容。

利用折扣票据的融资中,作为经营活动的代价收到票据的企业(企业1)将自己债务的支付进行背书交付给其他企业(企业2),而该企业(企业2)将该票据背书交付给其他企业(企业3)或者从金融流通者处获得折扣等,在尚未发生支付以前票据已经流通了多次的,如果最初的债务人无法支付,就会发生该票据进行背书等流通环节的参与者们接连破产的弊端。③ 为了解决这种社会问题,政府主导研究了票据制度改善方案。最终,韩国于2000年5月开始实施企业购买资金贷款制度。2001年2月,依据电子方式

---

① 参见[韩]权纯熙:《通过债权买入业(保理)筹资的有关研究》,《商事法研究》2014年第33卷1号,第266页。

② 尽管有保理,但应收账款的性质并没有改变。应收账款的债务人(消费者)根据原来的合同关系得到的所有抗辩,应受保障。即使应收账款转移到保理公司,其作为应收账款的性质也不会变更为金融债权,与保理是种金融技术无关,但是依据《公司重组法》进行判决的某案例认为,将重组债权区分为金融机关重组债权和商业交易重组债权两个等级时,将保理公司持有的债权视为金融机关重组债权而非商业交易债权的,“无法将其视为脱离了合理的范围,有违公正、平衡或者平等原则”(大法院2000.1.5.宣告99GEU35判决)。该决定只是意味着在再生程序(重整程序)中,将保理公司买入并持有的债权视为金融机关持有的债权,并不意味着保理公司买入的债权的性质会发生变化。

③ 参见[韩]郑燦亨:《有关代替票据的结算制度的法律问题研究》,《高丽法学》2005年第44卷,第30页。

的应收账款债权担保贷款制度开始施行。此外,企业购买专用卡制度等多种票据替代品被开发,其中有个别银行运营的制度和通过金融结算员进行管理、运营的银行共同制度。[①] 同时,电子票据投入使用,《有关电子票据的发行及流通的法律》强制要求《股份有限公司外部审计相关法律》规定的外部审计对象企业不得发行纸质票据,只能发行电子票据。

2015 年 3 月,产业通商资源部以"中小企业也用大企业的信用结算"为题,出台了"双赢结算系统"。该系统的要点是,以大企业对第一合作公司承担的应收债款债权为依据,第一合作公司可以从第二合作公司、第二合作公司可以再次从第三合作公司获得授信。相关的法律有《有关促进大中小企业双赢合作的法律》。据悉在 2018 年 9 月,中小风险企业部主导修改了扩大利用双赢结算系统相关的内容。[②]

三、集合债权让与担保

(一)设定

1.以担保为目的的债权的特定可能性

与集合动产转让担保一样,有必要现在就提出将来可以特定该标的物的标准,以明确让与担保的效力范围。因此,担保标的物应当可以根据指定其发生原因、发生时期、金额、第三债务人等全部或一部分的方法来特定,从而与设定人未用于担保的其他债权区分开来。

2.将来债权的让与性

关于债权让与,适用《民法》第 449 条以下的规定,将来债权的让与范围及其对抗要件等是重点问题。在交易中存在转让基于持续性供应合同的期限债权、货款债权、信用卡贷款债权、分期货款债权、租赁债权、出口货款债权等情况,同时将来发生的电费、通信费、转播费等也有很高的回收可能性,因此有必要通过债权让与回收资金。根据大法院的判决,为了使将来债权的转让有效,债权应具有特定可能性和发生可能性。将来债权在转让时,基本的债权关系已得到一定程度的确定,所以可以特定其权利,且在"相当程

① 参见金融结算院票据信息中心网站:www.knote.kr.

② 参见双赢结算系统网站:www.winwinpay.or.kr.

度下可以期待”其在“不远的将来”会发生时,可以转让。[①] 但也有观点强烈批判,认为如果按照判例的这种标准,可能会存在因将来债权的让与范围过于受限而无法满足交易当中对将来债权让与的需求问题。[②]

(二)集合债权担保的生效时期

以将来债权为标的进行集合债权让与担保交易时,有关集合债权让与担保的生效时期,可将让与担保交易形式分为本合同型[③]、预约型[④]、终止条件型[⑤]、债权合同型[⑥]。[⑦] 在过去大法院的判例中,焦点是对集合债权让与担保交易是本合同型还是预约型的解释问题[⑧],其原因如下:首先,大法院对将来债权的让与适格问题遵循的是要求发生债权的法律基础已存在的“法律基础论”[⑨],如果将未特定第三债务人的将来债权让与担保合同解释为本合同,那么就会有关于将来债权的让与是否适格及满足特定可能性的争议。在此情况下,如果将让与担保合同解释为预约型,那么在发生将来债权以后,将该债权特定而行使预约完成权,并在此时使让与担保权生效,则可规避上述有关将来债权的让与适格及特定可能性的争议。其次,《有关债务人重整及破产的法律》(《重整破产法》)规定,在发生支付停止等之后,以权利的设定、转移或变更等为由对抗第三人而作出必要行为时,若该行为是自知道发生权利的设定、转移或变更之日起经过15日后存在支付停止等情况以

① 参见大法院 1991.6.25.宣告 88DAKA6358 判决;大法院 1996. 7. 30. 宣告 95DA7932 判决;大法院 1997.7.25.宣告 95DA21624 判决。

② 参见[韩]梁彰洙:《将来债权的转让》,《民法研究》2003 年第 7 卷,第 233 页以下。

③ 本合同型集合债权让与担保是指,对当前债权或将来发生的债权,在签订合同时产生让与担保效力的交易。

④ 预约型集合债权让与担保是指,对当前债权或将来发生的债权,在签订合同时不发生让与担保的效力,而是通过预约,使其在未来根据作为预约完结权人的担保权人单方意思表示,产生让与担保效力的交易。

⑤ 终止条件型集合债权让与担保是指,以未来担保人发生财政状况恶化或破产申请等一定事由为终止条件,对现在或未来发生的债权,协商设定让与担保权的交易。

⑥ 债权合同型集合债权让与担保是指,在签订让与担保合同时,对债权设定让与担保不做合意,仅对负担债权让与义务进行合意或仅对目前的债权进行上述合意,而未来的债权则是对债权发生后一定期限内承担让与该债权的义务进行合意的交易。

⑦ 参见[韩]吴泳俊:《集合债权转让担保与破产程序的开始》,《司法论集》2006 年第 43 集,第 233~237 页。

⑧ 参见大法院 2002. 7. 9. 宣告 2001DA46761 判决;大法院 2004. 2. 12. 宣告 2003DA53497 判决等。

⑨ 参见大法院 1991. 6. 25 宣告 88DAKA6358 判决等。

后作出的,则可予以否认。有关集合债权让与担保交易,对第三债务人及第三人的对抗条件大部分采取担保人发生期限利益的丧失事由等时,对第三债务人进行附确定日期的通知,并将债权让与通知书的一部分或全部作为空白纸向担保权人提出。担保权人今后有权在债权让与通知书上记录第三债务人及债权金额等,并将此记录在案通知第三债务人。此时,若将有关集合债权让与担保的约定解释为本合同型,那么对第三债务人的通知是自权利转移之日起经过15天后形成的,因此存在不能成为对抗条件对象的危险。若将此解释为预约型交易的话,那么在行使预约完结权时债权被转让,并在此后15天内具备对抗条件,因此否认让与担保交易的可能性将降低。

(三)债权担保交易的类型

以债权为担保标的物的集合债权让与担保交易或应收账款的资产流动化交易中出现的交易类型大致可分为循环型、累积型和混合型。[①] 循环型债权担保交易是指将当前及将来的债权集合起来用作担保标的物,并承认作为担保标的物的债权的流动、交替的交易。担保人在设定担保后,对作为担保标的物的债权继续保留追索权,其追索金不支付给担保权人,而是用于经营活动,从而重新产生新的应收账款。新产生的应收账款成为此前设定的债权担保权的担保标的物。[②] 累积型债权担保交易是将提供当前及将来的债权集合起来用作担保标的物,担保人丧失对作为担保标的物的债权的追索权。担保人在提供担保后,不得追索作为担保提供的债权并将其用于经营活动,作为担保提供的将来债权在发生的同时作为担保标的物继续累积。在累积型交易中,此类担保标的物因具有持续累积和增加的特点,因此担保标的物达到一定限度时,应实现担保权,偿还部分贷款本金的分期偿还。[③]

混合型交易在现有资产流动交易中使用较多。在混合型交易中,贷款期限分为循环型期限和累积型期限。在循环型期间内,担保人对作为担保标的物的债权具有追索权,并可用该追索金进行经营活动,但在累积型期间

① 参见[韩]郑素敏:《破产法中债权担保权者的地位研究》,《法学论丛》2016年第33集第1号,第227页。

② 参见[韩]李尚柱:《集合债权转让担保中担保权实行的效力与担保权效力是否及于对于重整程序开始后发生的债权》,《大法院判例解说》2013年第95号(上),第639~640页。

③ 采取累积型交易形态的将来债权的资产流动化交易,可参照2001年"KUMHO产业"的资产流动化交易。

内,担保人丧失对作为担保标的物的债权的追索权。

(四)担保标的物的确定

将来债权作为担保标的物时,何时确定担保物,并将此后发生的债权不再作为担保标的物的对象呢?这是担保约定的解释问题。对担保权实行的讨论主要以担保标的物固定化的思维进行。这是因为根据担保权的实行,担保权人仅对担保权实施时已经存在的标的物行使担保权,而对之后取得的标的物,则明示或者默示地不行使担保权的情况比较多。[①]

(五)破产时的情况

将来债权的让与担保可以在债务人没有不动产或动产等其他担保物的情况下有效利用。但如果无法偿还债务,就会有债务人失去将来可能发生的收益来源的问题。如果扩大承认将来债权让与担保的有效性,则发生这种弊端的危险性也会增大。这在将来债权的让与人(担保人)破产的情况下最为明显。不论对让与担保的法律构成采取何种见解,让与担保权人在对让与人的财产开启的重生程序中被视为重整担保权人,而非取回权人(《重整破产法》第141条第1款)。将来债权的让与担保权人也是如此。因此,禁止个别担保权的执行,原则上只能按照重整计划中的规定行使其权利(《重整破产法》第58条第1款第2号、第2款第2号)。但在将来债权让与担保中,由于标的债权是以将来发生为前提,所以在签订让与担保合同后,可能出现对出让人启动重整程序后发生的债权。如果对该债权也具有让与担保的效力,则重整债务人无法将该债权用于重建。如果该债权是重整债务人重建所必需的,则重整程序可能无法达到目的。另外,若为了产生该债权而利用了重整管理人的财产或劳务时,将由让与担保权人独占其获得的债权,则有可能违反债权人平等原则。因此,对于将来债权让与担保权是否对启动重整程序后发生的债权产生影响,只有否定意见。[②] 最近,有很多赞成这种结论的意见。这种观点认为,循环型集合债权让与担保时,循环期间被追索的资金重新投资到债务人的经营中,从而重新形成作为担保对象的应收账款。因此,只要担保对象是在重整程序开始时被特定为现存的债权

---

① 参见[韩]李縯甲:《将来债权的转让担保与重整担保权的效力所及范围》,《法曹》2014年第695号,第174页。

② 参见[韩]金载亨:《关于限额抵押债权(根抵押附债权)的法律问题》,《法曹》2002年第550号,第70页以下;[韩]吴泳俊:《集合债权转让担保与破产程序的开始》,第253页以下。

即可,且只要在该时间点,债权的追索额并没有流入到破产财团中,则重整程序开始以后发生的债权就不会被纳进让与担保的对象内。[①] 这些观点的结论是,因投入到破产财团而产生的将来债权归属于破产财团,即使事先签订合约并具备对抗条件,也不能归属于特定债权人。

大法院 2013.3.28.宣告 2010DA63836 判决认为,医生以担保为目的,将对国民健康保险公社今后的疗养津贴及医疗津贴债权以 10 亿元的金额转让给金融机关的事件中,虽然高达 10 亿韩元的将来债权是让与担保的对象,但启动重整程序后发生的债权不是因债务人,而是在管理人的地位上作出的行为所导致的,因此不属于债权让与担保的标的物。[②]

实际上,担保权具有重要意义的情况是在债务人面临财政困难的时候,因此,如果对债务人启动重整程序时担保权的范围可能发生变化,这种集合债权让与担保的担保物的价值就会变得相当脆弱。作为让与担保权人,在签订集合债权让与担保合同时,就要设计成使这种危险能够得到充分管理的结构。

在破产程序中否认事前处分效力的观点是因为无视允许事前处分时,作为债务人的销售企业把包含将来债权的集合债权进行让与担保而融资,并全部用于债务人经营这一点,只强调破产程序的特殊性。当然,破产程序与其他法益存在利害关系,因此也会解散在破产开始之前合法、有效形成的法律关系。然而,这种对实体关系的否定,应仅限于在破产程序中要求的破产财团的保护得到切实承认时才允许,其条件和程序应由法律明示,并给在进入破产程序之前形成法律关系的当事人们可以预测评估并反映到合同中的机会。如果个别债务人的破产程序中破产法院因为追求具体合理性而左右了事前处分的效力,那么就会引发对破产程序的不信任和对私力程序的偏爱,并会造成企业整体融资困难。

受到大法院 2013.3.28.宣告 2010DA63836 判决的影响,进行立法或明确上述判决范围的其他判决出台前,利用包括将来债权的集合债权融资中

---

① 参见[韩]崔俊奎:《将来债权转让担保的破产程序效力》,《司法》2015 年第 32 号,第 266 页。

② 参见[韩]李縯甲:《将来债权转让担保和重整担保权的效力范围》,《法曹》2014 年第 695 号,第 164 页;[韩]郑素敏:《破产法中债权担保权者的地位研究》,《法学论丛》2016 年第 33 集第 1 号,第 221 页。

必然包括应对集合债权范围变化风险的费用。[①]

四、流动化交易——《资产流动化法》

在1998年实施《资产流动化法》后韩国正式开始利用债权进行金融交易。作为克服金融危机的手段,根据该法,为出售不良债权(NPL)而进行的流动化交易开始活跃。此后,银行及授信专门金融公司等以住宅抵押债权、汽车分期付款债权、信用卡应收账款等为基础资产,正式开始了筹集营业资产的债权担保交易。

有关债权让与,《资产流动化法》规定向金融委员会进行转让登记这一电子公示,使其具备对债务人以外的第三人的对抗力(同法第7条第2款)。[②] 这一规定作为《民法》第450条的特别规定,对债权的流动化产生了重要作用。本法规定的转让登记作为韩国引进的关于债权让与最早的电子公示系统,任何人都可以利用该系统,用资产所有人的商号搜索让与登记情况,从而判断债权是否进行让与。随着依据《资产流动化法》的债权流动化交易的活跃,不属于《资产流动化法》规定的资产持有人的企业,也对债权流动化产生极大关心,使得关于债权担保交易的实务需求逐渐增大。但是即使是根据《资产流动化法》让与债权时,因为既然是指名债权,基本上也摆脱不了指名债权转让的框架。因此,不能完全排除具备对抗要件前的双重转让、扣押、清偿等风险,也不能排除原因关系发生争议时的风险。

---

① 参见[韩]金燕美:《利用应收账款的企业融资》,《商事法研究》2015年第34卷第3号,第253页以下。

② 第7条(关于债权让与对抗要件的特例):(1)根据资产流动化计划的债权让与、信托或返还,应由出让人(包括受托人,以下同)或受让人(包括受托人,以下同)通知债务人或未经债务人同意不得对抗债务人。但是出让人或受让人向以下各项中的住所,以挂号邮件的形式,向债务人发送两次以上债权让与(包括债权型信托或返还,本条中相同)的通知,以住所不明等原因被退回的,应在债务人主要所在地发行的两个以上日刊(包括全国范围内的日刊报纸一个以上)就债权让与事实进行公告,以此方式通知债务人:①记载于相关登记簿或注册簿中的债务人住所(记载于登记簿或注册簿的住所不是债务人的最后住所,出让人或受让人知道债务人最终住所的,以该最终住所为准)。②未记载于相关抵押权登记簿或注册簿或没有登记簿或注册簿,出让人或受让人知道债务人最终住所的,以该住所为准。(2)关于根据资产流动化计划进行的债权让与、信托或返还,依据第6条第1款规定进行登记的,作为相关流动化资产的债权的债务人(转让对于流动化资产的返还请求权的,包括占有该流动化资产的第三人,以下同)以外的第三人,关于该债权的让与,根据第6条第1款规定进行登记的,视为具备了《民法》第450条第2款规定的对抗要件。

关于非登记流动化的问题,《资产流动化法》将可以利用该法的适格资产拥有者严格限制为金融机构、一定的国有企业和股份上市法人等。为了活跃资产流动化交易,以利用《资产流动化法》中制定的各种特例为前提,要求将资产流动化计划登记于金融委员会(《资产流动化法》第3条)。金融委员会对资产流动化计划拥有审查权,在这个过程中,如果不遵循金融监督当局的实务性指导标准或内部方针,则存在难以登记资产流动化计划的问题。如上所述,不具备资产持有人资格时,依照监督当局的指导标准或参照现行《资产流动化法》的要件,对于不能登记资产流动化计划的流动化交易,以不适用《资产流动化法》的非登记流动化形式进行交易。没有必要因为是非登记流动化而认为其是非正常交易,但非登记流动化有可能为规避各种规制而被恶意利用。

关于破产隔离问题,流动化交易的核心是破产隔离。即使是对资产持有者启动破产程序或重整程序时,流动化资产也不应被认定为资产持有人的破产财团或重整程序中的债务人财产,而应仅被用于偿还流动化证券。针对登记流动化,虽然制定了防止这种情况的法条[①],非登记流动化却是无法享受这种优惠。此外,在流动集合债权的情况下,如上所述,对资产持有人启动破产程序时,存在不按照集合债权原意转移的风险。

五、辅论——《动产债权担保法》

为了从制度上支持利用动产、债权等不动产以外的财产作为担保标的物进行有效的担保交易,制定了《动产债权担保法》。《动产债权担保法》采用担保登记制度,补充了不完整的债权公示制度,从而使中小企业等以应收账款等为担保进行融资。[②] 债权担保权是以金钱支付为目的、以指名债权为担保标的而设定的担保权(同法第2条第3号)。在指名债权上设定的质权或债权让与担保,根据《民法》第450条规定,以附有确定日期的通知或第三债务人的承诺才能对抗除第三债务人以外的第三人。相比之下,债权担保

---

① 《资产流动化法》第12条规定,资产管理人管理的财产即使在资产管理人破产或进入重整程序的情况下,也不被认定为构成破产财团或重整程序中债务人的财产。第15条否定超过两期的欠薪处分的效力,排除适用《有关债务人重整及破产的法律》第125条、第340条。

② 关于引进担保登记制度的详细内容,参见[韩]金哉衡:《担保制度的改革方案——以动产及债权担保为中心》,《民法论Ⅳ》,博英社2011年版,第197~205页。

权进行担保登记的,才能对抗除第三债务人以外的第三人。如上所述,债权担保权以登记制度替代了通知或承诺这一民法规定的对抗要件,使债权担保权通过登记簿进行公示。对于第三债务人,交付登记事项证明书即可具备对抗要件。债权担保权可通过担保登记这一公示方法,具备对除第三债务人以外的第三人的对抗要件。因此,债务人不特定的将来债权,也可通过担保登记具备债权担保权的第三人对抗要件,在竞合的利害关系人之间,可确定优先顺序。

债权担保权的担保标的物仅限于金钱债权。[①] 一个或多个金钱债权均可成为担保标的物,将来债权也可成为担保标的物。《动产债权担保法》规定,债权种类、发生原因、发生时间或以其他类似方法能够特定的,不论债务人特定与否,包含将来产生的债权在内的债权均可进行担保登记(同法第34条第2款)。

---

① 关于今后债权担保权的担保标的物范围应扩大至非金钱债权的见解,参见[韩]金哉衡:《担保制度的改革方案——以动产及债权担保为中心》,《民法论Ⅳ》,博英社2011年版,第211页。

【原文】

매출채권을 이용한 자금조달(한국법)

權澈

I. 매출채권을 이용한 전통적인 자금조달 방식

1. 일반적으로 '매출채권(account receivable)'이란 기업의 주된 영업활동과정에서 재화나 용역을 판매하는 것과 같은 수익창출활동으로부터 발생한 채권을 말하며, 금전채권의 경우 외상매출금으로, 어음에 표창되어 있는 경우에는 받을어음으로 기재하기도 한다.① 매출채권을 이용하여 자금을 조달하는 전통적인 방법은 (1) 이를 양도하고 대가를 지급받거나 기존 채무를 면제받은 경우(채권양도), (2) 할인받는 경우(어음할인) 및 (3) 담보로 제공하고 대출을 받는 경우(채권 담보제공)를 들 수 있고, 더 나아가 (4) 기업으로부터 매출채권을 매입하여 회수하는 금융서비스가 등장하는데, 이를 팩토링(factoring)이라 하며 상법에서는 '채권매입업'이라고 정의하고 있다.② 이러한 매출채권을 이용한 전통적인 자금조달방식은 각각 나름대로의 한계를 가지고 있는데, 여기에서는 팩토링에 대해서만 간단하게 살펴보자.

2. 팩토링은 팩토링회사(factor)가 고객들의 영업활동으로부터

---

① 구 기업회계기준에서는 '일반적 상거래에서 발생한 외상매출금과 받을어음'으로 규정하고 있었다.

② 한국 상법 제2편 제14장 참조.

발생하는 매출채권을 매입하여 자금을 공급하는 제도이다.[①] 한국 상법에서는 1995 년부터 상행위의 하나로 열거되어 있었으나, 구체적인 법률관계에 대하여는 2010 년 상법 개정시에 상행위편에 "제 14 장 채권매입업"을 신설하여 규율하고 있다. 그러나 조문이 2 개에 불과하고, 채권매입업자 (factor) 가 거래상대방에 대하여 상환청구가 가능한지 여부를 당사자의 약정으로 결정할 수 있도록 명시적으로 허용하여, 최소한의 기본적 규정만을 두고 있을 뿐이다.

팩토링은 채권매입업자 (factor) 가 매입한 매출채권의 지급 여부에 대한 위험을 누가 부담하느냐에 따라 상환청구권이 없는 팩토링 (진정 팩토링) 과 상환청구권이 있는 팩토링 (부진정 팩토링) 으로 구분된다.[②] 상환청구권이 없는 팩토링 (without recourse) 의 경우에는 매출채권이 지급되지 않아도 채권매입업자가 판매기업 (매출채권 양도인) 에게 상환을 요구할 수 없으며, 상환청구권이 있는 팩토링 (with recourse) 의 경우에는 매출채권이 지급되지 않는 경우 채권매입업자가 판매기업에게 상환청구권을 행사할 수 있으므로 매출채권을 담보로 자금을 조달한 경우와 경제적으로 유사하다.

팩토링의 경우에도 매출채권의 양도라는 법 형식을 취하게 되는데, 그에 따라 지명채권 양도의 대항요건을 구비하기 위한 비용과 한계가 동일하게 문제된다. 또한 장래채권을 팩토링 대상으로

---

① '국제 팩토링에 관한 UNIDROIT 협약'에 의하면 금융의 제공, 회계관리, 채권의 회수, 신용인수 등 4 가지 중 적어도 둘 이상의 서비스를 취급하는 것을 말한다. UNIDROIT Convention on International Factoring (Ottawa, 28 May 1988), Article 1, Paragraph 2(b).

② 권순희, "채권매입업 (팩토링) 에 의한 자금조달에 관한 연구", 상사법연구 33 권 1 호, 2014, 266 면.

포함하고자 할 때의 법적 불안정성의 문제가 있다.①

II. 전통적인 자금조달 방식의 한계를 극복하기 위한 금융기법

1. 전통적인 자금조달 방식의 한계를 극복하기 위한 금융기법으로 (1) 전자적 방식의 매출채권을 이용한 자금조달, (2) 매출채권을 집합채권으로 하여 자금조달하는 방식, (3) 자산유동화를 통한 자금조달 등이 있다. 이하에서는 주로 (2) 와 (3) 을 중심으로 살펴보기로 하는데, 그 전에 (1) 에 대해서 간단하게 언급해 두자.

2. 할인어음을 이용한 자금조달의 경우 영업활동의 대가로 어음을 받은 기업(기업 1)이 자신의 채무 지급과 관련하여 해당 어음에 배서를 하여 다른 기업(기업 2)에게 교부하고 이 기업(기업 2) 역시 해당 어음에 배서를 하여 다른 기업(기업 3)에게 교부하거나 금융을 융통하여 주는 자에게 할인을 받는 등 지급이 이루어지기 이전에 어음이 다단계로 유통되는데, 최초의 채무자가 지급을 하지 못하면 해당 어음에 배서를 하는 등 유통에 관여한 자들이 연쇄하여 부도가 나는 폐단이 있었다.② 이러한 사회문제를 해결하기 위하여 정부 주도로 어음제도 개선방안을 연구하였고, 그 결과 2000 년 5 월 기업구매자금대출제도가 시행되었으며, 2001 년

---

① 팩토링에도 불구하고 매출채권으로서의 성질은 변하지 아니하며, 매출채권의 채무자(소비자)는 원래의 계약관계에 따른 모든 항변을 보장받아야 한다. 팩토링이 금융기법인 것과 별도로, 매출채권이 팩토링회사에 이전되어도 매출채권으로서의 성질이 금융채권으로 변경되는 것은 아니라고 할 것이다. 다만 회사정리법에 따른 판결 중에는 정리채권을 금융기관 정리채권과 상거래 정리채권으로 구분하여 차등을 두는 경우, 팩토링회사가 보유한 채권을 상거래 채권이 아닌 금융기관 정리채권으로 취급한 것이 "합리적인 범위를 벗어나 공정, 형평 또는 평등의 원칙에 반한다고 볼 수 없다"고 본 사례가 있다. 대법원 2000.1.5. 자 99 그 35 결성. 이 결정은 팩토링회사가 매입하여 보유하는 채권을 회생절차(정리절차)에서 금융기관이 보유한 채권으로 취급한다는 의미일 뿐, 팩토링회사가 매입한 채권의 성질이 변경된다는 의미는 아니라고 할 것이다.

② 정찬형, "어음에 갈음한 결제제도의 법률문제에 관한 연구", 고려법학 44 권, 2005, 30 면.

2월 전자방식에 의한 외상매출채권담보대출제도가 시행되었다. 그 외에 기업구매전용카드제도가 1999년부터 시행되는 등 다양한 어음대체상품이 개발되었는데, 개별은행이 운영하는 제도와 금융결제원을 통하여 관리, 운영되는 은행공동제도가 있다.① 한편, 어음 자체에 대한 변화로서 전자어음이 도입되었으며 '전자어음의 발행 및 유통에 관한 법률'에서는 '주식회사의 외부감사에 관한 법률'에 의한 외부감사대상 기업은 종이어음을 발행할 수 없고 전자어음을 발행하도록 강제하고 있다.

3. 한편, 2015년 3월, 산업통상자원부는 "중소기업도 대기업의 신용으로 결제한다"라는 제목 아래 "상생결제시스템"의 출범을 발표하였다. 이 시스템의 골자는, 대기업이 1차 협력사에게 부담하는 외상매출채권을 근거로 1차 협력사가 2차 협력사로부터, 2차 협력사는 다시 3차 협력사로부터 신용을 얻을 수 있도록 한다는 것이다. 관련 법률로는 "대·중소기업 상생협력 촉진에 관한 법률"이 존재하는데, 2018년 9월에는 중소벤처기업부 주도로, 상생결제 시스템의 이용을 확대하는 법개정이 이루어졌다고 한다.②

III. 집합채권 양도담보

1. 설정

(1) 담보목적 채권의 특정가능성

집합동산양도담보와 마찬가지로 그 목적물을 장차 특정할 수 있는 기준이 현재 제시되어 양도담보의 효력이 미치는 범위가 명확하게 될 필요가 있다. 그러므로 담보목적물은 담보에 제공되지 않은 설정자의 다른 채권과 구별될 수 있도록 그 발생원인, 발생시기, 금액, 제3채무자 등의 전부 또는 일부를 지정하는 방법으로 객관적으로 특정할 수 있어야 한다.

---

① 금융결제원 어음정보센터 홈페이지 www.knote.kr 참조.

② 상생결제시스템 홈페이지 www.winwinpay.or.kr 참조.

(2) 장래채권의 양도성

채권양도에 관하여는 민법 제449조 이하의 규정이 적용되는데, 특히 장래채권의 양도를 어느 범위에서 허용할 것인지, 그 대항요건을 어떻게 구비할 것인지 문제된다. 거래계에서도 계속적 공급계약에 기한 채권, 상품대금채권, 신용카드대금채권, 할부판매대금채권, 리스채권, 수출대금채권등을 양도하는 경우가 있고, 장래에 발생할 전기료, 통신요금, 방송중계료 등도 회수가능성이 높기 때문에, 채권양도를 통한 자금회수의 출구를 열어둘 필요가 있다. 대법원판결에 의하면 장래채권의 양도가 유효하기 위해서는 채권의 특정가능성과 발생가능성이 있어야 한다고 한다. 장래의 채권은 양도 당시 기본적 채권관계가 어느 정도 확정되어 있어 그 권리의 특정이 가능하고 "가까운 장래"에 발생할 것임이 "상당 정도 기대"되는 경우에는 이를 양도할 수 있다는 것이다.[①] 그러나 이러한 판례의 기준에 따르면 장래 채권을 양도할 수 있는 범위가 지나치게 제한될 우려가 있고, 장래채권의 양도에 관한 거래계의 수요를 충족시킬 수 없다고 하는 비판이 유력하다.[②]

2. 집합채권양도담보의 효력발생시기

장래채권을 목적으로 집합채권양도담보거래를 하는 경우에 집합채권양도담보의 효력발생시기와 관련하여 양도담보거래의 형태를 본계약형,[③] 예약형,[④] 정지조건형,[⑤]

---

① 대법원 1991.6.25. 선고 88다카6358 판결; 대법원 1996. 7. 30. 선고 95다7932 판결; 대법원 1997. 7. 25. 선고 95다21624 판결.

② 梁彰洙, "將來債權의 讓渡", 民法硏究 7권, 2003, 233면 이하.

③ 본계약형의 집합채권양도담보는 현재의 채권이나 장래 발생하는 채권들에 대하여 계약 체결 시점에 양도담보의 효력을 발생시키는 거래이다.

④ 예약형의 집합채권양도담보는 현재의 채권이나 장래 발생하는 채권들에 대하여 계약 체결 당시에 양도담보의 효력이 발생하지 아니하고, 장래에 예약완결권자인 담보권자의 일방적인 의사표시에 의하여 양도담보의 효력이 발생하도록 예약을 하는 거래이다.

⑤ 정지조건형 집합채권양도담보는 장래에 담보권설정자에게 재정상황의 악화나 파산신청 등의 일정한 사유가 발생하는 것을 정지조건으로 현재 또는 장래 발생할 채권의 양도담보권 설정을 합의하는 거래이다.

채권계약형[①] 으로 구분한다.[②] 과거 대법원 판례에서 집합채권양도담보거래가 본계약형이냐 예약형이냐가 해석상 특히 문제되었는데[③] 그 이유는 다음과 같이 파악할 수 있다. 우선, 대법원은 장래채권의 양도적격과 관련하여 장래에 있어서 채권이 발생할 법률적 기초가 현존할 것이 요구된다는 이른바 '법률적 기초설'을 따르고 있는데,[④] 제3채무자가 특정되지 않은 장래채권양도담보계약을 본계약으로 해석하면 장래 채권의 양도적격 및 특정가능성 요건을 모두 충족한 것인지에 관하여 논란이 있을 수 있다. 이런 경우 양도담보계약이 예약형이라고 해석하면, 장래채권이 발생하고 난 시점 이후에 그 채권을 특정하여 예약완결권을 행사하고 그 때 양도담보권의 효력이 발생한다고 하면 위와 같은 장래채권의 양도적격 및 특정가능성에 관한 법적 논란을 비켜갈 수 있다. 그리고, '채무자 회생 및 파산에 관한 법률'(회생·파산법)은 지급의 정지등이 있은 후 권리의 설정·이전 또는 변경을 제3자에게 대항하기 위하여 필요한 행위를 한 경우 그 행위가 권리의 설정·이전 또는 변경이 있은 날부터 15일을 경과한 후에 지급의 정지등이 있음을 알고 한 것인 때에는 이를 부인할 수 있다고 규정하고 있다(회생·파산법 제103조 제1항, 제394조). 집합채권양도담보거래의 경우에 제3채무자 및 제3자에 대한 대항요건은 담보권설정자에게 기한의 이익상실사유 등이 발생하였을 때에 제3채무자에 대한 확정일자부 통지로 갖추기로 하고 채권양도통지서의 일부 또는 전부를 백지로

---

① 채권계약형 집합채권양도담보는 양도담보계약을 체결하면서 채권에 관한 양도담보설정의 합의를 하지 아니하고 단지 채권을 양도할 의무만을 부담하기로 하는 합의를 하거나 현재의 채권에 대해서만 그와 같은 합의를 하고 장래 채권에 대해서는 채권발생 후 일정 기한 내에 그 채권을 양도할 의무를 부담하기로 합의하는 거래이다.

② 이에 관한 자세한 내용은 吳泳俊, "집합채권양도담보와 도산절차의 개시", 司法論集 제43집, 2006, 233-237면 참조.

③ 대법원 2002. 7. 9. 선고 2001다46761 판결; 대법원 2004. 2. 12. 선고 2003다53497 판결 등.

④ 대법원 1991. 6. 25 선고 88다카6358 판결 등.

하여 담보권자에게 제출하는 경우가 많다. 담보권자는 향후 채권양도통지서에 제3채무자 및 채권금액 등을 기재할 수 있는 권한을 가지고 이를 기입하여 제3채무자에게 통지하게 된다. 이 때 집합채권양도담보에 관한 약정을 본계약형으로 해석하면 제3채무자에 대한 통지가 권리의 이전된 날로부터 15일이 경과한 후에 이루어진 것으로서 대항요건 부인의 대상이 될 위험이 있다. 이를 예약형 거래로 해석하면 예약완결권이 행사된 시점에 채권이 양도되고 그 후 15일 이내에 대항요건을 구비한 것이 되어 양도담보거래가 부인될 가능성이 낮아지게 된다.

3. 채권담보거래의 유형

채권을 담보목적물로 하는 집합채권 양도담보거래 또는 매출채권의 자산유동화거래에서 나타난 거래유형은 크게 순환형, 누적형, 혼합형으로 구분된다.[①] 순환형 채권담보거래는 현재 및 장래의 채권을 집합적으로 담보목적물로 제공하고 담보목적물인 채권의 유동·교체를 인정하는 거래이다. 담보권설정자는 담보설정 이후에도 담보목적물인 채권에 대한 추심권을 계속 보유하고, 그 추심금을 담보권자에게 지급하지 않고 사업활동에 사용하여 다시 새로운 매출채권을 발생시키고 새로 발생한 매출채권은 종래 설정한 채권담보권의 담보목적물이 되는 구조이다.[②] 누적형 채권담보거래는 현재 및 장래의 채권을 집합적으로 담보목적물로 제공하고 담보권설정자는 담보목적물인 채권에 대한 추심권한을 상실한다. 담보권설정자는 담보제공 이후에는 담보로 제공된 채권을 추심하여 사업 활동에 사용할 수 없으며, 담보로 제공된 장래채권은 발생과 동시에 담보목적물로서 계속 누적된다. 누적형 거래에서는 이와 같이 담보목적물이 지속적으로 누적·증가되는

① 정소민, "도산법상 채권담보권자의 지위에 관한 언구 – 회생절차에서 담보목적물의 범위 확정을 중심으로", 법학논총 33집 1호, 2016, 227면.

② 이상주, "집합채권양도담보에서의 담보권실행의 효력과 회생절차가 개시된 후 발생하는 채권에 대해서도 담보권의 효력이 미치는지 여부", 대법원판례해설 제95호(2013 상), 639-640면.

특징을 가지기 때문에 담보목적물이 일정 한도에 도달하면 담보권을 실행하여 대출원금의 일부를 상환하는 분할상환의 구조를 취하는 것이 바람직하다.[①] 한편 순환형과 누적형이 혼합된 모습의 채권담보거래도 가능하다. 혼합형의 거래는 기존 자산유동화거래에서 많이 사용되었는데, 혼합형 거래에서는 대출기간을 순환형 기간과 누적형 기간으로 나눈다. 순환형 기간 동안에는 담보권설정자가 담보목적물인 채권에 대한 추심권을 가지고 그 추심금으로 영업 활동을 할 수 있지만, 누적형 기간에는 담보권설정자가 담보목적물인 채권에 대한 추심권을 상실하는 것이다.

4. 담보목적물의 확정

장래채권을 담보목적물로 삼은 경우 어느 시점을 기준으로 담보목적물을 확정하고 그 이후에 발생하는 채권은 담보목적물의 대상이 되지 않는다고 할 것인지는 담보약정의 해석문제이다. 담보권 실행이 담보목적물의 고정화 사유로 주로 논의되는데, 그것은 담보권의 실행에 의해 담보권자가 담보권 실행시에 존재하는 목적물에 대해서만 담보권이 미치게 하고, 그 후 취득하는 목적물에 대해서는 담보권을 행사하지 않겠다는 명시적 또는 묵시적 의사가 확인되는 경우가 많기 때문이다.[②]

5. 倒産時의 處遇

장래채권의 양도담보는 채무자에게 부동산이나 동산 등의 다른 담보물이 없는 경우 유용하게 쓰일 수 있다. 그러나 채무변제를 하지 못하면 채무자는 장래 발생할 수 있는 수익의 원천을 잃게 되는 문제가 생긴다. 장래채권 양도담보의 유효성을 넓게 인정하게 되면 이러한 폐해가 발생할 위험성도 커진다. 이것은

① 누적형 거래의 형태를 취한 장래채권의 자산유동화거래로 2001년 금호산업의 자산유동화거래를 들수 있다.

② 李縯甲, "장래채권 양도담보와 회생담보권의 효력이 미치는 범위", 法曹 695호, 2014, 174면.

장래채권의 양도인(담보설정자)이 도산한 경우 가장 현저하게 나타난다. 양도담보의 법적구성에 관하여 어떠한 견해를 취하든, 양도담보권자는 양도인의 재산에 대하여 개시된 회생절차에서 還取權者가 아니라 回生擔保權者로 취급된다(회생·파산법 제141조 제1항). 장래채권의 양도담보권자 역시 마찬가지이다. 따라서 개별적인 담보권의 실행은 금지되고 원칙적으로 회생계획에서 정한 바에 따라서만 그 권리를 행사할 수 있다(회생·파산법 제58조 제1항 제2호, 제2항 제2호). 그런데 장래채권 양도담보에서는 그 목적이 되는 채권이 장래 발생하는 것을 전제로 하기 때문에, 양도담보계약 후에 양도인에 대하여 회생절차가 개시된 후 발생하는 채권도 생기게 된다. 이 채권에 대해서도 양도담보의 효력이 미친다고 한다면, 회생채무자는 이 채권을 재건에 활용할 수 없게 된다. 그 채권이 회생채무자의 재건에 필수적인 경우에는 그 회생절차가 목적을 달성하지 못할 수도 있다. 또 그 채권을 발생시키기 의해 회생관리인이 회생채무자의 재산이나 노무를 활용한 경우 그 결과로 얻은 채권은 양도담보권자가 독점하게 되므로 채권자평등의 원칙에 반하는 결과가 될 수도 있다. 이러한 이유로 장래채권 양도담보권이 회생절차 개시 후 발생한 채권에 대해서도 미치는가에 관해서는 이를 부정하는 견해만 제시되어 있었다.[①] 최근에도 이러한 결론에 찬성하는 논의가 유력하다. 특히 순환형 집합채권 양도담보의 경우에는 순환기간 동안 추심된 자금이 채무자의 사업에 재투자되어 다시 담보대상인 매출채권을 형성하는 것이 핵심이므로, 담보대상은 회생절차 개시 시점에 현존하는 채권으로 특정되면 충분하고 그 시점의 채권의 추심액이 도산재단에 유입되지 아니한 이상 회생절차 개시 이후 발생한 채권은 양도담보의 대상에 포함되지 아니한다.[②] 이러한 주장의

① 金載亨, "根抵當權附債權의 流動化에 관한 法的 問題", 法曹 550호, 2002, 70면 이하, 吳泳俊, 전게논문 "집합채권양도담보와 도산절차의 개시", 253면 이하.

② 최준규, "장래채권 양도담보의 도산절차상 효력", 사법 제32호, 2015, 266면.

결론은, 도산재단에서 투입하여 발생한 장래채권은 도산재단에 귀속하고 특정 채권자 – 사전에 계약을 체결하고 대항요건을 구비하였더라도 – 에게 전속시킬 수 없다는 것이다.

대법원 2013.3.28. 선고 2010다63836 판결에서는 의사가 금융기관에게 담보 목적으로 국민건강보험공단에 대한 향후의 요양급여비 및 의료급여비 채권을 양도금액을 금 일십억원으로 하여 양도한 사안에서, 금 일십억원에 이르기까지의 장래채권이 양도담보의 대상이지만, 회생절차 개시 이후 발생하는 채권은 채무자가 아닌 관리인의 지위에서 한 행위로 인하여 발생한 것으로 채권양도담보의 목적물에 포함되지 아니한다고 하였다.①

실제로 담보권이 중요한 의미를 가지는 경우는 채무자가 재정적인 어려움에 처하였을 때이므로, 채무자에 대하여 회생절차가 개시될 때 담보권의 범위가 달라질 수 있다면 그러한 집합채권 양도담보의 담보물이 가치는 상당히 취약해진다. 양도담보권자로서는 집합채권 양도담보계약을 체결할 때 그러한 위험이 충분히 관리되도록 구조를 설계하여야 하는 부담을 가지게 된다.

도산절차에서 사전처분의 효력을 부인하는 입장은 사전처분을 허용함에 따라 채무자인 판매기업이 장래채권이 포함된 집합채권을 양도담보로 함으로써 효율적으로 자금조달을 하여 채무자의 영업 일체를 위하여 사용하였을 것이라는 점을 무시하고 도산절차의 특수성만을 강조하는 면이 있다. 물론 도산절차는 별도의 법익과 이해관계가 존재하고, 그에 따라 도산 개시 이전에 적법, 유효하게 형성된 법률관계를 해체하기도 한다. 그러나 이러한 실체관계의 부정은 도산절차에서 요구되는 도산재단의 보호가 확실하게 인정될 때에 한하여 허용되어야 하며, 그 요건과 절차는 법에

① 이 판결에 대한 평석으로 이연갑 상게논문 "장래채권 양도담보와 회생담보권의 효력이 미치는 범위", 164면 이하; 정소민, 상게논문 "도산법상 채권담보권자의 지위에 관한 연구", 221면 이하.

명시되어 도산절차 이전에 법률관계를 형성하는 당사자들이 그에 따른 위험을 예측하고 평가하여 계약에 반영할 기회를 주어야 할 것이다. 개별 채무자의 도산절차에서 도산법원이 구체적 타당성을 추구하여 사전처분의 효력을 좌지우지한다면 이는 도산절차에 대한 불신과 사적 절차의 선호로 이어지고, 기업 전반의 자금조달을 어렵게 하는 부작용을 수반한다.

대법원 2013.3.28. 선고 2010다63836 판결의 영향으로 입법적인 조치나 해당 판결의 적용범위를 분명히 하는 추가적인 판결이 나오기까지는 장래채권을 포함하는 집합채권을 이용한 자금조달에는 담보대상인 집합채권의 범위가 달라질 수 있는 위험에 대한 비용이 추가될 수밖에 없을 것이다.①

IV. 유동화거래——'자산유동화법'

1. 한국에서 채권을 활용한 금융거래가 본격적으로 시작된 것은 1998년에 '자산유동화에 관한 법률'이 시행된 이후라고 할 수 있다. 금융위기를 극복하기 위한 수단으로 입법된 동법에 의하여 부실채권(NPL)을 매각하기 위한 유동화거래가 활성화되어 그 후 은행 및 여신전문금융회사 등이 주택저당채권, 자동차할부대출채권, 신용카드 매출채권 등을 기초자산으로 하여 영업자산을 조달하는 채권담보거래가 본격적으로 시작되었다.

2. 자산유동화법은 채권양도와 관련하여 금융위원회에 양도등록이라는 전자공시를 함으로써 채무자 이외의 제3자에 대한 대항력을 구비할 수 있는 규정이 마련되었다(동법 제7조

① 김연미, "매출채권을 이용한 기업의 자금조달", 상사법연구 34권 3호, 2015, 253면 이하.

제 2 항).[①] 이 규정은 민법 제 450 조의 특별규정으로 채권의 유동화에 큰 역할을 하게 되었다. 동법의 양도등록은 한국에서 채권양도와 관련하여 도입한 최초의 전자공시 시스템으로서, 누구나 이 시스템에 접속하여 자산보유자의 상호로 양도등록을 검색하여 어떠한 채권이 양도되었는지 판별할 수 있다. 자산유동화법에 의한 채권의 유동화거래가 활발해짐에 따라 자산유동화법상의 자산보유자에 해당하지 아니하는 기업도 채권 유동화에 관심을 가지게 되어 채권담보거래에 관한 실무계의 수요가 증가하였다. 다만 자산유동화법에 따른 채권양도의 경우에도 지명채권인 이상 기본적으로 지명채권 양도의 틀을 벗어나지 못한다. 이에 따라 대항요건 구비 이전의 이중양도나 압류, 변제 등의 위험을 완전히 제거할 수 없고, 원인관계에 따른 다툼이 있는 경우의 위험 역시 제거할 수 없다.

3. 비등록유동화의 문제

자산유동화법은 이를 이용할 수 있는 자산보유자의 적격을

---

① 제 7 조(채권양도의 대항요건에 관한 특례) ①자산유동화계획에 따른 채권의 양도·신탁 또는 반환은 양도인(委託者를 포함한다. 이하 같다) 또는 양수인(受託者를 포함한다. 이하 같다)이 채무자에게 통지하거나 채무자가 승낙하지 아니하면 채무자에게 대항하지 못한다. 다만, 양도인 또는 양수인이 당해 채무자에게 다음 각호의 1 에 해당하는 주소로 2 회이상 내용증명우편으로 채권양도(債權의 信託 또는 반환을 포함한다. 이하 이 條에서 같다)의 통지를 발송하였으나 소재불명 등으로 반송된 때에는 채무자의 주소지를 주된 보급지역으로 하는 2 개이상의 일간신문(全國을 보급지역으로 하는 日刊新聞이 1 개이상 포함되어야 한다)에 채권양도사실을 공고함으로써 그 공고일에 채무자에 대한 채권양도의 통지를 한 것으로 본다. 1. 당해 저당권의 등기부 또는 등록부에 기재되어 있는 채무자의 주소(登記簿 또는 登錄簿에 기재되어 있는 住所가 債務者의 최후 住所가 아닌 경우 讓渡人 또는 讓受人이 債務者의 최후 住所를 알고 있는 때에는 그 최후 住所를 말한다). 2. 당해 저당권의 등기부 또는 등록부에 채무자의 주소가 기재되어 있지 아니하거나 등기부 또는 등록부가 없는 경우로서 양도인 또는 양수인이 채무자의 최후 주소를 알고 있는 때에는 그 최후 주소. ②자산유동화계획에 따라 행하는 채권의 양도·신탁 또는 반환에 관하여 제 6 조제 1 항의 규정에 의한 등록을 한 때에는 당해 유동화자산인 채권의 채무자(流動化資産에 대한 返還請求權의 讓渡인 경우 그 流動化資産을 占有하고 있는 第 3 者를 포함한다. 이하 같다)외의 제 3 자에 대하여는 당해 채권의 양도에 관하여 제 6 조제 1 항의 규정에 의한 등록이 있은 때에 민법 제 450 조제 2 항의 규정에 의한 대항요건을 갖춘 것으로 본다.

금융기관과 일정한 공기업, 주권상장법인 등으로 엄격하게 제한하고 있으며, 자산유동화거래를 활성화하기 위하여 자산유동화법에 마련된 여러 가지 특례를 이용하기 위한 전제로 자산유동화계획을 금융위원회에 등록하도록 요구하고 있다(자산유동화법 3조). 금융위원회는 자산유동화계획에 심사권을 가지는데, 이 과정에서 금융감독당국의 실무적인 지도기준이나 내부지침을 따르지 아니하면 자산유동화계획을 등록하기 어려운 문제가 있다. 이와 같이 자산보유자의 적격을 못 갖춘 경우, 감독당국의 지도기준에 따라 또는 현행 자산유동화법의 요건에 비추어 자산유동화계획을 등록할 수 없는 구조의 유동화거래의 경우, 자산유동화법의 적용을 받지 아니하는 비등록유동화의 형태로 거래를 진행한다. 비등록유동화라는 이유로 비정상적인 거래라는 인식을 가질 필요는 없으나, 비등록 유동화는 각종 규제의 적용을 피하기 위하여 악용될 여지가 있다.

4. 도산절연의 문제

유동화거래의 핵심은 도산절연이다. 즉 자산보유자에 대하여 파산절차 또는 회생절차가 개시되는 경우에도 유동화자산은 자산보유자의 파산재단 또는 회생절차에서의 채무자의 재산으로 인정되어서는 아니되고, 오로지 유동화증권의 상환에 사용되어야 한다. 등록유동화의 경우에는 이를 방지하기 위한 조항이 마련되어 있으나,① 비등록유동화의 경우에는 그러한 혜택을 받을 수 없다. 또한 집합채권을 유동화하는 경우에는 위에서 보았듯이 자산보유자에 대하여 도산절차가 개시되는 경우 집합채권의 원래의 의도대로 이전되지 아니할 위험이 존재한다.

---

① 자산유동화법 제12조에서는 자산관리자가 관리하는 재산은 자산관리자가 파산하거나 회생절차에 들어가는 경우에도 파산재단을 구성하거나 회생절차에서 채무자의 재산으로 인정되지 않는다고 규정한다. 또한 제15조에서는 2기를 넘는 차임의 처분의 효력을 부정하는, 채무자회생 및 파산에 관한 법률 제125조, 제340조의 적용을 배제한다.

V. 보론——동산 · 채권담보법

1. 동산 · 채권담보법은 동산, 채권 등 부동산 이외의 재산을 담보목적물로 이용하여 효율적인 담보거래를 할 수 있도록 제도적으로 지원하기 위하여 입법되었다. 동산 · 채권담보법은 담보등기제도를 채택하여 채권의 불완전한 공시제도를 보완함으로써 중소기업 등이 매출채권 등을 담보로 자금을 융통하려는 수요에 부응하고자 하였다.① 채권담보권은 금전의 지급을 목적으로 하는 지명채권을 담보목적으로 설정되는 담보권이다(동법 제2조 3호). 지명채권 위에 설정된 질권이나 채권양도담보의 경우 민법 제450조에 따라 확정일자 있는 통지나 제3채무자의 승낙이 있어야 제3채무자 기타 제3자에게 대항할 수 있는데 비하여, 채권담보권은 담보등기를 한 때에 제3채무자 외의 제3자에게 대항할 수 있다. 이와 같이 채권담보권은 통지 또는 승낙이라는 민법상의 대항요건 대신 등기제도를 채택하여 채권담보권이 등기부로 공시되도록 하였다. 제3채무자에 대해서는 등기사항증명서를 건네주는 방법으로 대항요건을 갖추게 된다(동법 제35조 제2항). 채권담보권은 담보등기라는 공시방법을 통하여 제3채무자 외의 제3자에 대한 대항요건을 갖출 수 있기 때문에 채무자가 특정되지 않은 장래채권의 경우에도 담보등기를 경료하여 채권담보권의 제3자 대항요건을 갖출 수 있고, 경합하는 이해관계인 사이에서 우선순위를 확보할 수 있다는 장점이 있다.

---

① 담보등기제도의 도입에 관한 자세한 내용은 金載亨, "담보제도의 개혁방안—동산 및 채권 담보를 중심으로—", 民法論 Ⅳ, 박영사, 2011, 197-205면 참조.

2. 채권담보권의 담보목적물은 금전채권에 한정된다.① 하나 또는 복수의 금전채권이 담보목적물로 될 수 있고 장래채권도 담보목적물이 될 수 있다. 동산·채권담보법은 채권의 종류, 발생원인, 발생 연월일을 정하거나 그 밖에 이와 유사한 방법으로 특정할 수 있는 경우에는 채무자가 특정되었는지 여부를 묻지 아니하고 장래에 발생할 채권을 포함하여 담보등기를 할 수 있다고 규정한다(동법 제34조 제2항).

---

① 채권담보권의 담보목적물을 금전채권에 한정하는 이유로, 종래 우리나라에서 기업이 채권을 담보로 자금을 조달하는 경우에 담보목적물이 된 채권이 통상 신용카드대금채권, 물품대금채권, 리스료채권 등 금전채권이 대부분이었다는 점과 물건의 인도청구권이나 채무자의 행위를 청구하는 청구권 등 비금전채권은 채권의 내용이 각양각색이어서 대량의 양도에 적합하지 아니한 점을 들고 있다. 김재형, 위의 글, 211면. 또한 향후 채권담보권의 담보목적물의 범위가 비금전채권에도 확장되는 것이 바람직할 것이라는 의견으로 김재형, 위의 글, 앞의 글, 211면.

流动集合动产让与担保的核心争议问题

[韩]尹喆洪 著　李鲜花 校*

一、序说

在德国,制定民法前就已经通过学说与判例承认了动产让与担保。虽然韩国沿用德国的让与担保制度,但与德国不同,韩国灵活运用了不动产让与担保,遂制定了有关不动产让与担保的法律。例如,1984 年制定的《假登记担保等的法律》规定了不动产让与担保。但该法的实施,反而减少了不动产让与担保。随后,2011 年针对依赖于判例和学说而存在的动产让与担保,制定了《动产债权等担保的法律》(以下简称《动产债权担保法)》,规定了动产让与担保。近年频繁出现经营农场或渔场的个人或企业,将流动集合动产当作一物进行资金融通的现象。换言之,需要大量资金的农场主在继续占有流动集合动产的情况下,继续经营牧场或养猪场,将其视为一个担保物,进行贷款的流动集合动产的让与担保。在这种流动集合动产上设定的让与担保权利,会发生与单一物或合成物相异的法律问题。

此处的流动集合动产让与担保是指,以流动集合动产构成的集合物为客体的让与担保。即使是集合物,构成它的是一个个单一物或合成物,但集合这些物后将其视为一物。换言之,这些集合物的特征为,多数的单一物或合成物集合后在经济上具有独立价值,并作为独立的物可供交易。集合物通常是由同一种类的物构成,例如鳗鱼、牛、猪等。但也存在多种种类的物

* 尹喆洪,韩国崇实大学教授;李鲜花,韩国成均馆大学商事法博士,延边大学法学院讲师。

构成的集合物,例如将保管在物流仓库里的特定企业所有的各种产品的整体或超市里各种物品的全体视为一物的情况。

如上所述,流动集合动产的让与担保是以同一种类或不同种类的多数的物构成,并且以具有增减变动的动产集合物为客体。这种流动的动产集合物在经济上被用于同一目的,根据一物一权主义,原则上不能视为一物;但基于共同的经济目的,可以公示为一物的情况下,例外地将集合物视为一物。能够代表该例外情况的就是集合动产的让与担保,其中需要探讨的就是,养猪场的猪或渔场的鳗鱼生崽增加个体的数量或流动集合动产的所有人在正常范围内处分一部分物等情况。

通过判例和学说承认的流动集合动产让与担保,虽然得到了部分实体法的支持,但仍存在着很多问题。例如,违反一物一权主义原则的流动集合动产能否视为一个动产?如能视为一个动产,具有哪些法律性质?需要用什么法理说明才可行?进一步讲,如要将流动集合动产视为一物,需要将其特定化。对此,需要面对如何特定化、如何公示、让与担保的效力又如何、溯及力又如何,特别是流动集合动产灭失或损毁成为变形物的情况下,能否确认其物上代位等问题。又比如,将数万只鳗鱼或者在一个牧场里的数千只家畜等作为担保物提供的情况下,会发生提供超出被担保债权的担保物,即过度担保的问题。更进一步讲,当担保人或担保权人破产时担保权的行使也会成为问题。在此,我们主要研究其中的核心问题。

二、流动集合动产的法律性质及其法理

(一)概述

能否把集合物视为独立的一个物?如果根据物权法的大原则,即一物一权主义原则,则不能适用。例如,德国就不会把集合物认定为物权客体上的一物,而是将构成集合物的每个物,视为独立的一物。换言之,因为德国不会把集合物视为一物,因此理解为其是多个让与担保权为了实现一个担保目的而结合。与德国不同的是,在日本和韩国,如果集合物能够被特定化,并能够对外公示,可以视为独立的客体,并在此客体上设定抵押权或让与担保权。据此,集合物本身就是一个独立的物,同时每个独立的物是构成集合物的组成部分。但从集合物分离出来的物,它不仅是独立的一个集合物的组成部分,也是独立的一物,具备双重性质。在流动集合动产中,这种

双重性质尤为突出。

(二)流动集合动产让与担保的法理

将流动集合动产作为让与担保客体的情况下,首先面临的就是在法理上如何理解的问题。对此,出现了集合物论、分析论、价值范围论等三种观点。集合物论是指将集合物视为一物,在组成集合物的每个物分离出集合物的情况下,被分离出的动产,将从让与担保的客体中排除;相反,新的动产并入到特定物,并入的动产即使没有特别的意思表示或公示方法,也可以溯及让与担保权的设定时间点,成为让与担保权的客体。这是韩国的主流观点①,也是判例所支持的态度②。与此相反,分析论是根据一物一权主义,将构成集合动产的个别动产视为让与担保的客体,不将集合物视为一物,而是根据构成集合物的个别动产的数量,形成多个让与担保。其设定及效力上,只是为了便利而视为一个整体。该观点是德国的通说,在韩国也有人支持。③ 与上述将集合物作为让与担保客体的观点不一样,价值范围论是指支配一定的价值范围,并在实施时就对价值范围内的动产优先受偿被担保债权的观点。④ 与日本不同,在韩国没有人支持该观点。

(三)判例的态度

根据大法院的判决:"养猪企业将大量饲育的猪作为让与担保的标的物的情况下,猪的数量因繁殖、死亡、贩卖、购入等原因必定会发生变动,因此即使让与担保权人单独签订让与担保权设定契约或未作占有改定的意思表示,因为没有丧失一个集合物的同一性,所以让与担保权的效力仍能够及于现存的集合物之上,从让与担保设定人处受让上述标的物的人在没有善意取得的情况下,直接会承受上述让与担保的负担。"⑤由此能够看出适用的是集合物论。

---

① 参见[韩]高翔龙:《流动集合动产的让与担保》,《比较私法》1996 年第 3 卷 1 号,第 11 页;[韩]裴炳日:《集合动产让与担保》,《岭南法学》1994 年第 1 卷 2 号,第 204 页;[韩]辛奉根:《关于流动集合动产让与担保的研究》,全北大学博士学位论文,2004 年,第 50 页。

② 参见大法院判决 1985.10.25,85NU941;大法院判决 1988.12.27,87NU1043;大法院判决 2004.11.12,2004DA22858 等。

③ 参见[韩]梁彰洙:《内容变动的集合动产的让与担保与其产出物的效力》,《正义》1997 年第 30 卷 1 号,第 115 页。

④ 参见[韩]伊藤进:《集合动产让与担保理论的再检讨》,《文献目录》1979 年第 699 号,第 96 页。

⑤ 大法院判决 2004.11.12,2004DA22858.

(四)私见

因价值范围论在实施前否认对标的物的担保权人的物权拘束力,所以可以依法理说明对标的物的分离和并入的优点,但这种解释论与韩国民法典体系不符,所以没有支持者。集合物论的优点在于,将集合物确定在一个范围内,在并不破坏集合物同一性的前提下,个别动产的分离和并入不会成为问题,也不会因担保物权的设定发生标的物的处分或补充的问题。但其缺点就是不符合物权法上的一物一权主义。能够克服该弱点的就是分析论。分析论是符合物权法原则的观点,但具有未考虑到流动集合动产让与担保的社会经济功能的问题。与其严格适用一物一权主义,不如在中小企业想利用流动集合物作为让与担保的标的物的情况下,将其解释成为例外,更符合经济职能。如果能承认这种流动集合动产的让与担保的必要性,不仅对债权人有利,也有利于债务人将其作为一种金融手段合理利用,对此能够提供理论根据的集合物论,相对更为合理。

三、流动集合动产的特定化和公示

(一)流动集合动产的特定化

1.特定化的必要性

原则上物权以特定物为对象,因此集合动产要成为物权的客体,也应当具体特定化为一个整体的物。特别是,集合动产具有增减变动的特殊性,因此更有必要将其特定化。例如,让与担保权人能够确定担保标的物的对象与范围时,才有可能实现担保权,且唯有特定化后才不会给让与担保人的一般债权人、担保物的第三取得人等第三人造成意外损失。

2.特定化的方法

韩国大法院例示,将担保物的种类、地点以及数量范围的指定作为特定化流动集合动产的基准。[①] 首先,应具体指定担保物的种类。但是需要细分到何种程度将随着其他因素而有所不同,例如所在地和是否存在同种类或者类似物品。尤其像“原材料”“库存商品”等概括性情况下,需要在一定程度上确定担保物的范围,才能指定地点及数量范围。其次,指定地点是为了

① 代表性的例子为养鳗场的鳗鱼(参见大法院判决 1990.12.26, 88DAKA2024)或特定场所下的轧制线圈等原材料(参见大法院判决 1988.12.27, 87NU1043)等。

从担保人的一般财产中分离流动集合动产的所在地。通常,为了区分,担保物与非担保物需要分别存放在不同地点。但是如果标的物种类存在明显区别,也可以不用单独存放,有时也可以做特定记号来进行区别。最后,对存放在某一场所的物品,在其中一部分上设定让与担保的,必须明确其数量。此种情况下,单纯的确定数量不能视为已经特定化。①

大法院关于流动集合动产的特定,认为将一时增减变动的动产视为一个整体物,并以担保债权为目的签订流动集合物让与担保合同时,要明示让与担保效力所涉及的范围,以减少对第三人的意外损害;提前明确权利义务关系,为防止不当延迟执行程序,有必要将标的物特定化。为了将担保标的物与担保人的其他物品相区别,应当通过对其种类、保管地点及数量特定化的方法从外部客观地特定化。标的物的特定化与范围应当从标的物的种类、地点、数量等相关合同的全部内容、合同当事人的意思表示、标的物自身的有机结合程度、标的物的性质、担保物管理及使用方法等角度进行综合判断。② 大法院使用了流动集合动产这样一种称谓,同时对特定化的基础和方法作了比较细致的解释。

3.特定化的时间点

流动集合动产的最大特点是增减变动性。因此,根据特定化的时间点,担保物的范围和数量会产生较大差异。担保物应当在签订让与担保合同时特定化。如果担保权人与担保人未特定化担保物,该合同将无效。同时,也存在签订合同时无法特定化,但之后特定化的情况。即使在此种情况下,也应当具备达到担保合同有效程度的要件。因此,担保物的特定化时间点应为合同签订时。原则上应当由让与担保权人承担流动集合动产的特征及同一性的举证责任,但在某些例外的情况下,基于公平原则也可以将举证责任转移至让与担保人。③

---

① 参见[韩]辛奉根:《流动集合动产让与担保的法理》,《人权与正义》2006 年第 353 号,第 102 页。

② 参见大法院判决 2003.3.14,2002DA72385.

③ 参见大法院判决 2005.2.18,2004 DA37430;[韩]金相容:《动产担保法》,法元社 2007 年版,第 234 页;[韩]朴康熙:《集合让与担保法的效力》,《民事法研究》2005 年第 13 集 2 号,第 34 页。

(二)流动集合动产让与担保的公示

根据韩国的通说[①]与判例[②],以集合物为标的物的让与担保的成立条件为,像以特定动产为标的的让与担保,使让与担保权人取得间接占有的方式,即承认占有改定的公示方式。但是因为流动集合动产的让与担保,在设定担保权后担保标的物也经常会发生变化,应怎样确定对设定后增减的动产的公示方法也成为一个问题。例如,集合物成为让与担保权的客体,如果在此集合物上设立让与担保的同时占有改定,则设定让与担保后增加的动产作为其构成部分仍然成立让与担保。尤其是,当让与担保权设立后增加的动产,只要其同一性没有改变,让与担保效力自然及于其全部。

韩国大法院判决认为:"通常,将一时产生增减的动产视为一个整体的物,并将其作为债权担保的客体,可以签订集合物让与担保合同。在此情况下,如果标的物从种类、地点或数量指定等方式可以与担保人的其他物区别开来并特定化,那么就可以将其视为一个整体物,并基于此设定一个有效的让与担保。"[③]

还有大法院判决认为:"对集合物的让与担保合同一旦成立,构成该集合物的单个物即使产生变动或变形,只要其作为一个整体物,不丧失同一性,那么让与担保权的效力仍然及于现有的集合物之上,同时以占有改定的方式对让与担保权人在签订让与担保合同时存在的物取得占有权,那么之后让与担保人即使将构成集合物的单个物进行增减,也并不意味着需要随时重新签订让与担保合同或重新进行占有改定的表示。"[④]因此通过判例可以确定将让与担保权的设定时间理解为让与担保合同签订时(即占有改定公示时)。将流动集合动产提供为担保的情况,如果不能明确动产的公示方式与特定化的范围,那么不发生法律效力。《动产债权担保法》也采纳了此种观点,流动集合动产作为担保标的登记的,适用上述规定。

在日本,相对于占有改定的公示方法,其更倾向于以铭印方式予以公

---

① 参见[韩]金相容:《动产担保法》,法元社 2007 年版,第 232 页;[韩]辛奉根:《流动集合动产让与担保的法理》,《人权与正义》2006 年第 353 号,第 106 页等。

② 参见大法院判决 2004.11.12,2004 DA22858;大法院判决 2007.2.22,2006DO8649 等。

③ 大法院判决 2003.3.14,2002DA72385.

④ 大法院判决 1990.12.26,88DAKA20224;大法院判决 1999.9.7,98DA47283;大法院判决 2004.11.12,2004DA22858;大法院判决 2013.1.16,2012DA78726 等。

示。但在韩国,对集合物以铭印方式的公示方法仍被认为是不完整的,因此该种公示方式并未得到认同。① 对于流动集合动产的让与担保中,比起此种公示方法,客体的特定化②及如何进行特定化成为讨论的重点。

四、流动集合动产让与担保的效力

(一)流动集合动产让与担保的物上代位

对于动产让与担保,在标的物毁损、灭失或被征收导致担保物变形时,担保权仍对变形物产生效力,学说③和判例④承认担保物的物上代位。那么流动集合动产让与担保是否成立物上代位,学术上关于流动集合动产让与担保也持肯定态度。⑤ 特别是最近制定的《动产债权担保法》第 14 条规定:"担保权人对因担保物的出售、租赁、毁损、灭失或公用征收而收到的金钱或物品可以行使动产担保权。在此情况下,应在支付或移交前扣押。"明文规定了动产担保权的物上代位。但不是所有的动产担保权的物上代位都能适用本法条。例如,因为《动产债权担保法》的适用对象为完成登记的担保,所以只有对完成担保登记的流动集合动产才能承认物上代位。

流动集合动产让与担保是否和动产担保一样成立物上代位,对此,应注重担保权人的意思表示及担保权的本质功能。特别是,根据流动集合动产让与担保的法律性质而不同。例如,根据信托所有权说,如果特意强调让与担保权人作为所有权人的地位,则不能体现承认流动集合动产担保权的宗旨,所以在不毁损担保物权本质功能的范围内承认物上代位。在此情况下,对象债权存在问题,损害赔偿金和保险金债权没有什么问题,但出售价款有待讨论。因为韩国民法规定质权或抵押权上不得物上代位出售价款,但流动集合动产让与担保的情况需另行区分。在正常经营范围内,让与担保权

---

① 参见[韩]金哉衡:《担保法中担保物的扩张问题》,《法曹》1998 年第 498 号,第 95 页。

② 参见[韩]金相容:《动产担保法》,法元社 2007 年版,第 223 页。

③ 参见[韩]孔淳真:《流动集合动产担保中的物上代位》,《财产法研究》2014 年第 30 册 4 号,第 2 页;[韩]张锡赞:《流动结合担保中的物上代位和对象债权》,《忠南大法学研究》第 25 集 1 号,第 43 页。

④ 参见大法院判决 2003.11.26,2006DA37106.

⑤ 参见[韩]孔淳真:《流动集合动产担保中的物上代位》,《财产法研究》2014 年第 30 册 4 号,第 2 页;[韩]张锡赞:《流动结合担保中的物上代位和对象债权》,《忠南大法学研究》第 25 集 1 号,第 54 页。

人将出售动产的钱用于补充新的动产，超过正常经营范围出售的情况下，为了维持担保价值，有必要让担保效力及于出售价款。超过正常经营范围的出售价款应具有让与担保的效力。

(二)设定重复担保权的问题

民法规定债务人在实际占有动产时可以重复设定质权，因此禁止出质权代理占有标的物(第332条)。但是流动集合动产让与担保将“占有改定”作为物权变动的公示方法，产生重复让与问题的可能性很高，因为让与担保权人继续占有的情况下享有正常的处分权。签订占有改定让与担保合同后，与第三人设定重复让与担保的情形下存在优先顺位等多种法律问题。

设定重复让与担保的情况下关于优先顺位有多种观点。例如，信托所有权说有两种观点：第一种认为，最先签订让与担保协议的人单独取得让与担保权；第二种认为，对一个担保物签订让与担保协议的所有人按照债权额比例共有。担保物权说认为，根据签订让与担保协议的顺序决定多个让与担保权的优先顺位。以上观点基本都是根据让与担保的法律性质得出结论。

大法院判决认为：“在动产让与担保的情况下，动产的所有权信托转移……对外关系中债务人因已将动产所有权转让给债权人而变成无权利人……之后的债权人不能合法取得让与担保权。”[①]可以看出根据信托所有权说承认最初签订协议人的所有权。

根据判例的态度和信托转让说，不承认根据占有改定的善意取得情况下，无论何时都是最初让与担保权人取得所有权，因此法律关系相对明确。相反，依据担保物权说，因为占有改定本身不明确，优先顺位亦不明确，或者在都是附停止条件的让与担保协议的情况下会产生复杂的法律问题。另外，所有签订担保设定协议的人按照债权额的比例共有的意见，因完全无法反映物权的特性和债权人意志，故不可取。重复让与担保的后顺位担保权人满足善意取得的要件时，无论采取哪个学说，都由后顺位担保权人取得所有权。虽然占有改定自身的公示方法不明确，但是根据担保物权的设定顺序确认更加合理。

五、流动集合动产让与担保的过度担保问题

在流动集合动产上设定让与担保时，通常存在要求担保物的价值远高

① 大法院判决 2004.10.28，2003DA30463.

于被担保债权额的情形,这是流动集合动产让与担保面临的诸多问题之一。过度担保分为自始过度担保与嗣后过剩担保。在价格远高于被担保债权额的标的物上设定让与担保时会产生自始过度担保问题。此种情形,按照《德国民法》第138条,属于违反善良风俗,导致法律行为无效。在自始过度担保的情况下,其设定让与担保所依据的一般交易条款,因违反诚实信用原则而无效;相反,对于嗣后过度担保,让与担保协议有效。①

在韩国,当让与担保权存续时,未特别规定过度担保问题,但是仅要求行使担保权时,要求让与担保权人向让与担保人返还超过被担保债权额的标的物的清算金。与此相反,在德国,当让与担保权存续时,可以请求从让与担保权的客体中排除超过被担保权额部分的让与担保物的免责请求权。原则上请求免责的范围为行使让与担保权时超过被担保债权额的110%范围的标的物,但是因为不属于行使担保权的情况,所以很难计算110%。因此,在让与担保权存续期间,通常担保标的物的评估额超过被担保债权额的150%时承认免责请求权。②

六、结语

本文考察了流动集合动产让与担保的有效性、法理构成、公示方法、特定化问题、物上代位和重复转让问题、过度担保问题,大部分都能通过解释论来解决,但存在立法政策上需要重新探讨的事项。

在实务中,承认流动集合动产让与担保的实效性,需要与此相关的精确的解释论。关于法律性质,主流观点和判例承认的集合物论相对合理,随之需要解决相关的后续问题。特别是,应积极接受效力范围和相关的物上代位问题。另外,对于重复转让相关的优先权法理的构成及过度担保问题,需要更加精确的研究。

从立法论观点上看,应继续研究改善流动集合问题的方案。在不动产让与担保中,假登记担保和登记的动产以及债权适用《动产债权担保法》。但因立法时,目的不在于解决流动集合动产问题,因此有完善立法之必要。例如,是否引进英美法中的浮动抵押制度。最近流动集合动产让与担保在企业中受欢迎,因此,有必要像日本一样积极研究接受"企业担保"的可能性。

---

① R. Weber, Sachenrecht I, 4 , Aufl, 2015, 13 Rn 40.

② R. Weber, (Fn.20), 13. Rn 43.

【原文】

유동집합동산 양도담보의 핵심 쟁점들

윤철홍

I. 서설

독일에서는 민법 제정 전부터 학설과 판례에 의해 동산양도담보가 인정되었다. 한국에서는 독일의 양도담보제도를 수용하였지만, 독일과는 달리 부동산 양도담보를 주로 활용하였다. 이에 따라 부동산양도담보에 관한 입법조치가 먼저 이루어졌다. 예컨대 1984년에 '가등기담보 등에 관한 법률'이 제정되어 부동산 양도담보를 규율하게 되었다. 그러나 이 법의 시행에 따라 오히려 부동산 양도담보가 위축되었다고 한다. 그러던 중 2011년에 판례와 학설에 의존하던 동산양도담보에 대해서도 '동산·채권 등의 담보에 관한 법률(이하에서는 동산채권담보법이라 약칭함)'이 제정되어 동산양도담보를 규율하게 되었다. 특히 최근에는 농장이나 어장을 경영하는 개인이나 기업들이 유동집합동산을 하나의 물건으로 취급하여 금융을 융통하는 일이 빈번해졌다. 다시 말해 큰 자금이 필요한 목장주 등이 유동집합동산을 계속 점유하면서, 즉 목장이나 양돈장을 계속 경영하면서 그것을 하나의 담보물로 제공하여 금전을 대출받는 유동집합동산의 양도담보가 자주 행해지고 있다. 이러한 유동집합동산에 양도담보권이 설정된 경우에는 단일물이나 합성물과는 다른 다양한 법률문제가 발생한다.

여기서 유동집합동산 양도담보란 유동집합동산으로 구성된 집합물(Sachinbegriff)을 객체로 하는 양도담보이다. 집합물이라

하더라도 그것을 구성하는 하나하나는 단일물이거나 합성물이다. 그런데 이러한 다수의 물건을 집합하여 하나의 물건으로 취급하는 것이다. 다시 말해서 이러한 집합물은 다수의 단일물이나 합성물이 집합하여 경제적으로 하나의 가치를 가지고 하나의 물건으로 거래되는 것이 특징이다. 집합물에는 뱀장어나 소, 돼지 등과 같이 동일한 종류의 물건으로 구성되는 것이 일반적이다. 그러나 여러 종류의 물건으로 구성된 집합물도 존재할 수 있다. 예컨대 물류창고에 보관되어 있는 특정회사 소유의 다양한 제품의 일체와 같은 경우나 슈퍼마켓에 있는 다양한 물건의 전체를 하나의 물건으로 취급할 수도 있다는 것이다.

이상과 같이 유동집합동산 양도담보는 같은 종류이거나 다른 종류의 다수 물건으로 구성된 증감 변동하는 동산의 집합물을 객체로 한다. 이러한 유동하는 동산의 집합물이 경제상으로는 하나의 목적에 이바지하는데, 물권법상으로는 일물일권주의에 반하여 원칙적으로 하나의 물건으로 취급할 수 없다. 그러나 집합물이라 하더라도 공동의 경제 목적을 위해 하나의 물건으로 공시할 수 있는 방법이 있는 경우에는 예외적으로 집합물을 하나의 물건으로 취급할 수 있다. 이러한 예외적으로 인정되는 대표적인 것이 집합동산 양도담보이다. 그중에서도 특히 문제가 되는 것은 양돈장의 돼지나 양어장의 뱀장어처럼 새끼를 낳아 객체의 수가 증가하거나 유동집합동산의 소유자가 통상의 범위 내에서 일부를 처분하는 등 유동적인 경우이다.

판례와 학설에 의해 인정되던 유동집합동산 양도담보가 부분적으로는 실정법적 근거를 가지게 되었지만, 여전히 다양한 문제를 안고 있다. 예컨대 일물일권주의 원칙에 반하는 유동집합동산을 하나의 동산으로 취급할 수 있는가, 만약 취급할 수 있다면 어떠한 법적 성질을 지니고 있고, 어떤 법리로 설명이 가능한 것인가, 더 나아가 유동집합동산을 하나의 물건으로 취급하려면 특정되어야 하는 데, 특정은 어떻게 이루어지며, 그에 대한 공시는 어떻게 해야 하는가 또한 양도담보의 효력은 어떠하며, 어디까지 미치는가, 특히 유동집합동산이 멸실 훼손되어 변형물이 있을 경우에 물상대위도 인정되는가. 또한 수만마리의 뱀장어나 수천마리에 달하는 한 목장 안에 있는 가축 등을 담보로 제공하는 경우 피담보채권에 비해 터무니없이 많은 담보물을 제공하는 과잉담보의 문제가 발생하기도 한다. 더 나아가 담보권설정자나 담보권자가 파산한 경우, 담보권의 실행도 문제가 될 것이다. 여기에서는 이러한 문제들 중에서 핵심적인 것들을 논구해 보고자 한다.

II. 유동집합동산의 법적 성질과 그 법리

1. 개설

집합물을 독립된 하나의 물건으로 취급할 수 있는가? 물권법의 대원칙인 일물일권주의 원칙에 따르면 허용할 수 없다. 예컨대 독일에서는 집합물을 물권의 객체인 하나의 물건으로 인정하지 않는다. 이에 따라 집합물을 구성하는 개개의 물건을 독립한 하나의 물건으로 취급한다. 다시 말해 독일에서는 집합물을 하나의 물건으로 취급하지 못하기 때문에, 다수의 양도담보권이 하나의 담보목적을 위하여 결합되어 있는 것으로 이해한다. 이러한 독일과 달리 일본과 한국에서는 집합물도 특정하여 공시할 수 있다면, 하나의 독립된 객체로 취급하여 저당권이나 양도담보권을 설정할 수 있다. 이에 따르면 집합물은 그 자체가 하나의 독립한 물건이며, 동시에 개개의 물건은 집합물을 구성하고 있는 집합물의 구성부분이다. 그러나 그 집합물로부터 반출하게 되면 독립한 하나의 집합물의 구성부분인 동시에 독립한 물건이라는 2중적인 성격을 지니게 된다. 특히 유동집합동산에서 이러한 이중적인 성격이 잘 드러나고 있다.

2. 유동집합동산 양도담보의 법리

유동집합동산을 양도담보의 대상으로 인정하는 경우 맨 먼저 봉착하는 문제는 그것을 법리적으로 어떻게 이해할 것인가 하는 점이다. 이와 관련하여 집합물론, 분석론, 가치범위론이라는 세 가지 견해가 나타났다. 집합물론은 집합물을 하나의 물건으로 취급하여 그 집합물을 구성하는 개개의 동산이 반출하는 경우 그 반출된 동산은 양도담보의 객체에서 제외되고, 반대로 새로운 동산이 반입되면 그 반입된 동산은 다른 특별한 의사표시나 공시방법을 갖추지 않아도 그 양도담보권의 설정시점으로 소급하여 그 양도담보권의 객체가 된다는 견해이다. 이것이 한국에서 지배적인 견해이며① 판례의 태도이다.② 이에 반해 분석론은 일물일권주의에 따라 집합동산을 구성하는 개별동산을 양도담보의 객체로 보는 견해이다. 집합물을 하나의 물건으로 보지 않고 그것을 구성하는 개별 동산의 수에 따라 다수의 양도담보가 설정되고 편의상 그 설정 및 효력 등이 일체로 취급될 뿐이다. 이 견해는 독일의 통설이며, 한국에서도 이를 따르는 자가 있다.③ 집합물을 양도담보의 객체로 삼는 이러한 견해들과는 달리 가치범위론은 일정한 가치범위를 지배하고 실행시에는 그 가치범위 중에 있는 동산으로부터 우선적으로 피담보채권을 회수한다는 견해이다.④ 일본에서와는 달리 한국에서는 이 견해를 지지하는 자가 없다.

3. 판례의 태도

대법원은 "돈사에서 대량으로 사육되는 돼지를 집합물에 대한 양도담보의 목적물로 삼은 경우, 그 돼지는 번식, 사망,

---

① 高翔龍, "유동집합동산의 양도담보", 「비교사법」 제3권1호, 1996, 11면 이하; 裵炳日, "집합동산양도담보", 「영남법학」, 제1권 2호 1994, 204면; 辛奉根, "유동집합동산의 양도담보에 관한 연구" 전북대학교 박사학위 청구논문, 2004, 50면 이하 등 다수.

② 대판 1985.10.25, 85누941; 대판 1988.12.27, 87누1043; 대판 2004.11.12, 2004다22858 등 다수.

③ 梁彰洙, "내용이 변동하는 집합적 동산의 양도담보와 그 산출물에 대한 효력", 「저스티스」 제30권 1호, 1997. 3, 115면 이하 참조.

④ 伊藤進, "集合動産讓渡擔保理論の 再檢討, 「シュリスト」, 第699號 1979, 96面 以下 參照.

판매, 구입 등의 요인에 의하여 증감 변동하기 마련이므로 양도담보권자가 그 때마다 별도의 양도담보권설정계약을 맺거나 점유개정의 표시를 하지 않더라도 하나의 집합물로서 동일성을 잃지 아니한 채 양도담보권의 효력은 항상 현재의 집합물 위에 미치게 되고, 양도담보설정자로부터 위 목적물을 양수한 자가 이를 선의취득하지 못하였다면 위 양도담보권의 부담을 그대로 인수하게 된다"고 판시하여① 집합물론을 따르는 것으로 여겨진다.

4. 사견

가치범위론은 목적물에 대한 담보권자의 물권적 구속력을 실행하기 전까지 부인하기 때문에 목적물의 반입이나 반출을 법논리적으로 설명할 수 있는 장점을 지니고 있다. 그러나 이러한 해석론은 한국 민법전의 체계와 부합하지 못하여 지지자가 없다. 집합물론은 집합물이라는 일정한 범위를 정해 놓고, 이 집합물의 동일성을 해치지 않는 범위 내에서는 개별 동산의 반입이나 반출이 문제되지 않으며, 담보권 설정에 따른 목적물의 처분이나 보충의 문제도 발생하지 않는 장점이 있다. 그러나 물권법상 일물일권주의에 부합되지 못하는 약점을 지니고 있다. 이러한 약점을 극복한 것이 분석론이다. 분석론은 물권법의 원칙에 부합하는 견해이다. 그러나 유동집합동산 양도담보의 사회 경제적 기능을 간과한 점이 문제다. 따라서 일물일권주의를 엄격하게 적용하기 보다는 중소기업 등이 유동집합물을 양도담보의 목적물로 이용하고자 할 때 예외적으로 허용하여 경제적 기능에 부합할 수 있도록 해석할 필요가 있다. 이러한 유동집합동산 양도담보의 필요성을 인정한다면 채권자에게 유리할 뿐만 아니라 채무자에게도 금융수단으로 유용하게 사용할 수 있다는 이론적 근거를 제공해 주는 집합물론이 상대적으로 타당한 것이라 여겨진다.

---

① 대판 2004.11.12, 2004 다 22858.

III. 유동집합동산의 특정과 공시

1. 유동집합동산의 특정

(1) 특정의 필요성

물권은 원칙적으로 특정된 물건을 그 대상으로 한다. 따라서 집합동산도 물권의 객체가 되기 위해서는 집합동산 전체를 하나의 물건으로 취급할 수 있을 정도로 특정되어야 한다. 특히 유동집합동산은 증감 변동하는 동산이라는 특수성 때문에, 특정이 더욱 필요하다. 예컨대 양도담보권자가 담보목적물의 대상과 범위 등을 확정할 수 있어야 담보권의 실행이 가능할 것이며, 특정되어야만 양도담보설정자의 일반채권자, 담보물의 제3취득자 등 제3자에게 예기치 못한 손해를 예방할 수 있을 것이다.

(2) 특정의 방법

한국의 대법원은 유동집합동산 양도담보권의 객체인 유동집합동산의 범위를 특정하는 기준으로 담보물의 종류와 소재장소 및 양적 범위의 지정을 예시하고 있다.① 먼저 담보물의 종류지정은 비교적 세부적으로 행해져야 한다. 그러나 어느 정도 세부적이어야 하는지는 다른 요소인 소재장소와 구별을 요하는 동종 혹은 유사의 물건이 존재하는가에 따라 달라질 수도 있다. 특히 '원재료', '재고상품'과 같이 포괄적인 경우에도 소재장소의 지정이나 수량범위의 지정과의 관계에서 담보물의 범위를 어느 정도 명확히 할 수 있을 경우에는 특정이 가능하기 때문이다. 둘째로, 소재장소의 지정은 유동집합동산의 소재장소를 담보권설정자의 일반재산으로부터 구별하는 것이다. 일반적으로는 담보물과 비담보물을 구별하기 위해서는 서로 별도 장소에 보관해야 할 것이다. 그러나 목적물의 종류가 확연히 다른 것인

---

① 양만장의 뱀장어(대판 1990.12.26, 88다카2024)나 일정한 장소에 있는 압연코일 등의 원재료(대판 1988.12.27, 87누1043) 등이 대표적인 것이다.

경우에는 장소적으로 명확히 구분하지 않아도 될 것이다. 때로는 특정된 마크를 표시하는 방법으로도 구별할 수도 있다. 셋째로는 일정한 장소에 있는 물건의 일부를 양도담보의 객체로 삼는 경우에는 그 수량을 정확히 특정해야만 할 것이다. 이 경우 단순히 수량이 지정되었다고 특정이 이루어진 것으로 볼 수는 없다.①

대법원은 유동집합동산의 특정과 관련하여 "일단의 증감 변동하는 동산을 하나의 물건으로 보아 이를 채권담보의 목적으로 삼는 이른바 유동집합물에 대한 양도담보설정계약의 경우에, 양도담보의 효력이 미치는 범위를 명시하여 제3자에게 불측의 손해를 입지 않도록 하고 권리관계를 미리 명확히 하여 집행절차가 부당히 지연되지 않도록 하기 위하여 그 목적물을 특정할 필요가 있으므로, 담보목적물은 담보설정자의 다른 물건과 구별될 수 있도록 그 종류, 소재하는 장소 또는 수량의 지정 등의 방법에 의하여 외부적·객관적으로 특정되어 있어야 하고, 목적물의 특정 여부 및 목적물의 범위는 목적물의 종류, 장소, 수량 등에 관한 계약의 전체적 내용, 계약 당사자의 의사, 목적물 자체가 가지는 유기적 결합의 정도, 목적물의 성질, 담보물 관리와 이용방법 등 여러 가지 사정을 종합하여 구체적으로 판단하여야 한다"라고 판시하여②, 유동집합물이라는 표현을 사용함과 동시에 특정의 기준과 방법에 관하여 비교저 자세히 설시하고 있다.

(3) 특정의 시점

유동집합동산은 증감 변동하는 것이 가장 큰 특징이다. 따라서 어느 시점에서 특정하느냐에 따라 그 담보물의 범위나 수량에 큰 차이가 있을 수 있다. 담보물은 양도담보계약을 체결할 때에 특정되어야 한다. 만약 담보권자와 담보권설정자가 담보물을 특정하지 못하면, 그 계약은 무효가 될 것이기 때문이다. 그러나 계약을 체결할 때에는 특정하지 못했으나, 그 후에 특정되는

① 辛奉根, "유동집합동산양도담보의 법리, 「인권과 정의」, 353호(2006.1), 102면.
② 대판 2003.3.14, 2002다72385.

경우에도 가능할 것이다. 이 경우에도 담보계약이 유효할 정도의 요건을 구비해야 하므로, 담보물의 특정 시점은 계약체결 시로 보아야 할 것이다. 이러한 유동집합동산의 특정 내지 동일성에 대한 입증책임은 원칙적으로 양도담보권자에게 있다. 그러나 일정한 예외적인 경우에는 공평의 원칙에 따라 양도담보권 설정자에게 전환된다고 해석된다.①

2. 유동집합동산 양도담보의 공시

한국의 통설②과 판례는③ 집합물을 목적으로 하는 양도담보의 성립요건으로 특정동산을 목적으로 하는 양도담보와 같이 양도담보권자에게 간접점유를 취득하게 하는 방식, 즉 점유개정에 의한 공시를 인정하고 있다. 그런데 유동집합동산양도담보는 담보권설정 후에도 담보목적물이 자주 변동하므로 그 후에 새롭게 반입되는 동산의 공시방법의 구비를 어떻게 이해해야 할 것인지도 문제된다. 예컨대 집합물론에 따르면 집합물이 양도담보의 객체가 되어, 이 집합물 위에 양도담보가 설정됨과 동시에 점유개정이 되면 설정 후에 반입되는, 개개의 동산은 집합물의 구성부분으로 그 효력이 미친다. 특히 양도담보 설정 후에 반입되는 동산에 대한 집합물로서 동일성에 대한 변경이 없는 한 당연히 양도담보 효력이 미친다.

한국의 대법원은 "일반적으로 일단의 증감 변동하는 동산을 하나의 물건으로 보아 이를 채권담보의 목적으로 삼으려는 이른바 집합물에 대한 양도담보설정계약체결도 가능하며 이 경우 그 목적 동산이 담보설정자의 다른 물건과 구별될 수 있도록 그 종류, 장소 또는 수량지정 등의 방법에 의하여 특정되어 있으면 그 전부를 하나의 재산권으로 보아 이에 유효한 담보권의 설정이 된 것으로

① 대판 2005.2.18, 2004다37430; 金相容, 「동산담보법」(법원사, 2007), 234면; 朴康熙, "집합양도담보의 효력", 「민사법연구」, 제13집2호, 2005.12, 34면.

② 金相容(주 9), 232면; 辛奉根(주 7), 106면 등.

③ 대판 2004.11.12, 2004다22858; 대판 2007.2.22, 2006도8649 등 다수.

볼 수 있다"고 판시했다.[1]

더 나아가 대법원은 "집합물에 대한 양도담보권 설정계약이 이루어지면 그 집합물을 구성하는 개개의 물건이 변동되거나 변형되더라도 한 개의 물건으로서 동일성을 잃지 아니하므로 양도담보권의 효력은 항상 현재의 집합물 위에 미치는 것이고, 따라서 양도담보권자가 담보권설정계약 당시 존재하는 집합물을 점유개정의 방법으로 그 점유를 취득하면 그 후 양도담보설정자가 그 집합물을 이루는 개개의 물건을 반입하였다 하더라도 그때마다 별도의 양도담보권설정계약을 맺거나 점유개정의 표시를 하여야 하는 것은 아니다."라고 판시하여,[2] 양도담보권의 성립시기를 집합동산양도담보설정 계약시, 즉 점유개정시로 하고 있다. 이와 같이 유동집합동산을 담보로 제공하는 경우에는 그 동산의 특성상 공시방법과 특정의 범위가 명확하지 않는다면 효력이 발생할 수 없을 것이다. 동산채권담보법에서는 이러한 취지를 반영하여 유동집합동산도 담보의 목적으로 등기한 경우에는 적용하도록 규정하고 있다.

일본에서는 점유개정에 의한 공 시보다 명인 방법 에 의한 공시를 선호하는견해도 있지만, 한국에서는집합물을 명인방법에 의해 공시하는 것 역시 불완전하다고 여겨 지지하는 견해가 없다.[3] 유동집합동산 양도담보에서는 이러한 공시방법보다는 그 개체의 특정을 중요시 여겨[4] 어떻게 특정할 것인가에 논의가 집중되고 있다.

---

① 대판 2003. 3. 14, 2002 다 72385.

② 대판 1990.12.26, 88 다카 20224. 이 밖에도 대판 1999. 9. 7, 98 다 47283; 대판 2004. 11. 12, 2004 다 22858; 대판 2013. 1. 16, 2012 다 78726 등 다수.

③ 예컨대 金載亨, "담보법에서의 담보목적물의 확장문제", 「법조」 제 498 호, 1998.3, 95 면.

④ 金相容 (주 9), 233 면.

IV. 유동집합동산 양도담보의 효력

1. 유동집합동산 양도담보의 물상대위

동산양도담보의 경우 그 법적 성질의 여부와 관계없이 목적물이 멸실이나 훼손 또는 공용징수로 담보물이 변형되었을 경우 담보권이 그 변형물에도 효력이 미친다고 하여, 물상대위를 인정하는 것이 학설과[①] 판례의 태도이다.[②] 그렇다면 유동집합동산 양도담보의 경우에도 물상대위가 인정되는가? 학설은 유동집합동산 양도담보에 대해서도 인정하자고 한다.[③] 특히 최근에 제정된 동산채권담보법 제14조에서는 "동산담보권은 담보목적물의 매각, 임대, 멸실, 훼손 또는 공용징수 등으로 인하여 담보권설정자가 받을 금전이나 그 밖의 물건에 대하여도 행사할 수 있다. 이 경우 그 지급 또는 인도전에 압류하여야 한다."고 규정하여 동산담보권의 물상대위를 명문으로 인정하고 있다. 그러나 이 규정에 따라 모든 동산담보권에 물상대위가 인정되는 것은 아니다. 예컨대 동산채권담보법은 담보등기가 경료된 경우를 적용대상으로 하기 때문에, 담보등기된 유동집합동산에만 물상대위가 인정될 수 있다.

유동집합동산 양도담보의 경우에도 동산담보와 경우와 같이 물상대위의 인정할 수 있는가.

이에 대해서는 담보권설정 당사자들의 의사, 담보권의 본질적인 기능 등이 중시되어야 한다. 특히 유동집합동산의 양도담보의 법적 성질에 따라 달라질 수 있다. 예컨대 신탁적 소유권설에 따라 양도담보권자의 소유자로서의 지위가 특별히 강조된다면, 유동집합동산 양도담보권의 인정 취지가 몰각될 수

---

① 孔淳眞, "유동집합동산양도담보에 있어서의 물상대위", 「재산법연구」, 제30권4호, 2014.2, 2면 이하; 張錫贊, "유동집합동산양도담보에 있어서 물상대위와 대상채권", 충남대 「법학연구」 제25집 1호, 43면 이하 등 다수.

② 대판 2009.11.26, 2006다37106.

③ 孔淳眞(주 16), 15면 이하; 張錫贊(주 16), 54면 이하.

있다. 따라서 담보물권의 본질적 기능이 훼손되지 않는 범위 내에서 물상대위도 인정되어야 할 것이다. 이 경우 대상채권이 문제다. 손실보상금과 보험금채권은 크게 문제될 것이 없으나, 매각대금에 대해서는 논의가 필요하다. 한국 민법상 질권이나 저당권의 경우에 매각대금에는 물상대위가 인정되지 않고 있으나, 유동집합동산 양도담보의 경우에는 달리 취급해야 하기 때문이다. 또한 통상 영업의 범위 내에서는 양도담보권 설정자가 동산의 매각대금으로 새로운 동산을 보충하는데 사용할 것이나, 통상영업 범위를 초과하여 매각한 경우에는 담보가치의 유지라는 관점에서는 매각대금에 대해서도 담보권의 효력이 미치게 할 필요가 있다. 따라서 이러한 통상 영업 범위를 초과하여 매각한 대금에 대해서는 양도담보권의 효력이 미친다고 보아야 할 것이다.

2. 이중양도담보권 설정에 따른 문제

민법에서는 채무자가 동산을 현실적으로 점유하고 있는 경우에는 이중으로 질권을 설정할 수 있기 때문에 질권설정자의 대리 점유를 금지하고 있다(제332조). 그런데 유동집합동산 양도담보의 경우에는 '점유개정'을 물권변동의 공시방법으로 삼고 있기 때문에 이중양도의 문제가 발생할 개연성이 높다. 특히 양도담보권 설정자가 점유를 계속하면서 통상의 범위 내에서는 처분권을 보유하기 때문에 더욱 그러하다 이러한 상황 때문에 점유개정에 의한 양도담보계약을 체결한 후 제3자와 다시 이중으로 양도담보를 설정한 경우에 우선순위 등 여러 가지 법률문제가 발생할 것이다.

이중으로 양도담보가 설정된 경우에 우선순위 등에 관하여 다양한 견해가 있을 수 있다. 예컨대 신탁적 소유권설의 입장에서 가장 먼저 양도담보계약을 체결한 자가 단독으로 양도담도권을 취득하도록 하자는 견해와 하나의 담보물에 양도담보설정계약을 체결한 모두가 채권액의 비율로 공유하도록 하자는 견해 및 담보물권설의 입장에서 양도담보계약체결의 순서에 따라 우선순위를 정하여 여러 개의 양도담보권을 인정하자는 견해

등이다. 이러한 견해들은 기본적으로 양도담보의 법적 성질에 따른 주장이다.

대법원은 "동산양도담보의 경우 그 동산의 소유권은 신탁적으로 이전되어 ... 대외적인 관계서의 채무자는 동산의 소유권을 이미 채권자에게 양도한 무권리자가 되는 것이어서 ... 뒤의 채권자는 적법하게 양도담보권을 취득할 수 없다"고 판시하여,[①] 신탁적 소유권설에 따라 최초 계약설정자에게 소유권을 인정하고 있다.

판례의 태도와 같이 신탁적 양도설에 따르면, 점유개정에 의해 선의취득을 인정하지 않는 한 언제나 최초 양도담보권자가 소유권을 취득하므로 법률관계가 비교적 명확하다. 이에 반해 담보물권설에 따르면 점유개정 자체가 불명확한 것이기 때문에 우선순위 역시 불명확하거나 모두가 정지조건부 양도담보계약의 경우에는 복잡한 법률문제가 발생할 수 있다. 또한 담보설정계약을 체결한 모두가 채권액의 비율로 공유하도록 하자는 견해는 물권의 특성과 채권자들의 의사가 전혀 반영되지 못하는 것이기 때문에 고려될 수 없을 것이다. 결국 이중양도담보의 후순위 담보권자가 선의취득의 요건을 충족한 경우에는 어느 설을 취하든 후순위 담보권자가 소유권을 취득하게 된다. 이와 관련하여 비록 점유개정 자체가 지닌 공시방법이 명확하지 못하다고 하더라도 담보물권의 설정 순서에 따라 정리하는 것이 상대적으로 나을 것이라 여겨진다.

V. 유동집합동산 양도담보의 과잉담보 문제

유동집합동산에 양도담보를 설정하는 경우 통상 피담보채권액에 비해 담보물을 과대하게 요구하는 경우가 많다. 이러한 과잉담보의 문제 역시 유동집합동산의 양도담보에서 발생하는 중요한 문제 중의 하나이다. 과잉담보는 원시적

① 대판 2004.10.28, 2003 다 30463.

과잉담보와 후발적 과잉담보로 나누어진다. 피담보채권액에 비해 과도하게 고가의 목적물에 양도담보를 설정할 경우에는 원시적인 과잉담보문제가 발생한다. 이러한 경우 독일 민법 제138조 제1항에 따르면 선량한 풍속 위반하는 법률행위로 무효가 된다. 또한 원시적 과잉담보의 경우 그 양도담보설정의 근거가 되는 보통거래약관도 신의칙에 반하여 무효가 된다(제307조 BGB). 이에 반해 후발적 과잉양도의 경우에는 양도담보계약을 무효로 하지 않는다고 한다.①

한국에서는 양도담보권의 존속 중에는 과잉담보의 문제에 대해 특별히 규정하지 않고 있으며, 규제하지도 않고 있다. 다만 담보권을 실행할 때 피담보채권액을 초과한 목적물의 가액을 청산금으로 양도담보권자가 양도담보설정자에게 반환하도록 하고 있다. 이에 반해 독일에서는 양도담보권의 존속 중에 피담보채권액을 초과하는 가액의 양도담보물을 양도담보권의 객체에서 제외해 줄 것을 청구할 수 있는 면책청구권을 인정하고 있다. 면책청구의 범위는 원칙적으로 양도담보권의 실행시의 가액이 피담보채권액의 110%를 초과하는 범위내 목적물에 대해 인정되는데, 담보권이 실행되는 경우가 아니기 때문에 110%를 산정하기 어렵다. 이에 따라 양도담보권이 존속하는 동안에는 통상 담보목적물의 평가액이 피담보채권액의 150%를 초과하는 때에 면책청구권을 인정한다.②

VI. 맺음말

유동집합동산 양도담보의 운영상 제기되는 유동집합동산 양도담보의 유효성, 법리구성, 공시방법, 특정의 문제, 물상대위와 이중양도의 문제, 과잉담보의 문제 등을 개괄적으로 검토해

① R. Weber, Sachenrecht I, 4. Aufl., 2015, § 13 Rn 40.

② R. Weber(Fn. 20), § 13, Rn 43.

보았다. 해석론적인 관점에서 해결될 수 있는 것이 대부분이지만, 입법정책상 근본적으로 검토할 사항들이 존재함을 알 수 있다.

실무상 유동집합동산 양도담보의 효용성이 인정되고 있다. 이에 따른 정교한 해석론이 요구되고 있다. 법적 성질과 관련하여 지배적 견해와 판례가 취하고 있는 집합물론이 상대적으로 적합하며, 이에 따라 후속 문제도 해결해야 할 것이다. 특히 효력범위와 관련한 물상 대위문제 역시 적극적인 관점에서 수용해야 할 것이다. 또한 이중양도에 따른 우선권에 관한 법리 구성과 과잉담보의 문제에 대해서도 보다 정치한 접근이 필요하다고 생각한다.

입법론적 관점에서 유동집합의 문제점을 개선할 수 있는 방안들이 계속적으로 검토되어야 할 것이다. 부동산 양도담보의 경우 가등기담보와 등기된 동산 및 채권에 대해서는 동산채권담보법에 의해 규율 받고 있다. 그러나 입법시 유동집합동산의 문제의 해결을 목적으로 한 것이 아니기 때문에 입법적인 보완이 필요하다고 여겨진다. 예컨대 영미법상 부동산담보(Floating Charge)의 도입 여부, 최근 기업들이 유동집합동산 양도담보를 선호하고 있기 때문에 일본에서처럼 '기업담보'의 수용 가능성에 대한 적극적인 검토가 필요한 것이다.

战后日本经济自由违宪审查基准研究

——以职业自由为中心

赵玉虎*

内容提要 经济自由的违宪审查基准是日本违宪审查的重要内容和宪法运行保障的根本。本文旨在以职业自由为视角，从司法实践和理论学说研究战后日本经济自由的违宪审查基准，通过三方面介绍战后日本经济自由违宪审查的基准：第一方面，从判例分析经济自由的违宪审查基准；第二方面，从公共福祉论来分析经济自由的违宪审查基准；第三方面，从规制目的二分论来分析经济自由的违宪审查基准。希望从日本法院判例到理论的介绍能够对我国未来的宪政建设献出微薄之力。

关键词 经济自由；违宪审查；审查基准；公共福祉；规制目的二分论

作为亚洲发达国家之一，日本的经济发展曾引起各国学者们的广泛关注，经济的高速发展离不开法治为其保驾护航，特别是对经济自由的宪法保障更具有实质上的作用，在保障宪政所确定的各项秩序中，违宪审查无疑是其中最为重要的一种手段。换言之，日本违宪审查制度直接推动了日本法治、经济走向现代化进程。而且，作为违宪审查制度的一项重要内容——违

* 赵玉虎，大连医科大学兼职副教授、大连财经学院兼职教师，律师，研究方向为行政法、建设工程法律、日本宪法。

宪审查的判断基准也逐渐成为各国学者的研究热点,当国民的经济自由遭受行政行为“侵害”时,违宪审查的判断基准直接影响着该项基本权利能否得到宪法的保障。因此,在关注日本经济高速健康发展的同时,不可避免地要对违宪审查的判断基准进行研究。除此之外,我国与日本是一衣带水的友好邻邦,两国在历史发展和文化传统方面都有着相似之处,特别是日本在短暂的战后恢复期后以法律制度的建设推动着经济的高速平稳发展,能为我国经济体制改革和建设提供借鉴。本文的目的也在于此,通过对日本经济自由违宪审查基准的研究,将日本经济自由违宪审查基准的内容详细介绍给大家,使大家能够真正了解到日本经济自由违宪审查基准的具体模态,同时,也通过比较分析的方法为我国社会主义市场经济建设以及宪法监督制度的完善提出建议。

由于经济自由具有极为复杂的内涵,笔者主要以其中的职业自由为出发点,对日本经济自由的违宪审查基准作深层次的分析。日本经济自由违宪审查基准的具体内涵因研究的主体不同而有所差异,主要表现在日本法院具体判例和学者理论研究的差异,然而二者之间并不是格格不入、相互排斥,而是相互影响、相互启发,共同构成了日本经济自由违宪审查基准体系。因此,笔者在文中第一部分,通过对具有代表性的日本法院判例的解读分析,采用综合分析的方法,得出了日本法院在处理违宪审查基准时的规律。通过分析可以发现,虽然从总体来看日本法院采用的评价基准呈现出某种规律,然而,由于不同的经济发展时期具有不同的社会矛盾,所以法官在案件的宪法运行时具有一定的倾向性。接下来,笔者以社会发展为顺序,对先后置于理论学说通说地位的公共福祉论和规制目的二分论进行详细的介绍与分析。在具体的介绍和分析中,分别研究两种理论的内涵以及如何进行违宪审查运用。通过实践运用和理论学说的介绍,诠释了日本经济自由违宪审查基准的总体内容。

一、从判例分析经济自由的违宪审查基准

(一)概述

日本违宪审查的开端是在二战后。从战后日本法院的判决来看,起初涉及经济自由领域,特别是职业自由领域的案件并不多,但随着日本经济的恢复和发展,国民越来越追求自己的经济权益,改变了自己对经济权利限制

的容忍态度。从首例涉及职业选择自由的违宪审查判例开始,经济自由在日本的违宪审查史中已经拥有不少的篇幅。综观判例,日本法院对涉及营业自由违宪审查判断基准的思路有以下的特点:首先,对相关部门限制国民营业自由的行为进行定性分析,即该项权利限制的初衷是积极目的规制还是消极目的规制。[①] 其次,在对其进行定性之后,针对不同的行为性质,采用不同的判断基准,即针对积极目的规制的行为通常采用相对宽松的判断基准,而对消极目的规制的行为则采用相对严格的判断基准。所谓相对宽松的判断基准是指只要规制行为和采用规制的手段不具有显著的不合理,就应该对其作出合宪性认定。所谓相对严格的判断基准是指规制行为和所采用的规制手段必须要合法、合理,有一点瑕疵,就不应认定其合宪。由于篇幅的有限性以及笔者的自身能力,不能对所有的判决一一列举,仅就其中部分判例进行分析研究。

(二)积极目的规制下的司法判例:零售业调整特别措施法违宪审查案

1.事实概要

甲是A产业股份有限公司的法定代表人,为了扩大市场的需要,甲在没有征得大阪府知事(相当于中国的省长)许可的情况下,就在零售业调整特别措施法所指定的区域内建设了两层楼房,内设店铺共计49个,其中含有蔬菜店铺4个、生鲜鱼类店铺3个。甲与A因违反零售业调整特别措施法第3条第1款、第22条、第24条的规定而被提起了公诉(根据该法律规定,没有取得营业许可的经营行为是一种犯罪行为)。然而,被告人甲认为,《零售业调整特别措施法》第3条第1款以及本法的施行令第1条、第2条违反《日本国宪法》第14条第1款、第22条第1款、第25条[②]的内容,应属无罪。

一审法院认为,宪法所保障的职业自由并不是绝对的无限制的自由,应

---

① 积极目的规制和消极目的规制的划分是从规制行为的目的出发。积极目的规制是指相关部门为了维护社会的主流公共利益,或者追求这种公共利益的实现,而对有可能阻碍其实现的行为进行一定手段的规制;消极目的规制是指对某种行为的规制,仅仅是为了防止这种行为造成社会的动荡和不安定,通常与“守夜人”发挥的职责相似。

② 《日本国宪法》第14条第1款为:“全体国民法律面前人人平等,不分人种、信条、性别、社会身份或者门第的差别而平等的具备政治、经济以及社会关系。”第22条第1款为:“任何人只要不违反公共福祉,就具有居住、迁徙以及职业选择的自由。”第25条为:“一切国民都具有经营健康的文化的最低限度的生活权利。”

该服从于因公共利益确定的限制性政策,从而驳回了被告人甲的主张。

二审法院同样驳回了甲的上诉请求。

对此,被告人不服,再次上诉。

2.判决要点①

驳回上诉请求。

对个人经济活动的法律规制是着眼于个人在经济活动中所存在的问题,国家为了维护社会公共秩序和交易的安全,采取必要而且合理的限制手段,并不应该受到制止。不仅如此,宪法是在构建福祉国家的理想之下,追求社会经济均衡、协调发展,为了保障全体国民的生存权,当然应该对处于经济劣势的经营主体给予适当的保护。综合看来,宪法赋予国家一种法律义务:制定出积极的社会经济政策,在必要的情况下国家可以对国民的经济自由加以制约。国家对经济自由的制约与对个人精神自由的制约不同,作为经济政策实施的一种手段,可以进行一定的合理的规制限制,国家为了国民经济健康、持续、稳定的发展而制定的限制国民经济自由的法律法规,只要是在必要且合理的范围之内,是应该允许的,不应该在宪法的禁止范围之内。

在研究如何判断一项法律规制措施的必要性以及法律规制的对象、手段、样态等问题时,有必要对其规制对象——社会经济实态的基础资料进行分析,思考具体的法律规制措施对现实的社会经济会产生哪些影响。在洞察其利害得失的基础上,应该考虑与其他社会经济政策协调性,有必要对其相关联的诸项条件进行正确的评价和判断,而实现这种评价和判断的主体应该交由立法府。所以说,对个人经济自由立法规制的适当性评价只能委托于立法府进行,裁判所②原则上应该尊重立法府的这一裁量权,只有当立法府滥用其裁量权,该项法律规制措施显著且不合理时,才能宣布其违宪,否定该项法律规制措施的效力。

本法所规定的零售业市场许可制度,其初衷是为了追求社会经济的协调发展,保护中小企业,并不能说不具有一定的合理性。而且,该项制度所

① 参见[日]江桥崇:《双重基准论的展开——以择业自由为素材》,《法学研讨会》1984年第12号,第71页。这部分内容并不是法院判决的全部内容,为了便于理解只是对判决的要点进行概括。

② 由于此处直接引用了法院的判决材料,所以一些日本专有名称保留其原貌。此处的裁判所相当于法院,后文中的上告人相当于上诉人。

确立的规制手段、样态也不宜认定为“显著的不合理”。

3.判例解读

法院在认定零售业调整特别措施法是否合宪时，首先分析了国家可否对国民的经济自由进行一定程度的限制，其次对限制的程度以及应该考察的要素进行了评析，最后对如何判断一项法律规制行为违宪进行了论述。判决已经比较明确，宪法颁布的初衷在于保证国民过上安宁和谐的日子。为了更好更快地实现这一宪法目标，国家可以对国民的经济自由进行一定的规制，当然这种规制不是随意进行的，也不是漫无止境的，它必须要结合当时社会经济的具体情况，对该项立法规制的效果风险进行评估，达标的应该当然性的推广，出现瑕疵的应该进行适当的修正或者停止。当时，法院主要受立法裁量论以及日本国民本身具有的“谦让”“友好”精神等因素的影响，将对其效果风险评估的权力让渡于立法府[①]，使得立法府身兼运动员和裁判员两种身份，这对立法府来说无疑是一种“巨大的考验”。但是，这种让渡还是有所保留的，如果立法府在裁量时出现滥用，而且这种行为具有显著的不合理，法院仍然可以认定其违宪无效。从某种意义上来说，这为之后的违宪判决诉讼的确立奠定了基础。

（三）消极目的规制下的司法判例：药事法距离限制违宪审查案[②]

1.事实概要

原告A系以经营化妆品、医药品为主的一家股份有限公司，准备在甲地开设一家分店，根据药事法的相关规定向甲地所在的广岛县知事申请营业许可。知事审查后，认为该家药店的地点违反了与既设药局之间的距离限制，遂作出不予许可的决定。对此，原告认为该项距离限制的规定违宪，请求撤销该决定。

一审法院撤销了被告的不予许可的行政决定。被告不服，上诉至二审法院。

二审法院采用了上诉人的意见，决定撤销一审判决。被上诉人不服，上诉至终审法院。

---

① 参见[日]马川千里：《经济自由的违宪审查基准论——向“重视经济”的一大转变》，《骏河台法学》2010年第24卷第1.2号附号，第9页。

② 参见日本最高法院大法庭判决，1975年4月30日，《民事判例集》第29卷第4号，第572页。

2.判决要点

支持了上诉人的上诉请求,认定药事法距离限制违宪无效。

职业本质上说是社会上主要的经济活动,其性质具有很大的社会关联性。职业自由以及除之以外的宪法保障的自由,特别是和精神自由相比,容易受到公法上的规制。《日本国宪法》第23条第1款规定——只要经济自由不违反公共福祉,就应该认可。

本案中的规制措施是否符合《日本国宪法》第23条第1款的公共福祉,不能一概而论。应该结合具体的规制措施、规制目的、规制必要性、规制内容、所限制的职业自由的性质、内容、程度,进行慎重决定。这些慎重的考虑首先应该交由立法府进行。法院方面,既然已经认定了立法所规制的经济自由是符合公共福祉,就应该在规制措施的具体内容以及必要性、合理性方面尊重立法府合理的判断。

一般情况下的许可制超越了职业自由的内容以及对其的规制程度,狭义地制约了职业选择的自由,而且是对职业自由进行的强力限制。如果要肯定该项许可制度限制的合宪性,原则上必须要求其是为了重要的公共利益而进行的必要的合理措施。本案中的许可制在社会政策以及经济政策中并不具备一定的积极目的。为了防止职业自由所带来的对社会公共利益的弊害而采用的消极的措施与本案的许可制相比,对职业自由进行轻缓限制的方法更有利于促使上述目的的达成。还应该强调的是,不仅是本案许可制,即使其他的一般的许可制,其内容也应该比照上述所列举的事项进行必要适当的判断。

本案中的"正当的配置规制"主要是为了防止国民的生命、健康受到威胁,采用了消极的规制措施。而防止药局的不正当竞争、经营的不安定化并不是"正当的配置措施"的初衷所在,其真正的目的只不过是为了防止不良医药品的供给。也就是说,防止小企业过多的设立并不是经济政策以及社会政策的真实意图。之前的零售业调整特别措施法判决中所确定的原则适用于本案未必是适当的。

3.判例解读

首先,法院还是肯定了经济自由与精神自由不同,其容易受到国家公权力的规制,也就是说,职业自由的前提必须要遵守公共福祉的基本要求,如果有可能对公共福祉造成混乱,必须要采用一种手段将其避免。同样地,一项经济规制政策的内容也要在公共福祉的框架下进行，如果一项经济规制政策所采用的手段并不能体现社会公共福祉的内容，甚至说与公共福祉的内容相悖离，法院也应该不认定其合宪地位。其次，法院对如何界定一种规制行为是否符合公共福祉进行了分析。从法院的判决内容可以看出，其应该考虑的要素是多元的，而且这些要素之间也有着千丝万缕的关系。认定其是否与公共福祉相适当，必须要慎用决定，而且，如果法院已经认定了立法府所规制的内容符合公共福祉的精神，就必须要尊重立法府所确立的经济规制政策。言外之意，如果法院并不认定立法府所规制的内容符合公共福祉的精神，那么就可以在一定形式上排斥立法府所确立的经济规制政策。紧接着，法院对该项经济规制政策是否符合公共福祉精神进行了分析，着重对该项经济规制政策所采取的手段——许可制进行了剖析，结合该项经济规制政策的制定目的——为有效防止不良药品的出售，而本案中距离限制的许可制，并不能有效遏制不良药品进入流通市场。换句话说，欲防止不良药品的出现就限制一定距离内药局的设立，有“因噎废食”之嫌，从某种意义上说，纵容了既定药局的“嚣张气焰”。那么，限制药局的距离能够达成的目的是什么？充其量就是能够防止药局的不正当竞争、经营不安定化等现象的出现。而且，在重视市场经济发展的当时并不宜过度限制竞争，也不宜将限制竞争纳入公共福祉的范畴之内。

所以说，积极地限制药局的距离有失妥当性，对其应该采用消极的警察的规制方法。就消极规制的程度而言，所采用的方法应该具备“严格的合理性”，本案中为了防止不正当竞争的发生就直接拒绝相近地点新药局的设立，并不能满足“严格的合理性”要求。因此，可以说涉案的经济规制政策所采用的距离限制许可制具有一定的问题性。

本案中，并没有采用昭和四十七年零售业调整特别措施法中的“明显性原则”，而是认为，涉案内容——药局距离限制规定所追求的目的，在当时的社会中并不应该由国家积极地介入，而其只是商品经济运行中的一种情形，完全可以通过市场价值规律本身自发调节，此时国家只是扮演好警察的角色即可。既然是消极的规制目的，那么对其的容许度就应该严格于积极的规制目的，只要国家所采用的规制手段不具有“严格的合理性”，就应该不予肯定。

本判决与零售业调整特别措施法仅相差 3 年的时间，却出现截然相反的结果。从上述两个判例理论中可以看出,如果是为了积极目的而规制的措施,同样的"距离限制"应该是合宪的。栋居快行教授认为:"从判例理论来看,规制目的类型的不同就决定着对规制手段不同的审查基准。对营业自由所施加的规制措施(例如距离限制),即使是相同的内容,只是目的达成方面存有差异,那么该项措施的审查基准以及合宪性判定也应该是不同的。""理论上看,凡是被提起司法审查的法律,只要是被立法者通过一定的立法技巧使其在名义上具有'积极目的'的条文,通常都以轻缓的审查基准来逃避司法的审查。"①这样的结论,从竞争政策来看是极其重要的问题。只要改变了法律的目的就使得宪法判断发生了截然相反的变化。如果在该项判决中,法官们将其规制目的认定为积极的规制目的,或许药事法中的"距离限制"就应该是合宪的。类似地,如果零售业调整特别措施法的调整目的被认为是消极的,就应该作出违宪的判决。

二、从理论学说分析经济自由的违宪审查基准:公共福祉论

(一)概述

公共福祉理论是日本早期违宪审查判断基准的主流学说,其源头为西塞罗《论法律》中"人民的利益是最高的法律"的法律格言。该学说在日本国内的法律依据为《日本国宪法》第12条、13条以及22条、29条。但是,这些条文只是整体性地导入"公共福祉"一词,概括性地论述公共福祉与基本权利的关系。真正赋予公共福祉理论自信的还是日本最高法院对国民权利与公共福祉关系论述倾向的把握。

公共福祉理论主要是对"权利"与"权利"冲突之抗衡的把握,即当国民实现其基本权利时,与他者的基本权利相矛盾,或者说这种基本权利若与社会多数人的基本权利(国家公共利益)相抗衡时,应该孰重孰轻?进一步说,公共福祉理论就是回答:国民基本权利是不是最高不可制约?如果可以限制,应该以何作为其基准?

(二)公共福祉的基本内核②

在日本宪法学中,对公共福祉的讨论,主要集中在日本国宪法制定之

---

① [日]栋居快行:《人权论的新构成》,信山社1992年版,第223页。

② 在不同领域中公共福祉的基本内涵有所差异,本文仅从宪法学角度出发研究公共福祉的基本内涵。

后,公共福祉主要在两个方面被提及研讨,之一为公共福祉自身所具有的内涵,之二为能否根据公共福祉理论对宪法第三章中规定的国民的基本权利加以限制,特别是对基本权利的限制问题的讨论,产生了很多的争议。但是,通常来说,公共福祉是指对社会弱者的保护而抑制国民的基本权利,同时也是禁止其遭受反对的强力武器。[①] 有关公共福祉的学说主要有两大方面的内容,一是公共福祉的具体内涵,二是公共福祉理论能否对国民的基本人权产生制约。这些学说中,对于前者的讨论通常具有超抽象性,仅从理论上赋予公共福祉的精神内涵,后者是将公共福祉具体化的一种方法,但是这也就滋生了一个新的问题,如果公共福祉可以成为人权限制的一个因素,那么基本人权和公共福祉的关系又应该如何呢?基本人权应该如何为公共福祉所监督和制约呢?对此将在下文中单独介绍。

1.有关公共福祉具体内涵的讨论

为了理解公共福祉的含义,首先将涉及公共福祉的学说列举如下[②]:

柳泽义男教授认为,公共福祉应该指称,个体与全体的调和点,即调节二者关系的准绳,是存在于二者之间的一般法关系。

桥本公亘教授认为,直接对公共福祉进行定义是困难的,如果要对其概括的话,应该是指代表着营造社会成员多数的实质利益。

小林孝辅教授认为,抽象地来说,公共福祉是存续在共同社会秩序下的共通的利益。

小林直树教授认为,《日本国宪法》第 12 条、13 条中的公共福祉,与传统的公益优先主义流派具有完全不同的性格,宪法中的公共福祉应该作为人权之间相互调整的内在规制理念来解读。

宫泽俊义教授认为,针对每个人的个别利益,如果超越各自应该具有的利益,应该受到制约,该制约意味着公共利益的实现。他还认为,在论述公共福祉概念的同时,应该将其区分为自由国家的公共福祉和社会国家的公共福祉。但是,社会国家绝不是对自由国家的否定,一定程度上也意味着自由国家公共福祉的实质化特征。

田口精一教授认为,如果采取一般论,公共福祉是指社会共同生活中的

① 参见[日]小林义郎:《公共福祉》,《清和女子短期大学纪要》,1971 年 8 月,第 42 页。

② 参见[日]小林义郎:《公共福祉》,《清和女子短期大学纪要》,1971 年 8 月,第 43 页。

共通利益,也就是说,共存共荣的利益。

上述学说,虽然具有不同的形式,但是基本上肯定了在现代社会国家发展的轨道下难以存在绝对的权利。换句话说,为了全体的利益,个人的应有自然权可以允许受到一定的限制,基本上否定了先前时代的两种极端思想:①公共的福祉等同于国家的福祉;②基本人权的无制约性。对公共福祉概念的定义也是仁者见仁、百花齐放。通说认为,所谓的公共福祉是指每个人在社会生活中为了彼此之间能够实现自由和权利的正常行使,而在一定的情形之下忍让对自我权利的限制,但是这种忍让的对象通常是为了多数的社会他者,其并不指称国家,即并不等于国家的福祉。实质上,在现代国家中,公共福祉在更多的层面,所扮演的角色是一名调节大师,主要调和社会全体立场和个人利益之间的冲突和纷争。单一地从应然的角度定义公共福祉的概念,虽然说对其的把握和了解具有一定的积极作用,梳理了相关的理论体系,但是这些理论学说通常根据的是当时的法哲学基础和国家的政策倾向,脱离了实践,欠缺理论和现实之间的协调。

2.有关公共福祉能否对基本人权制约的学说

引起这些学说产生的直接原因就是《日本国宪法》的颁布,特别是第12条、13条以及第三章的第22条、29条。第12条:"本宪法保障的国民的自由及权利是通过国民的不断努力而保持。又,国民不准滥用基本的自由与权利,通常要对公共福祉负责。"第13条:"一切的国民都应作为个人而受到尊重。生命、自由以及幸福追求等的国民权利,只要不违反公共福祉,在立法以及其他的国政上就要给予最大的尊重。"第22条:"无论何者只要不违反公共福祉,就享有居住、移转以及职业选择的自由。无论何者均有移居国外、放弃国籍的自由。"第29条:"财产权神圣不可侵犯。财产权的内容为了适应公共福祉的要求,交由法律规定之。私有财产在正当补偿之下,可以用于公用。"抽象而言,公共福祉便构成了公民自由与权利的界限。围绕着公共福祉的具体内容,结合日本国宪法的具体条文,学者们关于这一问题发表了很多的论文和专著,提出了很多的学说。具体而言,主要存在外在制约说、内在与外在的二元制约说以及内在制约说三种不同的学说。

(1)外在制约说

外在制约说,又名无条件制约可能说,可以说是公共福祉论的基本形态,为后来的学说奠定了一定的基础。该学说是主要以美浓部达吉为代表。

简单地说,该学说认为公共福祉构成了对基本人权的一般制约,宪法第12条、13条所规定的公共福祉是居于人权之外,并可对其加以限制的一般性原理,而宪法第22条和29条所规定的公共福祉,并没有特别的含义。[①] 也就是说,该学说主张公共福祉是区别于基本人权之外而存在的,所扮演的角色主要是局外的监督者。宪法第12条、13条应该解释为总则性规定,一切的基本权都应该在公共福祉的框架之内。第22条、29条中的公共福祉是在经济自由领域中所作出的注意义务。通常来说,操控这一局外监督者的主体机关便是国会,国会根据不同领域的实际情况,结合国家所要保护的社会公共利益政策的倾向性,通过立法等形式实现对基本人权的制约。然而,这种制约并不是随意展开,必须要在一定的限度内运行,为了寻求一个平衡的支点,赋予日本法院监督国会的监督基本权利的权力。

(2)内在与外在的二元制约说

内在与外在的二元制约说,又名基本人权无限制说,主要是由日本法学协会于19世纪20年代所提出的学说。该学说认为,宪法中的第12条、第13条的内容并不具有法律上的效力,仅仅是从道德层面进行的探讨,基本权利本身并不应该遭受来自外在力量的干涉和限制,除非自我的放弃;第22条、29条是在全体国民同意的基础上为了社会权的实现而接受来自公共福祉的外在限制,具有真正的法律效力。除此之外,其他一切的基本权利,不得以公共福祉为理由而对其以任何形式的限制。但是,一切的基本权利并不是粗放的自由,其权利本身也存在内在的制约。在当时,该学说曾立足于宪法的社会国家原理而备受瞩目。但是也存在一些质疑:①随着社会的发展,自由权与社会权的联系已日趋紧密,难以对其进行严格的区分。该学说将二者分离,一方强调内在,另一方强调外在,这是否妥当?②该学说主张的宪法第12条、13条并不具有直接的法律效力而仅仅具有道德上的约束力,并不具有很强的说理性,使人难以信服。③根据该学说,宪法第13条只具有道德层面的拘束作用。也就是说,该条款没有必要以宪法的形式刻意强调,宪法对此的规定亦是多此一举,这有悖于当时的立宪初衷。同时,这也导致"幸福追求权"失去法律层面的根据,仅仅依附于道德的支配之下。

---

① 参见[日]芦部信喜:《宪法》,林来梵、凌维慈、龙绚丽译,北京大学出版社2006年版,第86页。

(3)内在制约说

内在制约说,又名附条件的制约可能说。该学说的提出不仅在理论上弥补了内在与外在制约说的困境,也对裁判实务产生了深远的影响。该学说认为:“公共福祉并不是为国家限制人权所提供的理由,而是为了解决权利冲突、使权利能够平等地得到宪法保障的对权利的内在制约。也就是说,内在制约说并不是将公共福祉作为出于政策的考虑对人权进行限制的根据来考虑,而是将其作为调整人权之间冲突的原理、为了实现人权共存的原理来考虑的。”①具体来说,其学说观点主要有两方面:一是公共福祉是一种价值基准,评价着对基本人权制约的程度。例如,桥本公亘教授认为:“宪法,一方面尊重基本权的实现,另一方面有必要对其制约,而公共福祉较适宜作为客观的基准。”②二是基本人权不能千篇一律,每个基本权利都具有各自的特点,对权利的制约也是来自权利的内部,而且这种限制程度也要根据具体的权利特点而决定。

(三)公共福祉对经济自由的制约

如前文所说,现代社会中,社会存在的主要矛盾并不是最初的人权解放运动时代的问题,其所依托的宪法状况也发生了更新和变化。当今社会存在的主题之一是社会保障的实现,为了社会保障的实现,通常会触及个人权利的全面行使,特别是在追求经济发展的今天,国民大众为了获取更多的自身利益,会以多元的形式来获取更多就业机会,有的职业选择必然会触及国家有关的社会保障领域。此时,国家为了寻找该项保障政策的合法化和合理化根据,通常选用的便是通过公共福祉来制约经济自由的“扩张”。

这种“抵抗”虽然具有一定的合理性和正当性,但是在实际的制约中,仍然需要格外的谨慎和注意。第一,虽然公共福祉可以在一定程度上“抵抗”职业自由的实现,但是一定要明确公共福祉设定的初衷并不是与基本人权(经济自由)相对立的。其只是人权行使的调节性因素,此处的公共福祉是掌管人权前行的矫正器,是衡量一项基本权利是否正当行使的“标准线”,是基本人权更好进行的条件性要求。更多强调的是他人权利的确保和社会福

---

① 陈道英:《日美司法审查比较研究——以司法消极主义为视角》,人民出版社2008年版,第106页。

② [日]桥本公亘:《宪法原论》,有斐阁1959年版,第147页。

利的总体保护,并不是代表着国家的利益,特别是某些政党的自身利益。第二,从人权保障的视角来看,应该如何理解公共福祉对经济自由的制约关系呢?《日本国宪法》第13条规定,国民的一切自由只要不违反公共福祉,立法以及其他的国政行为必须要给予最大的尊重。①国民的一切自由当然性地包含经济自由。②一切的经济自由都要接受来自公共福祉的正当"抵抗"。③这种制约只限于对冒出"标准线"的过当的自由进行。④这种"标准线"之下的正当行使的经济自由要得到一切国家行为的最大程度的尊重。⑤不同的职业领域,"标准线"的适宜高低也并不相同。而且,随着经济社会的发展、环境的变化,这种"标准线"的高度也会发生一定的位移。所以说,立法机构通过立法行为对"标准线"作出单一性的规定容易产生宪法上的质疑。⑥该条款只是强调,只要不违背公共福祉,均应得到尊重。但如果违反公共福祉是不是就应该丧失了尊重地位?法条中并没有作出明确的规定,但田畑忍教授认为:"即使违反公共福祉,也应该在最小的限度内尊重,最小限度意味着作为人间或者个人应有的起码要求。"[①]笔者认为,从职业自由等基本人权的本质来看,应该保留着必要的尊重和满足。然而,需要强调的是,由于公共福祉具有一般的抽象性,在具体的运用时一定要结合具体职业自由权利的实际情况,而且立法府在作出一项法律限定之前要充分考查行政机关的相关解释和法院的司法判例。

(四)公共福祉与违宪审查

日本国宪法制定以后,日本法院在面对形形色色的违宪审查案件时,惯例式地引用了公共福祉基准来审查行为是否合宪,一时之间,公共福祉基准风靡几乎所有的法院。

公共福祉基准无论在学界中,还是在日本法院的审判上,均曾辉煌一时,发挥过巨大的作用,对日本违宪审查起到了指导性作用。然而,公共福祉基准在违宪审查实际的运用中也出现了很多问题。第一,虽然宪法赋予法院司法审查权,公共福祉也承认法院的立法监督权,但是,这种承认更多的是停留在表面。在实际的违宪审查中,法院并没有对具有合宪争议的法律行使实质的审查权,奉行的却是"立法优先主义",进行的仅仅是名义上的违宪审查。第二,法院在面对具体的案件时,特别是涉及职业自由的案件,

---

① [日]田畑忍:《宪法学讲义》,宪法研究所出版会1964年版,第144页。

下意识地运用了公共福祉判断基准,作出合宪判决,形成了思维的定式,同时也促使了法院在违宪审查时不从具体案件的实际出发,机械地遵照先例。这对案件的公平性和科学性会产生不太乐观的影响。第三,一定程度上侵犯了广大国民的职业自由,损伤了国民群众求富的积极性。法院在对待有关职业自由的案件时,通常会援引宪法第22条等条文,根据公共福祉理论,站在维护社会大众共同利益的立场,肯定了立法机关对涉案当事人职业自由的剥夺,并没有考虑到国民的基本权利神圣不可侵犯的绝对性原理,偏向地认识宪法第22条条文的真实内涵,也使得法院自身陷入与立法机关“暗度陈仓”的暧昧关系之中,不利于宪政社会的发展。

三、从理论学说分析经济自由的违宪审查基准:规制目的二分论

(一)概述

1.规制目的二分论的开端

规制目的二分论是日本当今违宪审查判断基准的主流学说,是二重基准论的一项重要内容,在日本违宪审查基准的理论界与实务界都具有显赫地位。规制目的二分论,是衡量具有宪法争议的法律条文在经济自由领域中能否获得合宪性地位的关键性标尺。然而,起初日本违宪审查体系并没有完全建立,缺乏成熟的违宪判断的基准规制,因此,在相当长的一段时期直至规制目的二分论的诞生,理论界与实务界一直坚守着公共福祉精神。但是,随着香城敏磨学说的出现,实务界掀起了改革的浪潮。除此之外,在理论界,芦部信喜教授对二重基准论的不断修正,也加快了规制目的二分论成熟的步伐。

(1)香城敏磨学说①

当时,香城敏磨从任最高法院调查官一职。香城调查官在司法实践的基础上,提出了一套在当时具有较大影响的“支撑判例的理论”。该学说主要将通过立法对自由的规制进行分类,即积极规制和消极规制,不同的规制适用不同的审查基准。通常情况下,立法机关为了促使某项社会政策积极实现而以立法的形式来限制某种经济自由的实现,此时进行的规制是以积

---

① 香城敏磨学说是规制目的二分论提出的参考性依据之一,在整个违宪审查判断基准理论中起到过渡性作用。

极规制为目的。因此,为了积极规制目的在最大程度上得以实现,应该给予立法府更大的立法裁量的空间,例如前文所列举的对零售业者保护的零售业特别保护法案件等。但是,对于只是为了预防或者消除威胁社会经济秩序的"不正当"行为,而对国民基本的经济自由(例如职业自由等)进行限制,此种限制旨在维护社会的治安,应属于消极的警察目的,除非在不得已的情况下,否则立法府不能对其进行任意的剥夺和限制,法院对其的合宪性评价要进行严格性的宪法衡量,例如药事法距离限制案件。除此之外,香城敏磨调查官还将立法府立法规制目的按是否具有直接性进行分类,即直接规制和间接规制。前者是指若一项权利的行使对社会公共秩序造成一定程度的威胁,对该项权利本身进行某种限制甚至剥夺;后者是指并不直接对该项权利进行直接的限制,而对行使该项权利时所产生的侵害社会公共秩序的附带行为施加的法律限制。由于直接规制是对国民基本权利本身进行的某种限制或剥夺,应该十分慎重,因此,对其的评价基准相对于后者来说也应该更加严格。通常来说,对国民职业自由的规制采用直接规制的方法,故法院在处理此项案件时应采用严格衡量的司法态度。①

香城敏磨学说虽然只字没提"规制目的二分",但就其内容来看,基本可见"规制目的二分"的实质色彩,为后来"规制目的二分论"的正式形成提供了良好的参考支撑,也为后来日本法院的司法实践提供了先例,具有相当程度的进步意义。

(2)芦部信喜提出规制目的二分论

在芦部信喜教授之前,伊藤正己教授对美国的二重基准论进行了理解和展开,并且开始尝试将其引入日本国内,特别是对关于表现自由的基准学说给予很大的关心,对经济自由的判断基准的介绍基本上保持和表现自由相同的用意,只是略有程度上的差异。但是,促使二重基准论真正发挥作用,较详细地区别学说体系,提出规制目的二分论还是归功于芦部信喜教授。就职业自由而言,芦部信喜教授首先提出对经济自由立法的审查是否应该与对精神自由立法的审查相同。即,经济自由与精神自由应该具有怎样的关系？二者具有何种的不同？如果将两者截然分开之后作出不同的基

① 参见陈道英:《日美司法审查比较研究——以司法消极主义为视角》,人民出版社 2008 年版,第 110~112 页。

准界定是否正当? 两者基准之间是否应该具有何种的关联性? 经过努力的研究之后,芦部信喜教授主张对于经济自由规制立法的审查应该具有自己的特点,应该具有与精神自由不同的审查基准。他还主张对经济自由规制立法的审查不应站在极端的消极主义立场上,理由如下:①按照传统的理论对经济自由规制立法的审查几乎持有不干涉的态度,意味着法院放弃对经济自由进行违宪审查,难以找到与其相对应的司法哲学。②过度地放纵立法对经济自由的干涉并不具有十足的正当性,很可能会造成国民基本的经济权利(如职业自由)遭到限制或剥夺,一些企业家难以实现自己的经济利益,也不利于促进整体社会经济利益的实现。① 除此之外,国民的经济自由权利,特别是职业自由权多种多样,不同的权利容许的限制程度也有着不同的要求,而且根据不同的规制目的所容许的法律政策的程度也是不同的,此时应该根据不同的规制目的来确定对有关经济自由的立法的审查基准,即所谓的"规制目的二分论"。

2.规制目的二分论的基本内核

芦部信喜教授在对美国二重基准论研讨的基础上,结合日本国内的具体实际,主张:与精神自由不同,对涉及经济自由领域中的具有合宪性争议的法律条文的判断基准相对于精神自由来说,要进行一定程度上的轻缓。② 作为"比精神自由轻缓的基准"应该坚守以合宪性推定作为前提的合理性基准,即,法院当对具有合宪性争议的经济自由立法进行判断时,首先应该对所诉立法进行合宪性推定,然后再看本案中是否具备足以推翻该项合宪性推定的事由,而这一事由便是国会的立法行为是否满足合理性基准。同时,芦部信喜教授强调,由于经济自由权的内容多样,每种权利所允许被规制的程度也是不同,同种权利随着立法政策初衷的不同所容许的规制程度也是不同,所以,要根据不同的规制目的,采取不同的判断基准。一般来说,规制目的分为两种类型:一种是积极目的规制,另一种是消极目的规制。积极目的规制是指,为了促进某项社会经济政策的实现而对相关的国民经济自由进行某种立法限制;消极目的规制是指,某项经济自由权行使之后会对某种社会秩序产生混乱,为了预防、除去社会危害之弊端而以立法的形式对国民

---

① 参见[日]芦部信喜:《宪法诉讼的现代发展》,有斐阁1982年版,第198页。

② 参见[日]芦部信喜:《宪法诉讼理论》,有斐阁1973年版,第133页。

的该项经济自由权限制或剥夺。就积极目的规制而言,由于立法机关更多的是为了配合国家经济建设的前进步伐,从宏观的高度来看,法院对其的审查基准应该相对的轻缓——合理性基准。由于在实际应用合理性基准时,具体以"明显性原则"作为主要的衡量准则,所以说合理性基准又名明显性原则。从消极目的规制的含义中可以看出,立法机关更多地是扮演着警察的角色,具有一定的"维护秩序的行政性色彩",因此,对其的审查基准要严格于积极目的规制的合理性基准,但作为经济自由之下的一环又要轻缓于涉及精神自由立法之审查基准,从中间程度来看,应该采取严格的合理性基准。[①] 这样一来,规制目的二分论具体形成了两个的基准——合理性基准和严格的合理性基准。

(二)严格的合理性基准

1.严格的合理性基准的内涵

严格的合理性基准(strict rationality)是芦部信喜教授以美国在经济自由领域中采用的合理性基准为基础,结合本国宪法以及经济自由权的具体特征、运行情况而提出的一种新型学说。从字面意义可以看出,严格的合理性基准是以"严格基准"与"合理性基准"为基础的折中性基准,介于二者之间,因此,又名中间性审查基准。该项标准的提出充分体现了芦部信喜等一批宪法学者在研究违宪审查理论、探索建立和完善违宪审查体系过程中,并不是教条地移植西方的制度模式,复制国外既有的理论,而是作出了能动性思考。这一基准的提出对日本违宪审查制度理论体系的形成起到了举足轻重的作用,开创了日本违宪审查制度的新纪元。

所谓的严格的合理性基准(中间性审查基准)是指,以对经济自由的消极规制为主要对象,首先对立法目的的重要性,其次对立法目的与规制手段之间的合理关联性、事实上的实质关联性进行论证。[②] 具体来看,严格的合理性基准具有如下的具体要求:第一,具有正当的立法目的。这也是从根本上来对具有合宪性争议的经济立法进行审查,凡是立法机关的立法目的夹杂有不纯的动机。换言之,立法机关立法的目的并不是为了社会经济秩序的维护,而是寻求某种私利,例如打击报复、"暗度陈仓"、寻求利益等,在此

① 参见[日]芦部信喜:《宪法诉讼的现代发展》,有斐阁 1982 年版,第 98 页。

② 参见[日]驹村圭吾:《宪法论证中的严格审查》,《法学教室》2008 年第 338 号,第 45 页。

种不当目的的熏染之下,难以期待立法机关自我修正、补救当事人的权利损失。因此,一经认定立法目的具有瑕疵,就应该作出违宪性评价。第二,采用合理的规制手段。为了实现某项立法目的,可采用的手段有多种多样:①有的手段会促进效率的提高,对国民的基本经济权利造成最低限度的侵害;②有的手段虽然会在短时间内达成立法所期待的立法效果,但是对国民经济自由造成较大程度的侵害,甚至严重伤害了国民追求富裕的生活积极性;③还有的手段过度重视对国民基本权利的尊重,甚至一定程度上纵容了危害社会经济秩序的行为的萌发,也不利于立法目的的最终达成。以上三种情形,与严格的合理性基准有关联的仅为前两者,在此对③的正当与合理性暂不谈论。除此之外,即便采用同种手段,限制程度不同,也会对国民的基本人权造成不同程度的影响,最终也与立法目的的达成质量具有一定的相关性。针对上述诸项情形所应采取的衡量方法便是,所采用的手段是否与立法目的的达成具有合理性的关联,合理性要求意味着,首先手段要合法,其次要正当:既不能对国民的经济自由权造成一定程度的伤害,例如大炮打小鸟,又不能脱离立法目的达成的轨道,丧失与立法目的达成的关联性,此处的关联性通常界定的是实质性的关联。可以看出,严格的合理性基准在审查和适用时主要包含两大方面的内容:一是目的审查,二是手段审查。关于这两部分具体的准则要求将在下文分别介绍。

认定严格的合理性基准时,有的学者还引入了 LRA 基准[①],主张在此要拷问 LRA 基准。然而,笔者对此持有保留的态度。LRA 基准英文全称为"less restrictive alternatives",是指法院在进行违宪审查时不再适用合宪性推定,相反认为具有宪法争议的立法应该具有违宪性,或者至少应该具有一定的合宪瑕疵,只有国家立法机关能够证明自己的立法行为所采取的规制手段是正当的,方能摆脱违宪评价。LRA 基准在限制基本人权时,采用了更加严格的基准进行审查,通常情况下适用于精神自由领域中的审查。在经济自由,特别是职业自由权中,审查程度应该采用轻缓于精神自由的基准,不能将二者的审查基准等同于一体。严格的合理性基准与 LRA 基准也有着很大的不同,一是前者主要是在对消极规制领域中以合宪性推定为前提;二是前者除了对规制手段的正当性审查之外,还要对立法目的的正当性予以

---

① 参见[日]驹村圭吾:《宪法论证中的严格审查》,《法学教室》2008 年第 338 号,第 45 页。

审查。将二者混为一谈,并不具有科学性。

2.目的审查

所谓的目的审查是指,一项立法目的是否符合宪法的基本理念,是否具有必要性,其与所要限制的基本人权相比是否具有重要度。① 具体而言,在消极市场规制中,多数情况下立法机关是为了打击威胁公平交易、市场秩序的经济行为,以建立良好的经济秩序。在经济自由权领域中最容易对经济秩序造成影响就是职业自由权,这也是最容易受到立法机关限制的权利之一。就职业自由权而言,如果对其立法进行目的审查,应该把握如下方面:

第一,该项立法的目的要合法(即重要的公益)。这里的合法不仅仅是指要合乎法律的规定,还包括符合宪法的基本精神。②

第二,立法目的要具有必要性(即必要不可欠缺的公益)。立法目的的必要性是指,一项立法所期望保护的利益或者所追求的利益具有重要性且必须要进行。③ 通常来说,是以某一时期同一领域的共同利益或者多数利益为衡量标准的,而且这种利益具有一定程度的紧迫性。这一紧迫性的要求在于如果不对这些利益寻求某种立法上的帮助,这些利益的实现就会遭到实质上的威胁,甚至会不复存在。

第三,欲实现的立法目的较要限制的经济自由相比,具有重要度。除非具有一定的重要度,否则不能轻易地将其限制或剥夺。④ 重要度意味着优越性、迫切性,通常通过利益衡量的方法来促使对经济自由限制的正当化,即对经济自由限制所取得的社会利益与剥夺、限制其所丧失的利益相比,前者更具有优越性、迫切性。

3.手段审查

手段审查作为严格的合理性基准的重要要件之二,指这种手段不存在其他可以代替的限制性手段,而且这种手段是必要且合理的。这在均衡规制人权所失利益与所得利益中起到了关键性的作用。立法机关在面对帮助

① 参见[日]木下智史:《关于限制职业自由的违宪审查标准与立法事实论》,《法学教室》1997年第205号,第66、67页。

② 参见[日]松井茂纪:《芦部信喜教授的宪法诉讼论》,《法学家》1999年第1169号,第61页。

③ 参见[日]高桥和之:《关于违宪审查方法的学说·判例的动向》,《法律时报》第61卷第12号,第7页。

④ 参见[日]吉田仁美:《论合宪性审查基准》,《法学研讨会》2011年第674号,第14页。

立法目的实现之时能够采用的手段形形色色、各种各样,然而并不是所有的手段均能够允许立法机关采纳,至少在手段审查标准上具备必要且合理性。这里的必要且合理,包括两方面的要求:一方面要求立法手段本身应该合理且必要;另一方面该项手段与立法目的的达成具有直接的必要的合理的促进帮助关系[①],即在审查手段基准时,通常对必要性及合理性进行审查和评价。

(三)合理性基准

1.合理性基准的内涵

合理性基准(rational basis test)是指以对经济自由权积极规制为主要对象,只有规制手段具有明显的不合理才能够构成违宪,是明显性原则在审查基准的表现形式。合理性基准在二重基准论的最初引入时期就已经得到确定和肯定。该项基准旨在追求对立法机关的既定立法事实的尊重,在合理的范围内最大程度委托立法机关的立法裁量,是最为宽松的违宪审查基准。

合理性基准适用的对象是经济自由领域中的积极规制。通常情况下,立法机关为了实现社会公共福祉,构建现代福祉国家,积极追求彼此互助的共荣社会,而对有可能阻碍其实现的障碍性行为进行限制,这些需要限制的障碍性行为基本指向为经营者的职业自由权或者自身的财产权;另外,有时为了配合适应国家在这一时期的某项政策(例如立法、决议以及条约等)而在特定的时期内或者长期对某项经济自由进行限制或者剥夺。综观日本多年的司法实践,引发纠纷的多数情况在于前者,例如为了实现社会的公共福祉,对残疾等弱势群体经营者保护,对新设的香烟营业者予以距离上的限制。

合理性基准只要求对立法所确定的规制手段是否具备明显性原则给予审查。合理性基准与二重基准中确定的其他基准不同,由于其对立法裁量权的充分尊重,采用最为缓和的宪法审查精神,所以对具有合宪性争议的涉及经济自由的既有立法的目的并不进行严格审查,对立法机关的裁量判断给予相当程度的信赖和支持,在出现推翻事由之前基本认定立法目的合法、必要且具有重要性。[②] 而且,对立法所采用的规制手段也不进行极为严格的

---

① 参见[日]涩谷秀树:《宪法》,有斐阁 2007 年版,第 657 页。

② 参见[日]松井茂记:《双重基准论》,有斐阁 1994 年版,第 193 页。

审查,与对立法目的类似的,只要不明显对总体经济社会造成恶劣影响,没有极为严重地伤害被制约国民以及其他相关国民的基本权利,则对规制手段与立法目的是否具有密切的直接关联通常情况并不作出宪法上否定。

合理性基准对具有合宪性争议的被诉法律给予合宪性推定①,只要没有足以推翻具有争议性法律合宪性的足够证据,就不作出违宪认定。法院所采用的极为谨慎的裁判态度,再次体现对民意机关的信任与尊重。而且,案件的举证与论证也完全由对立法提出质疑的一方(即原告,违宪主张方)负责,立法方无须对立法的正确性和科学性作出说明。

从法院的保护倾向性来看,法院大多数是站在立法机关的立场,对案件的合理性给予最低的要求,而且还适用合宪性推定原则,所以,多数情况下法院并没有对具有合宪争议性的涉案立法给予否定性的评价,以法令合宪告终。② 此种情形,虽然其初衷在于对立法机关立法裁量的充分肯定,然而审查之前就带有有色眼镜,明显与客观中立偏离,这与三权分立、权力制约的宪法观念以及日本国宪法对法院的设置初衷不太一致。

2.明显性原则

明显性原则是合理性基准的核心内容。作为判断基准,只有该规制手段具有显著明显的不合理,才能作出违宪性判决。明显性原则在案件应用时应该如何适用呢?

首先,确认。即,确认提交审查的具有合宪性争议的法律条文是否适宜应用明显性原则。根据规制目的二分论的基本要求,如果该项立法的初衷旨在维护社会经济秩序,欲扮演消极的警察作用,则在对其审查之时,根本无须采用如此缓和的评价基准。也就是说,明显性原则——积极规制。其次,寻找。结合案件的具体情况,根据法律中所确定的规制手段以及实际中所采用的具体的规制经济权利的行为,弄清和区分被提交宪法诉讼的规制行为是否属于法律本身的过错。如果属于行政机关在执法时对该项法律的错误认识或者为了某种利益的贪图而违法行政或者瑕疵行政,则应该交由行政诉讼来解决,并不影响该项法律本身的宪法效力,此时便可以终结该案的宪法诉讼。如果引发争议的行为有很多,有的属于行政机关的责任,而有

① 参见[日]松井茂纪:《芦部信喜教授的宪法诉讼论》,《法学家》1999 年第 1169 号,第 63 页。

② 参见[日]渡边康行:《宪法诉讼的现状》,《公法研究》第 71 号,第 16 页。

的行政机关只是法律的执行者,此时“寻找”应该发挥的作用就是筛选和过滤——剔除与立法本身无关的其他介入行为。[①] 然后,比对。对已筛选的与立法本身具有直接关系的规制手段与合理性进行比对,比对内容仍然分为两方面:一是立法目的的正当性,虽然此处强调的对象是规制手段,但是为了保证第二要件比对的正确性和科学性,有必要先行对其进行一定程度的比对:只要该目的不是宪法所禁止的,就不视为具有显著的不合理。二是规制手段与立法目的之间具有合理的关联性,明显性原则之下的合理关联性只要求具备抽象的关联性,只要立法者没有显著超越裁量权;否则的话,应视为具有显著的不合理。最后,结论。经过比对之后,如果具有合宪性争议的法律存在全部或部分项目显著明确的不合理,则应该作出违宪判决,否则应该维持立法的现状,尊重立法裁量权的持续进行。

上述四者——确定、寻找、比对、结论,彼此铺垫、环环相扣,共同构成了明显性原则。

(四)规制目的二分论与违宪审查

1.规制目的二分论对违宪审查的指导意义

二重基准论是当今日本违宪审查制度的重要基准,而作为其重要组成部分的规制目的二分论是审查涉及经济自由的法律的重要基准,在整个违宪审查体制中能够起到重要的指导意义。

第一,在违宪审查中对规制目的二分论的有效运用,能够科学兼顾权利的保护与权力的运行。由于规制目的二分论结合立法目的的不同情形作出了不同的分类,对此采用轻缓不同的审查基准,一方面能够对国民的基本权利进行科学的保护,另一方面也能够顾及立法机关的权威。[②] 这样一来,避免了传统上的两大极端:一是过分地以“天赋人权”为中心,对国民的基本权利产生了溺爱和绝对的保护,夸大了基本权利的范畴,一定程度上滋长了国民的权利滥用;二是受福祉社会的影响,司法机关站在立法机关一侧,对立法裁量给予绝对的谦让和尊重,使得遭受侵害的基本权利难以救济。

第二,在违宪审查中对规制目的二分论的有效运用,能够统一违宪审查

---

① 参见[日]芦部信喜:《宪法诉讼的现代发展》,有斐阁1982年版,第291页。

② [日]江桥崇:《双重基准论的展开——以择业自由为素材》,《法学研讨会》1984年第12号,第74页。

的秩序。在任何一个社会环境中,如果没有一部统一的制约规则,必然会造成社会的混乱。在违宪审查中亦是如此,对规制目的二分论的有效运用不仅在一定程度上能够防止不同法院凭借自己对案件的理解而作出的判断各异甚至截然相反,而且还能使法官审查具有合宪性争议的法律时,有配套基准可循,既能够提高审查的效率,又能够防止法官权力的滥用。除此之外,还有利于提高案件的预测性。

第三,在违宪审查中对规制目的二分论的有效运用,与其他基准共同构成了二重基准论,能够对整个日本违宪审查体系的建立和完善起到关键性的作用。规制目的二分论只是涉及经济自由保护而对具有争议性的法律进行审查的基准,其与精神自由领域中的基准共同完整地组成了二重基准论①,激起了日本违宪审查体系的高潮。

第四,在违宪审查中对规制目的二分论的有效运用,能够化解国民与立法机关的矛盾。违宪审查也是定纷止争的一种途径,意味着涉案当事者之间必定发生了某种不满和冲突,在面对宪法的保护对象和国家立法机关之间的“较量”时,有必要采用已经存在的并且能够令双方都接受的审查基准。实践证明,这一基准能够稳定解决二者的冲突。

第五,在违宪审查中对规制目的二分论的有效运用,能够有效地协调立法机关与司法机关的关系。日本国宪法明确赋予了法院监督国会、违宪审查的职能。为了保障宪法的正常运行,违宪审查是不可避免的。然而,违宪审查所指向的对象便是民意的代表机关——国会,由于日本国宪法所确定的国家政体并不是美国模式的三权分立,国会在日本具有较高的政治地位,如果处理不当,不仅会威胁到国会的权威,甚至还会动摇现有的日本国宪法。因此,在保障国会基本权利的同时,必须要对立法机关的立法裁量权给予一定程度的尊重。这种尊重程度可以随着不同的立法类型而不同。规制目的二分论就充分考虑到了这一点。

2.规制目的二分论所面临的学说挑战

近年来,一些学者以违宪审查的具体实践为蓝本,对规制目的二分论进

---

① [日]芦部信喜:《宪法诉讼的现代发展》,有斐阁 1982 年版,第 68 页。

行了修改,尝试性地提出一些新的学说,例如一元说。[①]

一元说首先从违宪审查的判例理论出发,结合最高法院的判例实际认为,以职业自由为例,无论是积极的规制目的还是消极的规制目的,对立法目的进行的审查无外乎就是判定该项立法目的是否为宪法中允许的规制目的,手段审查的基准如何与此没有直接的关系,与规制目的的类型也没有关系,只需要审查所采用的规制手段能否实现被确定的立法目的,而这一审查程度与宪法对职业自由的保护程度有关。根据《日本国宪法》第 22 条的规定,宪法对职业自由的保护并不像其他领域(如精神自由领域)那么绝对,这就使得职业自由背后的宪法支撑相对弱化,对限制其实现的立法一定程度上也只能默然。另外,在立法现实中存在一个现象:立法机关充分利用立法裁量权,过于广泛地解释立法所采取的规制手段与立法目的之间的关联性。换言之,立法机关为了实现某种类型的目的,所选用的规制手段未必就是该种类型下应该采用的规制手段,只要两者之间不具有明显的不合理即可。但是,这并不阻碍立法机关自身采用必要最小限度基准来实现自我约束。

不仅如此,随着经济社会的不断发展,所要面对的社会状况亦是纷繁复杂。随着社会主要矛盾的转移,国民所追求的宪法正义以及能为司法机关所采用的审查基准,也会发生某些变化。对此,面对违宪审查所应采用的宪法基准,有着各种各样的议论,笔者将继续关注。

结　语

日本国宪法已经颁布了 70 余年,日本经济自由违宪审查基准体系也随之成长壮大。无论以法官为中心的司法判例还是以学者为中心的理论研究,都有一套娴熟的审查基准体系。日本经济自由违宪审查基准的研究能取得今天的成就,与日本违宪审查司法运行的不懈努力和理论制度研究的孜孜不倦有着密切的联系。可以说,正是由于实务中的严谨,理论研究的热情,才使得日本经济自由违宪审查形成一套具有本国特点的审查基准。这也是促进日本经济高速发展的主要原因。

---

① 下文中笔者对一元说的描述并不是说“一元说”已超越“目的规制二分论”,只是对一元说的主张内容进行简短的介绍,便于理解。

再议国家法人理论*

——借镜日本国家法人理论的发展过程

李龙贤**

内容提要 我国法律制度和公法学理论中存在着诸如机关法人、机关犯罪、行政主体以及行政法人等概念,但是上述概念尚缺严谨的理论框架逻辑。日本的公法学领域,国家法人理论在国民主权原理的宪法秩序下曾受到过批判和否定,但是国家法人,这个以法秩序的统一性为目标的法技术概念以及其背后的法学思考方式却保留了下来。研究和探讨日本的国家法人制度发展过程,有利于思考我国在这一领域中所面临的相关问题和困难。

关键词 国家法人;行政主体;公法人;机关法人

国家法人说,即国家是权利主体。

——美浓部达吉《宪法讲话》

一、国家法人理论在日本公法学领域中的发展

日本引进的国家法人理论中,最具有代表性的理论体系就是德国著名

---

* 本文系司法部2018年度国家法治与法学理论研究课题“政府与社会资本合作(PPP)纠纷解决机制研究”(18SFB2013)阶段性成果。

** 李龙贤,日本名古屋大学法学院法学博士,西北政法大学行政法学院讲师,西北政法大学人权研究院研究员,研究方向为行政法、比较法、灾害风险管理。

的公法学者格奥尔格·耶利内克[①]在其著作《一般国家学》[②]中所提出的国家法人理论。他的理论可分为三个部分:第一,在法的相互关系中,机关的人格归属于国家的人格。第二,机关不能持有固有的权利,只能行使国家给予的权限。这一权限区别于机关所持有的人格权。第三,私人也可以充当机关。即私人通过法律程序上的承认,也可以拥有机关所持有的权利(例如君主、总统、国会议员、直接民主制下的议会的构成人员、代议制宪法国家的选举人团等权利)。国家与机关主管人员(官吏)是两个不同的人格,官吏对于国家的一切权利义务是作为机关主管人员所被赋有的权利义务,而不是作为国家机关的权利义务。[③] 因此,假设国家是一个法律主体持有人格的话,那么国家机关就不能成为法律主体。此时国家机关的行为只能限定于国家的"意思行为"范围。[④]

耶利内克的国家法人理论必然会导致否定国家机关法人格性。耶利内克认为,国家与国家机关之间的关系以及国家机关互相之间的关系应当被视为国家法人的内部关系,而不能被视为外部关系。[⑤]

截至20世纪初,日本深受耶利内克国家法人理论影响。当时著名公法

---

① 耶利内克的公法学研究加深了法治国思想的理论,对德国的立宪主义理论有着巨大的推动作用。其最具代表性的著作是1900年出版的《一般国家学》一书。该书在1905年出版第2版,耶利内克去世后的1913年,由他的儿子瓦尔特·耶利内克改定第3版并出版,之后屡次改版一直延续到1959年。该书所体现的国家学与国家法理学理论体系被誉为"19世纪国家学之完美概括"。"一般"国家学是对应于"特殊"国家学的相对概念,不仅仅局限于近代国家法的一个部分,而且还包含着相对完整的自我体系。该书的结构由第一篇绪论、第二篇国家一般社会学、第三篇一般国家学组成。第一篇主要讲述了国家学的课题、方法、历史以及国家学和其他学问的关系。第二篇主要讲述了国家的本质、国家正当化的理论、国家的目的、国家的类型以及国家与法的关系。第三篇主要讲述了私法与公法的区分、国家的三要素、国家权力的特性、宪法、国家机关、国家机能、国家形态论、国家结合、公法上的补偿等内容。参见[日]阿部照哉:《耶利内克:一般国家学——法学者·人和作品》,日本评论社1985年版,第54页以下。

② 围绕着机关本质有诸多学说。例如,阿尔布雷希特(Albrecht, W. E. 1800~1876)的国家法人理论、格贝尔(Gerber, C. F. 1823~1891)的机关论、凯尔森(Kelsen, H. 1881~1973)的机关论等。其中,对当时研究日本机关本质的学者美浓部达吉影响最深的是耶利内克的国家法人理论。参见[日]柳濑良干:《元首和机关》,有斐阁1969年版,第305页以下。

③ 参见[德]格奥尔格·耶利内克著、[日]芦部信喜等编:《一般国家学》,学阳书房1974年版,第450~451页。

④ 参见[日]小林博志:《〈行政厅概念〉的阶段》,《早稻田法学会杂志》1980年第2期。

⑤ 有关耶利内克的公法权利体系,参见徐以祥:《耶里内克的公法权利思想》,《比较法研究》2009年第6期。

学者美浓部达吉在论述作为私人的国家时曾谈道："尽管是涉及国家的法，国家与私人处于同样的法律地位时，可以把国家看作私人，国家也会被规制私人相互关系的法律而规制。这种关系是属于私法上的关系，而不属于公法上的关系。也可以把国家下属的公共团体以及其他行使公权力的机关看作国家，其法律主体性应属于公法范围。"①

20世纪初以美浓部达吉为首的日本公法学者普遍认为，国家应承担对行使公权力而引起的侵权行为的补偿义务责任。此时的补偿义务责任，一方面会伴随着既得权理论与自然法思想的发展而得到扩展，另一方面也会伴随着国家紧急权理论的发展而得到完善。也就是说，因伴随着国王行使国家紧急权导致国民的既得权利受到侵害时，国家应对国民承担补偿义务。这是警察国家法体系的重要特点。之后前述补偿理论又伴随着国库理论的发展而得到完善。虽然国家不能仅凭行使公权力行为为由而成为被告，但国家所行使的公权力行为使国民既得权利受到侵害时，国库②可以作为私法上的特别法人承担补偿义务。③

---

① ［日］美浓部达吉：《公法与私法》，日本评论社1941年版，第42~43页。20世纪20~30年代，民国时期著名行政法学者范扬的主张也是深受了耶利内克与美浓部达吉的学术影响（参见范扬：《行政法总论》，中国方正出版社2005年版，第50~51页）。耶利内克与美浓部达吉的否定机关法人和肯定国家法人的主张，通过范扬、白鹏飞等留日公法学者传入于民国时期的中国。特别是范扬在他的著述中首先是肯定了国家的法人格性，谈到行政机关的人格性时，主张行政机关是国家的组成部分，它只是一种国家法人格的表现，因而不能具有法人格性。有关美浓部达吉公法学对中国公法学的影响，参见王贵松：《美浓部达吉与中国的公法学》，《比较法研究》2010年第5期。

② 属于大陆法体系的资本主义国家（主要是德国）国库理论发展经历了以下的特点：伴随着统一国家的形成而发展，特别是进入支配地位下的警察权即警察国家时代以后，国家作为公权力主体的地位和作为财产权主体的地位相继得到了承认，即国库等具有独立、个别的法主体的地位得到了承认。虽然对于作为公权力主体的国家而言，国家具有免于任何的法律拘束并具有行使优越性、独裁性的特权，但是财产主体即作为国库的国家而言，国家和私人共同受制于私法的支配之下，国家与私人同样服从于司法权（法院裁判）。伴随着法治国家思想的进一步发展，对以往作为公权力主体的国家而言，其地位从不受任何法律拘束，渐渐地转变为受制于法律拘束而告终（参见［日］田中二郎：《新版行政法》上卷，弘文堂1960年版，第20~21页）。也就是说围绕着公共财产所有问题，从国王所有向臣民所有发展中国库理论提供了理论基石（参见［日］室井力：《特别权力关系论》，劲草书房1968年版，第21页）。然而我国是特殊时代背景下，未确立上述国库理论体系的前提却先确立了国家作为公权力主体的责任，结果导致了这一领域的研究缺乏理论性基石。

③ 参见［日］西埜章：《国家责任》，［日］小林孝辅等：《国家公法理论》，一粒社1992年版，第281页。

二、国家法人理论在日本私法领域(民法领域)中的发展

在19世纪末的日本民法典制定过程中,特别是在当时民法典起草委员会委员穗积陈重的发言中,我们不难看出日本民法学界在讨论国家法人理论时也曾存在过不同的意见。穗积陈重谈到,在围绕着国家所行使的权力行为时,国家是否应承担不法行为责任是保阿索那特[①]时代以来所遗留下来的问题。当时的司法大臣山田显义围绕着此问题曾经询问过国内外的学者。但是因各国的情况不同其答案也就没有得到统一,最终在正式编撰民法典时再次讨论了前述问题。首先讨论的问题是,涉及官吏个人的赔偿责任时是否应设置特别规定。对此问题当时的起草委员会委员们认为,如果官吏所作出的行为是不法行为,那么此种不法行为与私人所作出的不法行为同样,应纳入民法典上的不法行为范围之内,因此不应设立特别规定。其次讨论的问题是对官吏的前述不法行为国家是否应当承担责任。如果国家承担责任,那么国家和官吏的关系是否应适用《民法》第715条的使用者和被使用者的关系来解释呢?对此起草委员们认为,此问题不仅会涉及天皇在选任机关时的过错问题,而且还会涉及国家所行使的权力处分是否归属于国家"事业"等疑难问题。"……但是赔偿责任的主体是国库而不是国家。即国库应对其承担赔偿责任。这个结果是民法典起草委员会委员穗积陈重的个人意见,而不是民法典起草委员会得出的结果。"[②]"1903年日本的法理学研究会以'官吏履行职务时因违反法律和法规导致对私人造成损害的情况下,国家是否应承担赔偿义务'为主题进行了研讨会……在此次研讨会中穗积陈重对民法典制定前后的讨论进行了解说,并主张因不法行政行为而造成的损害,应当由国家作为国库进行赔偿。穗积八束对穗积陈重的前述主张进行了批判,并谈道:'由于权力关系行为而造成的损害,原则上国家不能负担赔偿责任。发生国家承担赔偿责任的特别情况时……官吏本身

---

① 保阿索那特(Boissonade. E.1825~1910)是参与起草日本旧民法典的法国民法学者,他基于"泰西原理"起草了旧民法典的财产法部分。日本编撰旧民法典的时代背景以及起草过程,参见何勤华、曲阳:《传统与近代性之间——〈日本民法典〉编纂过程与问题研究》,《清华法治论衡》2001年第00期。

② 对此问题日本公法学者冈田正则曾谈道:"围绕着上述问题,把国家和国库一分为二,凡涉及国家赔偿请求权时国库充当其挡箭牌的做法是一种诡辩。"参见[日]冈田正则:《国家侵权责任与公共权力概念史:国家赔偿制度史研究》,弘文堂2013年版,第194页。

也不应承担赔偿责任。'"[①]围绕着不法行政行为，虽然在当时的日本民法学界存在过一定的分歧，但是最终还是穗积陈重等学者的主张[②]占据了主导地位并且反映到了包括民法典不法行为在内的一系列部门立法和司法实务之中。

如前所述，通过一系列的讨论和探讨，日本的私法领域（主要是民法领域）通过对法国、德国不法行为的研究和借鉴之后终于接受了私法上的法人理论。[③] 此时应注意的是，当时的日本只是对法国、德国民法学中的法人理论加以研究并进行了借鉴，然而法国、德国的法人理论会或多或少涉及公法、私法两个领域，并且法国、德国的私法上的法人理论、公法上的国家法人理论以及国家有机体理论，这三者之间存在着相辅相成的关系。[④]

三、国家法人制度在日本的运用

二战前日本深受德国国库论影响，所以在当事人涉及公法人，特别是涉及公法人财产权的法律关系时，适用民法的主张占据主导地位。然而此种主张引发了许多问题。例如涉及税收过重问题时，虽然税收问题是基于行政行为（滞纳处分），但是因税收过重造成权利侵害时，是否能向法院提起民事诉讼？即是否能提起不当利益返还请求诉讼？向国家提供一定的物资的行为应视为民法上的契约（合同）行为还是公法上的征用行为？因公法人的非营利性给付行为而造成损害时，原告的损害赔偿请求权是公法上的权利还是私法上的权利？

围绕着上述问题，日本在确立国家法人理论基础时也进行过讨论。"公共团体……是指存在于国家之下的，同时被国家赋予其存在目的的法

---

① ［日］冈田正则：《国家侵权责任与公共权力概念史：国家赔偿制度史研究》，弘文堂2013年版，第259~260页。

② 虽然把国家和国库一分为二的做法具有一定时代背景的局限性，但是其在当时日本确定国家不法行为问题上却起到了理论框架的作用。

③ 主要是当时的日本民法学者鸠山秀夫在其著作《日本民法总论》（1923年）中的主张。在此书中，鸠山秀夫对法人拟制说、法人否定说以及法人实际存在说等法国和德国的法人学说依次进行了介绍。参见［日］海老原明夫：《法人的本质论（第三部分）》，《朱利斯托》1990年第954号，第12~13页。

④ 参见［日］海老原明夫：《法人的本质论（第三部分）》，《朱利斯托》1990年第954号，第13页。

人"[①],即相继形成了以"公法人[②]=公共团体"结构模式的公法理论体系[③]。此后日本的行政法学上的公法人理论也是先后经历了公法人论、营团论、公共企业体论、特殊法人论、行政主体论、独立行政法人论等几个阶段的变迁。[④]

综上,二战前日本公法学领域中的国家法人理论,主要是以美浓部达吉为首的公法学者所提出的。在民法学领域里,法人理论则仅仅是作为私法上的理论而被接受和传承。虽然公法学者所提出的国家法人理论在二战后的以国民主权理念为核心的日本宪政体制下曾受到了批判[⑤],但是把国家视为法人的国家法人理论框架,还是保留在了个别法的领域里。例如,日本《国家赔偿法》就承认了"国家或公共团体"的法人格性,第1条所规定的公权力所属就是"国家或公共团体",还有《国家赔偿法》第2条规定的作为"公共营造物的设置、管理"主体也是"国家或公共团体"。毋庸置疑,《国家赔偿法》第1条、第2条所规定的责任主体都是以"国家或公共团体"作为法人。由此可见,根据《国家赔偿法》,行政机关不能充当国家赔偿诉讼的被告,国家赔偿诉讼中的被告只能是由具有法人格的"国家或公共团体"[⑥]所承

① [日]美浓部达吉:《日本行政法》上卷,有斐阁1936年版,第84页。

② 自从日本颁布了明治宪法,理论界和实务界就产生了区分公法人和私法人的制度。当时的公法人主要是指国家、公共团体、公共组合以及营造物法人(例如神社)等。中文文献可参见王晓丹:《试论我国行政主体的重新界定》,《当代法学》2003年第3期。

③ 二战后的日本已抛弃了把国家和国库一分为二的传统做法,公法和私法领域相继直接承认了国家的侵权责任。参见[日]木藤茂:《两个"行政机关"的概念与行政责任的相关性研究——行政组织法与行政救济法的"对话"的一个视角》,《行政法研究》2013年,第16页。

④ 有关理论变迁状况,参见[日]盐野宏:《行政法学中法人论的变迁》,《日本学士院纪要》2001年第2期。

⑤ 二战后在国民主权理论的影响之下,作为通说的国家法人理论受到批评,但至今为止未被新的法学国家论取而代之,理论上的空白导致了回避讨论法人本质论的研究现状。参见[日]石川健治:《自由与特权的距离:卡尔·施密特的〈制度保障〉论·再思考》,日本评论社1999年版,第99页。

⑥ [日]阿部泰隆:《国家补偿法》,有斐阁1988年版,第52~53页。

担①,对此二战后的日本司法界也给予了肯定②。

四、国家法人理论在我国的蜗行牛步——瓶颈与对策

(一)宪法——自身纠葛

我国宪法中使用了“国家所有”“国家保护”“国家保障”等措辞,无形中也可以窥探出国家本身是一个权利主体,国家应成为一个在法律上承担权利、义务和责任的主体。

专对机关法人而言,我国宪法条文中多次出现了关于机关的表述。宪法中对机关的表述就包括国家机关、行政机关、监察机关、审判机关、检察机关、公安机关、最高权力机关、常设机关、受质询的机关以及执行机关等。例

---

① 参见[日]市桥克哉、榊原秀一、本多泷夫、平田和一:《日本现行行政法》,田林、钱蓓蓓、李龙贤译,法律出版社2017年版,第366~368页。

② 参见京都地判昭46.8.26,《判时》653号第102页。此案例中法院明确了特别行政区区长不应具有刊登赔礼道歉广告以及分发赔礼道歉文章请求诉讼的被告适格。本案是主张因受京都市右京区区长的不法行政行为而受到名誉侵害的原告方,对被告方,即前述区长要求刊登赔礼道歉广告以及分发赔礼道歉文章请求的案件。对此法院以作为被告方的前述区区长不具有当事者能力为理由而驳回原告方诉讼请求。法院驳回原告方诉讼请求的理由是:“本案的起诉原因是被告方,即京都市右京区区长池井敏雄对原告方所行使的名誉毁损不法行为。原告方根据《国家赔偿法》第1条第1款、《国家赔偿法》第4条、《民法》第723条有关规定,对被告方要求刊登赔礼道歉广告以及分发赔礼道歉文章。然而根据上述原告方的诉讼请求,本案应归属于民事诉讼,而不是归属于行政诉讼。因为作为被告方行政机关的京都市右京区区长,并不具有私法上的权利主体的资格(权利能力),所以在本案中原告方对前述被告方要求刊登赔礼道歉广告以及分发赔礼道歉文章请求,因被告方不具有当事者能力驳回其诉讼请求。”如上所述,日本法院判断此种情况下的国家赔偿案件是属于民事案件,而不是属于行政案件。例如,尽管国家赔偿案件中损害发生原因是违法的行政处分,但是其赔偿请求权是私法上的。因此,损害赔偿请求的相对方(被告适格)是财产上的权利主体,即国家和公共团体,而不是作为公法人机关的行政厅(行政机关)。然而围绕着上述行政机关的法人格的问题,日本在近年讨论行政案件诉讼法时出现了新的主张。其主张称:首先,“日本的《行政案件诉讼法》第6条的机关诉讼(关于国家或公共团体相互间是否存在权限以及有关行使其权限的争议)的适用依据是《行政案件诉讼法》第42条。而《行政案件诉讼法》第42条以‘只有在法律明文规定时,才能提起诉讼’为前提。也就是说适用《行政案件诉讼法》第6条时,应当有个别法律条文的支持。然而《行政案件诉讼法》第6条和第42条尚不具备充分的理论根据”。其次,鉴于国家法人理论发源地的德国现如今实际上也承认了机关诉讼的事实,因此日本也可以在国家法人理论框架之下积极地考虑承认机关权利能力的可能性。参见[日]乾昭三:《国家补偿法》,[日]加藤一郎编集:《注释民法(19)》,有斐阁1965年版,第410页;[日]门胁雄贵:《国家法人与机关人格(1):机关诉讼论再构建备忘录》,《首都大学东京(东京都立大学)法学会》2007年第48卷第2号,第270页;[日]门胁雄贵:《国家法人与机关人格(3):重新构筑机关诉讼论的备忘录》,《首都大学东京(东京都立大学)法学会》2009年第50卷第1号,第156~157页。

如,在概念层面上划分国家机关和非国家机关,组织分权层面上划分行政、审判、检察、监察、公安、审计等机关,功能层面上划分权力机关、执行机关、法律监督机关等机关,科层层面上划分国家机关和地方国家机关等机关。从宪法对机关的制度框架中我们不难发现,宪法框架更多地关注了金字塔式纵向组织关系,缺乏理性的科层架构,容易导致“宪法作为上层建筑”而不适应“经济基础变化而变化”①的纠葛。为了解决此种纠葛,适当借镜国家法人理论所具有的法技术性,可在组织法上架构国家法人理论框架,以便正确梳理国家与机关之间的法律地位以及具体权利义务关系。

(二)民法——特定时期的产物

新中国民事立法和民法学研究移植了苏联模式②,特别是改革开放初期特定的经济体制与历史条件之下,当时的《民法通则》就确立了相应的机关法人的地位。计划经济基础之上的苏联,没有确认国家的民事主体地位却首创了机关法人制度,此种机关法人就是苏联式“民法公法化”和高度计划经济的产物③,也可以说是一种“特定时期的特产”④。随着市场经济体制的不断深入和发展,特别是进入21世纪以来,民法学界在借鉴了国外的法人制度和学术理论之后,开始反思机关法人制度的种种理论和实践问题,对机关法人制度本身的合理性提出了质疑,从而主张在我国《民法通则》中抛弃机关法人的概念、否定机关的法人地位,主张国家才是法人。⑤ 然而近年的《民法总则》也只是对机关法人的规定延续了《民法通则》。例如,进行了“机关法人的独立经费应纳入国家或地方预算,只有同时具备独立的预算经费和为履行职能需要进行民事活动者,才能成为机关法人”⑥等改善。只能说《民法总则》相对于《民法通则》而言,仅仅是对后者的机关法人规范和内

---

① 具体参见2018年2月24日,习近平在中共中央政治局第四次集体学习时强调部分。

② 参见李秀清:《中国移植苏联民法模式考》,《中国社会科学》2002年第5期。

③ 参见屈茂辉:《机关法人制度解释论》,《清华法学》2017年第5期。

④ 笔者认为,“特定时期的特产”既受到苏联模式的影响,又更多受到具有本土特色的“单位”和“人民公社”制度的影响。我国的“机关法人”制度,更多依赖于新中国成立后的“单位”和“人民公社”模式,即监督与管理双管齐下。改革开放后浓厚的“单位”和“人民公社”色彩虽然趋于淡化,但还是为现有的“机关法人”制度提供了历史性沿革依据。对于公权力的不法行为所造成的损害而言,“单位”和“人民公社”在一定程度上充当了事后救济的渠道角色。

⑤ 参见葛云松:《法人与行政主体理论的再探讨——以公法人概念为重点》,《中国法学》2007年第3期。

⑥ 屈茂辉:《机关法人制度解释论》,《清华法学》2017年第5期。

容的细致具体化表现。

但是,《民法总则》中所确立的"机关法人"并不是民法学的独占物。《民法总则》中的机关法人主要存在以下几点疑问:(1)机关法人是不是一个公法人,机关法人的认定条件是什么,是实质上的行使公权力的行为法视角,还是以法律根据以及标准予以明确的组织法的视角,《民法总则》并没有明确。(2)如国家机关之间(或国家机关和地方国家机关之间)发生争议时,就会产生一方的国家机关作为原告,而向另一方国家机关提起诉讼的情况。按照条文文意解释,既然《民法总则》已确立"机关法人",那么"机关法人"是否应包括《行政诉讼法》第25条所规定的"公民、法人或者其他组织,有权提起诉讼"中的"法人"?

(三)行政法——从全面回避到选择性承认

在行政法学领域,改革开放前,我国对"国家法人"概念的产生和发展问题几乎没有进行过系统探讨和研究。改革开放以后,在发展社会主义市场经济的目的下,相应地参考和借鉴了西方发达国家的公法人理论。然而在没有具体地探讨和研究西方发达国家的"国家法人"理论的前提下,基于当时的政企分开、政事分开等一系列改革开放的时代背景,创造出了中国特有的"行政主体"理论。此种中国特有的"行政主体"理论最重要的特点就是回避了国家作为权利主体的法人格问题,而是确立了以行政机关为主的作为权利主体的法人格性。也就是说,回避了"国家法人",而肯定了"机关法人"。

有意思的是,近期最高人民法院以及地方人民法院在行政裁决案中有试图承认"机关法人"到"政府法人"的转变过程的倾向。在怀化市人民政府与丁某确认房屋征收安置对象及行政补偿纠纷案中,一审法院认为:"本案为确认房屋征收安置对象及行政补偿纠纷。怀化经开区是怀化市政府的派出机构,虽是独立的机关法人,但不具备独立的行政主体资格。本案中,怀化经开区以自己的名义与丁某的家人就房屋拆迁安置事项达成合意,是受怀化市政府的委托和总体授权而实施的行政行为,根据《中华人民共和国行政诉讼法》第26条第5款之规定:'行政机关委托组织所作的行政行为,委托的行政机关是被告。'且本案在开庭审理中,被告委托代理人自认确认原告是否为房屋征收安置对象的行政主体应该是怀化市政府,因此,怀化市政府具备确认丁某为房屋征收安置对象并依法进行补偿安置法定职责,是本案适格被告。”[①]以此为由,承认了“怀化经开区是怀化市政府的派出机构”,在行政委托行为中怀化经开区不具有“行政主体”资格,积极确认了怀化区政府的“政府法人”性。作为此案二审的湖南省高级人民法院也是赞同了一审的观点,认为:“怀化经开区未履行对丁某的补偿和安置义务,在丁某要求依法安置的情况下,拒绝安置补偿,系不正当履行其应尽的义务,怀化经开区以自己的名义与丁某的家人就房屋拆迁安置事项达成合意,系受怀化市政府的委托和总体授权而实施的行政行为,故怀化经开区拒绝将丁某列入安置人员所产生的法律后果由怀化市政府来承担。”[②]之后本案因怀化市人民政府不服,而向最高人民法院申请了再审审查与审判监督行政裁定,对此最高人民法院判决:“一审法院认为,怀化市政府应依法正确履行对丁某要求确认为安置对象的法定职责,并对丁某依法进行补偿和安置,判决责令怀化市人民政府在三十日内对丁某要求确认为房屋征收安置对象并进行补偿和安置依法作出处理,认定事实清楚,适用法律正确。二审法院以怀化市政府拒绝对丁某进行安置和补偿缺乏事实和法律依据,驳回其上诉,并无不当。”并认为:“本案中,因怀化市政府未履行对丁某的安置和补偿义务,在丁某要求依法安置的情况下,怀化市政府仍予以拒绝,属于不履行法定职责的行为……行政诉讼制度设立的初衷在于解决行政争议,保护公民、法人和其他组织的合法权益,监督行政机关依法行使职权。人民法院在审理行政案件时,应根据原告所提诉讼请求的实际性质,对被诉行政行为的合法性进行全面审查,并选择最为合适也能最大限度实现行政诉讼立法目的的判决方式。本案中,一、二审法院判决怀化市政府对丁某依法进行安置和补偿,正是人民法院监督行政机关依法行使职权,实质性解决行政争议的职责所在。”[③]由此可见,法院也在程序合法以及实质性法治主义层面试图积极承认“政府法人”人格性。

此外,在国家赔偿费用的问题上,修改后的《国家赔偿法》第37条规定赔偿费用列入各级财政预算。那么“各级财政”中的“各级”,就有可能解释为不单是指行政机关,而是指更为宽泛意义上的各级政府、中央政府或国

① 湖南省怀化市中级人民法院《行政判决书》(2016)湘12行初212号。

② 湖南省高级人民法院《行政判决书》(2017)湘行终343号。

③ 最高人民法院《行政裁定书》(2018)最高法行申6904号。

家,那么赔偿责任主体就有可能上升为国家或各级政府。如果贯通此种解释,也可以孕育出从"机关法人"到"政府法人"乃至"国家法人"转变契机。

结 语

正确梳理日本国家法人理论发展状况,有利于探讨我国公法学界目前所面临的机关法人问题,其意义主要表现在以下两个方面:

第一,从前述的日本确立国家法人理论框架的经验上看,"国家法人"理论在以"国民主权"理念作为宪法原则的二战后的日本,曾经受到过批判。[1]但是国家法人理论作为一个法技术概念,或者说作为确定公法关系之权利归属的一种工具,不论是法理学、国家学、民法学还是公法学,甚至包括国家法人理论的反对者和批判者,都在一定程度上承认了国家法人理论框架,并且仍然得到了日本法学界普遍认同。

第二,国家法人理论是一个实实在在的共同体或机构,而非法秩序的拟人化思考方式,在行政法学中仍然占据着支配地位。这种状况与行政法学本身的特点有关。相应地,将国家而非行政机关理解为权利主体,是我们今后对"机关法人"以及"行政主体"概念进行推敲、改造乃至决断其存废时效的基本指针。[2] 今后在法治中国建设中,如何处理国家与行政机关的关系,如何确定国家与个人的权利领域,如何正确地对待、探讨以及研究"国家法人"理论,需要我们深思熟虑。归根结底,如何理智对待国家法人理论这一块"他山之石",如何建设中国特色社会主义法治体系,这项任务只能由我们自己来完成。

---

① 国家法人说的不足之处在于,在国家意思形成过程当中会出现国民主权与国家主权的法人格的二重性。参见[日]时本義昭:《国民主权和法人理论:马贝尔与国家法人论的关系》,京都大学法学博士论文,http://iss.ndl.go.jp/books/R100000002-I023590669-00,2018 年 4 月 12 日访问。

② 参见王天华:《国家法人说的兴衰及其法学遗产》,《法学研究》2012 年第 5 期。

日本行政诉讼中民事和解制度的适用问题研究

韩昌善*

内容提要 诉讼和解是民事诉讼中一项重要的制度。在日本,行政法学界对于行政诉讼是否能够适用民事和解制度存在很大争议。目前,争议的焦点在于,依据《行政事件诉讼法》第7条的规定,是否能够直接适用民事诉讼和解制度。围绕这个问题,在传统行政法的"依法行政"理念下,单纯地去肯定或者否定行政诉讼中民事和解制度的适用问题都是一种理论的缺陷,需要进一步深入分析和研究。

关键词 日本行政诉讼制度;依法行政理念;民事和解制度的适用

在日本,行政诉讼是由普通法院管辖,没有设立类似法国、德国的行政法院。这种特殊行政诉讼管辖制度是根据《日本宪法》第76条的相关规定所实施的。首先,《日本宪法》第76条第1款规定:"所有司法权属于最高法院及由法律所设置的各下级法院。"第2款还规定:"不得设置特别法院。行政机关不得行使作为终审的判决的审判权。"此外,还有日本法院组织法的相关规定。日本《裁判所法》第3条第1款规定:"除了日本国宪法特别规定的情形外,法院对一切法律上的争讼进行审判,并拥有其他法律中特别规定

* 韩昌善,法学博士,延边大学法学院讲师、硕士研究生导师。

的权限。”从以上规定可以得知日本禁止设置行政法院，只允许设置普通法院，由普通法院审理刑事、民事、行政案件，并在审理行政案件的时候附带审查违宪案件。而且，日本行政机关是没有司法审查权的。因此，行政机关不得行使作为司法权内容之一的终审审判权。然而，对于这种制度的设计，日本行政法学界存在很多分歧。①

规范日本行政诉讼制度的《行政事件诉讼法》制定于昭和三十七年（1962 年），并在平成十六年（2004 年）进行了一次大规模的修改。但是，经过大规模修改后的行政事件诉讼法的条款也仅仅是 46 条条款规定。这个条款数相比日本《民事诉讼法》（405 条），可以说是一部尚未完结的法典。②在制定《行政事件诉讼法》的时候，日本的立法者们也充分考虑到了无法使用这部法典规范所有行政纠纷，所以制定了一款特殊的规定。这个规定就是《行政事件诉讼法》第 7 条："关于行政诉讼，该法律没有规定的事项，依据民事诉讼的例子。"因此，日本就形成了法院在审理行政纠纷的时候，首先适用《行政事件诉讼法》的相关规定，如果《行政事件诉讼法》没有明文规定，则依据民事诉讼的例子的特色审判制度。③ 其中，争论最大、目前还存在分歧的问题就是行政诉讼是否能够适用民事和解制度的问题。在传统行政法的"依法行政"理念中，行政机关的行政权是国家公权力，行政机关没有处分行政权的权力。倘若行政机关与行政相对人之间进行协商达成诉讼和解，可能就会给国家利益和公共利益造成不必要的损失。然而，理论界尚没有定论的情况下，行政诉讼的司法审判实践中，偶尔会出现行政主体与行政相对人之间达成一致的合意，以和解的方式解决行政纠纷的实例。④ 但是，行政诉讼是否能够适用民事和解制度进行行政纠纷的和解这一问题一直没有定论。面对这种局面，日本行政法学家宇贺克也指出，行政诉讼适用民事和解制度时，"有必要留意应不应该要按照行政诉讼的本质去修改民事诉讼

---

① 参见［日］横山信二：《行政裁判所和行政委员会——行政活动的裁判统制与司法审查》，《广岛法学》2014 年第 38 卷第 1 号，第 67~69 页。

② 参见［日］神桥一彦：《行政救济法（第 2 版）》，信山社 2016 年版，第 35 页。

③ 参见［日］横山信二：《新基本行政法》，有信堂 2016 年版，第 261 页。

④ 参见［日］交告尚史：《行政诉讼中的和解》，［日］高木光、宇贺克也主编：《行政法的争点》，有斐阁 2014 年版，第 132 页；［日］盐野宏：《行政法Ⅱ：行政救济法（第 5 版补订版）》，有斐阁 2013 年版，第 180 页。

的诸原则”①。

综上所述,本文试图以日本法为研究对象,着眼于日本审判制度的形成,主要围绕日本行政诉讼能不能直接适用民事和解制度问题进行初步探讨。笔者在本文中首先要论述日本行政诉讼的特征,然后明确民事和解的特点及其适用条件,最后通过梳理研究日本行政法学界关于行政诉讼中民事和解制度适用问题的各种学说,进一步分析日本行政诉讼中民事和解制度运用存在的法律问题,并提出个人观点。通过正视行政诉讼领域无法适用民事和解制度的传统行政法的主张,分析研究行政诉讼能够适用民事和解制度的理论基础,为我国研究行政诉讼适用民事和解制度提供借鉴和参考。

一、日本行政诉讼的特色

(一)行政诉讼的历史沿革

行政裁判或行政诉讼是指,法院通过特别的诉讼程序解决有关基于行政法律关系所提起的行政纠纷案件。行政裁判是保障法治国家的“依法行政”理念和救济国民权利利益所不可或缺的重要制度。②

在日本,行政裁判制度的萌芽始于明治初期。③ 但是,真正确立行政裁判制度的是明治二十三年(1890 年)制定的《大日本帝国宪法》(以下简称《日本宪法》)及同年制定的《行政裁判法》和《关于行政机关违法处分的行政裁判的法律》。在日本宪法的适用下,行政纠纷是由行政法院进行审判的。当时,行政法院是区别于普通法院系列归属于行政权的特别法院,采用一审终审制,仅设立一处行政法院,位于东京都。④ 随后,昭和二十二年(1947 年),伴随着宪法的实施,行政法院被废止,行政纠纷的审判权则根据《日本宪法》第 76 条的相关规定,归入普通法院的管辖范围。为了对应这种变化,同年制定了《伴随日本国宪法实施关于民事诉讼法的应急措施的法

---

① [日]宇贺克也:《行政法概说Ⅱ:行政救济法(第 5 版)》,有斐阁 2015 年版,第 222 页。

② 参见[日]横山信二:《新基本行政法》,有信堂 2016 年版,第 260 页。

③ 明治是日本第 122 代天皇睦仁在位期间所使用的年号,使用期间为 1868 年 9 月 8 日至 1912 年 7 月 30 日,共计 45 年。

④ 参见[日]盐野宏:《行政法Ⅱ:行政救济法(第 5 版补订版)》,有斐阁 2013 年版,第 64~66 页;[日]横山信二:《新基本行政法》,有信堂 2016 年版,第 260~263 页。

律》。次年昭和二十三年(1948 年)又制定了《行政事件诉讼特例法》(1962 年废止)。之后,一直到昭和三十七年(1962 年)才制定了现行的《行政事件诉讼法》,并在四十二年后的平成十六年(2004 年)进行了一次大规模的修改。①

(二)行政事件诉讼法的定位

日本《行政事件诉讼法》是有关行政诉讼的一般法。但是,《行政事件诉讼法》并不像民事诉讼法和刑事诉讼法那样是一部自我完结的法典,其没有针对口头辩论和证据等设置独自的规定。因此,日本在第二次世界大战之前,讨论过《行政裁判法》的修改,并在昭和七年(1932 年)制定了《行政诉讼法案》。这个法案由 253 条条款组成,其中就辩论、证据、诉讼的继承等作了比较详细的规定。战后,从昭和二十三年(1948 年)至昭和三十七年(1962 年),日本制定了《行政事件诉讼特例法》(已废止)。这是一部民事诉讼法的特别法。然而,现行有效的《行政事件诉讼法》第 7 条则规定了"行政事件诉讼中没有规定的事项,依据民事诉讼的例子"的条款。一般来说,"依据民事诉讼的例子"的表现与"准用"大致同义,但是也包含适用其他法令的制度或规定的意思。② 这样,通过从民事案件中区分行政案件,行政案件的特点变得越来越明显,行政诉讼作为民事诉讼的特殊例子是有局限性的。昭和三十七年(1962 年),日本制定行政事件诉讼法时一边废除行政事件特例法,一边还是继承了其基本规定。当然,行政事件诉讼法的制定是以行政诉讼和民事诉讼性质不同为首要前提的。也就是说,关于行政案件的审判程序,《行政事件诉讼特例法》第 1 条规定"除依照本法律外,根据民事诉讼法的规定",即行政特例法是民诉法的补充法。但是,自从行政事件诉讼法制定之后,则变成了行政事件诉讼法没有明文规定的事项,依据民事诉讼的例子,明确了作为实定法的民诉法是行诉法的补充法。并且,《行政事件诉讼法》第 2 条规定了司法权审理与行政案件有关的行政权行使的诉讼类型,在各自的行政案件诉讼中,根据司法权审理行使行政权的程序,对行使实体性行政权进行司法审查的行政审判。例如,对于诉讼上的和解等行为,行政事件诉讼法没有规定,就要依据民事诉讼的例子来审理。就这

① 参见[日]神桥一彦:《行政救济法(第 2 版)》,信山社 2016 年版,第 35 页。

② 参见[日]神桥一彦:《行政救济法(第 2 版)》,信山社 2016 年版,第 35 页。

样,普通法院根据行政事件诉讼法规定的诉讼程序来审判行政案件,确立了日本独有的行政审判制度。[①]

(三)行政诉讼的基本结构

行政诉讼是为了审理行政活动引起的法律纠纷的诉讼,行政事件诉讼法规定了与民事诉讼不同的程序规则。但是,如前文所述,日本的行政事件诉讼法还不是一部完结的法典,行政事件诉讼法中没有规定的内容要依据民事诉讼的例子(《行政案件诉讼法》第7条)。然而,因行政违法活动而产生的国家赔偿是作为民法的不法行为法的特别法,适用民事诉讼的诉讼程序。行政诉讼有两种功能:一种是纠正行政的违法活动,谋求行政相对人的权利救济,这也是将《日本宪法》第32条(接受法院审判的权利)实质化、具体化的结果;另一种是通过纠正违法的行政活动,维持行政活动的合法性。日本的行政事件诉讼法设置了区别于民事诉讼法观点的诉讼类型。首先,针对涉及自身权益的诉讼,设定了主观诉讼。主观诉讼有抗告诉讼(《行政事件诉讼法》第3条)和当事人诉讼(《行政事件诉讼法》第4条)。主观诉讼只能依照行政事件诉讼法的规定提起诉讼。其次,相比主观诉讼,与自身权益无直接关系的客观诉讼,是由国民或者居民根据其法定资格提起的诉讼,称为民众诉讼(《行政事件诉讼法》第5条)。此外,还规定了由行政机关提起的机关诉讼(《行政事件诉讼法》第6条)。民众诉讼和机关诉讼也要依照行政事件诉讼法的规定,且只有在个别法律规定的前提条件下才能提起诉讼(《行政事件诉讼法》第42条)。[②]

二、民事和解制度的特色及其意义

(一)民事和解制度的特色

1.民事和解的概念

在日本,所谓民事诉讼中的和解是指,在诉讼关系中,当事人双方互相让步,通过协商达成一致合意的方式解决民事纠纷。民事和解是在法定期限内达成的一种和解协议。这种和解是由当事人对法院进行的,确认该和

---

① 参见[日]横山信二:《新基本行政法》,有信堂2016年版,第261~262页。

② 参见[日]原田大树:《例解行政法》,东京大学出版会出版,第98~101页;[日]横山信二:《新基本行政法》,有信堂2016年版,第263~273页。

解协议的内容,将和解内容记录在调解书中。这种方式跟判决一样,产生同样的法律效果(日本《民事诉讼法》第 267 条)。[①]

在日本民法中,和解包括两种情形:一种是诉讼中的和解;另一种是当事人在诉讼外通过协商达成合意的和解,被称为诉讼外和解。这两种情形加在一起被广义地称为民事和解。[②]

2.民事和解的成立要件

在日本,民事诉讼中和解能否合法有效,必须要满足以下四个条件:第一,诉讼当事人双方必须能够自由地处分纠纷中所涉及的权益;第二,和解条款中所涉及的权利义务必须是由法律所承认的合法有效的权益,同时不得违背公序良俗;第三,当事人必须具有诉讼能力;第四,在口头辩论的法定期限内,双方当事人必须进行口头陈述。另外,需要注意的是,民事和解的成立不要求必须满足民事诉讼的要件。[③]

3.民事和解的法律性质

在日本民法学界,关于民事和解的法律性质的解释有四种学说,分别是私法行为说、诉讼行为说、合并说(私法行为说与诉讼行为说的合并)、两性说。所谓私法行为说是指,在诉讼法定期限内,当事人可以在偶然的情况下通过意思自治的表示缔结私法上的和解协议(私法行为),法院把当事人的和解协议内容记录在调解书中,并确认这种和解的合法有效性。所谓诉讼行为说是指,不同于民法上的和解的完全纯粹的诉讼上的和解,和解是将当事人双方互相让步的和解结果陈述给法院的一种合同诉讼行为,其前提即使是私法上的和解协议,那也只不过是决定诉讼上的和解陈述内容的前提而已,并不是建立在诉讼上的和解。所谓合并说是指,私法行为和诉讼行为同时存在。所谓两性说是指,以诉讼行为的形式进行私法上的和解,这种和解带有私法行为与诉讼行为两种性质。[④] 笔者比较赞同第一种私法行为说的主张。

(二)民事和解的意义

诉讼和解是民事诉讼中一项重要的制度。民事和解制度的建立是为了

---

① 参见[日]新堂幸司:《新民事诉讼法(第 5 版)》,弘文堂 2011 年版,第 366 页。

② 参见[日]新堂幸司:《新民事诉讼法(第 5 版)》,弘文堂 2011 年版,第 366 页。

③ 参见[日]新堂幸司:《新民事诉讼法(第 5 版)》,弘文堂 2011 年版,第 366 页。

④ 参见[日]高桥宏志:《重点讲义民事诉讼法上(第 2 版补订版)》,有斐阁 2013 年版,第 772 页。

节约司法资源,提高司法效率,以柔软的方式解决纠纷,更加有效便捷地救济当事人的合法权益。

诉讼和解具有一定的灵活性、便捷性,能够及时有效地化解民事纠纷,解决当事人的法律诉求,省时、省力、省钱,降低了诉讼成本,节省了有限的司法资源,减轻了法官的审判压力。但是,这种民事和解的缺点是,它不具有像法院判决那样的规范力、强制力,假如当事人一方反悔的话,可能会造成另一方当事人重新起诉的局面。①

三、日本行政诉讼中民事和解制度适用的法律问题分析

(一)基于当事人意思自治的诉讼终结

在日本,根据处分权主义,当事人可以凭借自己的意思自治去终结诉讼。其中和解就是一种终结诉讼的方式。但是,适用和解的前提条件必须是当事人双方通过协商达成一致的合意。那么,处于行政法律关系的当事人可以像民事法律关系当事人那样通过自己的意思自治去达成和解的一致合意吗?关于这个疑问,行政诉讼的和解往往涉及行政机关的意思表示。换言之,和解是存续在行政诉讼关系中,当事人双方为了终结行政纠纷而对诉讼请求让步达成一致的合意,并把达成的一致的合意内容陈述给法官的行为。但是,在传统行政法的"依法行政"理念作用下,只要行政机关认为自己的行政处分是合法的,那么,行政机关就会争论到最后,绝不可能与行政相对人达成和解意向。②

如上所述,关于行政诉讼是否能够适用民事和解,行政事件诉讼法中是没有明文规定的。那么,基于无法律规定可依的情况,可不可以根据《行政事件诉讼法》第7条的规定,适用民事和解制度呢?对于这个问题,日本行政法学者杉木良吉、宇贺克也等人指出:"原本行政诉讼和民事诉讼就是两种不同性质的诉讼,因此,民事诉讼的规范在行政诉讼中是不可以适用的。但是,只要不违反行政诉讼的本质,就意味着可以适用民事诉讼的规范。"③

---

① 参见[日]垣内秀介:《诉讼上的和解的意义》,[日]伊藤贞、山本和彦主编:《民事诉讼法的争点》,有斐阁2009年版,第248页。

② 参见[日]盐野宏:《行政法Ⅱ:行政救济法(第5版补订版)》,有斐阁2013年版,第179~180页。

③ [日]宇贺克也:《行政法概说Ⅱ:行政救济法(第5版)》,有斐阁2015年版,第222页。

而行政法学界对于这个问题大致分为两种学说：一种学说是肯定的主张，但是，这种肯定是带有限制条件的，因此被称为限制肯定说；而另一主张是完全否定了这种做法，称为否定说，这种主张也被认定为通说。[①]

（二）和解限制肯定说的理论分析

限制肯定说主张行政机关有自由裁量权的情况下，在自由裁量的范围内可以与行政相对人达成和解，达成和解的内容必须是自由裁量权范围内的事项。[②] 除上述主张之外，还有其他主张。如，事实关系不明确，行政机关希望和解的时候，可以适用和解的主张；对于公法合同，承认和解的主张；法院判定当事人之间的和解内容合法的时候，可以适用和解的主张等。以下简单地分析这种限制肯定说的部分主张。

行政法学家石井升主张，行政机关要是将不明确的事实关系或者一些行政活动的法律评价看作为了避免行政纠纷、顺利达成行政目的、实现公共利益所必要的行为时，行政法律关系也可以适用民事和解制度。[③] 这种主张是基于行政合同，将行政诉讼和解看作一个和解合同，认为和解是一种行政合同，当事人可以处分其权利，在法律所允许的范围内双方可以达成和解。

行政法学家南博方主张，行政诉讼的和解一般局限于当事人是否能够自由处分请求的内容。在这个前提下，他还提出了达成和解的五种限定条件：第一种条件是，行政机关对请求的内容没有实际"管辖权"的话[④]，就不可以与行政相对人达成和解。第二种条件是，以行政许可或者是撤销行政处分为内容的和解是不可能缔结的。这种内容违背和解的本质，而且带有国家公权力的行政行为是依法所产生或者变更的。第三种条件是，行政机关不得与行政相对人达成破坏公共安全或者公共秩序的和解内容，或者放任这种情况发生的和解是不被允许的。第四种条件是，行政机关作出的行政行为无效的时候，与行政相对人达成的和解是不被承认的。第五种条件

---

① 参见［日］盐野宏：《行政法Ⅱ：行政救济法（第5版补订版）》，有斐阁2013年版，第180页。

② 参见［日］田中二郎：《行政事件诉讼特例法逐条研究》，有斐阁1957年版，第111页；［日］宫田三郎：《行政诉讼法（第2版）》，信山社2007年版，第299页。

③ 参见［日］石井升：《行政法律关系中的和解——其可能性和有效性》，《甲南法学》1997年第37卷第3号，第139页。

④ 笔者认为，行政机关对请求内容没有实际"管辖权"是指，甲行政机关对该纠纷中的行政行为不具有行政职权，这个行政行为的法律后果不该由甲行政机关承担。因此，这时候甲行政机关不可能与行政相对人达成和解。

是,行政法律关系已经产生实体法上的法律效果的时候,不可以达成和解。[①]这种主张是基于行政诉讼当事人双方可以自由地处分自己的权利。

司法实务家町田显法官主张,行政诉讼中当事人之间能否达成和解是由法院判断决定的。他认为,至今为止在行政案件诉讼中无法适用和解的理由是行政机关必须要遵守“依法行政”理念,所以以当事人之间的妥协为前提的和解,是不适合行政诉讼的。这种主张是基于行政处分的合法或者违法是客观决定的,不是以法院的判断为前提的。然而,除了法院的判断之外,还有其他人能够行使审查行政行为的司法审查权吗?如果这样的话,能不能和解的问题,就不是当事人之间能不能处分权利的问题,而是法院是否将当事人的和解视为合法的问题。如果法院将当事人之间的和解视为合法,那么这种和解行为就不会违背“依法行政”理念。不过,对行政诉讼中的和解内容是否违反法律,还需要法院的判断承认。在民事诉讼中,通常当事人之间达成和解,那么和解就会成立。但是,在行政诉讼中,当事人之间达成和解之后,必须要得到法院的承认。即使当事人之间达成和解,但明显违反法律相关规定的和解是不被承认的。另外,从这种意义上来说,关于行政诉讼中和解能否得到法院的承认,也只是一个初步的结论,其过程需要很多判断的材料,这点就和民事诉讼的和解有所不同。町田显法官还指出,实际上,由于在诉讼中无法和解,行政机关和当事者之间就会在私下进行和解。这种诉讼外的事实上的和解,可能是基于政治因素的考量,反之有可能掺杂一些不明确的内容。而且,事实上的和解对于原行政处分的撤销或者变更带来法律上的制约。因此,最好是在法院面前堂堂正正地和解。[②] 这种主张是基于只要法院承认和解是合法有效的,那么当事人之间就可以达成和解。

综上所述,限制肯定说的一派认为,行政诉讼中完全否定民事和解制度的适用是没有理论依据的,这种主张是站不住脚的。同时,他们也否认完全肯定说的存在。能不能适用民事和解制度,需要从具体案例去分析判断和解的适用范围与条件,并加以限定的条件,才能确定。

(三)和解否定说的理论分析

和解否定说一派主张,行政诉讼中无法适用民事和解制度的理由是,行

---

① 参见[日]南博方:《行政诉讼的制度与理论》,有斐阁1968年版,第133页。

② 参见[日]位野木益雄等:《围绕行政事件诉讼审理的实务上的诸问题(3)》,《判例 Times》1965年第169号,第33~37页。

政机关在行使行政职权的时候,要依照行政法的相关规定行使职权,不能违反行政法的"依法行政"理念。基于这种理由的和解否定说在行政法学界被认定为通说。① 以下简单地分析这种否定说的部分主张。

行政法学家原野翘主张,从保障法治主义实效性与确保行政顺利达成行政目的、实现公益等方面考虑,从行政理念分析,允许抗告诉讼中以和解的方式去处理诉讼物是有问题的。即使当事人希望和解,也应该要在诉讼公开的对审结构下进行案件的处理。关于和解与否,行政机关不应该将其理解为从国民利益和公益关系中预先给予了自由处分权力的判断权。因此,只有在限定条件下,被告可以处理诉讼对象,在通常情况下与原告达成和解是不可能的。然后,他还主张契约行为不等同于双方当事人通过达成合意随意处分行政权力,这是违背法治主义理念的做法。鉴于诉讼的经济性,纠纷处理的迅速性、机动性,必须优先适用行政法的基本理念去处理问题。基于以上理由,原野翘反对行政诉讼中民事和解制度的适用。② 这种主张接近于和解否定通说主张,也指出了不能违背行政法的"依法行政"理念。

司法实务家富泽达法官主张,假如承认行政诉讼和解,那么如何认定其法律效力还有待商榷。最主要的问题还是无法做到将特定的行政处分作为行政机关的义务。依据双方和解协议内容,行政机关无法作出相应的行政行为时,就会成为问题。同时,从诉讼过程的稳定性来分析,也将会是一种不好的选择。所以,只要是以新的行政处分来解决的行政纠纷案件,大家可以选择在事实上进行和解,并通过撤诉的方式来达到双方各自的目的,这也是一种最好的选择。③ 这种主张也是基于在行政法的"依法行政"理念作用下,行政机关无法自由地处分行政权。同时,其也强调了没有理论支撑的和解会给诉讼的顺利进行带来不必要的麻烦。

日本司法研修所主张,行政处分是由有权限的行政机关根据法律的相关规定,作为公权力行使的一种,是基于单方面的判断而进行的。因此,行政机关没有义务根据与私人的契约取消、变更或者作出新的行政处分。另

---

① 参见[日]盐野宏:《行政法Ⅱ:行政救济法(第5版补订版)》,有斐阁2013年版,第180页。

② 参见[日]室井力:《别册法学研讨会——基本法Conmental——行政救济法》,日本评论社1986年版,第221页。

③ 参见[日]富泽达:《行政诉讼和解》,[日]铃木忠一主编:《实务民诉法讲座(8)》,日本评论社1970年版,第290页。

外,行政处分的违法性的存在与否或者其法律效力的有无应该根据法律规定客观地判断,行政机关和私人之间的和解不可能改变行政处分的本性。因此,一般来说,在抗告诉讼中,不可能适用和解。[①] 这种主张也是基于“依法行政”理念,更加强调了行政机关依据行政法的相关规定单方面作出行政处分的特点。

笔者认为,持否定学说的一派反对行政诉讼适用民事和解制度的最重要的理由还是行政诉讼和解违反了法治主义的“依法行政”理念,行政机关无权处分国家公权力。

四、行政诉讼中适用民事和解制度的可行性分析

(一)与“依法行政”理念的博弈

如上所述,行政事件诉讼法没有明文规定是否能够适用民事和解制度。因此,假如想要适用民事和解制度,就要根据行政事件诉讼法的相关规定准用民事诉讼的例子(《行政事件诉讼法》第 7 条)。但是,行政诉讼适用民事和解制度,就会违背行政法的“依法行政”理念。因为,民事诉讼的基本原则是私人之间意思自治的处分权主义,私人在民事诉讼中可以根据自己的想法自由处分自己的权利。这样的处分权主义与辩论主义一样,都是基于私人的意思自治原则,这个原则是调整和规范民事法律关系最重要的原则之一。[②] 恰恰是这样的原则与“依法行政”理念的碰撞抵触,成为行政诉讼适用民事和解制度的最主要障碍。也就是说,行政机关是在法律所规定的权限范围内行使职权,不可能在行政诉讼中自由处分自己的权力。关于这个问题,主张限制肯定说的学者们已经提供了一些参考性建议。如,行政法学家石井升主张为了实现公益,通过利益平衡,可以在限定条件下允许行政诉讼适用民事和解制度;司法实务家町田显主张可以通过法院的认可回避“依法行政”与处分权主义的抵触。

笔者认为,在法律允许的一定范围内适当地修改民事诉讼原则,最终通过立法的形式去规定行政诉讼和解制度未必不是一种可行之法,同时也赞

---

① 参见[日]司法研修所:《改订关于行政事件诉讼的一般问题实务研究》,法曹会 2000 年版,第 233 页。

② 参见[日]梅本吉彦:《民事诉讼法(第 4 版补正)》,信山社 2010 年版,第 237 页。

同町田显的主张，只要法院认可，就能够适用民事和解制度。

（二）行政裁量的法定空间中和解的适用

如上所述，和解限制肯定说一派主张在行政机关的自由裁量范围内可以与行政相对人达成和解。对于这种观点，盐野宏批判地指出：“虽然实践中已经存在可以在行政裁量权自由范围内进行和解的判例（长崎地判昭36.2.3，《行政裁例集》12卷12号2505页），但在‘依法行政’理念下，行政裁量权不是随意能够让步的权利，是行政机关为了实现公益所要行使的国家权力。”①

笔者认为，随着现代社会的不断发展，为了实现公益行政的法律实践也不断发展，现代行政领域也得以扩展，传统的约束行政权的“依法行政”理念，也相应地向兼顾行政权机动性、平衡各方利益的方向转化。在这样的变化下，和解就是行政机关为了达成行政目的、实现公益的一种行政行为方式。行政机关可以在不与法律相抵触的法定空间内与行政相对人协商合意行使行政裁量权。

结　语

本文通过对日本行政诉讼是否能够适用民事和解制度问题的研究，首先明确了日本行政诉讼和民事和解制度的特色，然后通过梳理分析行政诉讼适用民事和解制度的各种学说，明确了在传统行政法领域长期作用的“依法行政”（行政机关不能随意处分国家公权力）理念下，行政诉讼无法适用民事和解制度。因为传统行政法的“依法行政”理念与私法的契约自由理念是不可调和的。从这种抵触关系出发，否定行政诉讼和解，是维护传统行政法的基本原则的必然结果。但是，随着现代社会的不断发展，为了达成行政目的、实现公益，行政也不得不作出相应的改变。行政在现代行政法的作用下，为了更有效地保护私人的合法权益，应该通过利益考量去平衡国家与私人之间的利害关系。基于这种理由，在限定的条件下，行政诉讼中适用民事和解制度也是可行的。实践是检验真理的最好办法，司法实践对这一问题也作出了肯定性的回应，用实际裁判的形式，表明了行政诉讼在限定条件下可以适用民事和解制度的主张。最后笔者试着从立法技术层面探讨在法律

① ［日］盐野宏：《行政法Ⅱ：行政救济法（第5版补订版）》，有斐阁2013年版，第180页。

允许的范围内修改民事诉讼的原则,以肯定行政诉讼中民事和解制度的适用问题。基于现代行政法的理论,在平衡各方利益的前提下,可在法律允许的空间内适用和解。另外,我国的审判制度也类似于日本,实行普通法院审理行政诉讼的制度,而且2014年修改的行政诉讼法也明文规定了可以适用民事诉讼法的相关规定的条款。[①] 因此,本文的研究对我国行政诉讼适用民事和解问题有一定的参考意义。

① 我国《行政诉讼法》第101条规定,人民法院审理行政案件,关于期间、送达、财产保全、开庭审理、调解、中止诉讼、终结诉讼、简易程序、执行等,以及人民检察院对行政案件受理、审理、裁判、执行的监督,本法没有规定的,适用《中华人民共和国民事诉讼法》的相关规定。

日本裁判员制度中的刑事辩护困境及其启示

杜笑倩*

内容提要 2019年日本迎来裁判员制度实施十周年，作为新一轮司法改革的重要举措，法学界和实务界一致认为裁判员制度十年来的实施是比较顺利的。但最高裁判所发布的数据显示：过去十年里，超过一半以上裁判员认为"辩护人说明难以理解"的问题并未得到显著改善。裁判员制度的实施对辩护人在法庭上的表现提出了更高的要求，如何解决辩护人"表达失效"抑或是裁判员"理解失效"的问题十分紧迫。为此，日本法曹三者增强合作，不断寻找有效的解决办法。刑事审判中控辩双方存在天然不平等的痼疾，日本刑事辩护率高达99%以上仍然面临刑事辩护难的困境，反思我国刑事辩护全覆盖也绝不仅仅是提高辩护率的问题，而应将之视为不断改造控辩审观念、平衡控辩关系的长期过程。

关键词 裁判员制度；刑事辩护；控辩平衡

一、裁判员制度实施十年效果回顾

2019年5月21日是日本裁判员制度实施十周年的纪念日，日本法务省、最高裁判所、最高检察厅、辩护士联合会在位于东京的辩护士会馆共同举办了主题为"裁判员制度回顾与展望"的十周年纪念研讨会。法务大臣山

---

* 杜笑倩，四川大学法学院司法制度方向博士研究生。

下贵司、最高裁判所事务总长今崎幸彦、辩护士联合会会长菊地裕太郎、最高检察厅次长检事堺徹等作为主办方发言；东京大学名誉教授、法务省特别顾问井上正仁作了题为“裁判员制度与刑事司法——两人三足共同前进的十年”的主题演讲；东京大学教授川出敏裕、东京地方裁判所刑事部所长(代行)伊藤雅人、东京地方检察厅公判部长和田澄男、第二东京辩护士会律师宫村启太及两名裁判员代表参加了座谈。[①] 纪念研讨会召开之前，最高裁判所事务总局在广泛征集意见的基础上发布了《裁判员制度十年总括报告书》(以下简称《总括书》)，作为裁判员制度实施十周年官方总结性报告，系统梳理了制度实行以来的相关数据，从实施目的是否达成、国民接受度的变化、裁判员及候选裁判员的选任情况、裁判员参与第一审的情况、裁判员裁判对其他审判的影响等方面，对十年来裁判员制度的基本运行情况作了梳理和总结。会议认为裁判员制度实施的十年中，日本刑事审判借由一系列司法改革举措逐渐从“精密司法”走向“核心司法”、从“案卷中心主义”走向“庭审中心主义”。

根据《关于裁判员参加刑事裁判的法律》(以下简称《裁判员法》)第103条规定：“最高裁判所每年发布裁判员参与案件的处理情况、裁判员与候补裁判员的选任情况，以及与本法实施状况相关的其他资料。”[②]从2009年起，日本最高裁判所每年召开1~5次关于裁判员制度施行的有识者恳谈会，截至十周年之际共召开32次。[③] 恳谈会作为最高裁判所履行《裁判员法》第103条之义务的辅助机构，主要工作是邀请法学专家参与讨论待公布的统计数据、审判情况、问卷调查等内容并提出相关问题与对策，之后由最

① 参见《最高裁判所裁判员制度十周年纪念研讨会》，2020年5月7日，http://www.saibanin.courts.go.jp/topics/10thsymposium.html。

② 『裁判員の参加する刑事裁判に関する法律』コロン「(運用状況の公表)第百三条　最高裁判所は、毎年、対象事件の取扱状況、裁判員及び補充裁判員の選任状況その他この法律の実施状況に関する資料を公表するものとする。」

③ 最高裁判所恳谈会委员较为固定，现任包括前劳动政策研究机构综合研究员今田幸子，御茶水大学心理学名誉教授内田伸子，律师神山启史，早稻田大学法学院法务研究科教授酒卷匡，中央大学名誉教授、律师椎橋隆幸，律师(前大阪高等裁判所长官)永井敏雄，记者(前《读卖新闻》评论员)桝井成夫，最高检察厅公判部长和田雅树。恳谈会不定期邀请相关专家学者和司法官员作为观察员出席讨论，历次恳谈会均发布《关于裁判员制度运用等的有识者恳谈会议事概要》(「裁判員制度の運用等に関する有識者懇談会議事概要」)。最高裁判所的恳谈会之外，各地方裁判所每年亦不定期召开裁判员经验者意见交流会。

高裁判所汇总并对制度运行情况进行分析验证，最后向国民发布《裁判员法》103 条所规定实施状况的内容。作为体现裁判员制度运行效果的重要官方资料，《总括书》和历次恳谈会的议事概要反映了日本法曹界对当前裁判员制度的实施现状基本达成了以下共识：

第一，调动国民参与司法的主要目的达成。裁判员制度实施以来顺利动员超过 90000 名国民在审判中担任裁判员和候补裁判员[①]，裁判员参与审理案件超过 11000 件[②]，至今未发生任何选任事故。从经验者的反馈来看，担任裁判员的经历对国民了解司法、信赖司法产生了积极作用。[③]《总括书》显示，参与裁判前国民持积极参与态度的比例在 40%左右，实际参与后认为体验感较好的国民比例超过 95%，国民体验度连续十年保持稳定。[④]

第二，基本实现制度运行的动态追踪和定期评价。国民的参与和支持是裁判员制度的根基所在，因此，从实施前的宣传发动，到实施中的援助协调，再到每次审判结束后的调查总结，裁判员制度实施不仅关注专业人士的意见和建议，更注意收集普通民众的感想和需求，紧扣“国民的司法”这一司法改革主题，坚持定期收集民意并及时公布，通过长期的数据收集跟踪和定期分析讨论，使得制度运行的可预测性和改进措施的有效性不断增强。

第三，法曹三者协作增强，刑事审判模式开始发生质变。[⑤] 具体而言：庭审过程较之前变化明显，检察官和律师向裁判员出示证据更直观易懂，出庭证人数量明显增加；裁判文书实现精简，起诉书、判决书等内容更加简化；精

---

① 参见［日］井上正仁：《裁判员制度与刑事司法——两人三足共同前进的十年》，裁判员制度十周年纪念研讨会，2019 年，第 1 页。

② 参见［日］井上正仁：《裁判员制度与刑事司法——两人三足共同前进的十年》，裁判员制度十周年纪念研讨会，2019 年，第 2 页。

③ 日本最高裁判所设立的裁判员制度专题网站（https://www.saibanin.courts.go.jp/topics/detail/h29_jissi_matome.html）列举了一些裁判员经验者感想，这里作部分摘录：（1）虽然需要担负责任，但仍然是一次非常好的经验。将来如果身边人对担任候补裁判员感到不安，我也希望能给对方以鼓励（20 多岁，女性受访者，自由职业者）。（2）公司领导的支持也给予我很大鼓励，这是一段平时无法体验到的特殊经历（50 多岁，男性受访者，职员）。（3）普通市民通过对某个案件进行讨论，发表不同的意见感言，不失为促进社会和谐的一种好方法。虽然孩子还小，但也希望孩子将来能够参与其中（40 多岁，女性受访者，兼职打工者）。（4）和 6 位裁判员一起度过一段紧凑的时光，大家互相不断了解，都根据自己的人生经历各抒己见（60 多岁，男性受访者，无业）。

④ 参见日本最高裁判所：《裁判员制度十年总括报告书》，2019 年，第 1 页。

⑤ 参见［日］井上正仁：《裁判员制度与刑事司法——两人三足共同前进的十年》，裁判员制度十周年研讨会，2019 年，第 16~17 页。

密司法传统的“异常状态”[①]得到改善,检察官职权过大、审判脱离国民诉求、审理效率低下等的问题均得到不同程度缓解。

虽然,裁判员制度整体运行良好,但诸如裁判员(包括候补裁判员)辞退率升高、审前整理程序长期化、裁判员对辩护人说明理解困难、裁判员心理负担过重等问题也长期客观存在。其中,“裁判员普遍认为律师辩护意见不易理解”是当前日本刑事辩护最突出的问题。

二、辩护人说明不易理解的主要表现

裁判员制度实施以来,庭前整理程序日渐完善、证据开示范围不断扩大。官方数据显示,日本当前刑事辩护率已达99.6%,其中国选辩护人占84.5%,私人聘请律师占15.1%[②],刑事辩护基本实现了全覆盖。但是,辩护人在法庭上的说明对裁判员形成心证所起的作用却并不像辩护率一样令人满意。根据《总括书》统计显示,裁判员认为裁判官说明容易理解的占92.1%,认为检察官说明容易理解的占67.2%,而认为辩护人说明容易理解的仅占38.3%。日本辩护士联合会发布的2019年《辩护士白皮书》中与辩护人有关的问卷调查结果显示,过去十年,裁判员对辩护人法庭说明的理解率变化并不明显(如表1所示)。从表中可以看出,2009~2012年随着裁判员制度适用的案件数量和类型不断增加,认为辩护人说明容易理解的比例不断下降。为了缓解裁判员的审理压力,此后《裁判员法》作了一定修改,主要是将一些案情复杂的需要长期审理的案件排除出裁判员裁判的案件范围。于是2013年开始,辩护人说明容易理解的比例有小幅度上升,但并未明显上升。

表1　2009~2018年辩护人法庭说明的理解度[③]

年份	容易理解(%)	一般(%)	难以理解(%)	说不清楚(%)
2009年	49.8	37.8	11.1	1.3
2010年	40.4	41.7	16.9	1.0

① 19世纪80年代平野龙一教授率先批判“精密司法”的状态,称之为异状甚至是病态的,并创造了“核心司法”这一概念。

② 参见日本最高裁判所:《第八届地方法院刑事普通一审案件概况及实际情况》,2019年,第86页。

③ 参见日本辩护士联合会:《辩护士白皮书》,2019年,第18页。

续表

年份	容易理解(%)	一般(%)	难以理解(%)	说不清楚(%)
2011年	38.1	43.5	17.2	1.1
2012年	34.0	44.9	19.8	1.3
2013年	36.0	45.6	17.0	1.4
2014年	35.7	45.8	17.8	0.8
2015年	36.0	46.1	17.4	0.5
2016年	38.0	44.8	16.7	0.5
2017年	36.3	46.6	16.1	0.6
2018年	38.3	44.8	16.4	0.5

为进一步了解裁判员裁判中辩护人说明不易理解的具体表现，最高裁判所从2013年起，对辩护人法庭表现区分了四个具体标准，在此基础上进行更详细的问卷调查，收集裁判员经验者对辩护人的法庭活动的印象。

第一，辩护人的说话方式是否存在问题，其中包括语速快、声音小、用词艰涩等问题。其变化如表2所示：

表2　辩护人说话方式是否存在问题①

年份	有问题(%)	没问题(%)	不清楚(%)
2013	27.5	70.7	1.8
2014	27.8	70.9	1.3
2015	26.7	72.3	1.1
2016	24.6	74.4	1.0
2017	24.5	74.8	0.7
2018	24.1	74.9	1.0

从表2可以看出，认为辩护人说话方式上存在问题的比例较高，但近年来呈现稳定下降的趋势。这主要与日本辩护士联合会采取的一些改善措施密切相关，比如各地辩护士协会开展的演讲技能培训等，由此可见，该问题在未来能够得到有效解决。

① 参见日本辩护士联合会：《辩护士白皮书》，2019年，第18页。

第二,辩护人说明是否过于烦琐(见表3)。

表3　辩护人说明是否过于烦琐①

年份	是(%)	否(%)	不清楚(%)
2013	7.1	90.8	2.1
2014	6.8	91.9	1.3
2015	6.4	92.3	1.3
2016	6.2	92.9	0.9
2017	6.2	92.8	1.0
2018	5.5	93.4	1.1

在最高裁判所采用的四个标准中,“说明过于烦琐”的问题最轻微,而且问题存在的比例一直呈下降态势。在以前的刑事审判中,受“书面中心主义”②影响,质证和法庭辩论实际尚并不充分,从实现“庭审中心主义”的目的来看,“更为详细的说明”其实是一直以来辩护人在法庭上所欠缺的。因此,目前来看该问题不仅不会对审判效果产生较强的负面影响,相反,适度详细的说明会提高庭审过程中直接原则和口头原则的表现。

第三,辩护人说话的内容是否难以理解(见表4)。

表4　辩护人说话内容是否难以理解③

年份	是(%)	否(%)	不清楚(%)
2013	20.4	76.6	3.1
2014	20.9	76.7	2.4
2015	20.5	77.6	1.9
2016	19.5	78.8	1.7
2017	19.2	79.3	1.5
2018	19.6	78.5	1.9

① 参见日本辩护士联合会:《辩护士白皮书》,2019年,第18页。

② 即日本学者常提及之“调书裁判主义”。

③ 参见日本辩护士联合会:《辩护士白皮书》,2019年,第19页。

检察官宣读起诉书后，律师提出与之观点不同的辩护主张，这是整个裁判中最需要裁判员充分理解的部分，裁判员如何把握这种差异会直接影响法庭辩论的效果，并影响到最终决断。一般而言，辩护内容涉及大量法律专业概念的辨析，考虑到法律用语和日常用语的差异，早在裁判员制度正式实施之前，日本辩护士联合会为改善法律用语在 2004～2008 年实施了"法庭用语日常化项目"①，在法庭用语的简化和亲民化角度作了准备工作。但是，从裁判员心理和发挥辩护效果的角度来看，改善"内容难以理解"的问题实际上是帮助裁判员克服"先入为主"的惯性思维的问题，这显然无法通过实施短期的专题项目达成，而需要作为辩护人的律师通过长期的庭审经验积累，同时将这些经验与裁判员的反馈形成动态对照。

第四，辩护人对证人和被告人提问的意图和内容是否难以理解(见表 5)。

表 5 辩护人对证人、被告人提问的意图和内容是否难以理解②

年份	是(%)	否(%)	不清楚(%)
2013	28.8	68.3	3.0
2014	29.6	68.0	2.5
2015	30.0	67.9	2.1
2016	26.9	70.8	2.3
2017	27.9	70.0	2.0
2018	28.5	69.3	2.2

无论是从占比的绝对值还是从变化趋势上来看，该问题都是现阶段最亟待解决的问题。实现"庭审中心主义"除了要求提高证人出庭率还需要保证交叉询问的质量，但是上述统计数据表明一直以来近三分之一的裁判员在理解辩护人对证人、被告人的提问上都存在问题。裁判员制度设立之初，就强调希望通过改革推动法庭上的"书证中心"向"人证中心"转变，如果裁判员对辩护人的提问意图和内容缺乏认知，就难免会延续"书证中心"的传

① 「法廷用語の日常語化に関するプロジェクトチーム」，2020－05－07，https://www.nichibenren.or.jp/ja/citizen_judge/program/nichijyougoka.html。

② 参见日本辩护士联合会：《辩护士白皮书》，2019 年，第 19 页。

统,难以实现通过直接言词的方式审理案件。[①]

综上,最高裁判所问卷调查反映出裁判员对理解辩护人说明存在诸多困难,说明从“控辩平衡”的角度,相当一部分裁判员实际上无法做到对案件进行“全面理解”。关于裁判员对审理容易理解的重要性,日本刑诉法学家田口守一教授曾经指出:“支撑裁判员制度的第一个支柱是,裁判员对审理容易理解……裁判员制度的第二个支柱是评议容易理解……如果法庭审理令人难以理解,而评议使人容易理解,这反而是危险的。”[②]从当前数据来看,日本裁判员制度确实一定程度上存在着评议内容比审理内容更容易理解的情况(评议的理解率高于审理理解率大约10%)。而这种危险对裁判员制度的影响是深刻的:不难看出,如果裁判员不能相对独立地综合控辩双方意见得出结论,就必须依赖评议中裁判官的意见,长此以往,裁判员制度通过国民参与在司法审判中引入“国民常识性”的目的也就越来越难以达成。最高裁判所近十年来的历次恳谈会多次以提高辩护人庭审表现等为主题进行专门讨论[③],在十周年纪念研讨会上,日本辩护士联合会会长菊地裕太郎和第二东京辩护士会律师代表宫村启太都提到该问题是裁判员制度下一阶段必须解决的难题。

三、造成辩护人法庭说明不易理解的主要因素

造成“裁判员普遍认为律师辩护意见不易理解”的主要原因绝不是律师辩护水平低、缺乏法庭辩论技巧,从辩护率上看日本的刑事辩护基本达到全覆盖,法学教育、培训、考试十分严格,长期以来素有“精密司法”的严谨特质,律师普遍专业素养并不低。调查问卷显示律师不容易被理解,可能是庭审表现的评价机制不健全,辩护人权利受挤压,法官、检察官、辩护人在庭审过程中大量认识差异和行为冲突没有得到有效解决等因素导致的。由于影响辩护人法庭说明的因素有很多,因此,有必要先进行一个大致的区分:首

① 同样,虽然相较辩护人,检察官的说明容易理解,但却并不简洁,与“核心司法”的要求相去甚远,开头陈述中含有大量的笔记令裁判员理解吃力,也可以视为网罗密布的“精密司法”的残留。参见日本最高裁判所:《关于裁判员制度运用等的有识者恳谈(第10回)会议事概要》,第6页。

② [日]田口守一:《刑事诉讼法(第7版)》,张凌、于秀峰译,法律出版社2019年版,第394页。

③ 根据笔者统计,包含改善法庭辩护说明议题的恳谈会约占了全部恳谈会总数的一半:主要包括第6、7、8、9、10、11、15、17、19、20、22、23、26、28、30、32回。

先是基于刑事辩护目的的固有因素。对比检察官和辩护人进行法庭说明的目的可以发现,前者是“单纯立证”,后者是“破立结合”,刑事辩护的目的决定了辩护主张的表达本就比提出公诉意见困难。因此,从某种程度上讲辩护人的说明相比较裁判官、检察官难以理解是一种客观存在。其次是制度实施中可改善的因素包括审判经验的积累,其中既有需要辩护人主动改善的因素,也有需要法曹之间相互协调配合的因素。比如,辩护人的观念问题、证据开示制度落实不到位等问题。最后还应该反思当前数据统计上是否存在问题。当前反映辩护人法庭表现主要是通过问卷调查的形式收集裁判员的主观想法,因此从加强数据客观性的角度还应该进行一些改进。

(一)固有因素

法庭陈述目的的不同决定了辩护人处于劣势。裁判员裁判中,检察官开头陈述是一个较为单纯的立论过程,其目的主要是使未参加庭前整理程序的裁判员即席了解案情。通常的做法是将文字说明和图表浓缩在两张A3纸上提交,解说过程中还可以通过投影仪和幻灯片等工具来辅助。刑事辩护的目的决定了辩护主张的表达本就比提出公诉意见困难,它要求辩护应该是建立在检方陈述基础之上的破立结合,通过呈现空白点、反驳矛盾点等方式说服裁判官在检方陈述基础之上进一步思考。实践中辩护人也一边使用软件一边进行口头陈述,一般情况下辩护人会讲一些检方开头陈述中没有的内容,尤其是认罪案件,在涵盖争点的基础上还要避免重复检方观点。裁判员制度实施以后,原本重大刑事案件中的争点在法律人士之间讨论尚且难免产生认识分歧,更何况在开庭的有限时间内向裁判员等非专业人士解释清楚,做到重点突出、简明易懂更是难上加难。

根据锚定叙述理论,这是一场“不公平的对决”①。在庭审的理想状态下,法院应对检方和辩方进行平等的听取和审查,但是实际大多数时候会不由自主地以“检方故事”为基准,“辩方故事”则被当作是一种补充。在犯罪

① 锚定叙事理论并不认为法院会同时考虑两个故事版本,一个来自控方,另一个来自辩方,而且还一视同仁地对待直到做出最终决定。相反地,该理论指出,在大部分情况下控方的故事才会被法院认真对待,而控辩双方所提出的证据都会为这个故事服务。对这两个故事版本产生偏见正是我们担忧的问题,也就是说这不是一场公平的对决。参见[荷]威廉·A.瓦格纳、彼得·J.范科本、汉斯·F.M.克罗伯格:《锚定叙事理论——刑事证据心理学》,卢俐利译,中国政法大学出版社2019年版,第264页。

嫌疑人、被告人认罪的案件中,一方面重复公诉人的说明既没有辩护效果也降低审理效率,另一方面在公诉人主张外提出特别明确的辩护主张也十分困难;而在犯罪嫌疑人、被告人不认罪的案件中,辩护人陈述的案情是不是容易理解,则取决于对案件进行的综合思考和评定,这需要辩护人掌握足够的案件事实证据材料并花相当大的精力来准备,这就要求在庭前整理阶段公诉方的配合,而实际上截至目前在审前整理程序的证据开示环节反映出来的依然是检方和辩方缺乏信任与合作精神。

(二)制度与实践性因素

首先,证据开示制度落实不到位。证据开示是思考辩护方针的必要条件,而证据开示在现实裁判中却极难兑现。最高裁判所在第 8 次、第 19 次、第 28 次恳谈会上也讨论了证据开示中存在的问题。有委员指出在对律师进行的访谈中,律师们发现检方的证据开示请求比较容易得到法院支持,而辩护人要求证据开示却经常被拒绝。最高检察厅也指出案件中检方开示证据缺乏灵活主动性,而由于传统因素影响,法院在证据开示的问题上对检察官和辩护人确实存在差别待遇。为使审判过程更加有效率,检方一直主张类型证据开示,要求辩护人开示更多证据的同时,检方却并不一定为了辩护的有效实施开示更多证据,因此辩护人担心申请类型证据开示会造成证据全部开示,往往选择任意开示。要求辩护人做到类型证据开示,就需要检方相应在庭前出示证据,而这一点检察官和律师至今没能达成一致。进入庭审阶段,这个问题就演变成裁判员看到的辩护人观点不明确、辩论散乱的问题。实际上,这一方面是检察官和辩护人之间的信赖关系问题,另一方面也是法院在证据开示阶段没有平等保障辩护人请求证据开示的权利造成的,结果却导致辩护人独自承担了法庭表现的负面评价。

其次,辩护人的辩护技巧和辩护心态尚未全面改善。一方面,在裁判员制度实施以前,辩护人很少考虑辩护内容对于普通国民来说是否容易理解,相比较检察官,辩护人的工作内容发生了较大变化,因为检方为了方便起诉一直在持续思考起诉内容的易懂性。过去虽然有公民旁听,但是辩护人陈述辩护意见的对象依然是具有法律专业背景的法曹,但当裁判员出现在审判席上,辩护人过去使用的语言和表达方式会增加非专业人士理解案情的困扰,导致难以有效传达辩护意见。因此,辩护人说明不容易理解,暴露了辩护人普遍存在的认罪案件缺乏辩护策略、庭审演说技巧不足等辩护技巧问题。另一方面,受传统司法观念影响,辩护人在帮助裁判员理解案情上缺乏自觉意识,认为把事情说明白是检察官的事情,在庭上只围绕辩点进行陈述、发问和辩论。从整体上看,所有刑事案件中需要裁判员参与的案件占比较低,虽然制度已经实施了十年之久,但实际担任过裁判员裁判中辩护人的律师总体上并不多,想要让所有的辩护人在第一次参与裁判员裁判时就产生这个意识还需要一定的时间。

再次,律师事务所在参与裁判员裁判上持消极态度。一是大多数律所出于经济原因,不愿代理裁判员裁判案件或者投入太多精力进行培训。最高裁判所第23次恳谈会上,竹之内明委员汇报日本辩护士联合会组织研修的情况:2012年曾计划组织四次刑事辩护现场研修,原定人数3000,结果报名人数只有400~900人,最后实际参加培训的只占报名人数的三到五成,2013年开始改成线上授课的方式才开始取得一定的培训效果。虽然在裁判员制度实施之前,大多数律所也以代理民事、经济类案件为主,但是制度实施以后,很多经验丰富的律所和律师却利用国选辩护人选任和辞退制度较为宽松这一点,选派缺乏经验的律师参与裁判员裁判。二是律所对于培养年轻律师参与裁判员裁判缺乏兴趣。在最高裁判所的恳谈会上有委员反映律师事务所的态度直接影响了青年律师对裁判员裁判的热情。该委员提到所任教的法科大学院中很多年轻律师认为裁判员裁判耗费时间太长,也不能带来较大经济利益,对于参加裁判员裁判没有兴趣。青年律师的参与度决定着未来裁判员制度的实施效果,青年律师缺乏实践就会导致裁判员裁判中的问题无法短时间内改善。

最后,律师通常"单兵作战",缺乏类似检察官一样有组织、系统地积累经验的有效手段。由于需要承担举证责任,其实检察官早在裁判员制度之前,就已经在快速易懂、不遗漏重点等方面进行了长期思考实践,早就将直观易懂作为庭审说明的理念之一。通过组织内部高效合作,快速积累、复制经验。而律师的行为不是通过辩护士联合会等统一组织的,目前还缺乏针对裁判员裁判中所需辩护技能的经验共享,在庭前阶段也难以通过律师间的合作获得更多有效信息,这也增加了辩护的难度。

(三)统计中的不合理因素

首先,当前调查问卷存在不合理之处。一是衡量庭审表现的标准过于单一。检察官提起公诉时确实需要描述案情,追求叙述的完整性,用是否简单易懂来评价尚可。辩护人的主要任务不是讲述一个完整的故事,而是在此基础上攻击检方故事的拟真性,最起码是指出存疑与不合理之处,一概用是否简单易懂评价并不准确。[①] 为此,第20次恳谈会上,最高裁判所事务局提出过两种方案对问卷进行调整,建议增加难以理解的内容、对诉讼当事人活动改善的建议等,收集更多反馈,完善统计。二是调查问卷没有针对不同案件情况进行分类。例如,问卷没有对被告人是否认罪进行区分,数据显示检方陈述更为简单易懂,可能与多数案件都是被告人认罪的案件有关。如果被告人否认犯罪,辩方和检方发表对立意见,是否还是检察官的说明更为清晰不得而知。如果被告人认罪,辩护人只作情状辩护时是不是也难以理解也无法知晓。缺乏结构性分类导致真实的庭审情况难以被了解,缺少细节也会使改善辩护活动无从入手。另外,依赖一次性问卷调查极有可能可能出现数据偏差,裁判员经验者对于庭审经验的体会应该是一个循序渐进的过程,如何进行特定对象的跟踪调查也十分重要。

其次,缺乏对不同类型裁判员的系统分析。问卷中缺少裁判员如何理解庭审内容的角度。裁判员理解辩护意见是一个双向过程,辩护人的表达是否易懂和裁判员的听取方式应该同时考虑在内。长期以来辩护意见难以理解的趋势没有变化,除了辩护人需要反思为什么主张没有传达给裁判员,也要考虑裁判员如何有效听取。比如,不同职业构成的裁判员辞退率或许也和该问题有关:审理长期化问题迟迟得不到解决,媒体也不断报道裁判员参与裁判的经济和心理压力,越来越多的正社员因为工作原因选择辞退裁判员和候补裁判员,而家庭主妇和无业人员由于少有依法辞退的理由,作为裁判员的比例也有所提升,相比较经常从事社会事务处理的正社员,不同职业对于裁判的理解力还有待考察。如果可以针对参与裁判的裁判员作出大致分类,必要的时候也可能对特别重要但不容易理解的问题当庭作重点解释。

四、日本改善刑事辩护的主要做法

由于对裁判员制度的动态把握,从辩护人法庭说明存在的问题凸显之

---

① 参见日本最高裁判所:《关于裁判员制度运用等的有识者恳谈会(第26回)议事概要》,第5~6页。

初，日本最高裁判所联合相关机构对改善辩护人审前、审理中和审理后的表现都推行了改善措施，具体包括：

(一)全国各地辩护士联合会主导的培训和选任

首先，长期组织开展各类经验交流会、研修会，利用假期和周末进行学习。比如，招募有裁判员裁判经验的律师进行事例研修讲座，内容包括侦查辩护、法庭辩护、辩护策略等的实际演练，文书起草、演讲实训等多种类型。在一些学者的建议下，逐步改进青年律师的培训内容和方法，淘汰过去的刻板教学，从学生时代加强青年律师的法庭演说和表达能力训练，并适当开设审判心理学、证据心理学等课程，引导律师了解裁判员心理，进而学习如何通过合理方式影响裁判员决策。有条件的地方，在辩护人进行开头陈述之前会先研究讨论，对辩护内容进行提升，对实际演练进行录像和点评，进行多方位的辩护支援，帮助律师在开庭前完善法庭表现。①

其次，扩大国选辩护人的复数选任比例，对案件进行辩护支援。倡导大型律所建立裁判员裁判辩护人候补名单制度，根据案件情况挑选更合适的律师担任辩护人，动员更多律师积极参与裁判员裁判。为切实保障犯罪嫌疑人和被告人的辩护权，日本辩护士联合会曾经在 2011 年建议修改《刑事诉讼法》第 37 条，希望确认裁判员裁判辩护实行复数选任。② 虽然法律条文的修改尚需要一些时间，但是从实行裁判员裁判以来，律师的复数选任比例已经从不足 10%(2009 年之前)上升至 80%以上(2013 年之后)。③

(二)扩大证据开示范围，探索类型案件标准化辩护

针对证据开示存在的问题，任意开示显然无法满足庭审需要，检方和辩方都做到全部开示也没有必要。有辩护士联合会的恳谈会委员建议继续完善类型证据开示的法定要件，提高辩护人请求类型证据的效率和准确性，在辩护人介入案件之后应该通过法院主导尽早确认检方和警方掌握的证据，协调帮助律师在审前整理程序前获得更灵活多样的证据开示内容。

虽然辩护方针应该根据案件不同视情况而定，但是对于同类型案件的辩护要点，比如辩护要点的提出、庭审前根据要点应该作的整理、注意事项

---

① 参见日本最高裁判所：《关于裁判员制度运用等的有识者恳谈会(第 10 回)议事概要》，第 8 页；《关于裁判员制度运用等的有识者恳谈会(第 23 回)议事概要》，第 6 页。

② 参见日本辩护士联合会：《关于嫌疑人国选辩护人的复数选任制度的意见书》。

③ 参见日本辩护士联合会：《辩护士白皮书》，2019 年，第 112 页。

等相对固定。基于此,辩护士联合会提出个案理论(case theory),即总结同一种类型的案件应该有哪些要点,这些要点需要哪种证据支持、有什么样的提出方法等,通过固定模块来优化散乱的辩护策略,进而探索易于裁判员理解的表达方式,相关的个案理论的研修和研究会也都在进行中。

(三)加强法庭表达的直接原则和口头原则

第一,增强法庭表达的直观性。提倡添加书面注释等辅助内容说明辩护意见。本质上来说,辩护活动是在检察官立证的基础上进行辩驳,最应该体现辩护人的主张和事件的争点以及裁判结果有什么具体关系,有学者建议在报告书上面加脚注,直观说明该论点对应检方的哪个立论观点或者案件争点,也得到一些律师的认可。另外,突出核心辩护方针,根据案件具体情况做到详略得当。实践中在被告人认罪的情况下,检察官在有利于被告人的情节上进行追诉的情况越来越多,辩护人总结陈述时不再重复检察官的内容,而是着重进行量刑辩护,同时参考量刑检索系统进行恰当的情状辩护,也不失为一种辩护策略。

第二,改善辩护使用的语言和表达方式。面对裁判员时尽量选择生活化的语言,日本辩护士联合会还成立了关于法庭用语日常化的项目组,专门对律师和裁判员等进行语言和心理学方面的研究。建议辩护人使用最简单易懂的语言;在语音语调上有意识强调重点内容;在语序逻辑上,尽量先亮明观点,采取先果后因的表达方式;提升对象意识,采用更接近和对方交流的方式而不是照本宣科。[①] 除了演说技巧,还应该在说明的整体布局上突出核心观点,总结怎样表达更容易让裁判员领会辩护人主张。

(四)加深法曹之间的交流与合作

在案件审理过程中,促使法曹三者调整和改善陈旧的诉讼技能,既是裁判员制度实施的目的,也是该制度持续完善的手段,共同学习和互相批判是改进诉讼技能的必要条件。在推动法曹三者专业技能培训合作方面,目前的主要做法包括:集中在每年夏季休假举行专门的司法技能研修,利用周末邀请法官、检察官、律师共同参加模拟裁判和模拟评议;案件结束后及时开展互相批判的研究学习会;在审判过程中,力求促进裁判官、检察官、辩护人

① 参见日本最高裁判所:《关于裁判员制度运用等的有识者恳谈会(第26回)议事概要》,第5~6页。

之间的平等对话，通过审前证据出示、审判中的直接交流以及审判结束后的回顾检讨会，确保在审判不同阶段法曹三者都能及时有效就案件情况和意见分歧进行交流。

（五）加强法心理学研究

裁判员参与审判活动以来，法心理学开始发挥更重要的作用。辩护人意识到了解裁判员心理活动的重要性，也试图调整诉讼程序中不可避免的"谁先说谁有优势"①的不平等状态。根据锚定叙事理论，要获得反转性的辩护效果就需要攻击检方故事的似真性，一般包括三种方法：（1）给出证据证明某些叙事不可能为真；（2）证明某些叙事没有被锚定在可靠的常识信念上；（3）提出另外一种同样甚至更为似真的叙事。② 2015年日本法与心理学会③第15次大会上，几位学者引用法心理学者浜田寿美男提出的"Another Story"理论，以一则放火案为例，对第三种方法进行了深入讨论④，认为在发生虚伪自白的案件中，该方法更能启发裁判员思考供述的真实性。

除了锚定叙事理论，其他关于裁判员心理方面的著作和译著也逐渐成为研究重点。近年来出版了很多著作，例如若林宏辅《面向法心理学的应用社会心理学研究》⑤、三岛聪《裁判员裁判的评议设计——以维护市民常识的裁判为目标》⑥、［日］石崎千景等《说服裁判员的方法——在法庭上动摇

① "在选择将案件分析推进至何种程度方面，控方明显占据更有利的地位。起诉书的内容由控方起草，法庭需要审议的叙事锚点也由控方提供。控方有充足时间和机会来调查一起案件、传唤证人、进行检查，以及咨询专家。所有这些构成一个号称已被锚定的故事，以供法庭形成对本案的基本看法（大陆法系国家），或者形成诉讼初期对案件的初始印象（普通法系国家）。辩护律师的任务是，通过对案件进行深层次分析来与控方分庭抗礼。对于法庭来说，这将是一个混乱的时刻，因为辩方试图打乱控方原本清晰而融贯的故事。辩护律师必须克服重重困难与限制，如时间、经济、寻找证人和获取专家意见等，才能完成这项工作。由此可见，控方在审判初期无可避免地占据有利地位。"参见［荷］威廉·A.瓦格纳、彼得·J.范科本、汉斯·F.M.克罗伯格：《锚定叙事理论——刑事证据心理学》，卢俐利译，中国政法大学出版社2019年版，第264页。

② 参见［荷］威廉·A.瓦格纳、彼得·J.范科本、汉斯·F.M.克罗伯格：《锚定叙事理论——刑事证据心理学》，卢俐利译，中国政法大学出版社2019年版，第249页。

③ 从近几年的议题来看，日本法与心理学会对于裁判员裁判中的心理问题有着非常高的关注。

④ 参见［日］村山满明、那须宽、芥川宏、和田森智、浜田寿美男：《律师与心理学家在虚假供认案件的审判中的合作》，《法律与心理学》2015年第1期。

⑤ ［日］若林宏辅：《面向法心理学的应用社会心理学研究》，中西屋2016年版。

⑥ ［日］三岛聪：《裁判员裁判的评议设计——以维护市民常识的裁判为目标》，日本评论社2015年版。

人心的心理学》[①]、冈田悦典等《裁判员制度与法心理学》、板山昂《裁判员裁判中与量刑判断相关的心理学研究:从量刑决定者和评价者的视点出发》[②]、伊东裕司《裁判员判断的心理:从心理学实验谈起》[③]等。法与心理、心理学研究、日本心理学会等研究机构刊登了大量涉及裁判员心理、供述心理、证据心理等方面的研究成果。

五、对我国刑事辩护全覆盖的启示

日本刑事律师辩护率较高,诉讼法各项规定细致,实行国选辩护人和值班律师制度时间比较久,但是裁判员制度实施十年以来,庭审中辩护人与控诉方和裁判方相比依然十分弱势,在向裁判员传达辩护意见上也面临诸多障碍。我国推行以审判为中心的刑事诉讼制度改革,建立值班律师制度,实行刑事辩护全覆盖还需要很长一段时间检验探索,日本刑事辩护遇到的问题和取得的经验,值得我们反思。

第一,司法改革不能单纯以数字定高低。当前提高辩护率的确是我国刑事辩护急需解决的问题,但是高辩护率并不代表刑事辩护效果的实现。日本在高辩护率之上,进一步追求裁判员裁判中的辩护质量值得我们学习。然而,在这一轮司法改革中,日本也犯过以数字定高低的错误。一直以来从数字上看,日本似乎存在律师人数偏低的情况,于是在 2000 年之际为提升律师数量,日本开始鼓励很多高校新设法学院,但是 2015 年前后由于招生困难和师资缺乏,大部分默默关停。[④] 当时得出日本律师人数不足的结论,主要依据的是日本人均律师数远低于英美等国家。数字虽然真实,但是却并不能反映真实情况。日本的律师职业结构和英美等国家不同,除了律师,还有辩理士、税理士、司法书士、行政书士分别承担在其他国家律师承担的

---

① Carol B. Anderson, *Inside Jurors' Minds: The Hierarchy of Juror Decision Making*, Wolters Kluwer, 2012;[荷]安德鲁·C.B.:《说服裁判员的方法——在法庭上动摇人心的心理学》,[日]石崎千景、荒川步、菅原郁夫译,北大路书房 2014 年版。

② 参见[日]中田友贵:《书评板山昂:〈裁判员裁判中与量刑判断相关的心理学研究:从量刑决定者和评价者的视点出发〉》,《法律与心理》2019 年第 1 期。

③ 参见[日]伊东裕司:"庆应义塾大学三田哲学会丛书"《裁判员判断的心理:从心理学实验谈起》,庆应义塾大学出版会 2019 年版。

④ 参见《律师在热门职业中堕落的元凶在于国家》,2020 年 5 月 7 日,https://news.livedoor.com/article/detail/17582504/。

很多工作。现在我国实行刑事辩护全覆盖,若单纯以辩护率的数字为衡量标准也会在将来对刑事辩护的改革内容产生误导,有效辩护率不足的全覆盖甚至可能是一种社会资源的浪费。

第二,短期内庭审方式改革不能一劳永逸地解决观念问题。首先是国民观念。一方面日本官方不断加强宣传,提倡减轻裁判员负担;另一方面更多媒体报道体现的是国民对审理长期化和心理负担加重的焦虑。[①] 民众通过舆论关注司法和真正承担审判责任是两回事,批评者们认为法律人的专业知识如同医生治病救人,让法律的"专业性"给国民所谓"常识性"让路无异于作法自毙。我国刑事律师辩护率低下一定程度上是公民对于刑事辩护缺乏认知,值班律师制度并不能直接改变当事人态度,当事人如果认识不到律师作用就不能获得有效帮助,制度本身的效果就会大打折扣。其次是法曹观念。近十年日本裁判员制度很难说是裁判员对裁判官的影响大还是正好相反,裁判员并不参加审前整理活动,关于证据出示和争点确定都是在开庭前,审前辩护人的要求仍然得不到满足,检察官和辩护人之间的信赖关系依然没有形成。而在我国目前的庭审实践中,很多特定类型案件经常体现一种"未审先决"的架势[②],也表明刑事辩护制度的改革会受到执行人司法观念影响,而不是轻易被制度改变。

第三,"控辩不平衡"是常态,"控辩平衡"是理想。一般而言,法官的判断容易受案卷内容影响而在庭审开始之前作出先入为主的假设,因此控辩双方存在一种天然的不平等,必须通过后天不断地纠正才能够真正维护被告人的人权。当前日本裁判员裁判中,出现了负责追诉被告人的公诉意见容易理解、保障被告人的辩护意见却难以理解的情况,放大了辩护人法庭陈述的先天劣势,也体现了刑事程序维护人权的困难之处。

第四,应该在律师人数壮大的同时尽早实现律师的分工和分化。由于

---

① 2016 年,福岛一名 60 多岁女性因为在庭审过程中观看出示证据中的 24 张凶案现场照片以及被害人临死前拨打报警电话的惨烈录音患上精神障碍,提起国家赔偿诉讼,经过一审、二审均未获得法院支持。随后最高裁判所对各地裁判所进行通告,要求采取告知措施。国民则对实际上并不能以此类理由辞退感到焦虑。参见《由尸体照片产生的精神压力障碍,前审判员败诉……如何考虑精神上的负担?》,2020 年 5 月 7 日,https://news.livedoor.com/article/detail/12258003/。

② 比如当前涉黑、职务类犯罪的一些案件,法官训诫辩护人比较随意,甚至限制辩护人发言;检察院在认罪认罚从宽制度的量刑协商上也体现强势态度;值班律师制度上存在的权利义务不对等等问题。

律师事务所的消极态度,导致日本裁判员裁判的相关辩护制度被打了折扣,一定程度上是因为律师事务所的分化不充分。从整体上看,律师事务所追求经济利益无可厚非,但是任由商业模式支配难以发展出健全的律师业务体系。陈瑞华教授在《刑事辩护的艺术》中曾经提到过辩护业务的模块化和单元化①,认为这种细化一方面容易调动律师的积极性,另一方面也有利于提升辩护质量。实际上,我国现在已经出现了很多专门针对刑事辩护的规模性律师事务所,这对于将来培养专业的刑事辩护律师、提高刑事辩护的有效性十分有益。

第五,拓展法心理学研究和应用。日本近几年的法心理学研究成果集中在口供任意性的证明和发现虚假自白上。十年启动再审最终平反的足利事件②、松桥事件③等都表明 DNA 鉴定技术的进步、口供心理学研究的发展,能在未来更有效地防范和纠正冤假错案。我国目前刑事侦查中的心理鉴定如测谎,虽不能够作为诉讼证据④,但基本上是服务于侦查人员需要的。但是,分析犯罪嫌疑人、被告人的心理不仅仅是为了辅助说明犯罪嫌疑人、被告人是否有罪,更应该帮助确认侦查过程中犯罪嫌疑人的言行举止是否受到他人干扰,即自白的任意性问题,对防止冤假错案有重要作用。另外,法心理学还有检视司法活动的作用,通过分析影响裁判者的心理因素、影响

---

① 参见陈瑞华:《刑事辩护的艺术》,北京大学出版社 2018 年版,第 256~266 页。

② 足利事件:1991 年,日本足利市一名 4 岁女童失踪而后发现了尸体。警方在女童衣服上检出凶手 DNA,并认为与此前附近发生的两起案件可能系同一人所为。死者所在幼儿园司机、43 岁未婚的菅家利和被怀疑为凶手。当时 DNA 鉴定技术应用不久,鉴定报告表明准确率仅为 1.2‰。菅家利和在法庭上坚称自己无罪,但法院仍依据其自白和检方提供的 DNA 鉴定报告,判决其有罪,并处以无期徒刑。2000 年,菅家利和提出上诉被日本最高法院驳回。2008 年,东京高等法院同意再次鉴定,鉴定结果表明菅家利和是清白的,东京高等法院根据新的 DNA 检测结果将菅家利和释放。经过再审,最终检察官承认错误,法院也向菅家利和道歉。自逮捕到服刑中得到释放,他在狱中被羁押了 17 年半。本案中 DNA 检测技术的进步是得以平反的关键。

③ 松桥事件:1985 年,日本熊本县发现一名 59 岁男子被刺身亡,宫田浩喜在警方询问时承认了"罪行",在审判中翻供否认,但仍在 1990 年被最高法院判处有期徒刑 13 年。1997 年,律师团在检方开示的证据中,发现了宫田曾供述称"犯案时卷在凶器上,使用后已经烧掉"的 T 恤左袖,还得出被视作凶器的小刀与伤口不一致的鉴定结果。2012 年,担任宫田成年监护人的律师提出再审请求。熊本地方法院于 2016 年以"自我坦白的信赖性变得无法被认可"为由,决定开始再审。2019 年,熊本地方法院作出再审无罪的判决。在本案中,证明宫田浩喜是否存在虚假自白是检方和辩方争论的焦点,也是案件得以平反的关键。

④ 参见最高人民检察院:《关于 CPS 多道心理测试鉴定结论能否作为诉讼证据使用问题的批复》(高检发研字〔1999〕12 号)。

侦查人员心理的因素,对纠正的冤假错案进行心理层面的分析,在证据层面,直观体会客观事实与法律事实的差异,对司法人员提升自我认知、规范职业行为也有一定帮助。

结　语

裁判员制度其实是一种社会经验的补充,就像是《法官因何错判》中的秋山贤三先生所讲的一样,法律人或许可以通过常年的学习,对法的专业知识产生了解,但是社会阅历等各个方面都有着这样那样的缺陷,所以这也是为什么日本采用这种裁判员审判坚持了两个原则:第一是裁判官主导,第二是在裁判的过程中考虑社会常识常理。但是这种对于法律和社会生活常识有机结合的期待,在目前的实践中还存在很多问题,毕竟从语言和经验的层面,过去的裁判官裁判和现在的裁判员裁判都有着很大的差距。如果以法社会学家帕森斯和卢曼等人的"双重偶联性"理论来看,或许更能帮助我们认识到在刑事审判中裁判官和裁判员的关系。① 裁判官和裁判员合作与互相影响的模式其实非常贴合帕森斯的"期待的互补性"理论,在裁判员裁判中,裁判官和裁判员之间存在"期待的依赖性"即自我对他我的期待依赖于他我对自我的期待,反之亦然。如何打破这种相互影响的不可知性和"黑匣子"状态,卢曼给出了答案:一是进行"自我参照",选择设置加强的要素。十年来,裁判所对该制度所作的持续的问卷调查与分析正符合了这种思路。二是发挥媒介在主体间沟通的作用。现代刑事审判区别于过去最大的特点就是辩护制度的设立和完善,在这个意义上辩护人的作用实际上是这个沟通体系中最为重要的媒介,这也是帮助裁判员理解辩护人说明为什么如此重要的原因。裁判员理解辩护人的说明不仅对促进审判结果回归公众期待有着重要的作用,还对普通国民理解辩护制度背后蕴含的法律价值有促进作用。

---

① 帕森斯和卢曼等人的"双重偶联性"理论通过对传统法社会学理论的批判修正,扩充了法社会学理论对法律与现实关系研究的范围。所谓的偶联性,就是既非必然,又非完全不可能的中间状态,某种根本的"非决定性"(indeterminateness);而"双重偶联性"则可以用来解释两个研究对象之间的互动关系。基于此理论,研究刑事审判中裁判官和裁判员的关系也得到了有益扩充,即由过去从产生错判的结果出发研究裁判官与裁判员的行为及其关系(即所谓"错误法社会学"的研究方法),转向观测裁判官与裁判员在审判过程中基于不同的内时间意识而互相影响的动态关系及其可能性(笔者认为,这本质上是研究法律思维和社会常识的现象学关系)。参见泮伟江:《超越"错误法社会学"卢曼法社会学理论的贡献与启示》,《中外法学》2019 年第 1 期。

日本个人番号制度研究

王磊*

内容提要 2013年5月,日本第183回国会会议通过《关于办理行政手续以识别特定个人的番号利用法》(以下简称《番号法》),这部法律规定,在日本居住的每个人将拥有一个固定的12位数字的号码(个人番号),也称"my number",不仅仅是日本国民,在日本中长期居住的外国人因在办理外国人登录手续的同时,需要办理住民票登录,住民票上也会附有"个人番号"。自2016年1月起,个人番号开始在社会保障、税制、灾害应对等领域使用。但是,随着个人番号制度的不断发展,其使用范围也呈现出逐步扩大的趋势,例如医疗、银行等和国民生活密切相关的领域也有逐渐引入的倾向。

随着日本个人番号制度的不断推广,在方便公权力行使的同时,其与隐私权以及个人信息保护的矛盾也日渐突出。由于日本个人番号制度实施不久,因此目前我国针对该制度的研究不是十分丰富,只是散见于一些论文中对日本个人番号制度进行介绍,对其作用以及问题点的分析不是十分全面。本文意在通过全面介绍日本《番号法》相关规定,分析其与隐私权、个人信息保护之间的关系,借鉴其相关制度设计为我国个人信息保护制度的完善提供参考。

关键词 个人番号制度;隐私权;个人信息保护

* 王磊,国浩律师(济南)事务所律师,研究方向为宪法与行政法。

一、日本个人番号制度概述

（一）日本个人番号制度的实施背景

1.国内背景

(1)用于事务处理的个人编号(cord)

针对日本个人番号制度的引入这一问题,从20世纪70年代佐藤荣作内阁时代就已开始进行讨论。当时在行政管理厅的主导之下设置了“各省厅统一个人编号联络研究会议”,讨论施行用于事务处理的统一个人编号,但是因广大国民认为其对个人信息的保护构成威胁而被搁置。因此,在1973年4月,时任行政管理厅长官福田赳夫针对个人编号制度在国会作出答辩,认为涉及广大国民切实利益的制度应在充分考虑国民意见的基础上推行,继而日本政府中止了这一问题的讨论。[①] 至此之后,1980年为适时把握个人所得等信息,政府对纳税人编号引入“绿卡制度”,同样因有侵犯个人隐私之嫌而遭到抵制,这一做法最终于1985年被废止。[②]

(2)住民基本台账网络系统

1999年,对《住民基本台账法》进行了修正,此次修正引入了使用住民票[③]编号的住民基本台账网络系统。所谓住民基本台账网络系统是指,在日所有居民(无论日本本国国民还是外国人)都会获得一个11位数的住民票编号,住所、姓名、性别、出生年月这四项内容作为可以确定特定个人的信息,不仅仅在管理住民基本台账的市町村这一范围,而且也在全国以及都道府县的行政事务中进行使用的网络系统,这一系统在2002年8月开始使用。住民基本台账网络系统的使用,使得在日本全国无论何地的市役所(政府)均可打印任何其他地方居民的住民票以及办理各种认定申请手续,大大提高了行政效率。但是另一方面,住民基本台账制度在个人信息保护这一点上有不可忽视的缺陷。行政机关将居民的信息集中于住民票编号之中形

---

① 参见[日]宇贺克也:《番号法的逐条解説》,有斐阁2014年版。

② 参见[日]贺满萍:《番号制度:日本社会保障与税制一体化改革的实施平台》,《财会月刊》2012年第32期。

③ 所谓住民票是指,将住民以个人为单位记录其姓名、出生年月、性别、住所以及与户主的关系等的材料;将住民票以每户为单位进行分类即为住民基本台账,之前只有具有日本国籍的人才有住民票,外国人适用外国人登录制度,从2012年7月9日开始,在日本国内居住90日以上的中长期滞留者(包含拥有日本永居权的外国人)同样适用该制度。

成数据库,因在网络上可以查询到个人信息,个人对于其信息安全的不安以及担心住民票编号被恶用的相关讨论逐渐增多。

2008 年 5 月,日本对《住民基本台账法》进行了相关修正。[①] 第一,之前排除不正当目的之外,任何人都可以查阅住民基本台账,例如就职、结婚等身份调查,修正后范围仅限定于为了公益性的目的。第二,之前排除不正当目的之外,任何人都可以请求复印提供住民票,修正后请求复印提供住民票的主体仅限于本人或者与本人同一户籍者、国家或者地方公共团体机关、行使个人权利或履行个人义务必要者。[②] 为提高行政效率而使用的番号制度,是在 1999 年《住民基本台账法》修订引进 11 位住民票编号的基础之上形成的。

2.国际背景

如今,对国民施行号码制度已经成为国际社会的主流,如我国、美国、德国、韩国、澳大利亚等均有自己的号码制度,日本也是在借鉴其他国家经历的基础之上继续推出的个人番号制度。

例如,美国每人拥有一个 9 位数的个人编号,由美国的社会保障部门负责推行。最初,根据 1935 年的《社会保障法》,为把握税收及国民收入而设置的社会保障号码(SSN)极具便利性,其他国家机关也开始使用。1943 年颁布法律,作为识别特定个人的制度,SSN 在国家其他机关的使用得到承认。[③] 此外,韩国于 1968 年、德国于 2009 年、瑞典于 1947 年推行了自己的个人编号制度。虽然分别由不同的部门负责,但是其使用领域基本相似,主要包括税务和养老医疗等社会保障领域。[④]

在此背景之下,日本于 2009 年 3 月制定的《所得税法等部分改正法》附则第 104 条第 3 项第 6 号指出,为提高纳税者纳税的便利性以及课税的正当化,要引入纳税者编号制度。在此后的讨论中,政府部门也强调为确保严格把握国民收入,要引入税制和社会保障共同使用的番号制度。以此为契

---

① 关于阅览居民基本账簿以及发放居民证等的省令;关于受理户籍等复印件等发放的请求以及发放业务的公共服务实施民间企业实施的省令(2008 年 5 月实施)。

② 参见[日]西村裕三:《法律思想导论》,有信堂 2016 年版,第 29 页。

③ 参见[日]松前惠环:《社会保障、税号制度和个人隐私问题,关注扩大个人番号利用范围的课题》,《全球传媒学刊》第 17 卷第 18 期。

④ 参见贺满萍:《番号制度:日本社会保障与税制一体化改革的实施平台》,《财会月刊》2012 年第 32 期。

机,有关适用于税制、社会保障的番号制度的讨论迅速开展。2012 年 2 月 14 日,《关于办理行政手续以识别特定个人的番号利用法》(以下简称“旧番号法”)以及《关于办理行政手续以识别特定个人的番号利用法相关法案》《地方公共团体信息系统机构法案》,即所谓的“my number”相关三法案在内阁会议中得到通过,但是在继续审查过程中,其随着国会会议众议院的解散被废弃。2013 年 3 月 1 日,与番号关联的四部法案《关于办理行政手续以识别特定个人的番号利用相关法律案》《关于办理行政手续以识别特定个人的番号利用相关法律案施行方案》《地方公共团体信息系统机构法案》《内阁法等的部分改正法律案(政府 CIO 法案)》于内阁会议中通过,并向国会提出,最终于 2013 年 5 月 31 日,四部法案通过并公布。[①]

(二)个人番号制度的主要内容

《番号法》从个人番号的产生到其通知、利用以及保护等各个领域对个人番号制度进行了详细的规定。

《番号法》在第 1 章总则(第 1~6 条)部分中,规定了个人番号制度的目的,定义,基本理念,国家、地方公共团体以及事业者的义务等内容。第 2 章是与个人番号密切相关部分,规定了个人番号的生成、通知、适用范围、安全管理、信息共享以及提供的要求及限制等。紧接着第 3 章规定了个人番号卡的交付以及使用。第 4 章(第 19~26 条)的规定构成了个人番号制度的核心部分,即有关特定个人信息的提供相关规定。其中针对特定个人信息提供的限制、收集的限制以及通过信息提供网络系统进行的特定个人信息提供进行了详细的规制。具体来说,该部分对信息提供网络系统、特定个人信息提供的义务、保密义务、信息提供的记录、秘密的管理等进行了规定。第 5 章针对特定个人信息保护进行了规定,其中,第 1 节针对个人信息文件的保存、特定个人信息保护评价以及特定个人信息泄露后的报告,第 2 节对《行政机关个人信息保护法》的特例、信息提供等记录的特例、地方公共团体所保存的特定个人信息的保护以及各部门的协作等进行了规定。第 6 章对特定个人信息获取的监督进行了规定。第 7 章对法人番号的通知、信息的收集、资料的提供、正确性的确保等进行了规定(法人番号不在本文讨论范

① 参见[日]堀部政男:《个人番号法——个人信息保护的新阶段》,Nextcom 2015 年版,第 24 页。

围之内)。第8章属于其他规定,对指定地方的特例,事物的区分、权限、委任等事项进行了规定。第9章规定了违反个人番号制度的处罚标准。此外还有制定附则等部分。

(三)个人番号制度的功能

根据《番号法》第9条第1项,该法所涉及的公权力行使主体主要包括:国家机关、独立行政法人、地方公共团体,此外还包括具有很强公权力性质的国民健康保险组合以及社会福祉协会,例外情况下也包含个别民间法人。

个人番号制度的引入无疑给公权力的行使带来了很多便利,大大提高了行政效率。从法条来看,个人番号的利用范围主要集中在社会保障、税与灾害应对这三个领域。具体来看,在社会保障领域,主要是国民健康保险及厚生年金保险中保险费的征收、保险资格的取得以及保险金的支付,确认及失业保险金的支付等;在税相关领域,主要是纳税义务的确定、纳税申告、税金的征收、税收的减免以及有关税收的调查等;在灾害应对领域,主要是在扶助金的支付以及受灾者统计等事务中使用。

番号在以上领域的使用,对公权力的行使起着巨大的推动作用。[①]

第一,更方便公权力机关确定特定个人。日本如今仍然实行婚后改姓制度,即婚后将随夫姓。例如:村上里美(女)与渡边麻生(男)结婚,那么结婚入籍后村上里美将会改名为渡边里美。在个人番号制度实施之前,虽然通过住民基本台账、结婚届(日本的结婚备案书)等材料信息的对比也可以确定村上里美和渡边里美为同一人,但将耗费较多人力与时间。而个人番号将伴随人的整个一生,不会因结婚、迁居等原因而改变,因此对于公权力机关确定特定个人起着极大的便利作用。

第二,在税收方面,个人番号制度的引入,可以更加准确地把握国民收入。在日本工作时,即便是兼职也需要向工作单位提交个人番号。纳税申报期限内,个人需要到市役所进行申报,提供申告书;用人单位一方同时需要向市役所提交支付员工报酬的源泉征收票[②]和支付报酬的报告书。个人与单位提交的材料中均有纳税者的个人番号,两者的结合对比,则更方便于

---

① 参见[日]佐藤匡:《个人番号法——个人信息保护中的个人番号制度》,《地区学论集(鸟取大学地区学部纪要)》第14卷第2号。

② 所谓源泉征收,即预扣税款,由支付酬金者先行扣下应纳税的所得税缴纳给税务机关。一般适用于工资、退休金、稿酬等。源泉征收票即为记录该信息的材料。

公权力机关把握国民收入。此外,根据个人番号确定特定个人更方便税收减免等政策的实施。

第三,个人番号在灾害应对以及社会保障领域的应用,能在灾害发生的第一时间制作受灾者名录,同时为其提供更加完善的社会保障制度。

当然个人番号这一制度的导入,带来的不仅仅是积极作用,个人也会存在是否侵犯其隐私权、个人信息如何能够得到保护等很多担心。[①]《番号法》第 9 条对个人番号的适用领域采用列举的方式进行详细规定。对于私权利来说"法无禁止即自由",但对公权力来说"法无授权即禁止","列举式"这一立法方式的采取,对其适用范围进行了明确的限定。需要注意的是,个人番号制度的导入并非是基于同一个数据库管理个人所有信息,例如国民健康保险以及国民年金分别由不同机构进行管理。个人番号制度实施以后,仍然和之前一样,由不同部门对特定个人信息进行分散管理。各部门通过个人番号也仅仅能获得该部门所涉及领域的个人信息。[②]

二、个人番号制度与隐私权和个人信息保护的关系

(一)隐私权和个人信息保护在日本的发展

在我们习以为常的国家使用身份证号管理国民信息的状态之下,个人番号何以侵害隐私权或许有些难以理解。因此,我们首先从日本宪法中的隐私权的含义以及隐私权相关诉讼谈起。

在日本国宪法中没有专门规定隐私权的条文。近年来针对隐私权纠纷,若从宪法的角度给予保护,往往从《日本国宪法》第 13 条出发,即日本国民享有其个人信息不被随意向第三人泄露或公布的自由。本条作为"基本人权"的内容规定在《日本国宪法》的第 3 章,是其贯彻尊重基本人权理念的重要依据。虽然,"早期是由美国学者沃伦和布兰代斯在其《论隐私权》一文中将隐私界定为一种'免受外界干扰的、独处的'权利"[③];但是在日本,"隐私权"这一概念是在 20 世纪 60 年代作家三岛由纪夫的案件[④]中最先被

---

① 参见[日]糟谷修:《个人番号制度在实际应用中问题》,《爱知县立大学论文集:商业研究》第 14 号。

② 参见[日]松井修视:《个人番号制度和利用范围扩大的问题》,关西大学学术资料库。

③ 王利明:《隐私权概念的再界定》,《法学家》2012 年第 1 期。

④ 即著名的宴之后事件。

提及。当时主要是围绕言论自由和隐私权的矛盾展开的讨论。在此案件中日本法院判决定义为,所谓隐私权是私生活不被随意向他人公开的权利;不经个人允许,他人公开自己的私生活便是对个人隐私权的侵害。日本著名宪法学者西村裕三教授认为,所谓隐私即不受他人评价、不成为他人评价对象的私人领域。西村教授这种对隐私的定义,产生了二层构造这一理论,即核心信息是包括私生活相关信息(具体例如家人关系、朋友关系、恋人关系等亲密的人际关系)和所谓的敏感信息(sensitive information)(具体例如个人的思想、宗教、身体的特征、病史等,随意公开可能会带来社会歧视的信息)。每个人应该享有以上信息不被随意公开的权利。其外围信息(index information)则是在社会生活中所必须经常使用的个人信息,包括姓名、性别、住所、电话号码等;针对这些信息,个人享有根据具体情况是否进行公开的权利。[①]

像这种个人私生活不应随意向他人公开的隐私权,到20世纪80年代,其含义又进一步扩展。从私生活信息不允许被随意公开披露,扩展为个人对自己的信息控制的权利。所谓个人信息控制权(自己情報コントロール権),虽然也是与个人信息相关的权利,但是和不想被人所知且不为人所知的个人隐私不同,其对象也包括为大众所知的个人姓名、住所、电话号码等信息未经允许不被搜集利用的权利。因个人信息与个人利益密切相关,因此他人不得进行控制,这是个人信息控制权的基本理念。个人信息控制权的概念起源于德国,最初由德国学者 Wilhelm Steinmüller 和 BerndLutterbeck 在1971年提出,在1983年的一个判决中被联邦宪法法院正式采用。其中的定义为所谓的"信息自决权"(das Recht auf informationelle Selbstbestimmung),在德国法的语境中是指"个人依照法律控制自己的个人信息并决定是否被收集和利用的权利"[②]。

如今,人们对于个人信息控制权的保护意识越来越强,个人番号中又包含大量的特定个人信息。那么如何处理个人信息控制权与个人番号制度之间的矛盾呢?

---

① 参见[日]西村裕三:《法律思想导论》,有信堂2016年版,第23页。

② 王利明:《论个人信息权在人格权法中的地位》,《苏州大学学报(哲学社会科学版)》2012年第6期。

《番号法》第4章是与特定个人信息的提供相关之条文,其中第19条对特定个人信息提供的限制,第20条对特定个人信息收集的限制进行了详细的规定。此外,第9条对个人番号的利用范围、第20条对特定个人信息文件的制作也进行了规定。第19条规定:"任何人除该法规定的以下情况外,均不得向他人提供特定个人信息……"本文就其列举的15种情况挑选7种情况进行简要分析说明①:

第一,个人番号使用单位为处理个人番号相关事务在必要的限度内向其本人或者是其代理人提供特定个人信息,例如,本人或是其代理人向征税单位查询纳税情况,该个人番号使用单位(征税单位)向其提供相关特定个人信息是被允许的。第二,个人番号使用单位为处理相关事务,在必要的限度内向该事务处理相关单位提供特定个人信息(简言之一单位向处理相关事务的另一单位提供)。例如,征收特别地方税时,市町村向各相关单位(代扣代缴机构)通知其从业者的应纳税额是被允许的。第三,对申请生活保障的人,向银行等金融机构进行资金调查。第四,使用信息提供网络系统进行信息共享。具体来说是指,具有请求提供个人信息权利的机关向具有提供个人信息权利的机关请求提供相关特定个人信息,针对此项可以使用特定个人信息的事务以及所能提供的个人信息等都进行了详细的法律规定,因为在社会保障、税制、灾害应对等领域所包含的个人信息往往都是敏感信息,极其容易不当利用,因此必须进行严格法定。使用信息提供网络系统进行信息共享时,信息查询者以及信息提供者的名称、请求信息提供的时间以及实际提供信息的时间、所提供的何种个人信息、接入信息提供网络系统的电脑等都必须进行严格记录。第五,为响应个人信息保护委员会进行行政调查,而向其提供特定个人信息(针对个人信息保护委员会,本文后续部分将会详细说明)。第六,为保护人的生命、身体以及财产,在必要之时,获得本人的同意抑或是获得本人同意存在困难时,可向他人提供特定个人信息。第七,兜底条款:个人信息保护委员会制定的规则所认定的其他情况等。②

《番号法》中采用了列举式的规定,除了其中所规定的情形之外,其他请

---

① 参见[日]宇贺克也:《番号法的逐条解说》,有斐阁2014年版,第104~130页。

② 参见林知更:《个人番号制度与隐私权:从宪法研究的角度》,《居民行政之窗》2011年第23卷第10号。

求提供特定个人信息的行为都被禁止(参照《番号法》第15条),超越本法规定的范围提供个人信息的行为在法律上都无法得到承认,采用列举的方式进行规定,使得判定是否侵犯特定个人信息有了明确的判断标准。另外一点值得注意的是,通常的“个人信息”,原则上若未能得到本人的同意,向他人提供的行为是为法律所禁止的,得到本人同意的提供行为则被容许;但是“针对个人番号中的‘特定个人信息’来说,即使得到本人的同意,使用单位若超过法律规定范围使用或收集特定个人信息,这种行为仍然是被禁止的”[①]。正如早稻田大学在向警察提供参会者名簿时若提前获得参会学生的同意,学校方面将不会构成侵权,这也是当时最高裁判所判定学校败诉的重要原因之一;但是其所收集的若是《番号法》所保障的特定个人信息,即使获得学生们的同意,超越法律的规定向警察提供仍然将会构成违法,这是对个人信息保护的进一步发展。

(二)个人番号制度与《个人信息保护法》的互补与冲突

首先我们看一下日本个人信息保护相关法律体系[②],如图1所示。

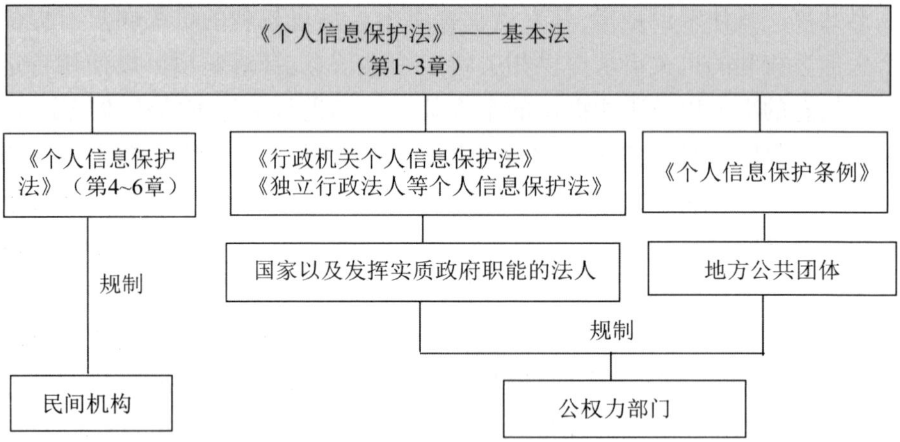

图1 日本个人信息保护相关法律体系

在日本,个人信息保护相关法律体系主要包括《个人信息保护法》(基

① [日]酒井克彦:《经营者所面临的有关信息管理的新义务——个人番号制度和信息管理义务》,《商学论纂(中央大学)》2016年第57卷第5~6号。

② 参见[日]宇贺克也:《个人信息保护法的逐条解说》,有斐阁2014年版,第19页。

本法及规制民间机构内容部分)及《行政机关个人信息保护法》《独立行政法人等个人信息保护法》(以上合称为"个人信息保护三法")等,除了"个人信息保护三法"外,针对地方公共团体所掌握的个人信息,也存在《个人信息保护条例》进行保护,其各法律法规规制的范围及其相关关系如图1所示。个人信息保护法律体系中针对个人信息向他人提供以及使用等的限制主要包括《个人信息保护法》第23条、《行政机关个人信息保护法》第8条以及《独立行政法人等个人信息保护法》第9条等。

前文分析了《番号法》第19条对个人信息提供及使用的限制,从中不难看出,《番号法》与《个人信息保护法》针对个人信息提供以及使用的限制方面存在很多相似的规定。虽然个人番号制度中存在着大量的特定个人信息,但是《番号法》是在尊重以上"个人信息保护三法"作为一般法的前提之下,针对特定个人信息进行的特别的规定。在信息提供方面《番号法》具有比个人信息保护相关法律更加严格的规制,比如,在使用目的外提供等方面:《行政机关个人信息保护法》和《个人信息保护法》明确规定,在搜集个人信息时,要明确搜集信息的目的,禁止由一种目的搜集到的信息另作他用,除非能够获得本人的同意;而《番号法》规定,即使得到本人的同意,使用单位若超过法律规定范围收集或使用特定个人信息,这种行为仍然是被禁止的。在此种意义上来说,《番号法》是个人信息保护方面的特别法,当《番号法》中存在与《个人信息保护法》不同的规定时,优先使用《番号法》(特别法优先于一般法)。因个人番号中所包含的特定个人信息更加丰富且更能准确确定特定个人,因此针对个人番号等特定个人信息有必要采取相对于一般个人信息更加严格的保障措施。

三、对个人番号利用的法律规制

(一)采用"列举式"的法律规定

为明确判断标准,《番号法》对允许获取、利用、提供个人番号相关信息的情况进行了逐一地列举,并明确规定,在《番号法》中列举的情况之外对个人番号等特定个人信息的获取利用提供均为违法。例如,本文对《番号法》第19条所列举的"对特定个人信息提供的限制"进行了简要分析,这种"列举式"的法律规定,有效地划定了权力范围。当然,虽然采取了列举式的规定,其中不乏存在"为了……之目的""在必要的限度内"等语句,针对"目的”以及“限度”如何进行判定,仍然存在着讨论的空间。①

(二)设置个人信息保护委员会

平成二十七年法律第65号修正案根据《内阁府设置法》(平成十一年法律第89号)第49条第3项规定,2016年1月1日起,设置个人信息保护委员会(规定于《个人信息保护法》第5章),该个人信息保护委员会由最初个人番号制度中的特定个人信息保护委员会改组而成,归属内阁总理大臣管辖。该委员会由委员长1名及委员8人(其中4人为非专职委员)组成,人员需经参众两院同意,由内阁总理大臣任命,独立行使职权,负责监视监督收集处理特定个人信息的行政机关等各单位之行为是否合法,例如是否遵守阅览、复制、保管的限制以及安全管理措施的义务,个人信息的收集利用是否合法,信息协作系统等是否合法地运行等,同时对个人针对个人信息的申诉进行处理以及制定特定个人信息保护评价内容程序等。设置该委员会主要是以独立于行政机关的立场来实现其监督职能。另外,就特定个人信息而言,监督对象最初为社会保障、税制、灾害应对等领域,将来随着个人番号制度使用领域的扩大其范围还将更加广泛。② 设置以个人信息保护为目的的独立机关,如今已经成为国际化的潮流,日本虽然在颁布个人信息保护相关法律时就已阐明其必要性,但是在本次法律修正之前,《个人信息保护法》中并未设立这一机关。《番号法》的颁布实施,为在《个人信息保护法》中设立个人信息保护委员会提供了一个契机,可以说在日本个人信息保护法的发展历程中具有划时代的意义。以下简要分析《番号法》中与个人信息保护委员会相关的部分规定。

《番号法》中有关信息保护委员会相关的规定主要集中在第6章,着重规定了信息保护委员会的主要职能,主要包括指导及建议的权力(第33条)、劝告及命令的权力(第34条)、报告及介入调查的权力(第35条)。委员会可以在必要的限度之内,对个人番号利用事务的实施者,在有关于特定个人信息的利用、特定个人信息共同管理、特定个人信息以外的个人信息的利用等方面,提供必要的指导及建议;委员会可以对在特定个人信息上的不

---

① 参见[日]高桥秀雄:《关于个人番号制度的研究》,《中京企业研究》2016年第38号。

② 参见[日]松前惠环:《社会保障、税号制度和个人隐私问题,个人番号利用范围的扩大项目课题》,《全球传媒学刊》第17卷第18期。

当利用者，进行令其停止不恰当行为的劝告，并可以进行有关于执行该措施的命令；委员会可以要求特定个人信息的利用者以及其他相关人员提供报告或资料，或是进行介入调查。确保其监督作用最大限度地实现，最重要的是要保证与监督对象之间的独立性；除了其产生以及所受管辖之外，《番号法》第 38 条还规定，个人信息保护委员会可以向内阁总理大臣提出有关改善特定个人信息保护措施的意见，以促进监督作用的完善。

（三）制定更加严格的处罚标准

相对于个人信息保护相关法律体系来说，在防止特定个人信息泄露方面，《番号法》还存在的一大特色是制定更加严格的处罚标准。《番号法》第 48～57 条对处罚标准进行了详细规定。《番号法》规定了 8 种类型的犯罪，但《个人信息保护法》只规定了 3 种，而且《番号法》所规定的法定刑比《个人信息保护法》中的法定刑均较为严格。

《个人信息保护法》的惩罚标准多是在接受命令者存在不遵守命令等违反行为时才能适用的“间接罚”；与此相对的，《番号法》则大多是可以立即适用的“直接罚”。[①]《个人信息保护法》在立法过程中也曾审议过“直接罚”，但最终多采用了“间接罚”。在个人信息保护法改正法案中，“处理个人信息的单位或从业人员等，为谋取不正当利益而将其所处理的个人信息数据库等（包括复制或者加工过的全部或一部分）提供或盗用给自己或者第三人的，处以 1 年以下有期徒刑或 50 万日元以下的罚金”（第 83 条）是直接罚规定，可以说《番号法》中的直接罚主义与其有相当的关系。[②]

（四）建立特定个人信息保护评价制度

所谓特定个人信息保护评价制度是指，将要保有特定个人信息或者是已经保有特定个人信息的国家行政机关、地方公共团体等，在预测各因素对个人隐私等权利利益造成影响的基础之上，分析特定个人信息泄露或者是其他危险事件发生的风险，并说明为降低这种风险所采取的措施的评价制

---

① “直接罚”与“间接罚”的主要区别是是否直接适用处罚标准。“直接罚”是针对该违法行为直接适用某种处罚标准；与此相对，“间接罚”是针对某种违法行为首先下达行政指导或行政命令，若违反该指导命令，以此为理由，给予相应的处罚。其规定为“～した者、～しなかった者”的多为“直接罚”；其规定为“～の規定による命令に違反したもの”的多为“间接罚”。

② 参见［日］堀部政男：《个人番号法——个人信息保护的新阶段》，Nextcom 2015 年版，第 24 页。

度。[①] 简而言之,特定个人信息保护评价书就是在出于何种必要性收集个人信息、该行为存在什么样的风险、可以采取何种对策来应对这种风险等方面,被收集个人信息的一方以及收集方双方进行交换意见的资料。其主要是在个人番号制度实施之后,对防止个人隐私权等权利利益受到侵害所作的事前应对,以此来保障居民对国家以及制度的信赖。这一制度并非日本首创,《番号法》虽然使用"特定个人信息保护评价"这一用语,但是在国际上一般被称为"隐私影响评价"(PIA, Privacy Impact Assessment)[②],其作为法律制度被引入日本尚属首次。特定个人信息保护评价,是使用个人番号的各行政机关、地方公共团体等自身在综合分析危险因素以及对策的基础上,制作发表特定个人信息保护评价书,所评价的内容、程序以及方法标准等由个人信息保护委员会进行制定。《番号法》还规定,委员会应根据个人信息保护相关技术的进步以及国际的动向,至少每三年一次针对内容标准等进行研究讨论,必要时对相关内容进行变更。[③]

这一制度在《番号法》中的规定主要集中在第 5 章"特定个人信息保护"的第 1 节(第 27 条、28 条)。若个人信息遭到泄露,事后回收全部泄露信息挽回损失存在极大的困难,因此在《番号法》中设定这一事前预防的评价制度。这一评价制度虽然规定在《番号法》中,但其评价面向的对象也并非全部的特定个人信息,而是特定个人信息文件。为了方便检索,特定个人信息文件构成一个完整的体系,若不能保证其得到正确处理则会产生较大的隐私泄露风险,因此,围绕特定个人信息文件采取预防措施,将会大大降低其泄露的风险。[④]

此外,随着个人番号制度的实施,个人门户网站也应运而生。通过被称为"个人门户网站"的信息提供记录公开系统,本人可以随时核实监督谁于何时何地获得了本人的何种信息(《番号法》第 23 条信息提供记录),也是防止个人番号及相关特定个人信息被滥用的有效规制方式。

---

① 参见日本个人情报保护委员会事务局:《特定个人情报保护评价的概要》,2017 年 5 月。

② 参见[日]宇贺克也:《隐私权的影响评估》,《高桥和之先生古稀纪念 · 现代宪政主义》,有斐阁 2013 年版,第 197 页。

③ 参见[日]宇贺克也、水町雅子:《番号法对于特定个人情报保护评价的解说:个人隐私影响评价》,《第一法规》2015 年。

④ 参见[日]宇贺克也:《番号法的逐条解说》,有斐阁 2014 年版,第 147 页。

四、日本个人番号制度对我国的启示

本文前部分对日本个人番号制度从制度概要，与隐私权、个人信息保护之间的关系以及对其利用的法规等角度进行了简要分析。以下着重分析日本最近实行的个人番号制度对我国当今法律制度的完善有何启示。

（一）对我国身份证制度完善的启示

在我国，和日本个人番号制度最为相似的就是居民身份证制度。1985年9月，我国居民身份证制度正式开始实施。1999年10月1日起，为适应经济社会发展的需要，经国务院批准在全国范围内开始推行公民身份号码制度——国家为每个公民从出生之日起就编订唯一的、终身不变的身份代码。2004年1月1日起，伴随着我国《居民身份证法》开始施行，中华人民共和国第二代居民身份证也开始推出。与第一代身份证相比，第二代身份证最大的特点就是实现了数字化、网络化。2011年10月，国家通过《关于修改〈中华人民共和国居民身份证法〉的决定》，我国新的《居民身份证法》于2012年1月1日起正式开始施行。

我国的居民身份证制度施行时间较长，相对来说比较完善。就身份证作用方面来说，在居民身份的有效证明以及国家管理的有效手段这两方面，其具有的唯一性与终身不变性的特点，和日本的个人番号制度具有相似性。同时，我国《居民身份证法》还规定了国家机关等单位及其工作人员在职务行为中若获得公民个人信息应负有的保密义务及违反保密义务的惩罚措施，比如第6条规定了公安机关和人民警察负有的个人信息保密义务，第19条规定了国家机关和金融、电信、交通等单位及其工作人员泄露居民身份证上个人信息的法律责任，第20条规定了人民警察泄露个人信息的法律责任。但是，仍然存在着一些问题，从日本个人番号制度来看，就我国居民身份证制度的完善还可以作以下努力：

第一，对有权查验居民身份证单位的范围进行具体的限制。《居民身份证法》第3条第1款规定："居民身份证登记的项目包括姓名、性别、出生日期、常住户口所在地地址、居民身份证号码、本人相片、指纹信息、证件的有效期和签发机关。"其中包含大量个人信息，可以查验居民身份证便意味着可以获得以上所有信息，对个人信息保护构成了严重的威胁。王秀哲曾在其文章中指出："于2010年通过北大法律信息库搜索，包括'居民身份证'字样的中央法规、规章等规范性文件共有598条。以此来看按照法律的规定，公民‘依法’应当出示身份证的情形日益增多，通过居民身份证证明个人身份已经成了公民在社会生活中的义务。”①

第二，建立评价监督公民身份信息泄露风险的制度和机构。我国《居民身份证法》对身份证的申领和发放、使用和查验、法律责任等进行了规定，但是并未建立公民身份信息的监督保护制度和机构。如今居民身份证的功能越来越多，未携带居民身份证可以说是寸步难行，可进行查验登记身份信息的国家机关和单位如公安、铁路、宾馆等的数量也逐渐增多，如果没有配套的防止信息泄露的法律制度和机构，就会增加公民个人身份信息泄露的风险。日本随着个人番号制度的建立，开始施行特定个人信息保护评价制度并建立了监督机构个人信息保护委员会，能够对获得居民信息的行为及时评估并作出反馈，有效地对使用单位形成牵制，对促进个人信息的保护具有巨大的作用。

第三，对公民合理权利进一步进行保障，除非涉及国家安全及公共利益，公民应享有提交或不提交身份证及身份证信息的权利，公民应享有知悉其提交的身份证信息被何种单位或个人何时以何种目的进行使用的权利。如今生活中，被要求提交身份证或身份证复印件等信息的场景不胜枚举。但是要求提交的单位对所收集的信息如何进行保管利用的情况，提交者基本一无所知，这既是对公民个人信息权，也是对知情权的严重侵害。对公民的以上合理权利给予法律上的保护，也是我国居民身份证制度进一步完善的应有之意。日本《番号法》对特定个人信息的提供采用一章进行了详细规定，对特定个人信息提供的限制、收集的限制以及信息提供网络系统的使用均进行了详细的规定，这对我国身份证制度的进一步完善具有相当的借鉴意义。

(二)对我国个人信息权及隐私权保护之启示

日本《番号法》作为其《个人信息保护法》的特别法，为特定个人信息的保护提供了另外一条渠道，同时也提供了更加严格的保护标准。与此相比，我国针对个人信息权以及隐私权保护的相关法律存在若干不够完善之处。

---

① 王秀哲:《身份证明与个人信息保护——我国居民身份证法律规制问题研究》,《河北法学》2010年第5期。

首先,我国缺乏系统的个人信息保护法,对个人信息的保护仍然只是散见于各法律之中。针对个人信息保护立法的讨论一直不绝于耳,其间也出现过许多个人信息保护法的专家建议稿①,但是个人信息保护法的制定工作一直未进入正式立法程序。目前,我国针对个人信息的保护的规定主要散见于《民法总则》《刑法》《中华人民共和国居民身份证法》等法律法规之中。例如:前文对《居民身份证法》中的相关规定进行了分析。另外,2009年通过的《刑法修正案(七)》增设"非法获取公民个人信息罪"和"出售、非法提供公民个人信息罪",第一次在中国的刑事立法中确立侵犯公民个人信息的犯罪,从而为我国个人信息的严格保护提供了重要法律依据。② 继而,2015年施行的《刑法修正案(九)》第17条针对个人信息犯罪又进行了严格的规定。2012年12月全国人大常委会通过的《关于加强网络信息保护的决定》、2013年9月1日起实施的《电信和互联网用户个人信息保护规定》以及2017年6月1日起实施的《中华人民共和国网络安全法》等分别从不同层面不同角度对个人信息保护进行了规定。除此之外,最受瞩目的当属《民法总则》,其中第111条规定:"自然人的个人信息受法律保护,任何组织和个人需要获取他人个人信息的,应当依法取得并确保信息安全,不得非法收集、使用、加工、传输他人个人信息,不得非法买卖、提供或者公开他人个人信息。"这一规定从民事基本法层面确立起对个人信息的保护,可以说是具有划时代的意义③,但是,未能明确地将其表述为"个人信息权"。在我国这样的成文法国家,缺乏明确的表述往往会将个人信息作为一种利益而非是一项权利,进而难以提供充分的保护。

其次,因相关规定比较分散,法律的适用范围有限、可操作性欠缺。针对个人信息保护的规定多存在于网络信息化领域,缺乏针对所有信息控制人都适用的规定。而且,许多条款仅仅规定了何人对个人信息有保密义务,在一部法律中一带而过,很难完整表述个人信息保护基本原则,信息主体的

① 参见周汉华:《中华人民共和国个人信息保护法(专家建议稿)的立法研究》,法律出版社2006年版;齐爱民:《中华人民共和国个人信息保护法示范法草案学者建议稿》,《河北法学》2005年第6期。

② 参见赵秉志:《〈刑法修正案(七)〉的宏观问题研讨》,《华东政法大学学报》2009年第3期。

③ 参见杨翱宇:《我国个人信息保护的立法实践与路径走向》,《重庆邮电大学学报(社会科学版)》2017年第6期。

权利,在收集、处理、使用及监督保护方面的具体规则等。

最后,理论体系不成系统,现有规定之间缺乏关联性整体性,造成理解难适用难的现状。隐私权和个人信息权也存在着相似的问题。我国宪法没有规定明确的隐私权,《宪法》第38条确认了公民人格尊严不受侵犯,构成了我国隐私权保护的宪法基础。但是,根据2009年最高人民法院发布的《最高人民法院关于裁判文书引用法律、法规等规范性法律文件的规定》第4条的规定[①],与日本通过其宪法第13条关于幸福追求权的规定来保护隐私权不同,我国法官无法直接通过适用宪法来对案件作出裁判保护公民隐私权。我国《侵权责任法》第2条明确表述了隐私权是侵权责任法的保护对象。但是,王利明教授曾指出,《侵权责任法》主要是救济法,其主要功能不是确认权利而是保护权利。[②] 这就造成了如今我国对于隐私权确认权利不到位的境地。

从以上分析可以看出,我国对隐私权及个人信息权的保护仍然不够到位。结合日本的《个人信息保护法》《番号法》以及我国个人信息保护的现状,我国急需一部完整的《个人信息保护法》对个人信息给予系统保护,并树立政府所应有的保护公民信息义务的意识,以解决在法律不成系统、适用范围有限、可操作性不强等方面的问题。日本的《番号法》以及《个人信息保护法》分别从国家机关、地方公共团体、民间组织三个主体,从个人信息的收集、提供、使用、存储、监督、法律责任等角度对个人信息保护进行了系统规定。特别是,应当关注日本个人信息保护法律体系中的《行政机关个人信息保护法》。党的十九大报告提出,要转变政府职能,深化简政放权、创新监管方式,增强政府公信力和执行力,建设人民满意的服务型政府。在个人信息保护方面,政府也应做好角色转换,建立由“管理”公民信息转变为“储存、使用”公民信息,履行保护公民个人信息义务的“服务型政府”。

---

① 民事裁判文书应当引用法律、法律解释或者司法解释,对于应当适用的行政法规、地方性法规或者自治条例和单行条例,可以直接引用。

② 参见王利明:《隐私权概念的再界定》,《法学家》2012年第1期。

韩国法专辑

韩国宪法法院对平等权的违宪审查标准

[韩]金永完*

内容提要 韩国宪法法院自成立以来,通过一系列有关平等权的审判建立了符合自身需要的审查标准。本文介绍韩国宪法中平等权的内容及诸多韩国宪法法院的相关判决,以此对韩国宪法法院审查平等权违反与否采用的标准进行分析。初期韩国宪法法院审判标准不太明确,导致了禁止恣意原则和比例性原则在实践中交叉使用。通过进一步研究和实践,韩国宪法法院终于提出了作为缓和性审查标准的禁止恣意原则和作为严格审查标准的比例性原则,之后对平等权侵害与否的判定开始具有了明确的审查标准。为了更准确地了解是否侵害平等权的审查标准,也应考虑立法者立法形成权的权限程度问题。

关键词 韩国宪法法院;平等权;禁止恣意原则;比例性原则;缓和的比例性原则;立法形成自由

虽然平等思想的渊源可以追溯到久远的古代或中世纪,但人人生而平等这一思想却可以说是近代自然法学思想的产物。正如每个时代的平等思想形态各不一样,每一个社会也都形成了彼此不同的平等思想。对于是否侵犯平等权这一问题,不可能所有国家都采取同一标准进行判断。

德国 1951 年 10 月 23 日颁布《西南国(Südweststaat)决定》以来至 1980

* 金永完,法学博士,山东大学法学院教授。

年《对德国〈民事诉讼法〉第528条的决定》颁布以前,联邦法院一直根据"禁止恣意"的公式来判定是否违背了平等权。但是该决议出现后到1993年1月26日颁布《关于第二次变性人(transsexuellen)的决定》前,这一审判标准转变为按照将歧视类型区分为"人的歧视"和"物的歧视(事物歧视)"的"新公式"进行评定。即,对"物的歧视"采取"禁止恣意"的公式评判,对于"人的歧视"和由于"物的歧视"而引发的"人的歧视"状况,则采取"合乎比例的原则"进行评判。《关于第二次变性人的决定》颁布以后再次修订了"新公式",对于以基本权利得以保护的自由引发严重限制的情况,以及宪法中直接明文规定的禁止歧视的特别要求平等的情况,采用"合乎比例的原则"这一严格审查基准。①

美国已经明确将作为最基本审查标准的"合理性标准"(rationality test)、"严格的审查标准"(strict scrutiny test)以及"严格的合理性标准"(strict rationality test)确立为判决平等权的审查基准。可以说,这里所讲的"合理性标准"类似于德国的"禁止恣意原则","严格的审查标准"则同德国的"合乎比例的原则"有很多相似之处。

韩国宪法法院成立以来也通过对一系列有关平等权案例的审判建立了符合自身需要的审查标准。

一、韩国宪法中的平等权

(一)韩国《宪法》第11条第1款

韩国《宪法》第11条第1款明文规定:"所有国民在法律面前是平等的。任何人均不因性别、宗教或者社会身份的差异受到政治、经济、社会、文化等所有生活领域的不平等对待。"

1."法律面前"的意义

"法律面前"的平等不仅指"法律适用范围的平等"(法律适用范围平等说=立法者不受约束说),还包括"法律内容的平等",用来约束立法者(法律内容平等说=立法者约束说)。韩国宪法法院也持有着同样的立场,即"我们宪法宣言中指出的'人的尊严性'和'法律面前的平等'除了意味着行政

① 参见[韩]金贤哲:《美国宪法上平等保护与韩国宪法法院的违宪审查标准》,全南大学校出版部2012年版,第250~251页。

部或司法部规定的法律适用范围的平等外，还意味着要求立法者根据正义和衡平原则合理制定符合宪法的法律，也就是法律内容上的平等”[①]。

2.“平等”的意义

(1)相对的、实质的平等

“平等”观念中包含了无视个人差异，试图在法律方面采取无差别、均等的“绝对平等”观念以及着眼于个人实际差异并采取与之相应的法律上对待的“相对平等”观念。[②] 韩国《宪法》第11条第1款规定的“平等”观念采用“相对平等”原则，即有合理依据的基础上允许差别对待。韩国宪法法院也明确指出：“《宪法》第11条第1款规定的平等原则并不是意味着无条件地否定一切差别对待的绝对平等，而是意味着不允许由于法律适用范围和立法不合理因素导致出现差异的相对、实质平等。”[③]虽然“相对平等”具有合理性，但我们也不能完全否定特殊情况的存在。举例说明，在选举权等政治参与权的不平等问题方面采用“绝对平等”(划一性平等)更加妥当。[④]

在采取“相对平等”原则时，采取怎样的方法处理个人差异成为问题所在。为此主要采用“形式平等”和“实质平等”的讲学概念。简单讲就是，“形式平等”意味着“法律处理的均等”，“实质平等”则意味着“法律处理结果的均等”(事实关系的均等)。举例说明：征收税务时按照个人收入比例进行征收的属于“形式平等”，征收递增税的方式则是“实质平等”。[⑤] 国家必须积极采取各种方式实现所有国民的法律处理结果上的平等。韩国宪法有关经济基本权利以及社会基本权利的规定中有很多规定要求国家采取积极行动实现实质性的平等。

(2)向上的平等

韩国宪法法院认为，平等的概念是为了实现法律价值的向上提升而不是向下均等地运用。也就是，“宪法保障的平等原则是为了普遍实现在增加个人基本权利和改革制度方面法律价值的向上提升，而不是只把摒除不平等作为目的并采取向下平等措施。宪法规定的平等原则不妨碍国家无论何

① 宪裁 1992.4.28. 宣告 90(违宪法律审查型宪法诉讼)24。
② 参见[日]长尾一紘：《日本国宪法》，世界思想社2004年版，第147页。
③ 宪裁 1999.7.22. 宣告 98(违宪法律审查型宪法诉讼)14。
④ 参见[日]长尾一紘：《日本国宪法》，世界思想社2004年版，第147页。
⑤ 参见[日]長尾一紘：《日本国宪法》，世界思想社2004年版，第147~148页。

时何地对何一阶层改善其基本权利情况或者制度的自由。也就是国家应该依照合理的基准在能力许可范围内选择能够促进制度阶段性改善的道路,从而实现法律价值的向上提升”①。

3. 禁止歧视事项

韩国《宪法》第 11 条第 1 款第 2 文明确将“性别、宗教、社会身份地位”规定为禁止歧视的事由。“示例说”认为,韩国《宪法》第 11 条第 1 款第 2 文中的各种禁止歧视事项不过是举例说明,因此对这些事项的违宪审查同此处未列举的禁止歧视事项的审查应采用同一审查标准。与此相反的是“列举说”,主张这些是宪法特别明确规定的不能进行歧视的事项,因此对于这些事项的审查与此处并未明文规定的歧视事项的审查标准不同,必须采用更加严格的审查。通说并不将这些举例看作限定的列举规定,而将其看作示例(示例说),因此不能以宪法中未例示为由将歧视行为正当化。

(1)性别

对性别禁止歧视的规定意味着男女平等,不允许对男女性别进行价值判断歧视,但是法律承认因为男女身体、生理方面差异而采取的差别对待的合理性。与之相关的问题大多出现在雇佣关系领域,《男女雇佣平等法》第 7 条第 2 款对此作出了具体的规定:“业主招聘和雇佣女性劳动者时,不得对所招聘职务并不需要的容貌、身高、体重等身体条件、婚姻条件以及除此之外的劳动部令规定的其他条件作出要求或指示。”

(2)宗教

禁止因为宗教而存在的歧视实际上意味着宗教平等。韩国《宪法》第 20 条规定,“所有国民享有宗教信仰的自由”(第 1 款),“不承认国教的存在,宗教和政治相分离”(第 2 款)。因此赋予了国家对各种宗教保持中立的任务。

(3)社会性身份

社会性身份的意义可以根据强调的重点是“社会性”还是“身份”而进行不同层面的分析。如果赋予“列举说”列举指出的条款法律意义的话,这就相当于承认了“先天地位说”;与此相反,“示例说”的主张者大多赞同“后天身份说”的观点。比起强调“身份”层面的“先天身份说”,囊括“社会”层

① 宪裁 1990. 6. 25. 宣告 89(权利补救型宪法诉讼)107。

面并对其进行解析的“后天身份说”更为妥当。韩国宪法法院也指出,“《宪法》第11条第1款中所讲的在社会上占据长期地位的‘社会性身份’带有一定的社会评价意义,因此应该说前科者也是一种社会身份”①,也就是采取了“后天身份说”的立场。

但是,有必要特别指出,在“憲裁 1997. 6. 26. 96. 헌마(权利补救型宪法诉讼)89 决定”(选举年龄 20 岁案件)的补充意见中,将禁止歧视事项与立证责任问题结合在一起而提出的审查标准,即“有关平等权判决中引发问题的情况,《宪法》第11条第1款后半部分作为一定事项示例的‘性别、宗教或者社会身份’具有非常重要的意义。因为此处列举的事项都属于民主制度的基本要素,通常都认定为不允许对这类事项进行歧视处理并推定对此处列举事项的歧视行为是无合理依据的歧视行为,因此主张这种差别对待行为合宪的人士必须证明这一行为属于合理性差别处理。但是对于没有作为一定事由列举出来的其他事项的差别处理行为,代议民主机关的立法行为则是被推定为符合宪法的,而且差别地处理此类行为也被推定为具有合理性的。这一案件中的争论点是选举权的‘年龄’问题,但是由于‘年龄’并不能看作是示例事项中的‘社会性身份’,因此主张限制 18~19 岁公民的选举权是违宪行为的诉讼人士必须论证这一行为是缺乏合理性的差别处理行为”。

另外,与“社会性身份”关联的关于尊属杀害罪的加重处罚规定是否具有违宪性的问题也不断被提出来。尊属—卑属的关系仅仅是简单的自然亲族身份,还是包含在社会性身份之中,由于立场不同,判断的标准也有可能会因此而不同。韩国围绕这一规定形成了“违宪论”和“合宪论”两种对立观点。由于这方面的内容已经超出了本文的研究范围,因此在此处略去,仅仅介绍一下与之相关的违宪诉讼案件。在违宪诉讼案件中,韩国宪法法院对有关尊属伤害致死罪给出如下判定:“与其说对卑属的直系尊属的尊敬和热爱源自封建家族制度,倒不如说这些感情源自作为社会伦理本质构成成分的价值秩序。由于尊属伤害致死罪的行为被看作是违反前文所讲的普遍社会秩序或者道德伦理,甚至是有悖人伦的行为,因此比起一般的伤害致死罪,这种行为的悖伦性有更充分的理由受到社会的高度批判……关于处理这一案件的法律规定,并不是因为法律实现了道德的强制性,而只不过是由

① 宪裁 1995. 2. 23. 宣告 93(违宪法律审查型宪法诉讼)43。

于这种行为有悖于伦理加重责任从而使得刑罚加重……因此,不能说明这一案件的法律条款违反了宪法上的平等原则。"[①]虽然这一判决并不是直接针对尊属杀害罪的决议,但是这一判决告诉了我们,以后很有可能会将有关加重尊属杀害罪的刑法处理规定的相关案件宣布为符合宪法的行为。[②]

(二)有关平等权的其他法令

韩国《宪法》第 11 条第 2 款和第 3 款中也规定了有关保障平等权的内容,即"不承认社会特殊阶级制度,并反对与之相关的一切创建形态"(第 11 条第 2 款),"勋章等荣誉仅仅对被授予者具有效力,但并不赋予其任何形式的特权"(第 11 条第 3 款)。韩国宪法中除了第 11 条外还有其他有关保护平等权的条文,即"所有国民都有根据自身能力受到均等教育的权利"(第 32 条第 4 款),"国家应该保障婚姻和家庭生活建立在个人尊严和两性平等的基础上并促进维持这一状态"(第 36 条第 1 款),"无论何人均不因履行兵役义务而受到不利待遇"(第 39 条第 2 款),"国会由国民通过普通、平等、直接、秘密选举来选出的国会议员组成"(第 41 条第 1 款),"国家应该维持国民经济的均衡增加和稳定发展,并保障所得分配的适当性,防止市场的绝对支配和滥用经济调控权,通过经济主体间的协调制约和调整经济实现经济民主化"(第 119 条第 2 款),"为了促进区域平衡发展,国家有义务培养发展地域经济"(第 123 条第 2 款)。

二、有关侵害平等权的违宪审查标准

由于平等权原则要求的平等并不是绝对意义的平等,而是相对意义上的平等,因此就赋予了立法者广泛的自由来决定"相似的事项"和"不相似

---

① 宪裁 2002. 3. 28. 宣告 2000(违宪法律审查型宪法诉讼)53。

② 顺便介绍一下日本的相关判决内容。日本最高法院判定尊属杀害罪的加重处罚规定(旧《刑法》第 200 条)为违宪规定:(1)"对尊属的尊重报恩应该看作社会生活的基本道义,与此相似的自然感情乃至普遍伦理的维持都值得得到刑法的保护。"(2)"案情中如果被害人同犯罪嫌疑人是尊属关系,不仅允许在量刑上加强对这一案件的重视,也准许将这一情况类型化规定为法律上加重量刑的条件,即使采取了这些差异性的处理方式,我们也不能断定这种处理结果缺乏合理性的依据。"(3)但是,"处罚加重的程度太过极端,而且仅仅作为前文提出的实现立法目的的手段从而导致判决失衡的情况,如果对于这些加重处罚措施找不到合理的依据的话,这一差别处罚明显是不合理的违宪规定"。(4)"《刑法》第 200 条将尊属杀人的法定刑规定为死刑或者无期徒刑,这一规定完全超越了实现立法目的的限度,与《刑法》第 199 条有关普通杀人罪法定刑的规定相比,明显是采取了不合理的差别处理,违反了《宪法》第 14 条第 1 款的规定,因此判定为无效。"(日本最判昭 33. 10. 15)

的事项”以及“应该类似处理的事项”和“应该差别处理的事项”的分类。但是，由于立法者的“立法形成自由”并不是无限制的自由，因此这并不意味着赋予了立法者将正义观点判断为恣意行为的权利。由于此处赋予立法者的“立法形成自由”是有限的，因此宪法法院对涉嫌侵犯平等权的法律条文进行违宪调查时，就必须首先判断该项调查是否超越了“立法形成权”的权限范围。[①] 宪法法院必须完成对平等原则的“立法形成权”的权限判断，而且随着“立法形成权”的权力程度不同，对于违反平等权与否的审查标准也因此不同。

韩国宪法法院依照1960年宪法得以成立，后依照1962年宪法被撤消。之后韩国宪法法院依照1987年宪法（现行宪法）重新开始活动，并随着1988年8月5日《宪法法院法》（法令第4408号，1991年11月30日修订）的颁布开始重新设立运营。下文将会分析一下韩国宪法法院有关平等权的违宪审查标准。

对于退伍军人参加公务员雇佣考试时成绩最高给予5%加算点的规定是否违宪这一宪法诉讼案件（退伍军人加算点案件），韩国宪法法院给出了以下判定：“对于是按照严格的审查标准还是依照缓和的审查标准判定是否违反平等原则这一问题，根据立法者被赋予的立法形成权自由程度的不同，其判定标准也会发生变化。首先宪法特别规定要求必须平等对待的事项适合运用严格的审查标准。如果宪法中明确规定了不能进行差别对待事由的标准或者特意指出的禁止歧视的领域，对于违反这些标准的差别对待或者该领域的歧视问题则必须采用严格的审查标准。如果因为差别处理引发了制约相关基本权利的话，应该缩小立法形成权的自由并采用严格的审查标准……进行严格的审查并不是仅仅局限于依照禁止恣意原则进行审查，也就是说并不是仅仅审查该事项理由是否合理，而是根据比例性原则进行审查，换句话说，这意味着应该根据差别处理的目的和手段之间存在严格的比例关系与否进行审查。”[②]

这一案例将违反平等权与否的审查标准划分为按禁止恣意原则审查的缓和审查标准和按比例性原则进行审查的严格审查标准。自此之后，韩国

---

① 参见［韩］许荣：《韩国宪法论》，博英社2011年版，第343页。

② 宪裁1999.12.23. 宣告98（权利补救型宪法诉讼）363。

宪法法院开始采用这两种审查标准审判案件。

(一)禁止恣意原则

禁止恣意原则是指不允许立法者根据个人喜好任意将本质相同的事项采取不同的方式处理或者将实质不同的事项采取相同方式处理。作为一种“缓和的审查标准”,可以说这一原则赋予了立法部“广泛的立法形成自由”。

1. 禁止恣意原则的审查条件

“一般来说禁止恣意原则的审查条件为:(1)是否存在对本质相同事项采取不同处理的差别处理情况;(2)如果存在这种情况,是否可以将其判定为恣意行为。对于第一条,如何判断两个比较对象本质是否相同一般取决于该等法律规范的意义和目的。关于第二条,因为差别处理的恣意性意味着缺乏合理性理由,因此如果存在恰当的理由将这种差别处理正当化和客观化的话,这种差别处理则不应视为恣意行为。”[①]而且,“违反平等权的特殊性并不在于目标法律决定的‘法律效果’自身违反宪法,而是因为这种法律效果将受范者划分为一个团体,这一团体与其他团体的关系存在着差别。因此为了认证某一行为是否违反了平等原则,在法律适用范围上首先应该构建能够区分‘两种对立排斥团体’的标准”[②]。

综上所述,对于侵害平等权的判定必须符合以下条件:(1)存在相互排斥的比较对象;(2)存在差别处理(本质相同的事项采取差别处理或者本质不同的事项按相同方式处理);(3)这种差异处理是“恣意行为”。反之,即使存在差别处理,但是这一处理拥有明确的合理依据的情况下,不可视作侵害平等权。

2. 适用于“禁止恣意原则”的状况

首先,由于侵害性法律导致歧视发生的状况,考虑到立法部的“立法形成自由”,应该首先采用“禁止恣意原则”,特殊情况则适用于“比例性原则”。下面简单介绍一下与此相关的韩国宪法法院判决。

(1)准法誓约书的提交

“由于有关‘准法誓约制’这一案件的规则条款并没有侵犯到该受刑人士良心自由等基本权利,也并未由于差别性的处理严重制约相关的基本权

① 宪裁 2002.11.28. 宣告 2002(违宪法律审查型宪法诉讼)45。

② 宪裁 2003.12.18. 宣告 2002(权利补救型宪法诉讼)593。

利,因此就这一案件的法律规定是否违反了平等原则进行审查时,没有必要采取特别严格的审查标准,在这里采用缓和的审查标准更为恰当。”①

(2)禁止法人开设药店

“这一案件的法律条文并不隶属于宪法特别强调的要求平等处理的范围,由于影响到公益问题,所以这方面允许比较广泛地规定限制职业自由。因此对于该项法律规定,我们不能以限制职业自由之一部分为由认定其严重侵害了相关基本权利,也就是说缓和性的审查标准,即差别标准或者方法合理与否成为认定法律是否符合宪法正当性的判断标准。”②

(3)地方自治团体主席连任不得超过三届

“这一案件的法律条文限制的是公务担当权利,这并不是宪法特别强调的禁止歧视的领域,也无法判定此类规定会严重导致制约相关基本权利的实现。因此对这一案件法律条文的平等权审查应该采取合理性审查……对于地方自治主席和地方议会议员的连任问题采取差别处理的方式可以说是有正当合理理由的。”③

其次,由于收益性乃至施惠性法律规定引发的差别或者立法形成自由范围太广的情况下,只能采用禁止恣意原则。④

(1)施惠性法律的差别处理

对于“受到缓期执行监禁处罚的离职公务员”的特别雇佣制度事实上强制否定了这些人的公务员工作经历,就这一规定是否违反了平等权的判定,韩国宪法法院给出以下判决.“同限制公民权利或者赋予公民新的义务的法律不同,施惠性的法律赋予立法者更广泛的立法形成自由。《特例法》第7条(特别雇佣)虽然完全否认了工作失职或者离职公务员的法定公务员工作经历,但是赋予了他们特别雇佣的机会,因此从根本上说属于收益性的规定,对于该法规中规定经历和工薪问题的审查标准,采取的是按照是否具有合理性依据执行的禁止恣意审查。”⑤

---

① 宪裁 2002.4.25. 宣告 98(权利补救型宪法诉讼)425。

② 宪裁 2002.9.19. 宣告 2000(违宪法律审查型宪法诉讼)84。

③ 宪裁 2006.2.23. 宣告 2005(权利补救型宪法诉讼)403。

④ 参见宪裁 2004.6.24. 宣告 2003(违宪法律审查型宪法诉讼)111;宪裁 2005.6.30. 宣告 2003(权利补救型宪法诉讼)841;宪裁 2005.10.27. 宣告 2004(违宪法律审查型宪法诉讼)37 等。

⑤ 宪裁 2004.6.24. 宣告 2003(违宪法律审查型宪法诉讼)111。

(2)最低生活费公告中对残疾人的差别对待

对残障家庭和非残障家庭将一律采用同一最低生活费补助标准的最低生活保障公告,导致了对本质上不同的对象进行同一对待的情况,这是否侵害了平等权?对这一问题,韩国宪法法院给出以下判定:“国家为了保障人们生活的正常进行实行了社会补助措施,在社会保障和社会福利理念范围之内,通过立法部和立法授予了行政部广泛的形成自由权。考虑到这一点,对该公告引发的对残障家庭和非残障家庭差别对待的行为是否违反了平等原则的判定应该采用缓和的审查标准,也就是应该采用禁止恣意原则。”①

(3)指定韩联社作为国家唯一基本新闻通讯社

对于指定韩联社作为国家期刊新闻通讯社并给予支援的行为是否侵犯了与韩联社处于竞争关系的其他通讯社的平等权问题的判断,韩国宪法法院作出以下判定:“作为审判对象的该法令,既没有制约新闻通讯社的权限也没有赋予其新的义务,仅仅是为了振兴国内新闻通信市场给予财政支持等优惠政策而实施的施惠性法律,应该立足于禁止恣意原则,观察审判目标法令所采取的差别对待是否拥有正当合理的理由。”②

(4)服役入营过程中事故补偿条令

与团体入营期间发生事故予以补偿的规定不同,该条令规定对个人服兵役入营过程中发生的事故不予以补偿。对于这一条令是否侵害了平等权,韩国宪法法院给出以下判定:“对于国家有功人士的礼遇问题,国家具有怎样的具体义务、义务范围、采用怎样的方法以及礼遇期限等是根据国家财政负担能力和全体社会保障水平以及国家有功人士的评价标准决定的。这些属于立法者广泛立法形成自由的范畴,根本上取决于国家的立法政策。对于该案件,应该立足于禁止恣意原则判断有关该案件的法令是否违反了平等权。”③

(5)将公益勤务要员编入第二国民兵役

“将公益勤务要员编入第二国民兵役的处理可以说是同服兵役义务相关的一种施惠性措施,韩国宪法法院承认施惠性法律更加广泛的立法形成

---

① 宪裁 2004.10.28. 宣告 2002(权利补救型宪法诉讼)328。

② 宪裁 2005.6.30. 宣告 2003(权利补救型宪法诉讼)841。

③ 宪裁 2005.10.27. 宣告 2004(违宪法律审查型宪法诉讼)37。

自由,并在选定征集对象时也赋予其广泛的立法形成自由。此处编入第二国民兵役的处理隶属于广泛立法形成权的范畴,因此只对其是否具有恣意性倾向进行审查就可以。”①

(二)比例性原则

对是否侵害平等权的审查,在要求更加严格审查的情况下采用比例性原则。比例性原则又可以称作“禁止过剩原则”,是国家在立法制约国民基本权利时必须遵守的基本原则,该原则制约着立法活动的范围。目的正当性、方法恰当性、损失最小性、法益均衡性是该原则的从属原则,无论触犯了这些原则中的哪一项都会被视为违宪行为。② 韩国《宪法》第 37 条第 2 款明确规定禁止过剩原则制约着立法权:“为了公民的所有权利和自由,为了保障国家安全维护国家秩序和实施公共福利,在必要情况下可以通过法律制约某些行为,但是制定法律制约时不得对自由和权利的本质性内容造成侵害。”

“由于在禁止恣意审查的情况下,审查的仅仅是是否具有正当化、合理化的理由进行差别性处理,这一审查仅仅停留在发现和确认与之相关的比较对象间的实质差异或者立法目的(差异目的)。与禁止恣意审查相比,比例性审查并不单纯地将是否存在合理性理由视为问题所在,主要是对差别正当化事由和差别之间是否存在相关关系进行审查,对比较对象间实质差别的性质以及比重或者立法目的(差别目的)的比重和差别的程度是否存在恰当的均衡关系进行审查。”③对此进行简单总结的话,依照比例性原则进行的审查必须按照以下四项标准进行:差别目的的正当性、差别手段的恰当性、损失的最小化以及法益的均衡性。

1. 适用于比例性原则的情况

虽然对是否侵害平等权的审查,原则上应该采用前文所讲的“禁止恣意原则”,但在要求更加严格审查的情况下则适合运用“比例性原则”(禁止过剩原则)。韩国宪法法院“2010. 11. 25. 2006. 헌마(权利补救型宪法诉讼)328 决定”作出以下判定:“审查是否侵害平等权时,是采用严格的审查标准

---

① 宪裁 2007. 2. 22. 宣告 2005(权利补救型宪法诉讼)548。

② 参见宪裁 1990. 9. 10. 宣告 89(违宪法律审查型宪法诉讼)82;宪裁 1992. 12. 24. 宣告 92(违宪法律审查型宪法诉讼)8;大判(韩国最高法院)1994. 3. 8. 92。

③ 宪裁 2001. 2. 22. 宣告 2000(宪法诉愿型审判案件)25。

还是缓和的审查标准取决于立法者被赋予的立法形成权的程度。对于宪法中特殊规定要求必须平等处理的情况或者因为差别处理导致相关基本权利受到严重制约的情况,立法形成权就会缩减,应该采用更加严格的审查标准。"

第一,有关宪法自身具体规定的平等权内容,应该采用比例性原则。这一部分可以说是宪法中特别要求平等处理的禁止恣意领域。如前文所述,为了保障平等权,韩国宪法规定了个别条款。即,第 11 条第 1 款后半部分(禁止以性别、宗教或者社会身份为由进行差别对待)、第 11 条第 2 款(不承认社会特殊阶级制度并禁止任何形式的创建活动)、第 11 条第 3 款(荣典一代的原则)、第 20 条第 2 款(禁止对宗教的差别对待)、第 31 条第 1 款(接受均等教育的权利)、第 36 条第 1 款(禁止婚姻和家庭生活中的歧视)、第 39 条第 2 款(禁止由于服兵役引起的差别对待)、第 41 条(依据平等选举产生国会议员)、第 119 条第 2 款(均衡的经济发展)以及第 123 条第 2 款(为了实现区域间的均衡发展培养促成区域经济)。由于韩国宪法特别制定了诸如此类的禁止差别规定,为了使得违反这些条款的行为变成合理化行为就要求必须采用更加严格的审查标准。比如说,对于"2002. 8. 29. 2001. 헌바(违宪法律审查型宪法诉讼)82 案件"(禁止婚姻和家庭生活中的歧视),韩国宪法法院给出了如下判定:"《宪法》第 36 条第 1 款[①]……国家有义务禁止歧视婚姻和家庭的行为。这一宪法原理产生的禁止歧视命令将《宪法》第 11 条第 1 款保障的有关家庭和婚姻生活领域的平等原则进行了更加具体的规定,其目的在于通过这项规定阻止婚姻和家庭生活中的歧视,加强保护对婚姻和家庭生活的保护。在这种情况下,对于特定法律歧视和损害已婚人士利益的规定,只有存在重大合理性依据解释这一规定使其自身具有宪法正当性,才能视作该规定并未违反宪法第 36 条第 1 款规定。"[②]

当然,即使宪法明确规定了平等权事项,但是对这些事项进行差别处理如果存在合理的理由的话,不属于违宪行为。就有关服兵役对"性别"采取禁止歧视的命令是否合理这一问题,韩国宪法法院作出以下判定:"作为一

---

① 韩国《宪法》第 36 条第 1 款规定:"国家应该保障婚姻和家庭生活建立在个人尊严和两性平等的基础上并促进维持这一状态。"

② 宪裁 2002. 8. 29. 宣告 2001(违宪法律审查型宪法诉讼)82。

种人们无法自由选择和很难改变的生理性特征，性别并不能影响个人的尊严和价值。虽然如此，由于在漫长历史过程中人们一直将性别视作可歧视事项并将差别对待正当化，考虑到克服这种不合理歧视的必要性，韩国宪法将性别要素列为禁止歧视事项。但是这种宪法规定并未强烈禁止以男女差异中与怀孕和生产相关的身体性差异为由的歧视对待。对于性别的歧视，虽然可以说是具有强烈的违宪嫌疑事例，但也很难断定对这类案件的处理必须总是采取严格的审查标准。性别作为占据'勤劳''婚姻和家庭生活'等人际关系生活中重要部分的领域，韩国宪法对有必要进行严格管制领域的性别歧视问题，单独制定了保护两性平等的规定（第 32 条第 4 款、第 36 条第 1 款）。韩国宪法法院认为虽然上述宪法特别要求两性平等，一般情况下适用严格的审查标准，但这一案件的法律规定并不适合采用严格的审查标准。"[①]

而且，对于"对于是否侵害了语言障碍候选人的平等权"，韩国宪法法院给出了以下判决："《宪法》第 11 条第 1 款宣称'所有公民在法律面前平等'，并进而宣布'任何人均不因性别、宗教或社会身份而在政治、经济、社会、文化生活的所有领域受到歧视'，因此规定了禁止歧视领域。虽然原则上理所当然承认因为残疾受到不公对待是错误行为，但很难认为宪法将'残疾人士'划分到禁止差别对待领域范围内。《宪法》第 34 条第 5 款[②]虽然发表声明称根据现行法律，国家保护残疾人士，但这一法律的立意在于给予残疾人士等无生活自理能力和无法维持生计的社会弱者最低生活保障，并不是规定对于残疾人士和非残疾人士采取相同的待遇。而且，该法律规定并不禁止和限制对重症残疾候选人采取特定选举运动方法，而是由于对于重症残障候选人和非残疾人士采取了相同的选举方法才最终导致结果不公，因此我们无法判定该法律规定严重制约了相关基本权利。因此，对这一案件的平等审查应该运用缓和的审查标准……对于语言障碍候选人，并不是采取公职选举法外的方式诸如印刷物、录音、录像，就一定能确保他们与普通候选人处于同等的位置。即使例外允许运用前文提到的印刷物等作为选

---

① 宪裁 2010. 11. 25. 宣告 2006(权利补救型宪法诉讼)328。

② 韩国《宪法》第 34 条第 5 款规定："残疾人和因疾病、老龄及其他事由而无生活能力的国民，依照法律规定受到国家的保护。"

举运动方法的辅助方式,也并不能断定这一方式对于残疾候选人必定起到显著的帮助作用,因此《公职选举法》第 93 条第 1 款规定残疾候选人和普通候选人均明令禁止一切形式的非法图书、图画宣传活动的规定即使限制了选举运动方法,也不能以该项法令将本质不同的事项恣意采取相同的处理方式为由,判定该法令侵害了重症残疾候选人等请愿者的平等权。"①

第二,严重制约基本权利的情况时,应该缩减立法形成权,采用严格的审查标准。这一情况下,韩国宪法法院并不能局限于依照禁止恣意原则进行审查,而是应该采用比例性的原则进行审查。

(1)选举地方教育委员时优先考虑有教育经验人员

"该案件中的法条对教育委员选举中无教育经验者和有经验者进行差别对待,因此没有教育经验的请愿者即使在教育委员选举中获得多数得票也会落选,这严重制约了这些人士的公务担当权利。因此,对该项法令是否违反了平等权的审查问题采用严格的审查标准,也就是比例性审查标准更加妥当。"②

(2)有关国立、公立学校选拔考试中成绩相同学生的规定

对于国立、公立学校选拔考试考分相同的考生,规定依照是否为国家有功人士或者家庭进行优先录取,韩国宪法法院对于这一规定是否侵害了平等权给出了以下判定:"虽然说对于是否侵害了一般平等原则或者平等权的违宪审查标准取决于该行为是否属于无合理依据的恣意差别处理行为,但是如果由于立法者设定的差别导致基本权利出现差异,那就应该根据这一差别对待的目的和手段之间是否遵守了严格的比例来进行审查。在这一案件中,对成绩相同考生的处理办法差别对待了公职招聘过程中的一般应试者。因此行使这种基本权利时出现的差别只有严格遵守差别目的和手段之间的比例,才能够判定该法令同《宪法》第 37 条第 2 款规定的禁止过剩原则一致,从而将该法令正当化合理化。"③

(3)聘任初中教师考试时对辅修、双学位者给予加算点

韩国宪法法院对有关"聘任初中教师考试时对辅修、双学位者给及加算

---

① 宪裁 2009. 2. 26. 宣告 2006(权利补救型宪法诉讼)626。

② 宪裁 2003. 3. 27. 宣告 2002(权利补救型宪法诉讼)573。

③ 宪裁 2006. 6. 29. 宣告 2005(权利补救型宪法诉讼)44。

点"的规定给出以下判定:"在聘任初中教师考试中,这一法令因为制约了不能获得加算点的人士进入公职的权利,所以严重限制了相关基本权利。对于该法令给予辅修、双学位者加算点规定是否违宪的审查,必须采用严格的审查标准。"①

2. 缓和的比例性原则

正如前文所述,比例性原则适用于以下情况:(1)宪法自身具体规定的平等权;(2)由于差别对待严重限制了基本权利的行使。这些情况下,虽然原则上应该适用严格的比例性原则,但是这种差别待遇如果在宪法上有依据可查或者这种差别是宪法要求的产物的话,则应该运用缓和的比例性原则进行审查。

韩国宪法法院"对国家有功人士及其家属给予加算点优惠案件"中就采用了这一审查标准:"赋予国家有功人士及其家属计算点的优惠政策就意味着势必会侵害其他人员的公务担当权利和职业选择自由权利,根据适用于比例性原则的情况来判断,这一案件是因差别性待遇而严重制约他人基本权利的行为,原则上应采用比例性审查标准。但在具体审查比例性原则过程中考虑到《宪法》第32条第6款规定②,优先给予国家有功人士工作机会并给予优惠性待遇,该案件则适合采用缓和性的审查标准……虽然该案件中的加算点制度存在一部分问题,但并不能因此断定该制度丧失了法益均衡性。因此该案件的加算点制度并没有侵害平等权。"③(第一次判决)

但是,四年之后"对国家有功人士及其家属给予加算点优惠案件"再次被提出时,考虑到加算点受益对象的飞速增加,将之前判定为"合宪"的结果改判为"与宪法不一致"。新决定的主要内容如下:"考虑到当今加算点受益对象,即国家有功人士的家庭成员不断增加,以及此类家庭在就业保护对象中所占比例和公务员考试竞争日益激烈的现实,有必要对《宪法》第32条第6款进行严格的解释说明。据这一观点来看,该规定中的对象应该分析为'国家有功人员''受伤军警'以及'阵亡军警遗属'。这一案件的法令对考生的公职就任机会采取了差别方式,对于该项基本权利行使时的差别,只

---

① 宪裁2006.6.29.宣告2005(违宪法律审判案件)13。

② 韩国《宪法》第32条第6款规定:"国家有功者、残废军警及战死军警的遗属,根据法律规定优先取得劳动机会。"

③ 宪裁2001.2.22.宣告2000(权利补救型宪法诉讼)25。

有差别目的和手段之间存在比例性时,该项法令才可以得到宪法上的正当化。第一次判决时,依照《宪法》第 32 条第 6 款为依据,对国家有功人士及其家属给予加算点是否侵害平等权的问题采取了比例审查中的缓和审查标准,虽然对于国家有功人士可以给予这一优惠政策,但是依据《宪法》第 32 条第 6 款对于其家属的加算点是否侵害平等权的判定采用缓和的审查标准并不恰当……该项规定在无明确的宪法依据情况下,给予国家有功人士及其家属最高 10%的高加算点,考虑到该加算点受益对象的广泛性以及加算 10%的深刻影响力和差异结果,该立法政策不仅破坏了宪法的公平竞争原理和机会平等原则,而且为了给国家有功人士及其家属提供公职就业机会导致每年大批考生落榜,伤害了他们的利益,因此无法判定这一立法政策具有正当性……由于该案件中的法令引起差别不平等结果,已经明显超越了立法目的和实现手段之间的比例性,因此判定该项法令侵害了请愿者等一般公职考试考生的平等权。"①(第二次判决)

结 语

前文我们分析了韩国宪法法院就有关危害平等权与否的判定审查标准。韩国宪法法院自 1988 年再次成立以来审查了不计其数的平等权侵害案例,并在此基础上产生了带有自身特色的审查标准。初期法院审判标准并不明确,导致了禁止恣意原则和比例性原则在实践中交叉使用,但在"退伍军人加算点案件"②中提出了作为缓和性审查标准的禁止恣意原则和作为严格审查标准的比例性原则,之后对平等权侵害与否的判定开始具有了明确的审查标准。

正如本文所述,对于是否侵害平等权的审查判定标准取决于赋予立法者的"立法形成自由"程度,也就是取决于有关平等原则的"立法形成权"的权限程度,即赋予"立法形成权"广泛权限的情况下,适合采用禁止恣意原则这一缓和的审查标准。对此可分为两种情况:第一,侵害性法律引起差异的情况下,应该尊重立法形成自由,优先考虑采用禁止恣意原则进行审查,特殊情况采用比例性原则审查。第二,因收益性施惠性法律引发差异时,采用

---

① 宪裁 2006. 2. 23. 宣告 2004(权利补救型宪法诉讼)675。

② 宪裁 1999. 12. 23. 宣告 98(权利补救型宪法诉讼)363。

禁止恣意原则审查。但是,宪法自身明确规定不可歧视的领域或者特别禁止差别对待的领域以及由于差别性待遇严重制约了相关基本权利的行使的情况下,应缩减立法形成权采用严格的审查标准,即比例性审查标准。然而,这种差别待遇如果在宪法上有依据可查或者这种差别是宪法要求的产物的话,则应该运用缓和的比例性原则进行审查。

韩国数字金融立法对我国的启示

栗鹏飞　王森*

内容提要　人工智能与大数据发展是不可逆的趋势，以往的金融立法、消费者保护法存在明显不足，数字时代不能再局限于工业社会的思维与法规，需要法律范式的转变与更新。韩国的数字金融产业因为复杂的金融规制至今未能站稳脚跟，但是，近年来由于政府的强烈意志，公认认证书等陈旧的规定正在被废除，很多企业也投入到了金融科技等相关领域，并且针对监管韩国引入了沙盒制度。本文主要以韩国数字金融立法为研究对象，希望通过对他国立法制度的介绍和了解，能够为我们在应对种种繁复的实际立法问题时提供参考。

关键词　数字金融；金融科技；创新立法；沙箱监管；金融范式转变

在第四次工业革命技术浪潮的引领下，数字金融产业领域内最受关注的是大数据分析、人工智能、区块链、生物体认证、物联网等。其中区块链技术可以说是飞速发展的技术之一。以2018年为起点正式进军数字金融结算市场的区块链技术凭借该技术系统所具有的去中心化和开放性优势正吸引着消费者的眼球，并有望在未来一定时间内掌握国内外结算市场，不仅影

* 栗鹏飞，法学博士，西北农林科技大学教师，韩国企业法研究所中国法研究室室长，陕西省法学会人工智能与大数据法学研究会副秘书长；王森，律师，韩国成均馆大学博士生，韩国企业法研究所研究员。

响着前端的金融服务和终端的客户需求,还改变了中端或者后端的操作运行,其中数字金融最为典型。①

数字金融(Digital Finance)被通用为应用数字技术的金融产品或服务,包括电子货币、电子支付结算、网上银行等多种形式。第四次工业革命中FinTech②引起了金融市场的快速变化。这种时代的变化对数字金融产生了巨大的影响,它是以最新的信息技术为基础,通过电子手段实现传统金融的支付和中介功能。目前,人工智能的发展尚处于替代计算、预测和搜索的"弱人工智能"阶段,强调"机器像人类一样思考"的"强人工智能"时代尚未到来。在此场景下,拓展有针对性的金融服务及非面对面金融交易、搭建金融平台、便捷支付结算手段等变化正在逐步显现。当然,金融交易是通过CD/ATM等电子手段进行的,但近年来数字金融是一种新型的模式③,在这种模式下,金融服务的结构、方法和系统以更为现代的电子手段和技术为基

① 世界金融圈正在积极研讨和引进区块链,将其适用于各种金融交易。比如,民间银行在国际汇款或证券结算等领域正在实施各种模块的实证实验;中央银行开始探索直接利用区块链印刷自己发行数字货币(电子货币)的可能性,正在对金融贸易、辛迪加贷款、债券发行等进行实证实验,其中,国际汇款和证券结算领域前景广阔。此外,区块链还可应用于非金融领域,如土地登记、医疗信息、选举系统和钻石证书等方面。全球金融业正在努力接受区块链,由花旗集团、BOA、摩根士丹利、JP摩根、高盛、UBS等50多家全球金融公司组成的"R3CEV联盟"积极开发区块链基础交易平台,一方面简化复杂的银行间交易,另一方面专门开发支付结算、房地产、公司债券、股票等8个领域适用的区块链技术。由IBM、英特尔、富国银行等48家公司参与的"Hyper Ledger"项目正在进行全球区块链技术标准化工作。IBM认为区块链是"next人工智能",与美国大型折扣店沃尔玛共同开发了block-chein基础食品履历系统,用于追踪供货途径。谷歌正在投资通过区块链技术提供汇款服务的reple和beatcoin电子钱包企业。苹果已经注册了适用于本公司支付结算平台"苹果支付"的相关专利。而微软公司正在与块状链开发领先企业建立合作伙伴关系,开展一项将"智能合同功能"商业化的项目。如上所述,借助区块链技术的数字技术市场,必将通过数字技术1.0市场的数码创新带来数字金融市场模式的转变。

② 金融科技,是指技术带来的金融创新,它能创造新的业务模式、应用、流程或产品,从而对金融市场、金融机构或金融服务的提供方式造成重大影响。目前,对金融市场影响较大的金融科技领域主要包括四大类别:支付清算类,包括电子货币、区块链技术等;融资类,包括P2P、众筹等;基础设施类,包括大数据、云计算、电子身份认证等;投资管理类,包括机器人投资顾问、固定收益市场的电子自动交易等。参见李敏:《监管沙箱制度及其实践探析》,《私法》2018年第1期。

③ 随着区块链技术的扩大和虚拟货币的活跃,包括虚拟货币公开(ICO)在内的以往从未有过的新金融商业模式正在产生,金融与IT技术的融合正在加速向"数字金融"转变。金融专家们提出应该逆向而行,在目前的规制模式下,比起规制,更应灵活地接受新的变化,深度讨论金融科技产业的活性化方案,即追溯这种变化,比起在目前的规制模式内进行规制,更灵活地接受新的变化,进一步促进金融科技的发展。

础发生了革命性的变化,由此也带来了新的金融风险和金融监管的问题,特别是如何平衡金融科技的创新发展和金融安全监管成为各国政府和金融监管者面临的难题。对此,韩国以制定网络专门银行法为契机,全方位推进规制改善,正在加速金融科技活性化等金融革新。重点检查金融科技投资、金融数据共享利用、非面对面金融交易等五大领域,消除陈旧不合理的规章制度、解释、惯例等障碍,金融委员会、金融监督院、国政调查部等部门、民间专家、相关机关、业界都参与其中,目标是改善金融领域和其他领域的融合制度。即,韩国政府为了迎合这种数字金融快速发展的氛围正着手放宽对金融科技的限制,但同时,韩国学界认为对国内金融产业的规制改革和全球金融改革同步,是金融产业中一直在推进的基于长期规划的微观改革。这些改革涉及资本市场、全球化、消费者保护等相关规则或规制合理化政策,特别是通过定期检查非歧视性规制(隐藏的限制)的常规体系,展望对遵守成本的效率化、金融全球化。①

一、韩国数字金融立法概要

传统上金融产业是依靠强力的管制法制来规制的产业,这同时也是一项针对交易风险的政策,具有非常保守且容易决策的产业特征。② 就韩国的数字金融现状来说,目前正在通过对规制体系上允许的服务内容或提供方式等进行不断解释和说明的方式探讨创新政策。其目的是使以新技术为基础的新产品或服务不受限制地进行事业化,并给予现有规制的缓期或免除。③ 但是,特别值得一提的是在堪称创新产业龙头的金融科技产业中,我们不妨思考一下法律法规的根本原理,有必要了解这些原理是如何反映到国内的金融政策中的。更进一步,为了金融科技产业的繁荣,必须摸索根据金融技术不断进化的创新政策和立法。大数据、人工智能、云计算、区块链等与金融技术相关的技术因素的出现使金融产业的环境发生了快速变化。

---

① 参见《放宽金融限制和金融产业发展方案》,2019 年 10 月 30 日,http://ifs.or.kr/bbs/board.php?bo_table=research&wr_id=174。

② 参见[韩]高鹤洙:《数字科技时代》,博英社 2015 年版,第 7 页。

③ 比如,支付结算服务曾因高门槛准入而缺乏竞争,因封闭性安全政策而造成顾客不便。但是随着 ActiveX 和公认认证书强制义务使用的立法被废除,储存信用卡信息、代理结算的电子结算代理业(Payment Gateway)的准入门槛降低,不仅是金融行业,网络、流通、通信等多种行业的企业也纷纷加入其中,展开了激烈的竞争。

这种金融技术的出现正在引起金融服务的供给方式和消费模式的根本性变化。在瞬息万变的数字金融环境中，既要谋求金融产业的发展，也要确保金融产业的稳定性。所以，需要从金融产业的特性入手改变规制范式。

另外，面对来势汹汹的数字金融与各国对监管模式的探索实践，韩国政府迅速以产业融合、信息与通信技术、数字科技及地区产业创新四个领域为中心，提议制定或修改相关四项法令：于 2018 年 10 月 16 日修改了《产业融合促进法》、《信息通信振兴及融合活性化等特别法》（以下简称《信息通信融合法》）、《区域创新成长领域的限制自由特区及区域特色发展特区的管制特例法》（以下简称《区域特区法》），于 2018 年 12 月 31 日制定了《金融创新支援特别法》（以下简称《金融创新法》）。其中，关于数字金融的立法主要关注点是第四次产业革命带来的金融和 IT 融合等创造性地为金融消费者提供了合理、便捷的新型金融服务的机会。韩国学者认为，尽管新的金融服务对市场及消费者的影响尚未得到验证，还需要市场测试，但由于与现行金融相关法令有冲突，所以这样的测试都无法实现。比如，根据现有的金融相关法令，只有得到金融业许可的企业法人才能从事金融业运作与服务，因此一般的数字科技企业很难在市场上进行测试，而得到金融业许可的金融公司也因个别法列举的金融限制规定而无法超越现有限制框架。为了克服这一局限，韩国制定了 2018 年《金融创新法》，为测试创新金融服务提供了法律依据。该法将从 2019 年 4 月开始实行，建立审查制的金融科技创新测试。[①] 此外，为了审议和表决创新金融服务认定申请事项，韩国还设立了以金融委员会委员长担任委员长的创新金融服务审查委员会。该委员会主要负责将基于新技术、新服务的金融服务与现有金融服务进行比较，以审查其是否具有创新性。在金融科技的推动下金融交易的自动化、非对称化逐渐扩大，金融公司对金融管制的遵守（遵法及内部控制）业务也呈现出结合 IT 技术的特性，集中表现为进一步提高准确性和效率的趋势。对此，韩国的

① 参见姜汉庚：《金融创新特别法案检讨》，《经济法研究》2018 年第 3 期。

金融监督院计划引入 Machine Readable Regulation(机器可读规则)[①]系统来与之相适应。而人工智能、大数据、区块链、算法等新技术使金融服务实现智能化、自动化,为了应对高度数字化的监督需求,韩国还计划引入监管科技(RegTech)。[②]

到目前为止,韩国的数字金融产业因为先前存在复杂的金融规制而未能站稳脚跟。比如,在全球市场上,金融科技的流动正在从支付结算向利用大数据的贷款或资产管理的领域过渡。但是,在韩国因为 ActiveX 和公认认证书等规定的要求,网络结算很不方便。好在韩国政府已经意识到这个问题,开始陆续将公认认证书等陈旧的规定废除,很多企业也开始投入到金融科技相关领域。比如,在支付结算领域从事 On-Off Line 的主要企业正在展开激烈的竞争;再比如,互联网专业银行成立前的绊脚石限制正在得到缓解,非金融企业与金融机构之间的联系正在加强。在监管方面,韩国正试图将现有的积极的规制系统转换成全面的负面规制系统,构建韩国型的沙箱规则体系。金融交易的自动化、非面对面化扩大的情况下,对金融公司的金融管制遵守(遵法、合规及内部控制)事务也呈现出向结合 IT 技术提高准确性和效率性的方向发展的趋势。对此,韩国的金融监督院为了使金融公司能够正确理解并遵守金融相关法规,首次引入机器可读规则。

二、韩国数字金融促进立法的内容及评价

韩国学界认为,《金融创新法》的出台为新金融服务的试验提供了法律依据,也为激活区块链技术的应用奠定了基础,同时也有望成为金融圈竞争和促进创新的契机。[③] 在制定数字金融特别法的时候,韩国金融委员会新设

---

① Machine Readable Regulation(简称 MRR)是指将金融管制(例如电子金融监管规定)转换成机器能够识别的语言(机械语)的技术。以金融公司的业务报告编写为例,目前根据相关金融监督立法要求将相关数据从金融公司的账簿中提取、编制业务报告,存在人为操作或错误的可能性。如果引入 MRR 监督系统,金融公司的 IT 系统将自动完成金融管制理解、提取相关数据、制作业务报告书、向金融监督当局报告等一系列工作。MRR 是机器在没有人员介入的情况下,识别金融法规、履行规制遵守业务的测试点、预测新入金融公司和金融科技企业的守法监督事务等。

② 监管科技(Regtech)主要指的是金融领域的监管科技,目前有两大分支——运用于监管端的监管科技(Suptech)和运用于金融机构合规端的监管科技(Comptech)。

③ 参见[韩]金胜来:《数字金融与数字科技活性化革新立法方案》,《科学技术法研究》第 25 辑第 2 号。

了专门组织负责,并且进行了相应的制度配套。比如,制定了“影子规制”法案,为引入沙箱监管的根本法奠定基础,而且金融委员会为了扩大金融特别法的效果,从 2019 年 1 月开始受理创新金融服务认定申请。该《金融创新法》于 2019 年 4 月 1 日开始实行,在该法实行前的三个月内对于申请后被认定为创新金融服务的,依据该法将赋予许可及营业行为规制的特例。

《金融创新法》于 2018 年 12 月 31 日制定,该法正式引入创新金融服务认定制度,主要的思路是针对开发现有金融服务和提供内容、方式、形态等差别性服务的金融科技企业和金融公司,在认定期限内获创新金融服务特例的认可。另外,想要提供创新金融服务的公司或个人为了消除规制不确定性,可以向金融委员会要求确认其提供相关服务与对应的相关法令等是否适用。

(一)创新金融服务认定制度:引入沙盒监管

沙盒(Sandbox),也被称作“沙箱”,原是一种计算机用语,即提供一个被监视和被控制的环境,这样未知软件就不能损害真实宿主计算机系统。沙盒的主要目标是监控恶意软件对系统资源的访问,并通过一些特殊方法使系统在分析运行后可以回到最初干净的未被感染的状态。[①] 简单地说,沙盒就是为一些来源不可靠、具备破坏力或无法判定程序意图的程序提供试验环境。在沙盒中进行的测试,多是在真实的数据环境中进行,但因为有预设的安全隔离措施,所以并不会对真实系统和数据造成影响,也不会破坏系统的正常运行。英国金融行为管理局 2015 年首次提出“监管沙盒”概念,并将其引入金融监管。沙盒监管即是一个安全的空间,韩国本土将其称为金融创新认定制度。

根据《金融创新法》等特别法可以申请认定创新金融服务。这样的认定效果是:获得金融委员会认定的事业者(经营者),可以在认定的创新金融服务范围内不适用现有金融相关法令规定的许可等限制的情况下提供服务,获得相应的豁免,不会导致其立即遭受违反现有法规的监管后果。这将促进创新金融服务的发展。申请创新金融服务认定的公司为金融科技企业(商法上规定的公司)和金融公司,服务内容应是现有金融服务和提供的内

---

① 参见[美]胡普斯:《虚拟安全:沙盒、灾备、高可用性、取证分析和蜜罐》,杨谦、谢志强译,科学出版社 2010 年版,第 40 页。

容、方式、形态等差别的服务。[①] 创新金融服务审查与认定由金融委员会指定下设的创新金融服务审查委员会进行。[②] 为支持市场上能够持续稳定地提供经认定的金融创新服务,该法还规定测试期间最长为两年[③],期限终止时相关企业原则上享受的特权、特例规定也终止。[④] 但是,在承认必要性时最多可延长两年。[⑤] 在测试期间,如果确认许可或登记的条件部分已经满足,则可通过提出意见等方式进入审查程序[⑥],为使示范服务正式推向市场,如有必要改进有关法令的制定和修订等制度时,创新审查委员会有权提出立法措施。[⑦] 创新金融事业者在许可完成后最多两年内可以要求其他事业者不得推出同一服务。[⑧]

(二)认定代理人制度

在服务创新性、消费者便利性得到认可的情况下,金融委员会可以指定愿意测试服务的金融科技企业为认定代理人。[⑨] 金融公司可以在认定代理人测试所需的范围内将主要业务委托给认定代理人进行。金融公司作为业务委托人可以管理和监督认定代理人,防止针对使用者的损失及危险发生。

(三)规制迅速确认制度

根据《金融创新法》对于金融规制的不确定性,提供创新金融服务的人可以向金融委员会要求确认是否适用相关的法令等。涉及自身所辖法令的,金融委员会应直接回复申请人;属于其他行政机关管辖的,金融委员会应当征求有关部门的意见并回复申请人。[⑩] 此外,对实践中并未积极加以利用的对其他行政机关所管辖的非措施意见书制度,《金融创新法》将非措施意见书制度法制化[⑪],使金融科技相关的金融业可以获得一站式服务。

---

① 参见《金融特别法》第5条。

② 参见《金融特别法》第13条。

③ 参见《金融特别法》第4条。

④ 测试结束后,企业最终必须遵守全部的法律和监管要求,比如资本维持要求、管理客户资产时的风险披露义务等。

⑤ 参见《金融特别法》第10条。

⑥ 参见《金融特别法》第21条第2款。

⑦ 参见《金融特别法》第13条第5款。

⑧ 参见《金融特别法》第23条规定的排他性运营权。

⑨ 参见《金融特别法》第25条。

⑩ 参见《金融特别法》第24条。

⑪ 参见《金融特别法》第27条。

(四)保护消费者与强化监督

为防止示范营业等对消费者造成损害,需明确经营者责任,并对营业过程进行管理和监督,同时对金融消费者保护及风险管理方案的制定、义务的遵守、举证责任的转换、强制责任保险等都要进行管理和监督。鼓励金融科技创新人员通过特定方式定期和监管机构就采用新技术的最佳实践方法及风险进行沟通,从而确保监管框架保持适应性。这样的模式可以使得监管者知悉金融科技领域的真正需求,改变金融监管技术性巨大短板,从而有效评估创新方法并制定恰当的监管措施。

经营者应当制定保护消费者和风险管理方案,并在试运行期间遵守这些方案①,对用户造成损害的应当承担损害赔偿责任,并应为履行赔偿责任建立保障机制。② 即,企业申请创新金融服务认定时,同时应提交用户的范围限制、交易风险告知、争端处理程序等保护消费者的具体方案。③ 另外,为了救济消费者的权利,在以企业为对象的损害赔偿诉讼中,缓和使用者的举证负担(采取了举证责任倒置),并且针对企业没有赔偿能力的情况,正在制定责任履行保障机制。对用户造成损失的原则上由经营者承担赔偿责任,但经营者证明无故意或者过失的不承担赔偿责任,经营者有义务进行投保,以履行赔偿责任。④ 由金融监督院等部门监督企业是否遵守相关规定,由经营者检查业务及财产状况。⑤

此外,针对消费者保护,法律还规定对超出符合测试环境的特别法规定的认定内容进行测试时,可以采取撤销认定、追究刑事责任等方式进行制裁。金融监督院负责监测创新金融服务提供情况,如有可能造成消费者损失、金融市场混乱,可以采取指导、纠正等措施;如发生损害消费者权益等紧急情况的,可责令终止、变更措施。⑥

总之,韩国希望通过引入沙盒规制,为企业、消费者以及政府提供便利。企业可以不受现有严格立法的限制,针对金融创新的新产品、服务、商业模

---

① 参见《金融特别法》第 13 条、第 19 条。

② 参见《金融特别法》第 15 条。

③ 参见《金融特别法》第 19 条、第 20 条。

④ 参见《金融特别法》第 27 条。

⑤ 参见《金融特别法》第 7 条、第 29 条、第 33~35 条。

⑥ 参见《金融特别法》第 7 条、第 11 条。

式和支付机制进行试验测试,缩减金融创新产品面世的时间,这将有利于韩国企业在全球竞争中抢占优势地位。特别是在正式的数字金融法令出台之前,引入沙盒规制使得企业可以继续维持临时许可,极大地缓解了与限制相关的立法不确定性,可以节省投入和回收等费用。对于消费者来说,随着新技术、新产品、新服务等创新产品的上市,选择权和便利性将得到提高。特别是由于目前社会关注的优质工作岗位很有可能在新技术、新产业领域出现,因此预计会对青年人就业与择业产生积极的影响。对政府监管当局来说,引入沙盒规制可以有效地平衡金融创新与金融监管之间的矛盾,兼顾金融创新与风险防范。同时,政府在监管沙盒时,通过沟通机制可以充分了解企业创新方案的金融本质、内含的风险和具体的操作手法等,为进一步制定政策积累经验,为厘清金融创新与金融监管之间的关系提供更清晰的视角和方向。

三、对于我国的启示

2019 年 8 月 23 日,中国人民银行印发《金融科技发展规划(2019~2021 年)》,指出我国金融科技发展不平衡、不充分的问题依然存在,顶层设计和统筹规划有所缺乏,适应金融科技发展的基础设施、政策法规、标准体系等亟待健全。其重点指出,针对金融科技的成熟法治体系尚未形成,金融科技立法滞后。

(一)立法政策上须改进监管政策

金融科技作为"破坏式创新",给传统金融监管带来了严峻挑战。[①] 面对数字金融的快速发展,法律面临着在促进监管创新与控制风险间进行实时平衡的难题,初创于英国的监管沙盒被视为在平衡"创新与风险"过程中监管制度的一次创新,因为它将促进金融创新、加强风险防范与消费者保护三者相互融合在一起,韩国也在积极学习和引入该制度,并积极尝试接纳监管科技。我国数字金融的发展与韩国相比技术更加领先、实务更加丰富、情况更加复杂,这对于监管来说更需要有勇气提出新的配套制度,既要监管科技又要监管金融。这样使得监管科技成为我国的一种选择。具体来说,监管科技作为一种技术化的监管解决方案,体现了全新的监管路径,内在地包

① 参见杨东:《监管科技:金融科技的监管挑战与维度构建》,《中国社会科学》2018 年第 5 期。

含了自动化监管、适当性监管、数据化监管和智能监管。①

通过参考反映各国情况的数字金融监管制度,制定符合我国的金融监管立法是当务之急,即针对我们的数字金融,立法应当先行,使得金融科技和数据金融在法律轨道内进行。

技术上针对数字金融的任何可能的限制应通过引入沙盒进行决策判断。利用监管科技可以提高金融监管的有效性,放宽边界限制,积极以监管创新应对业务创新。特别是可以学习引入机器可读规则,以智能科技来监督数字金融。

(二)转变消费者保护模式

韩国的《金融创新法》只是在进一步强化对消费者的保护,并没有改变原有的消费者保护模式。但是,应该充分认识到网络环境下各种信息获取的低成本,甚至是零成本,改变了市场交易活动的科层式结构,扁平化和透明化成为网络市场的典型特征之一。由此,作为消费者的用户及其团体正在逐渐改变信息掌握不充分不对称的情形,开始与经营者在网络平台经济领域共有共享相关信息和数据。② 作为消费者的用户已经从被动接受消费转变为主动设计消费,从“你卖我买”转变为“我要你卖”,用户与经营者之间实现“价值互动”,用户成为开发创新的主体,不再仅仅是买方,而是参与者和建设者。

(三)其他方面

现有的金融从业人员熟悉传统的金融商业模式,但是不懂 IT,而 IT 部门又缺乏懂金融的数字技术专家,没有足够的人力完成数字技术与金融的课题,所以,要重视对数字金融专业人员的培养,才能推进数字金融的发展。数字金融服务必须具备庞大而复杂的基础设施才能运行,通过技术企业与金融公司的合作可以实现。要鼓励金融机构或金融企业积极与金融科技企业合作,建立金融科技及创新金融的孵化项目,通过数字化,形成一个巨大的金融生态系统。外部优秀创业者们的创意和技术对金融公司的创新起着催化作用。

---

① 参见李敏:《金融监管科技之法制化路径》,《法商研究》2019 年第 3 期。

② 参见陈兵:《改革开放 40 年消费者法嵌于市场经济发展的嬗变与展望》,《学术论坛》2018 年第 5 期。

结　语

目前,我国数字金融立法尚处于萌芽阶段,对一些数字金融科技持谨慎的观望态度,比如禁止一切代币发行融资活动,但随着第四次工业革命的深化,法律的放任或者禁止并非长远之计。数字时代的到来使得我们不能再依靠工业社会的思维与法规,而是需要法律范式的转变与更新。未来我们可以说,人工智能金融作为数字金融深度发展的高阶形态,伴随信息技术与数据技术的融合,在操作技术(Operation Technology)不断兴盛的推动下已经实质性地影响并努力颠覆当下的生产消费活动,金融活动亦不例外。[①] 可以预见,5G 等信息技术上线并普及将有利于提高海量数据的传输速度和利用效率,数据的深度挖掘、算法和边缘计算将为人工智能产业的发展提供更加可信可靠的数据质量和多样化的数据形式,届时将会进入由科技、信息和消费者引领的数字金融 2.0 时代[②],金融交易将由过去的"单向科层式"向"互动扁平化"转向,从中心化走向去中心化,而这也将彻底改变现行的金融立法中权利保护和配置模式。对于我国数字金融立法,韩国在这方面的有益探索可资借鉴。

---

① 比如,目前人工智能技术在金融产业的使用主要是通过分析与顾客商谈的相关信息提供定制化的"聊天机器人(Chatbot)"服务,建立利用积累的信贷大数据实时改善信用评价模型。特别是在金融投资领域通过以大数据和算法为基础的自动化方式提供资产运用及回调服务的智能投顾服务(Robo-advisor)。此外,人工智能实时分析市场变化、分配资产、以投资成果为基础学习更好的投资战略,将起到大众化专属资产管理服务的作用。

② 数字技术 1.0 市场是 ICT 和金融的结合,主要是在汇款、结算、基金、资产管理等方面进行破坏性创新,将主要点放在现有金融服务的解体及重新诠释上。而基于区块链技术的数字技术 2.0 则是通过创新技术与现有金融机构和区块链企业进行多种合作,目标是在移动环境中以消费者为中心创造新的价值,并提供金融服务。

在线金融服务客户的保护制度构建*

——以韩国法为参照

董新义　周若雯**

内容提要　后疫情时代，我国更应大力发展在线金融服务等在线经济。良好的客户权益保护制度是发展在线金融服务的关键。韩国《线上投资联动金融业及使用者保护法》是一部使用者权益保护法案，其通过业务范围限定、完备的营业行为规制、全面的政府监管和自律管理以及完善的法律责任制度，为保护使用者合法权益奠定了良好的制度基础。我国可在现有在线金融服务法律规范的基础上，借鉴韩国保护使用者合法权益的制度，构建和完善在线金融服务客户保护制度，为在线金融服务行业的健康、可持续发展提供法治保障。

关键词　在线金融服务；韩国在线金融业法；网络借贷；使用者保护；客户保护

2019年8月，中国人民银行印发的《金融科技（FinTech）发展规划（2019~2021年）》（银发〔2019〕209号，以下简称《央行金融科技规划》）提

* 本文是中央财经大学“人工智能和金融科技法律政策研究”的阶段性成果。

** 董新义，韩国高丽大学法学博士，中央财经大学法学院副教授，中央财经大学科技与金融法律研究中心主任；周若雯，中央财经大学法学院硕士研究生。

出“为客户提供全方位、多层次的线上金融服务”[①]。2020 年 4 月 8 日,上海市人民政府发布《上海市促进在线新经济发展行动方案(2020~2022 年)》(以下简称《上海在线经济方案》)提出“优化在线金融服务”[②]方案。这两个文件都提出要鼓励发展在线金融服务。可见,发展在线金融服务已经成为国家和地方政府推动金融科技发展最终推动整个金融业发展的重要手段。尤其是在“后疫情时代”,在线金融服务更是成为金融业提质增效的重要依托。但是,正如《央行金融科技规划》在“重点任务”中所提出的那样:“建立健全适应金融科技发展的消费者权益保护机制,规范和引导金融机构提供金融科技产品与服务,依法加强监督检查,及时查处侵害金融消费者合法权益的行为,维护金融科技市场有序运行。引导金融机构将金融消费者合法权益纳入公司治理、企业文化建设和经营发展战略中统筹规划。”发展包括在线金融服务在内的金融科技,必须高度关注保护客户合法权益。这是整个金融科技产业健康发展的源泉。为了顺利、稳健地推动在线金融服务的发展,我国必须构建在线金融服务的客户保护制度。但毕竟在线金融服务属于广义的金融科技,是一种新生事物,因此有必要借鉴国外先进的立法经验。

韩国是我国重要邻国,最近几年在金融科技方面的立法是全亚洲国家最为活跃的。2019 年 11 月 26 日,韩国颁布了调整在线金融业的基本法律《线上投资联动金融业及使用者保护法》[③](以下简称《在线金融业法》),自 2020 年 8 月 27 日起正式施行。虽然韩国制定《在线金融业法》的初衷是为了规制网贷行业,使网贷行业的发展有法可依,但从其规制范围来看,该法的调整范围又不限于我国法语境下的“网络借贷信息中介”行业的范畴。正

---

① 中国人民银行印发《金融科技(FinTech)发展规划(2019~2021 年)》(第 9 条)“拓宽金融服务渠道”提出:“充分利用信息技术与互联网资源做强线上服务,丰富完善金融产品和业务模式,为客户提供全方位、多层次的线上金融服务。”

② 《上海市促进在线新经济发展行动方案(2020~2022 年)》提出:“优化在线金融服务。推动线上申贷续贷还贷、线上投资理财理赔、线上便民缴费等金融服务,丰富智慧银行、网上银行、手机银行等线上渠道,支持金融机构基于新技术开展金融服务创新。大力发展智慧财富管理,开发推广智能投顾、智能投研、智能风控、智能监管等,深入推进保险服务创新,建设‘互联网+医疗健康+保险’的一体化健康保险服务平台。鼓励开展生物识别支付、智能穿戴设备支付等在线支付服务创新,提供安全便捷的支付业务。探索人工智能、大数据、知识图谱、区块链等技术应用于授信融资、承保理赔、资产管理等领域。”

③ 该法律的韩文全称为“온라인투자연계금융업 및 이용자 보호에 관한 법률”。

如该法名称的完整表述，该法包括“线上投资联动金融业规制”以及“使用者(投资者和借款人的合称)保护”两个大的方面，该法始终贯彻着使用者保护的基本理念。本文认为，为了发展在线金融服务在内的金融科技产业，必须坚持“客户利益至上”的规制理念，否则也难免重蹈互联网金融发展的覆辙。通过立法引领在线金融服务的健康发展，把客户合法权益保护放在首要位置，增进客户福祉，以法律治理在线金融服务，才是在线金融服务稳健、可持续发展的康庄大道。

一、韩国《在线金融业法》的出台背景及整体情况

韩国在主动拥抱金融科技方面不逊我国。近几年推进金融科技发展的过程中，韩国政府、国会和产业界均极度重视法治对金融科技保障作用，始终把金融科技立法作为推动金融科技的首要任务，《在线金融业法》的出台也是符合这一金融科技发展内在需求的。

(一)《在线金融业法》为P2P网络借贷确立基本法

韩国网贷借贷行业也走了一些弯路。在发展互联网金融初期与我国具有相似之处，也并非起初就颁布了互联网金融法律，其P2P网络借贷发展同样地经历了“野蛮式”的生长。韩国的P2P网络借贷市场的累计贷款额规模已经从2015年末的373亿韩元(约2.238亿人民币)大幅增长到了2019年6月末的6兆2521亿韩元。但由于韩国当时采取的方式是由缺乏处罚等强制性措施的金融部门来制定准则进行间接管制，在上层加以防控，使得P2P市场几乎成为“法外之地”，投资者利益受到侵害的事件也屡屡发生。

长时期法律的缺位，使得韩国P2P企业一直遵循着自己制定的准则，包括对贷款资产信托化、风险资产贷款的处理规定等内容。最后结果是由于没有强制处罚的条款，缺乏约束力，许多企业违背了自己制定的规则。因此，韩国网络借贷领域不断发生重大欺诈、非法侵占等案件。同时，低准入门槛也使得尚不具备投资者保护体系的新生P2P企业泛滥成灾。不能及时返还投资资金的情况增加，随之而来是百姓的抱怨情绪也急剧上升。正是在此背景下，韩国政府才下定决心制定一部能够使该产业健康发展的在线金融业法律，以更好地保护投资者，消除监管空白。

尽管也可以像我国一样基于若干理由以监管之名取缔网络借贷行业，但是韩国基于对金融科技发展的历史趋势以及普惠金融的正确认识，对网

络借贷等互联网金融产业从一开始起就没有取缔的打算。反而是韩国政府、国会、学术界、产业界人士从一开始就齐心协力共同探讨如何对互联网金融进行法律规制和治理,如何消除互联网金融行业监管空白和选取何种立法方式以促进互联网金融产业的健康发展。也正因如此,《在线金融业法》应运而生,为在线金融行业的发展扫清制度障碍,提供新的法律规制基础。

(二)《在线金融业法》法律条文的基本情况

《在线金融业法》是由韩国国会制定的基本法律,法律位阶很高。该法由7章共57个条文构成,其法律条文的构成如表1所示:

表1 《在线金融业法》法律条文构成

章号	章名	主要规定
第1章	总则	立法目的、主要法律概念(例如在线金融业、在线金融业者、在线平台等)的定义、与其他法律的关系
第2章	登记	未登记从事线上金融业的禁止、登记、高管的资格条件等
第3章	营业行为规则	诚信义务、在线金融业者的信息披露、手续费的收取、在线金融业相关遵守事项、业务范围、在线金融业者的业务委托、会计处理基准、内部控制基准、利益冲突的管理、广告的规制等
第4章	在线投资联动金融业	对借款人的信息确认、对投资者的信息确认、向投资者提供的信息事项、投资金和偿还金的管理、信用信息和个人信息的保护、损害赔偿责任以及借款限度和投资限度等
第5章	在线投资联动金融协会	在线投资联动金融协会的设立、业务范围、章程、入会以及对协会的监督等
第6章	监督和处罚	监管职权、检查、措施命令权、要求提交业务报告书、没收违法所得处罚等
第7章	罚则	刑罚条款、两罚规定以及罚款等

除了《在线金融业法》这部基本法以外,韩国还由国务会议制定了《在线金融业法总统令》(类似我国的行政法规),对《在线金融业法》中的一些授权性事项进行了规定,对在线金融业的规制进行了全方位规定,为我国完

善在线金融服务法律规范提供了范本。

(三)该法所调整的“在线金融业”范围不限于我国语境下的“网络借贷”

如前所述,虽然《在线金融业法》初衷是为了规制网络借贷,但是该法的调整对象又不限于我国《互联网金融意见》和《网贷办法》规定之网络借贷信息中介。依照《网贷办法》第1条之立法目的,《网贷办法》用于规范网络借贷信息中介机构业务活动;其第2条规定,本办法所称网络借贷是指个体和个体之间通过互联网平台实现的直接借贷。个体包含自然人、法人及其他组织。而网贷信息中介机构是指依法设立,专门从事网贷信息中介业务活动的金融信息中介公司。该类机构以互联网为主要渠道,为借款人与出借人(即贷款人)实现直接借贷提供信息收集、信息公布、资信评估、信息交互、借贷撮合等服务。可见,《网贷办法》所规范的网络借贷是指网络借贷信息中介业务和网络借贷中介机构。

然而,《在线金融业法》中并未出现类似“信息中介”“信息中介机构”等法律概念,法律条文规定的业务范围也并不局限于“信息中介业务”。该法创设了“在线投资联动金融业”“在线投资联动金融业者”以及“在线平台”等核心概念。[①] 所谓“在线投资联动金融业”(以下简称“在线金融业”),是指投资者以向特定借款人提供资金为目的,通过在线平台将其投资的资金出借(包括票据贴现、转让担保以及通过其他与之类似的方法提供资金的方式,以下称为“网络借款”)给投资者指定的相关借款人,并且将网络投资所得的本息收款权赋予投资者的金融(该法第2条第1款)。另外,“在线平台”,是指线上金融业者从事依据该法第5条规定而注册的与线上投资联动相关的一切金融业务,例如缔结关联借款合同与关联投资合同、管理关联贷款债券及本息收款权以及披露各种信息等时,利用的网页、移动应用程序以及与之等效的电子系统(第2条第8款)。

对比《网贷办法》中“网络借贷信息中介”“网络借贷信息中介机构”概念和《在线金融业法》中的“在线金融业”“在线平台”等概念可以看出,《在线金融业法》规定的在线金融业务的范围已经远超《网贷办法》所规定的网络借贷仅为“通过互联网平台实现的直接借贷”的范围,而且从条文规制内

---

① 这些概念的韩文分别为“온라인투자연계금융업”“온라인투자연계금융업자”和“온라인플랫폼”。

容来看,还包括一些投资性相关规定,而不仅仅是借贷。《在线金融业法》设置行为规制、监督管理和法律责任等制度都是为了更好地规范在线金融业和保护客户权益,这些规定值得我国借鉴。

二、《在线金融业法》保护使用者合法权益的核心制度

由于目前我国正在清理、清退 P2P 网络借贷等从事金融的互联网企业,加之 2019 年 12 月修改的《证券法》最终删除了股权众筹相关规定,导致股权众筹合法化也折戟沉沙。由此可以预见的是,今后除了极个别业务领域(如互联网支付、互联网小额贷款)允许互联网企业介入外,互联网企业大规模开展金融业务恐将成为历史。鉴于这一发展趋势,本文只针对取得金融监管机构审批获得正规金融机构经营资格的银行、证券公司、证券投资基金公司、保险公司、信托公司、基金销售公司等正规金融机构以及网络支付机构(也就是我国俗称的持牌金融机构)开展线上金融服务所应遵循的客户保护制度进行讨论。故本文不再讨论《在线金融业法》第 4 条和第 5 条规定所规定的在线金融业平台的强制注册等保护客户合法权益的制度①,而主要从强化营业行为规制、完善监督管理和法律责任制裁三方面来阐释保护使用者合法权益的制度。

(一)强化营业行为规制实现对使用者的保护

相比我国已有的互联网金融法规,如《互联网金融意见》和《网贷办法》的规定,韩国《在线金融业法》则对在线金融业者的营业行为规制作出了极为详细和完善的规定。

1. 限定在线金融业者的业务范围以保护使用者利益

《在线金融业法》将在线金融业者可以从事的业务范围以法条的形式确定下来,划定了在线金融业者的营业“红线”,填补了立法漏洞,同时使监管有法可依。该法第 13 条规定了在线金融业者可从事业务的范围:第一,依据本法第 5 条注册的线上投资联动金融业务;第二,符合第 12 条第 4 款但

---

① 该法第 4 条首先规定任何人不经线上投资联动金融业注册,不得从事经营线上投资联动金融业务。对于注册应具备的条件,申请人须为依据《商法》设立的股份有限公司,注册资本不少于 5 亿韩元(约 300 万元人民币),需具备包括防止利益冲突机制在内的适当的内部管理系统,以及公司和公司的大股东须具备良好的财务状态及信用状况等,并且规定了注册需要具备的具体条件(该法第 5 条第 1 款)。

书部分规定[①]的，在线金融业者为了自己的利益从事的网络投资业务；第三，该法第 34 条第 2 款规定[②]的债权转让中介业务；第四，以向投资者披露相关信息为目的，对借款人的信用状态进行评估，并将结果提供给投资者的业务；第五，网络投资债权的管理和追回业务；第六，除此之外，总统令中规定的与第 1~5 项规定有关的业务；第七，总统令中规定的不会对用户保护和交易秩序产生威胁的金融业务；第八，利用相关人力、资金或设备等进行的线上投资联动金融附属业务。该法将在线金融业者能够从事的业务范围（包括主营业务和附属业务）通过法律的明确规定限制在了上述八种情形之内。

2. 在线金融业者义务法定化以保护使用者利益

为了保障在线金融交易的安全性，保护在线金融使用者的利益，《在线金融业法》确定了在线金融业者在经营在线金融业务时必须承担的法定义务，主要包括诚实信用义务、信息披露义务、向公众和特定使用者（投资者、借款人）披露信息的义务等。

第一，诚实信用义务。韩国《在线金融业法》第 9 条第 1 款规定，在线金融业者在开展线上投资联动金融业务时，要尽到善良管理人的注意义务，保护使用者的利益；同时，该条第 2 款规定，在线金融业者在开展线上投资联动金融业务时，没有正当理由不得为谋求自身利益或第三人的利益，而损害使用者的利益。

第二，信息披露义务。在线金融平台进行信息披露，是增加信息透明度、减少信息不对称、保障使用者合法权益的重要举措之一。韩国《在线金融业法》专门设置一个法律条文，特别对在线金融业者的信息披露义务作出了明确规定，包括必须披露的内容、披露的方式等。该法第 10 条第 1 款规定，为了保证用户能够易于理解在线金融业者的业务健全性以及线上投资

---

① 该法第 12 条第 4 款是关于在线金融业者为自己利益进行投资的规定，该条内容为：在线金融业者对于自己经营的网贷，不得为自己牟取利益而进行网络投资，但在具备以下所有要件的情况下，在募集的网贷金额不足的范围内，可以为自己牟取利益为目的进行网络投资：（1）借款人申请的网贷金额中，已经募集到高于总统令规定的比例且不足申请金额的 80%；（2）为自己谋取利益而进行的网络投资余额要少于自有资本的 100%；（3）为了维持在线金融业者的健全性及保护用户需要并在遵守总统令规定的事项时。

② 该法第 34 条是关于本息收款权的转让与受让的规定，该条第 2 款规定：投资者根据本条第 1 款的但书规定转让或受让本息金收款权时，应以提供该本息金收款权的在线金融业者作为中介。

联动金融的使用方法,在线金融业者应当通过自己的互联网平台公开以下信息:交易结构和营业模式;财务和经营现状;累计网贷总额与网贷余额;借款人清偿能力评价体系;逾期率等与逾期有关的事项;有关贷款利率的事项;有关手续费等附加费用的事项;有关偿还方式的事项;发生违约时如何追回欠款等有关本金利息收回方式的事项;有关本法第 26 条中规定的投资资金等的储蓄机构的事项;线上投资联动金融业者的撤销注册、决议解散、宣告破产等中断经营时的业务处理流程;总统令中规定的能够对线上投资联动金融的使用产生帮助的事项。另外,为了加强对使用者的保护,该条第 2 款和第 3 款规定,中央记录管理机构与线上投资联动金融业协会也可以向使用者披露信息,并制定方法和标准。①

第三,对借款人的信息审查义务。借款人是网贷法律关系中的核心主体,借款人的信息真实性、准确性和完整性直接决定着未来能否按期足额偿还借款,对投资者(出借人)的利益保护起着至关重要的作用。由于在线金融业务中,尤其是网络借贷业务中,“资金需求者绝大多数都是创业不久的新生企业或者个人,因此难以提供更多的财务相关资料,即使提供了相关财务资料,但大多数情况下也是缺乏信赖度的”②。正因如此,《在线金融业法》中特别规定了在线金融业者对借款信息的审查义务。也就是说,在线金融业者将借款人的网贷信息在互联网平台公开之前,有审查借款人信息的义务。该法第 20 条规定,在线金融业者需要对借款人的收入、财产、负债情况、信用、还款计划以及抵押物等情况进行审查。该条第 1 款与第 3 款规定了在线金融业者需对借款人进行信息确认的内容。该条第 1 款规定,在线金融业者将借款人的网贷信息在互联网平台公开之前,要接受借款人的收入、财产以及负债情况等总统令所规定的证明资料,并对这些内容进行确认;该条第 3 款规定,在线金融业者需要对借款人的收入、财产、负债情况、信用、还款计划以及抵押物等情况进行审查,不得对其发放在客观上超出其偿还能力的网贷。同时,为了双向规制借款人的行为,该条第 2 款还规定了

① 该法该款规定,第 33 条中的中央记录管理机构与第 37 条中规定的线上投资联动金融行业协会为了向用户披露信息,可以将本条第 1 款中规定的线上投资联动金融信息,在官网进行公开。该条第 3 款规定,本条第 1 款与第 2 款中规定的信息的具体标准,信息公开的范围以及公开方式等由金融委员会制定并进行公告。

② 元东旭:《众筹资金引进方案法律研究》,《金融法研究》2014 年第 1 期。

借款人向在线金融业者提供真实信息的义务，即借款人根据本条第 1 款的规定向在线金融业者提供相关信息或提交相关资料时，不得提供虚假的信息或虚假的证明材料。当然，为保护借款人的信息安全，对借款人的保密义务也非常重要，因此，该条第 4 款对此作出了规定。①

第四，对投资者的信息审查义务。投资者也是网贷法律关系中的主要主体，确认投资者的信息是投资者适当性义务的必然要求，对于投资者的正确投资，对投资者的保护起着关键的作用。因此，该法规定在线金融业者不仅要对借款人的信息进行确认，也需要对投资者的相关信息进行确认，同时规定了投资者要向在线金融业者提供真实信息的义务。具体来看，《在线金融业法》第 21 条第 1 款规定了实名确认义务，第 2 款规定了投资者提供相关信息的义务，第 3 款规定了投资者提供真实信息的义务，第 4 款规定了对投资者信息的保密义务。②

第五，向投资者提供信息的义务。由于该法是一部使用者保护法，因此除规定一般性信息披露义务以外，还专门设置一个条文对向投资者提供信息义务作出特别规定，该规定为第 22 条。这主要包括向投资者提供特别信息的义务的内容（第 1 款）③，向投资者披露第 1 款规定内容的情形（第 2

---

① 该法第 20 条第 4 款规定，在线金融业者不得将根据本条第 1 款规定收集到的借款人的资料和信息等用于确认借款人的收入、财产以及负债情况等以外的其他目的。

② 该法第 21 条第 1 款规定，在线金融业者应当在投资者拟进行网络投资时，对拟投资者是否为本人予以确认。该条第 2 款规定，在线金融业者还可以根据线上投资联动金融使用协议要求投资者提供收入、财产以及投资经验等相关信息。该条第 3 款规定，投资者应当根据本法第 1 款、第 2 款的规定，向在线金融业者提供真实的信息。第 4 款规定，在线金融业者根据本条第 2 款的规定收集到的信息，不得用于除确认投资者的收入、财产以及投资经验等情况以外的其他用途。

③ 该法第 22 条第 1 款规定，在线金融业者要以投资者易于理解的方式通过互联网平台将下列信息提供给投资者：第一，计划贷款金额、贷款期限、贷款利率、还款日期、还款日程、还款金额等网贷的内容；第二，根据第 20 条第 1 款确认的借款人的有关事项；第三，网络投资的相关风险；第四，手续费、手续费率；第五，利息收入的税金、税率；第六，网络投资的收益率、准收益率；第七，投资者能够获得的预期收益率；第八，有担保的情况下，有关担保价值的评估方法，设定担保的方法等相关事项；第九，债务不履行时的追回，贷款转让等本息金偿还程序以及债权追回手续费等有关管理费用的事项；第十，有关网贷债权以及借款人的事项有变更的，变更后的内容；第十一，其他金融委员会制定并公告的，为了保护投资者必须提供的信息。

款),向投资者就特定事项提供信息的特别义务(第 4 款和第 5 款)[①]以及向投资者提供信息的程序[②]等规定。

第六,保护信用信息与个人信息的义务。韩国《在线金融业法》第 30 条,对信息的保护在监管层面作出了规定。该条第 1 款规定,在线金融业者、中央记录管理机关以及在线金融业者协会(自律组织,后文自律管理部分将予以重点介绍)在收集和处理使用者的个人信息与信用信息时,应当遵守《个人信息保护法》与《信用信息使用与保护法》等相关法律。该条第 2 款规定,金融委员会对在线金融业者信息管理状况进行审查。具体规定为:在线金融业者根据金融委员会制定的标准对互联网信息管理状况每年至少进行一次检查,在三个月之内将结果报告给金融委员会并在互联网平台上公开。

(二)内部控制基准和管理以及利益冲突防范管理

为保障在线金融业者稳定的经营,并有效地保护在线金融平台使用者,《在线金融业法》规定在线金融业者必须拥有一套内部控制基准,要求确立守法监督人(类似于我国法上合规高管)(第 17 条)。另外,韩国《在线金融业法》还规定了在线金融业者的利益冲突防范义务。具体来讲,它有义务防止公司与使用者之间以及特定使用者与其他使用者之间的利益冲突(第 18 条)。[③]

1. 借贷额度与投资限度的规制

《在线金融业法》也规定了在线金融业者对同一借款人发放贷款的金额

---

① 该法第 22 条第 4 款规定,在线金融业者在根据本条第 1 款的规定提供网络投资的相关信息时,对于投资者的合理判断以及对于相关产品的价值可能产生重大影响的事项不得遗漏、造假或歪曲。第 5 款规定,网贷发生逾期时,在线金融业者需要在总统令规定的时间内确认逾期原因,将逾期事实和事由通知投资者并在自己的互联网平台上公开。

② 该法第 22 条第 3 款规定,向投资者提供相关信息,需得到投资者的确认签字。具体规定为:投资者表达从事网络投资的愿望时,在线金融业者应该根据本条第 1 款的规定取得投资者表示对于提供的信息已经完全理解之后的签名(包括《电子签名法》第 2 条规定的电子签名)、签名盖章、录音、电子邮件以及通过总统令中规定的其他方法进行确认。

③ 该法第 18 条第 1 款规定,在线金融业者为了防止在在线金融业者和使用者之间、特定使用者和其他使用者之间发生利益冲突,应当掌握、评估利益冲突发生的可能性,并依据内部控制基准规定的方法及程序进行适当管理。第 2 款规定,在线金融业者根据本条第 1 款的规定掌握、评估发生利益冲突的可能性后,若认为可能发生的,应该将情况事先告知相关使用者。在将该可能性按照内部控制基准的方法和程序降至不会影响保护投资者的程序之前不得接受使用者的网络投资或开展网贷业务。第 3 款规定,在线金融业者依据本条第 2 款的规定认为不易减少利益冲突发生的可能性的,不得接受相关使用者的网络投资或开展网贷。

限制,还规定投资者投资资金金额限制,这与《网贷办法》规定的投融资限额制度具有相似之处。但是,韩国法并未确立具体的金额,而是确定一定的比例,类似我国银行的集中贷款禁止制度。值得注意的是,该法还同时规定了例外制度(该法第32条)[①],这与《网贷办法》对借款金额的上限一律进行规定是存在差别的。

2. 广告和推介材料的规制

为了保护健全的交易秩序,规范市场交易行为,减少法律规范灰色地带,《在线金融业法》对在线金融业者的广告行为以及禁止性广告方式进行了明确规定。首先,该法第19条第1款即对线上投资联动金融业者在根据《标识与广告公平化法》进行标识使用或广告业务时的禁止性行为作出了明确规定,例如不得从事与事实不符或夸大事实的广告行为、不得以掩盖事实或缩减事实的手段进行广告宣传的行为等。另外,该法还规定了对未受邀请的广告行为的禁止、对拒绝广告后再广告行为的禁止(第2、3款)。该法还对在线金融业者在进行广告业务时的广告应当包括的事项内容和信息作出规范,例如要包含名称、网络投资商品的内容、网络投资的风险,以及其他总统令中规定的事项,不得让人产生误解。而且广告时,还要有包括名称、利率等在内的商品的主要内容,过度负债的危险性,网贷有可能导致信用等级下降的警示文字以及其他总统令中规定的为了保护借款人所必须明确的事项(第4、5款)。

(三)完善的政府监管和自律管理制度以保护使用者利益

从大的方面来讲,《在线金融业法》将监督分为政府监管和自律管理两个方面,其规定本身就是为了维护在线金融秩序和保护使用者利益,规定得非常完善。具体体现在以下两个方面:

---

① 该法第32条第1款规定,对同一借款人,P2P公司在其持有的总网贷债权余额的10%以内,不能超过总统令所规定的限度开展网贷,但满足下列任一情形的除外:第一,在线金融业者持有的总网贷债权余额以及欲进行的网贷规模在总统令规定的金额以下的情况;第二,在线金融业者在执行国家、地方自治团体以及总统令规定的公共机关等规定的地区开发项目、社会基础设施项目时,对直接有必要的金额进行网贷的情况;第三,其他为了国民生活安定等以及总统令中规定的其他不可避免的情形。第2款规定,投资者通过在线金融业者能够进行的网络投资的金额,要考虑到投资者的投资目的、财产状况、投资经验、网络投资商品种类以及借款人特性等,通过总统令加以区分并确定。但这不适用于法人投资者以及总统令中规定的具备对于相关金融商品的专业性知识,且在所有资产规模等方面具备投资的风险承受能力的个人投资者。

第一,完善的政府监督管理规定。在政府管理中,监管机构为金融委员会以及受金融委员委托承担具体监管事项的金融监督院。在第 6 章对金融委员会的监督和处罚等作出了规定,即从第 43~54 条共 12 个条文,对金融监管机构的监督职权、可采取的监管措施等作出了详尽规定。

第二,完善的自律管理规定。除了强化政府监管以外,《在线金融业法》还详细地规定了自律协会的自律管理。对于互联网产业方面的规制,韩国宪法法院曾经警告过,互联网市场是需要广泛参与的市场,判断其属性同时仅用秩序为主的思维来试图规制的方式,会给社会的发展带来相当程度的障碍。在这里,秩序为主的思考,就是依据既有规制体系的规制方式。[①] 韩国学者认为,对于互联网的政府规制的替代性方案就是对互联网事业者的自律规制,它是最为有力的替代性规制方案。[②] 正是基于此认识,该法在第 5 章专门规定了自律规制,专门设立了自律管理机构——线上投资联动金融协会,其中第 37 条、第 42 条分别对协会设立、协会的业务范围、协会的自律规制权限、协会章程必须记载的事项、会员入会相关事项、金融委员会对协会的监督以及协会的民法地位等作出了详尽规定,为在线金融业的自律管理和服务奠定了法律基础。

(四)完备的法律责任制度保护使用者利益

韩国《在线金融业法》从民事责任、行政责任和刑事责任三个方面对维护在线金融服务秩序和保护使用者合法权益作出了规定。

第一,赋予使用者损害赔偿请求权。韩国法规定了民事损害赔偿责任,且从归责原则来看,是过错推定责任,为遭受损害的使用者私权救济奠定了制度基础。根据《在线金融业法》第 31 条第 1 款规定,在线金融业者在开展线上投资联动金融业务的同时,出现违反法令、条款以及合同资料(本法第 23 条第 1 款以及第 24 条第 1 款规定需要交付给使用者的资料)的行为或造成业务上的疏忽,对使用者造成损失时,对该损失的产生负有责任,但承担赔偿责任的在线金融业者如果能证明自己已经尽到了相关注意义务的除外。该条第 2 款是关于双罚制的规定,在线金融业者在根据本条第 1 款规

---

① 因为互联网与电视广播不同,互联网市场是“广泛参与的市场”和“促进意思表示的媒体”,参见韩国宪法法院 2002 年 6 月 27 日所作出的“99 限制权力类型的宪法请愿(Hen ma)480 号决定”。

② 参见黄承钦:《互联网内容规制中法律制度与事业者自律相结合的研究》,《公法研究》2008 年第 44 期。

定承担损害赔偿责任时,如果有可归责于高管的归责事由,那么与在线金融业者相关的高管也要承担连带损害赔偿责任。同时该条还原则性规定了在线金融业者可以采取加入责任险、加入减税或积累准备金等必要的措施,以为将来承担损害赔偿责任提供保障(第 4 款)。

第二,通过行政责任制裁侵害使用者利益的行为。例如《在线金融业法》第 50 条第 1 款规定,如果违反贷款限度和投资限度,在超过限度金额的 10%~30%以内,处以课征金。对于因违反第 49 条给予营业停止处分从而给使用者造成严重不便或者其他有可能侵害公共利益的情形,可以代替营业停止而处以 5000 万韩元以下的课征金(第 2 款)。但是,在处以课征金时,应考虑违反行为的内容及情节、违反行为的期间及次数以及因违反行为而取得的利益的规模。第 57 条还规定了对一些违法行为者处以过怠料(类似于我国法律的罚款)处罚,例如违反第 7 条没有进行变更注册的人;违反第 11 条第 1 款、2 款收取手续费或利息者;违反第 11 条第 4 款确定手续费基准时,无正当理由对使用者进行差别对待者;违反第 12 条第 2~9 款规定,违反从业者业务相关应当遵守事项者;违反第 13 条规定的业务范围而从事营业者等,具体金额和程序都由总统令予以规定。

第三,通过刑事责任制裁严重侵害使用者利益的行为。除了规定民事责任和行政责任,《在线金融业法》第 55 条还规定了刑事责任(这与我国只在《刑法》中规定刑事责任的规定不同)。其内容主要有:对于以下行为者处 3 年以下有期徒刑或者 1 亿韩元以下的罚金:一是未注册即营业的;二是违反第 12 条规定进行联动贷出的联动金融业者以及从该金融业者取得联动贷出的大股东和高管职员;三是违反第 28 条规定,处分联动贷出证券或者向其他债务提供担保的人。同时,对具有以下情形的人,处 1 年以下有期徒刑或者 3 千万韩元以下的罚金:一是违反第 8 条规定,使用近似商号的;二是违反第 37 条第 5 款规定,使用类似名称的人;此外,第 56 条还明确了两罚规定。

三、代结论:对我国在线金融客户保护制度构建的启示

如上所述,《在线金融业法》针对在线金融业的特点,确定了在线金融服务业者的营业行为规制、监督管理制度以及法律责任制度,这都是极具特色的制度。在我国,从互联网金融风险整治后的发展趋势并结合《央行金融科

技规划》以及《上海在线经济方案》规定的内容来看,未来只有持牌金融机构才能开展在线金融服务。因此,本文只针对持牌金融机构的在线金融服务的法律规制进行研究,不再涉及在线金融服务机构的准入问题。从总体可资借鉴的内容来看,笔者认为,除了《在线金融业法》第 2 章针对网贷机构的注册准入我国不必借鉴外,其总则、第 3~7 章的营业行为规制、监督管理、法律责任和罚则等相关规定均值得我国借鉴。因此,本文基于《互联网金融意见》《互联网保险业务监管暂行办法》和《证券投资基金销售机构通过第三方电子商务平台开展业务管理暂行规定》等,参照《商业银行互联网贷款管理暂行办法(征求意见稿)》(银保监会于 2020 年 5 月 9 日下发,以下简称《银行互联网贷款办法》)的良好制度,提出在线金融服务规制制度完善方案。

(一)坚持在保护客户权益前提下开展在线金融服务的基本理念

在线金融服务已然成为后疫情时代国家和地方政府推动金融科技发展,进而带动整个金融业向好发展的重要支点。作为未来日趋重要的金融服务行业,我国的在线金融服务(当时多被称为互联网金融)在初期的迅猛发展中也经历了一段时期的监管乱象,暴露出行业发展"缺门槛,缺规则,缺监管"等问题。因此在进一步完善立法规范的过程中,我们必须贯穿坚持在线金融服务客户保护的基本理念,鼓励、促进这一新兴业态的健康发展。

目前,我国以《非银行支付机构网络支付业务管理办法》《互联网金融意见》《网贷办法》《互联网保险业务监管暂行办法》《银行互联网贷款办法》为基础构建了在线金融的基础法律框架。《央行金融科技规划》指出,我国金融科技发展中依然存在不平衡不充分的问题,因此需要进一步加强政策法规、标准体系的健全建设,并且以条文的形式明确了加强金融消费者保护的理念。[①]《互联网金融意见》提出通过加强消费者教育,完善信息披露机

---

① 《央行金融科技规划》要求强化金融消费者权益保护:建立健全适应金融科技发展的消费者权益保护机制,规范和引导金融机构提供金融科技产品与服务,依法加强监督检查,及时查处侵害金融消费者合法权益的行为,维护金融科技市场有序运行。引导金融机构将保护金融消费者合法权益纳入公司治理、企业文化建设和经营发展战略中统筹规划,建立完善重大突发事件应急处置机制,认真落实投资者适当性制度,制定先行赔付、保险补偿等保护金融消费者合法权益的具体措施。督促和指导金融机构切实履行金融消费者投诉处理主体责任,完善投诉处理程序,提升投诉处理质量与效率,接受社会监督,切实保护金融消费者合法权益。

制、争端解决机制，明确各行政执法部门的责任分工等方式①来加强对消费者权益的保护。《网贷办法》贯穿着保护消费者合法权益、促进互联网金融业务健康发展的理念，并且专门规定了一章"出借人与借款人保护"，但仅包含了5个条文的内容。《互联网保险业务监管暂行办法》第2条提出"保险机构开展互联网保险业务……不得损害保险消费者合法权益和社会公共利益……保障保险交易信息和消费者信息安全"等，《银行互联网贷款办法》第9条提出"消费者保护"要求，规定"确保互联网借款人享有不低于线下贷款业务的相应服务，将消费者保护要求嵌入互联网贷款业务全流程管理体系"。

可见，我国现有的一些在线金融服务法律规范已经体现了客户（消费者）保护的理念，但是与《在线金融业》相比，这些法律规定的内容还比较笼统和宽泛，不够精细，其法律位阶也比较低。考虑到我国完善在线金融法律体系、促进在线金融业健康蓬勃发展的目标，在进一步完善立法的过程中，需要坚持我国现有法律法规中保护在线金融客户的基本理念，具体体现在营业行为规制、政府监督和自律管理、法律责任制度的完善等方面。对于具体条文，《在线金融业法》的相关规定具有一定的参考价值。

（二）完善在线金融机构营业行为规制以保护客户利益

为健全互联网金融法律体系，需要完善在线金融机构的营业行为规制。《在线金融业法》对网贷机构的营业范围、网贷机构的义务、在线金融业者内部控制基准和利益冲突、借贷额度和投资额度、广告和推介材料等进行规制。《网贷办法》相比之下虽然也有规定大部分类似的内容，但还有许多可完善的空间。第一，《网贷办法》并没有以具体条文的形式对网贷机构的营业范围作出限定，仅规定了网贷机构的禁止性行为，尚不够完善。这方面应借鉴《在线金融业法》的做法，以具体条文形式明确网贷机构可以从事的营

① 《关于促进互联网金融健康发展的指导意见》要求加强消费者权益保护：研究制定互联网金融消费者教育规划，及时发布维权提示。加强互联网金融产品合同内容、免责条款规定等与消费者利益相关的信息披露工作，依法监督处理经营者利用合同格式条款侵害消费者合法权益的违法、违规行为。构建在线争议解决、现场接待受理、监管部门受理投诉、第三方调解以及仲裁、诉讼等多元化纠纷解决机制。细化完善互联网金融个人信息保护的原则、标准和操作流程。严禁网络销售金融产品过程中的不实宣传、强制捆绑销售。人民银行、银监会、证监会、保监会会同有关行政执法部门，根据职责分工依法开展互联网金融领域消费者和投资者权益保护工作。

业范围[①]。第二,关于网贷机构的义务的规定,《网贷办法》一共有 10 个条文[②],其中第 2 条规定了对贷款人和投资人的信息审查义务,但过于简略和宽泛,属于原则性的条文。与之相比,《在线金融业法》第 20 条规定,在线金融业者需要对借款人的收入、财产、负债情况、信用、还款计划以及抵押物等情况进行审查,规定更加具体和细致,可操作性更强。第三,《在线金融业法》为了更好地保护金融消费者,以独立的条文的形式规定了网贷机构的诚实信用义务,而《网贷办法》仅在关于规定网贷机构义务的部分进行了原则性的规定。将诚实信用义务法定化是金融消费客户保护理念的体现,我国在立法时应当借鉴此立法思路。第四,为了更好地规范在线金融业者的营业行为,我国在设计相关法条时,可借鉴《在线金融业法》的做法,对网贷机构的广告行为和禁止性广告行为作出明确的规定。第五,《网贷办法》与《在线金融业法》对比,《网贷办法》更突出的特点为,其更侧重于规定网贷机构的行政义务,配合监管部门的管理,而对于面向金融消费者的业务规制不够细化,过于重视外部"管理"而忽略了对网贷机构内部的"规制"。因此,接下来应进一步以法律条文的形式明确对在线金融机构的营业行为规制,使监管有法可依,促进依法行政。

通过对比《在线金融业法》与《网贷办法》可以发现,我国虽然也通过部门规章对在线金融机构营业行为的营业范围、网贷机构的义务、网贷机构的禁止行为、强制信息披露、资金存管等作出了严格的规定,但是这些规定与《在线金融业法》相关规定相比还比较原则、抽象,缺乏可操作性。就监管实践来看,从我国近几年互联网金融风险整治活动开展情况可知,国家和各地在开展互联网金融风险整治活动时,直接依据《网贷办法》用于整治的情况很少,对网贷机构的规范主要还是来自国家互联网金融风险整治办公室或地方金融监管局(或金融办)下发的文件和通知。《在线金融业法》对网贷

---

① 该法第 13 条规定了在线金融业者的营业范围:(1)根据本法第 5 条规定注册的在线金融业务;(2)符合第 12 条第 4 款但书部分规定,为自己牟取利益而进行网络投资;(3)本法第 34 条第 2 款规定的债权转让中介业务;(4)以向投资者披露相关信息为目的,对借款人的信用状态进行评估,并将结果提供给投资人的业务;(5)网络投资债权的管理和追回业务;(6)除此之外,总统令中规定的与第 1~5 项规定有关的业务;(7)总统令中规定的不会对用户保护和交易秩序产生威胁的金融业务;(8)利用相关人力、资金或设备等进行的在线金融业附属业务。

② 《网贷办法》第 9 条规定了网络借贷信息中介机构应当履行的义务。

机构的营业行为的规制制度种类更多，内容更为具体、科学、完善，对网贷机构营业行为的指引要清晰得多，我国在未来完善网贷机构营业行为监管制度时可以借鉴。

（三）完善客户利益保护的监管制度

为防范金融风险，保护客户的合法权益，维护在线金融服务秩序，形成对金融机构违法在线金融服务活动的震慑，维护客户的合法权益，金融监管至关重要。《央行金融科技规划》也提出了要加强金融科技审慎监管，建立健全监管规则体系，充分借鉴国际先进经验，建立金融科技监管基本规则体系，加强监管协调性，建立健全创新管理机制等要求。[①]《互联网金融意见》提出要分类指导，明确互联网金融监管责任。《互联网保险业务监管暂行办法》第 24 条规定了银保监会（原保监会）可对侵害客户利益的行为，例如"发生交易数据丢失或客户信息泄露，造成不良后果的；未按照本办法规定披露信息或作出提示，进行误导宣传的；违反费用支付等有关规定的行为"，作出责令整改和依法行政处罚的监管措施。第 25 条则针对开展互联网保险业务的第三方网络平台，对其"未经保险公司同意擅自开展宣传，造成不良后果，或者违反信息披露、费用支付等规定的"侵害客户权益的行为，银保监会（原保监会）可以责令改正或者责令有关保险机构立即终止与这些第三方网络平台的合作等监管措施。《银行互联网贷款办法》第 63 条（监督检查）以及第 64 条（监管措施）对商业银行的互联网贷款业务损害客户的合法权益行为的监管作出了原则性规定。

《在线金融业法》对政府监管和自律管理作出了极为详尽的规定，且从数量来看，《在线金融业法》关于监督管理的法律条文就有 12 条。从规范内容来看，《在线金融业法》不仅规定了政府监管和自律监管，还明确规定了监管机构的具体监管职责和可采取的措施。而我国现有在线金融服务法律规范均为原则性规定，规定也很笼统，这些都为依法监管在线金融服务带来障碍，导致实践中过分依赖"红头文件"监管金融机构的在线金融业务，违背我国正在推进的包括依法行政在内的"全面推进依法治国"的方略。

---

① 《金融科技（FinTech）发展规划（2019～2021 年）》提出加大金融审慎监管力度，加强金融科技审慎监管，建立健全监管基本规则体系，加大监管基本规则拟订、监测分析和评估工作力度，运用现代科技手段适时动态监管线上线下、国际国内的资金流向探索金融科技创新管理机制，服务金融业综合统计，增强金融监管的专业性、统一性和穿透性。

(四)确立全方位的法律责任制度以制裁侵害客户合法权益的行为

依据法理学,狭义的法律责任是由违法行为所引起的不利法律后果。[①]一般来讲,法律责任具有惩罚、救济、预防功能。因此,在线金融服务行业确立完整的法律责任制度,对金融机构的在线金融服务行为能起到惩罚、救济和预防的功能。我国现有在线金融法规主要规定了行政法律责任,而有关民事责任并未直接予以规定,刑事责任则主要放在《刑法》中进行规定。即使是对于行政法律责任规定,也非常原则和简单,不具有可操作性。例如《非银行支付机构网络支付业务管理办法》,仅有第42条对支付机构违法行为应依据《中国人民银行法》第46条规定进行行政处罚作出了原则性规定。《互联网保险业务监管暂行办法》第26条仅原则性规定:"保险机构或其从业人员违反本办法,中国保监会及其派出机构可以通过监管谈话、监管函等措施,责令限期整改;拒不整改、未按要求整改,或构成《保险法》等法律、行政法规规定的违法行为的,依法进行处罚。"《银行互联网贷款办法》第64条规定:"严重违反本办法的,可根据《中华人民共和国银行业监督管理法》第45条、第46条、第47条、第48条规定实施行政处罚。"

《在线金融业法》不仅详细地规定了类似没收违法所得(课征金)和罚款(过怠料)的行政处罚措施,而且还明确规定了使用者的损害赔偿请求权,可以追究在线金融业者的民事责任。同时,与我国法律最大的不同是,《在线金融业法》明确规定了需要追究在线金融业者刑事责任的情形。通过三种法律责任的科学配置,为保护客户合法权益和维护在线金融秩序提供了强大的武器。今后,我国在完善在线金融业者法律责任制度时,可以借鉴《在线金融业法》的相关规定。当然,鉴于我国《立法法》第8条有关立法权限的规定,关于在线金融业者侵害客户的民事责任和刑事责任应当由基本法律加以规定,而部分行政法律责任可由行政法规或部门规章加以规定(具体参见《立法法》第3章和第4章相关规定)。

---

① 参见张文显主编:《法理学》,高等教育出版社2018年版,第165页。

韩国传染病防控体系及其法律制度

吴东镐　车万霖*

内容提要　在交通、通信高度发达的全球化的今天，传染病的传染范围和速度是惊人的，它可以在短时间内扩展到世界各国。20世纪以后发生的几次重大公共卫生事件都印证了这一点。无论是2003年的SARS，2015年源自中东的MERS，还是正在进行中的新型冠状病毒肺炎都给世界带来了巨大的灾难。因此，对于生活在现代社会的人类来说，比战争更具有威胁的便是传染性疾病。对于每个国家而言，建立完善的传染病防范监测和防疫体系是不可或缺的国家战略之一，而支撑这种战略的关键就是建构以传染病防治为内容的基础性法律及配套法规体系。本文介绍并分析了近代以来韩国遭受的传染病情况以及本次新冠疫情暴发后韩国政府所采取的应对措施，概述以《传染病预防及管理法》为核心的韩国传染病防控法律制度的主要内容，并分析了为应对新型冠状病毒肺炎而新近修改的法案内容。

关键词　韩国；传染病防控体系；法律制度

一、问题的提出

新型冠状病毒肺炎(COVID-19)在全球蔓延，正在严重影响着生活在

* 吴东镐，延边大学法学院教授；车万霖，延边大学法学院硕士研究生。

地球上的每个人及整个世界,人类正在遭受前所未有的灾难。美国约翰斯·霍普金斯大学数据显示,截至2020年4月25日下午2点半,全球新冠肺炎累计确诊病例超过280万例,达2809979例,累计死亡达197006例。面对疫情,世界各国都在作出最大的努力,抗击这个前所未有的病毒。作为我国的邻国,韩国也遭受了大范围的疫情。在2月下旬和3月初,韩国的新冠病毒感染人数激增,从几十激增到几百,再到几千。在高峰期,医务人员2月29日一天就检测出909例,这个拥有5000万人口的国家不堪重负。但是不到一周之后,新增病例数减少了一半;在4天内,又减少了一半——在那之后的一天也是如此。韩国疾病管理本部4月23日发布的新冠疫情数据显示,当地时间22日0时至23日0时,韩国新增8例确诊病例,这是连续第6天单日新增病例数在20例以下。

韩国是发生大范围疫情并压平新增病例曲线的国家之一。面对疫情,韩国能够做到这一点,固然有各种因素和原因,但其防控传染病管理体系及相关法律制度是一个重要的基础因素。基于这一点,本文拟讨论以下几个问题:韩国曾遭受了哪些传染病疫情?在应对传染病疫情方面建构了什么样的管理体系?建立了什么样的相关法律制度?其主要内容是什么?其主要特征是什么?笔者认为,此类域外法律制度的研究,对于改善我国相关管理体系和法律制度具有借鉴和参考意义。

二、韩国遭受的传染病疫情概况

(一)过去的传染病疫情

从韩国建国之初的情况来看,由于刚刚遭遇惨烈的朝鲜战争,韩国国民的健康状况并不是很好,加上当时的预防接种系统以及卫生系统都不完善,导致各种传染性疾病开始在全国蔓延。从表1中我们可以非常直观地看到这一情况。当时发病率最高的传染病为肠伤寒,紧随其后的传染病是日本脑炎和白喉。根据韩国学者在其论文中统计的数据,1950~1960年间的传染病发病率在0.22%左右。[①]

---

① 参见[韩]金文植:《以申报资料为中心的法定传染病的趋势及管理》,《韩国病疫学会》1987年第2期。

表 1　1950~1964 年主要法定传染病的感染人数

传染病种类	1950	1951	1952	1953	1954	1955	1956	1957	1958	1959	1960	1961	1962	1963	1964
霍乱														414	11
痢疾	322	9004	1506	1139	477	319	40	106	30	32	47	145	101	818	434
肠伤寒	8810	81575	3969	1352	617	353	351	619	1319	2319	2798	4982	2682	4919	4380
副伤寒	140	886	64	58	51	58	12	15	50	29	77	92	43	25	35
天花	2845	43213	1313	3349	790	2	9	10	6	0	3	0	0	0	0
斑疹伤寒	2523	3211	923	410	293	77	92	187	162	73	84	41	30	32	14
猩红热	3	84	5	2	0	1	2	5	9	2	26	2	6	0	2
再歸热	606	2728	645	21	11	1	0	0	1	9	1	5	0	0	0
白喉	1255	2534	517	398	410	339	673	875	751	1134	828	914	758	713	841
流行性脑脊髓膜炎	155	224	64	43	17	23	10	16	30	20	22	9	20	20	18
日本脑炎	98	27	1221	280	316	2056	269	132	6897	2093	1248	1058	1038	19	2952

数据来源:韩国保健社会部编:《保健社会白皮书》,1950~1964 年。

1970年以后,传染病的蔓延开始得到遏制,这一点得益于国民生活水平的提高、城市卫生水平的提升、医疗用品的大量开发和预防接种的扩大等因素。从韩国中央政府的社会保健部统计的数据中可以看到这种成果(见图1)。从当时统计出的数据来看,传染病发病率已降到了0.1%。①

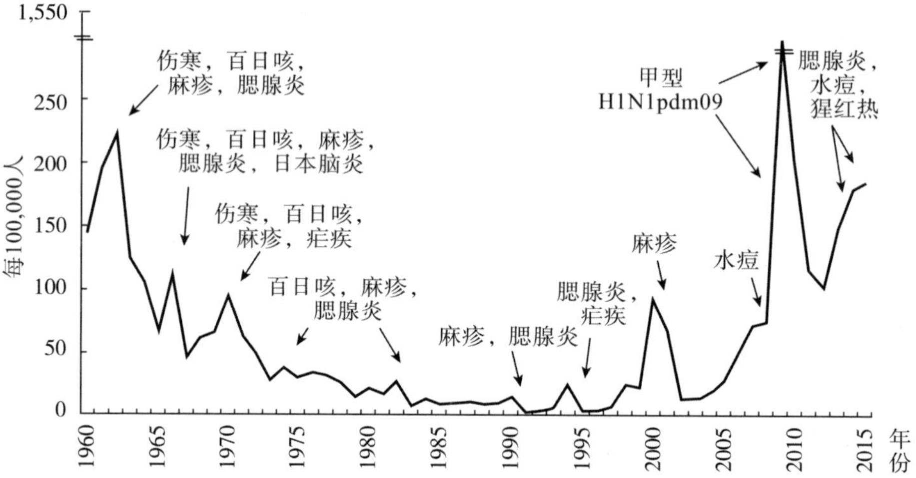

图1 1960~2015年感染传染病人数

数据来源:Tae-Ho Roh,"The study on Improvement for Prevention and Nonproliferation on Infectious disease proliferations", *Fire Science and Engineering*,2017, 31(3):144.

但是到1980年以后,韩国与世界开始有频繁的交流,海外传染病逐渐蔓延到韩国。表2反映了韩国20世纪90年代的艾滋病感染情况。1981年在美国发现第一例艾滋病(Acquiredlmmune Deficiency Syndrome, AIDS)后,此传染性疾病也逐步扩散到包括韩国在内的世界各国。特别是1988年举办的奥运会成为输入性传染病在韩国逐步增加的一个原因。

表2 20世纪80~90年代感染艾滋病人数

	1985~1987	1989	1990	1991	1992	1993	共计	补充
感染者	36	37	54	52	76	78	323	男289,女34
死亡者	13	5	5	6	9	3	41	
管理人员	22	32	49	36	67	75	281	

数据来源:韩国保健社会部编:《保健社会白皮书》,1985~1993年。

① 参见韩国保健社会部编:《保健社会白皮书》,1984年,第53页。

2000 年以后，各国之间的贸易活动和各种交流活动开始逐渐增多，也伴随了各种传染病的暴发，韩国也不例外。2000 年以后，韩国遭受的输入性传染病传播风险逐渐升高。在图 1 中我们可以直观地看出一个趋势：2000 年，麻疹迅速在韩国蔓延，第二年就增加了 5 万余名患者。这造成全国各级学校休学，一部分地区甚至陷入混乱。[①] 2003 年暴发的严重急性呼吸综合征（Severe Acute Respiratory Syndrome，SARS）给韩国的传染病监测体系带来了重大影响。2009 年的甲型 H1N1 流感病毒事件中，韩国有 202 人感染，其中 82 人死亡。2015 年暴发的中东呼吸综合征（Middle East Respiratory Syndrome，MERS）事件中，韩国有 186 人感染，其中 38 人死亡。

（二）新冠疫情

在这次席卷全世界的新冠疫情中，韩国也经历了过山车般巨大波动的疫情。韩国发现首例新冠肺炎确诊病例是在 2020 年 1 月 20 日，在之后的一个月以内疫情相对平稳，但自 2 月 19 日发生"新天地教会"集体感染事件后疫情出现瞬时暴发之势。韩国政府在疫情初始把新冠疫情预警级别从"关注"上调至"注意"级别，之后再次上调至"警惕"级别，到 2 月 23 日上调至最高的"严重"级别。截至 5 月 7 日 0 点，韩国确诊感染患者达到 10810 人，解除隔离 9419 人，死亡 256 人。从区域来看，大邱的确诊人数占到总量的 63.42%，其中与新天地教会相关人数有 5212 人，占到总数的 48.2%。另外，韩国境外输入病例有 1107 人，占总感染人数的 9.5%，且另有与境外输入病例相关联病例 157 人。从输入病例来看，从中国进入的输入性病例有 19 人，欧洲 462 人，美洲 477 人，分别占总输入性病例的 1.7%、41.8%、43.2%。

三、韩国的传染病防疫管理体系及采取的措施

在韩国，有关国家危机管理的最重要的规则是《灾难及安全管理基本法》（2019.12.3 法律第 16666 号）和《国家危机管理基本指针》（总统训令第 318 号）。另外，针对不同类别的危机，由掌管相应危机的政府部门制定出更为具体的危机管理规则。就传染病的管控而言，核心的管理部门是中央政府的保健福祉部，其管理行为所依据的主要法律是《保健医疗基本法》

① 参见［韩］金文植、金荣泽、李钟球：《近期麻疹病流行现状和防治战略》，《大韩小儿病感染学会》2001 年第 1 期。

《传染病预防及管理法》和《检疫法》。

本次新型冠状病毒肺炎暴发后,韩国政府迅速依据上述法律建构了严密的防疫管理体系。

第一是立即组建以国务总理为本部长的中央灾难安全管理本部,举全国之力实施防疫管理。第二是考虑到应对传染病的特殊性和专业性,由作为防疫控制核心机构的"中央防疫管理本部"(疾病管理本部)负责掌管具体防疫管理事务。第三是由作为中央灾难安全管理本部第一次长兼中央事故处理本部长的保健福祉部长官协助中央防疫管理本部(该部门长官为疾病管理本部长官)的防疫事务。第四是由行政安全部长官担任中央灾难安全管理本部第二次长,协助保健福祉部长官处理中央及地方自治体之间的合作事宜。第五是由各地方自治体组建以地方自治体长官为核心的"地方灾难安全管理本部",确保地方防疫所需的专门医院和病床。

在组建不同层次的防疫监管体系的同时,依据相关法律规定,管理机构采取了各种措施有效应对本次疫情。

首先,在入境管理方面,自 2020 年 2 月 4 日起启动"特别入境程序"①。同时,根据疫情范围的扩大情况,将上述特别管理措施的对象逐步扩大至来自不同国家的旅客。其特别管理措施包括测量体温并填写特别检疫申报单和健康状态调查表。入境者只有在韩国国内的联系方式和住址得到确认后才被准许入境。入境者需要在其手机中下载安装"自我隔离者安全保护软件"或"手机自我诊断软件",以便有关部门准确监控健康状况。② 政府将入境者名单分发给各级地方政府,以便加强各地方自治体对疫情的监控。

其次,在检测方面,韩国政府运营大量的"筛查诊疗所"③,通过大规模的快速诊断,核查感染情况。该措施在防止感染扩散、快速发现患者方面起到了重要的作用。据统计,截至 2020 年 4 月 8 日,有 638 个保健所和医疗机构设置并运营筛查诊疗所,而其中 95%即 606 个筛查诊疗所具备可直接采样的能力。另外,为方便国民,政府还运营"汽车穿梭型(Drive Thru)"

① 为防止新型冠状病毒的流入及扩散,韩国政府以入境者为对象实施的发热检查、填写特别检疫申报书等为主要内容的检疫程序。

② 韩国政府要求入境者自入境之日起 14 天内每日确认 1 次本人的症状并将情况填写在软件中。

③ 筛查诊疗所是带有咳嗽或发热等感染症状的疑似症状者在出入医疗机构前另行接受检测的空间。

"徒步移动型(Walk Thru)"等多种形式的诊疗所。

最后,在流行病学调查及隔离接触者方面,中央和地方自治体共同合作采取了一系列措施。当出现确诊患者时,通过走访患者快速掌握包括密切接触者在内的基本信息。当认为有必要对所掌握信息进行补充时通过医务记录、手机位置信息、监控等措施补充信息。以收集到的信息为基础确认密切接触者,对其实施保健教育和症状检测,同时采取自我隔离措施,并通过网站公开确诊者的移动路线。韩国政府对自我隔离者采取一对一的专项管理,自我隔离者无论有无感染症状都被禁止出国。如果其违反自我隔离规定,将被处以1000万韩元以下罚款或1年以下有期徒刑。

实施上述众多的防疫措施后,韩国政府最终有效控制住疫情。

四、传染病防疫相关法律制度

在应对近代几次大规模传染性疾病的过程中,韩国立法部门及行政部门相继制定《传染病预防法》《医疗法》《检疫法》《保健医疗基本法》《灾难及安全管理基本法》等传染病防疫相关法律,已逐步形成以《传染病预防及管理法》为核心的传染病防控法律体系。

(一)《传染病预防及管理法》

为了有效防治传染病,韩国早在1954年就制定出《传染病预防法》,至今该法被修改50次,其名称也从最初的《传染病预防法》更改成《传染病预防及管理法》。最近的修改是2020年3月4日。根据传染病的危险性及特征,2000年的修改法案将传染病划分为四大类。2003年SARS病流行后,中央政府设立了疾病管理本部。2009年的修改法案中韩国国会把《寄生虫疾病预防法》与《传染病预防法》进行合并,将寄生虫感染病划入第五类传染病,并将法律名称更改为《传染病预防及管理法》。依据传染病的特性、严重程度、传播力、隔离水准等因素,2020年1月份的修改案把传染病分类为四级。

本法旨在预防和管理传染病的发生、流行,从而维护国民的健康。它不仅详细划分传染病类型,而且具体规定了需采取的各种防疫、救治措施,包括发现感染病后的报告、监测、流行病学调查、预防接种、防治、防疫经费,以及防疫官和相关工作人员的任命、职责、处罚等内容。

本法共有12章,分别为:第一章总则,第二章基本计划及事业,第三章申请和报告,第四章传染病监测及流行病学调查,第五章高危险病原体,第六章预防接种,第七章阻断传染途径措施,第八章预防措施,第九章防疫官、流行病学调查官、检疫员及预防员,第十章经费,第十一章附则,第十二章罚则。该法的主要内容如下:

1. 传染病的不同类别

根据传染病的严重性、传播力、隔离水准,本法第 2 条将传染病分为四级。其中一级传染病是指生物袭击传染病或致死率高及因有高概率发生集体感染需立即报告并需采取高强度隔离的传染病。此类传染病包括埃博拉病毒病、马尔堡病毒病、拉萨热克里米亚-刚果出血热、南美出血热、病毒性出血热、天花、鼠疫、炭疽病、肉毒杆菌毒素症、兔热病、新种感染病症候群、SARS、MERS、禽流感、甲型 H1N1 流感、白喉等。二级传染病是指考虑到其传播可能性,需要在其发生或流行的 24 小时内报告并采取隔离的传染病,包括突发输入性病例及因其导致的需紧急预防、管理的感染病。此类传染病可由保健福祉部长官指定,主要包括结核、水痘、红疫(麻疹)等。三级传染病是指有必要继续监视或者需要在其发生、流行的 24 小时内报告的传染病,包括突发输入性病例及因其导致的需紧急预防、管理的传染病。此类传染病也可由保健福祉部长官指定,主要包括破伤风、B 型肝炎、日本脑炎、C 型肝炎等。四级传染病是指除了上述传染病以外,为调查其流行需要继续监测其标本的传染病,主要包括流感、梅毒、蛔虫症、蛲虫症等。

另外,本条款中还界定了各种传染病概念,包括寄生虫传染病、作为世界卫生机构监视对象的传染病、生物袭击传染病、性媒介传染病、人兽共同传染病、医疗关联传染病等。本法还详细列举了 86 种法定传染病。①

2. 传染病预防及管理机关及其职责

本法第 4 条规定了预防和管理传染病方面的国家及地方自治体的责任。该条款中详细列举了国家及地方自治体在传染病预防及管理中应履行的义务。具体包括:传染病的预防及防疫对策,传染病患者的治疗及保护,为预防传染病制定并实施预防接种计划,相关传染病的教育及宣传,收集、分析及提供相关信息等。

根据第 8 条之 1 的规定,为实施传染病预防和管理计划、开展传染病相关国际交流和合作,保健福祉部长官及市、道知事可以设立由社会专家组成

---

① 2020 年 7 月开始,E 型肝炎也正式成为法定传染病。

的传染病管理事业援助机构。

根据第 8 条之 5 的规定,疾病管理本部应当内设应急预报机关,其负责收集和传达传染病信息、情况管控、传染病流行紧急情况下的初始措施及指挥等事项。

根据第 9 条的规定,为审议有关传染病预防及管理的主要措施,保健福祉部应当内设传染病管理委员会。该委员会具有广泛的职权,包括审议制定传染病预防管理基本计划,提供与传染病相关的医疗服务,实施传染病调查研究,普及传染病防治知识,增进传染病感染者的人权,制定有关解剖命令的规则、预防接种实施标准和方法、传染病危机管理对策、预防接种引起的损害之国家赔偿规则等。

根据第 34 条第 1 款的规定,保健福祉部长官应当经传染病管理委员会的审议,制定和实施传染病危机管理对策,以便及时应对传染病的扩散或海外新型传染病的输入引起的灾难。

根据第 13 条的规定,当发生传染病时,首先由传染病报告义务者向保健所所长报告其传染病情况,接受报告的保健所所长将该项内容呈报给相应的地方自治体长官(包括特别自治道知事或市长、郡首、区长、厅长等),接受报告的地方自治体长官再分别向更高一级的保健福祉部长官和市、道知事进行汇报。

根据第 18 条第 1 款的规定,疾病管理本部长官,市、道知事或市长、郡首、区长认为有传染病流行征兆,或者虽不确定是否存在传染病,但认为有必要对发病原因进行调查时,应当立即实施流行病学调查,并在必要范围内向相关医疗机构提供相关信息。当防止地区扩散所必要时,应向其他医疗机构提供相关信息。

3. 传染病预防及防治措施

为有效预防传染病,切实切断传染病的扩散,立法者们为政府部门设计了多项措施。

根据第 61 条的规定,为预防传染病,市、道知事认为有必要时可设置检疫委员,对其分配检疫事务,必要时可赋予其检疫运输车辆的权限。

根据第 47 条的规定,为了切断传染病的传播,保健福祉部长官,市、道知事或市长、郡守、区长有权对于有传染病患者的场所或被传染病病原体污染的场所采取临时封闭、禁止一般人员的出入、限制场所内的移动等措施;

有权停止医疗机关的业务;有权强制疑似感染者在适当场所一定时间住院或隔离;有权禁止使用、接收、转移、清洗或丢弃被传染病病原体污染或疑似污染的物品等。

根据第 49 条第 1 款的规定,为预防传染病,保健福祉部长官,市、道知事或市长、郡守、区长有权全部或部分切断所辖地区的交通;限制或禁止集会、祭礼或其他人群聚集;实施健康诊断、尸检;禁止销售或领取有传播传染病危险的食物,或命令销毁其食物;命令对参与预防人兽共同感染病宰杀处理的人员或暴露于人兽共同感染病的人员采取预防措施;命令限制或禁止携带成为传播传染病媒介的物品,或者销毁该物品;命令在船舶、飞机、火车、工作场所或者其他多人聚集的场所安排医生,或者设置预防传染病所需的设施;命令对涉及公共卫生的设施或者场所实施消毒等必要措施,或者禁止新建、改建、改装、使用自来水、下水道、井水、垃圾场、卫生间等;命令驱除鼠、卫生害虫或其他传染病媒介动物,或者设置驱除设施;限制或者禁止在特定场所捕鱼、游泳,或者使用特定水井;禁止捕杀或生食作为传染病中间寄主的动物;在传染病流行期间,动员医务人员、医疗机构及其他必要的医疗关联人员;命令消毒被传染病病原体污染的建筑物,或者采取其他必要的措施;强制疑似感染者一定期限的住院或隔离。

4. 传染病报告义务

根据第 11 条的规定,负有传染病报告义务的人员包括医生、韩医师、口腔医生、医疗机关负责人、军医官以及病原体确认机关的负责人。该条还详细规定了应当履行报告义务的情形。另外,根据第 12 条的规定,负有传染病报告义务者还包括学校、医院、公署、公司、剧场、礼堂、船舶、飞机、火车、各种事务所、饭店、旅店,或保健福祉部令指定的其他多人聚集的场所之管理人、经营者或者代表。当在发生传染病时,上述负有传染病报告义务者应要求医生、牙科医生或韩医师实施诊断,或向所辖保健所所长报告情况。

5. 补偿规定

根据第 6 条第 1 款的规定,韩国国民因感染传染病而遭到隔离及治疗,因此而受到损害时,有权得到补偿。

根据 70 条之 4 第 1 款的规定,保健福祉部长官、市道知事、市长、郡守、区长有权依照本法规定在预算范围内对住院或受隔离的人实施包括医疗费、生活费在内的各项财政援助。

根据第70条的规定,当因采取各种预防传染病措施而出现损失时,保健福祉部长官、市道知事、市长、郡守、区长应依据损失补偿审议委员会的议决给予受害者补偿。此类损失包括因传染病管理机关的指定或设置运营隔离所而遭受的损失,治疗传染病病人、疑似传染病病人而产生的医疗机构的损失,医疗机构因关闭或者停止业务而受到的损失等。

(二)《医疗法》

防治传染病离不开医疗问题。因此,在韩国法律体系中,《医疗法》是与《传染病预防及管理法》关系最为密切的法律。它在防治传染病方面也起到举足轻重的作用。该法律的宗旨是通过使全体国民接受高水平的医疗福利,保障和增进全体国民的健康。韩国现行《医疗法》共设有9章92条,涵盖了医疗人员、医疗机关、医疗技术评价、医疗广告、监督等内容。

《传染病预防及管理法》在多个条款中直接援引了《医疗法》的规定。

根据《传染病预防及管理法》第4条第4款的规定,为监控、预防传染病的发生,国家及地方自治体应与《医疗法》中规定的医疗机关及医务人员团体共享相关信息。

根据《传染病预防及管理法》第5条的规定,《医疗法》中规定的医务人员及医疗机关负责人有权获知传染病患者的治疗信息;因传染病患者的诊断及治疗受到损失时,有权得到补偿;应全力救治传染病患者;应积极协助保健福祉部长官或地方自治体长官的行政命令;应积极协助国家和地方自治体实施的传染病监测和预防、管理及流行病学调查等工作。

《传染病预防及管理法》第36条、39条之3、60条之3、76条之2等条文也都采用《医疗法》的条款来明确了其相关医疗人员、医疗机构的范围。

除了这些在《传染病预防及管理法》中明确指出的条款之外,《医疗法》在防治传染病方面还作了其他的多项规定。例如,该法第16条中规定,要对承担医疗机构污水处理的人员进行传染病相关教育并记录在册。第47条还专门规定了医院感染的预防问题。

(三)《检疫法》

随着世界各国之间的交流不断增强,传染病的跨国传播也变得更为简单,检疫成为各国防止输入性传染病的重要手段。韩国《检疫法》的宗旨是防止传染病在国内外蔓延,从而保护国民健康。它包括检疫进出入境者、运输工具及货物的程序,预防传染病的措施等内容。

现行《检疫法》规定的“检疫传染病”包括霍乱、鼠疫、黄热病、SARS、动物流感人体感染症、甲型 H1N1 流感、MERS 等。除了以上传染病以外,在国外发生的传染病有进入韩国的可能性时,或者在韩国国内发生的传染病有进入外国的可能性时,保健福祉部长官有权判断采取紧急检疫措施必要性,并有权决定采取相应检疫措施。

关于检疫调查,检疫法细致规定了检疫通报,检疫场所、时间、调查,电子检疫,检疫传染病患者的隔离等调查流程及措施,从而增强了检疫规范化程度。

关于处罚,检疫法就违反相关条款的行为分别设置了罚金刑和 1 年以下的有期徒刑,从而对违法者起到了威慑作用。

另外,检疫法还详细规定了检疫资料、检疫公务员、费用等方面的内容。可以说,检疫法在防止传染病的传播、保护国民健康方面起到了重要作用。

(四)其他相关法律

除上述法律之外,还有其他相关法律对传染病防治起到补充作用。例如,《保健医疗基本法》第 40 条规定:“为预防传染病的发生及流行,对传染病患者提供适当的医疗及管理,国家和地方自治体应制定和实施必要的政策。”《灾难及安全管理基本法》第 1 条规定:“本法旨在于从各种灾难中保全国土,保护国民的生命、身体及财产;确立国家和地方自治体的灾难及安全管理体系;规定灾难预防、预备、对应、修复和安全文化活动,灾难及安全管理的必要事项。”该法第 2 条指出,预防灾难及发生灾难时将灾害降到最低为国家和地方自治团体的基本义务。该法所遵循的基本理念:所有国民和国家、地方自治团体在作出涉及国民生命、身体安全和财产保护的行为时必须优先考虑安全,以便使国民能够迅速脱离灾难,生活在安全的社会环境之中。根据该法第 3 条的规定,本法所指的灾难涵盖《传染病预防及管理法》所规定的传染病的扩散。此外,该法详细规定了安全管理机构及其职能、中央灾难安全对策本部、安全管理计划、灾难预防、灾难预备及应对措施、灾难后修复和处罚等内容。

五、为应对新型冠状肺炎疫情而制定的新规则

本次新冠疫情发生后,韩国国会迅速作出回应,于 2020 年 2 月 26 日通过了《传染病预防及管理法》《检疫法》《医疗法》等“新冠肺炎三法”修正

案。这些法律修正案在防控本次疾病方面发挥了积极作用。

本次修改幅度较大的是《传染病预防及管理法》,其主要修改内容如下:

首先,在处罚措施方面,对于违反或拒绝住院及隔离措施者的处罚,由原来的处以 500 万韩币以下的罚款处罚转变为 1 年以下有期徒刑或 1000 万韩币以下的处罚。①

其次,在保障医疗用品方面,增加了限制出口医药品的条款。也就是说,因一级传染病的流行,出现防疫、预防传染病所需的医药品价格上升或供给不足情况时,政府将限制医药品的出口。② 违反这一限令者将被处于 5 年以下有期徒刑或 5000 万韩币以下的罚金。③

再次,在信息追踪方面,市、道知事或市长、郡守、区长也可要求警察部门提供传染病患者的位置信息。而按照原来的规定,此项权利原本只能由保健福祉部长官行使。另外,为预防传染病及切断疾病的传播,保健福祉部长官认为有必要时可以运用国民健康保险公团的信息系统向保健医疗机关提供患者的出入境管理记录等信息,以便使医务人员、药师等实施医治行为或开处方、配制药品时,能够确认患者的出入境信息。④ 这一修改有利于各地方自治体迅速采取有效的应对疫情的措施,也有利于中央政府及时了解地方的疫情,从而采取进一步的防疫措施。对于医师及药师等医务人员而言,有利于及早发现疑似患者,并迅速采取消毒等应对措施,从而防止传染病在医院、药房等医疗场所大规模传播,同时也有利于及时控制传染病源,及时隔离、治疗患者。

最后,在流行病学调查方面,修改法案将保健福祉部的流行病学调查官员的数量由 30 人增加为 100 人。同时规定了流行病学调查官的组成人选制度及在紧急情况下的医学调查官的人员补充制度。⑤ 此项规定不仅加强了流行病学调查体系,并且为紧急时刻的人员补充提供了保证。

考虑到此次新冠疫情中出现的输入性病例不断增加的新情况,国会通过修改《检疫法》,扩大了禁止或限制出入境的对象范围。将《检疫法》第 24

---

① 参见《传染病预防及管理法》第 79 条之 3。

② 参见《传染病预防及管理法》第 40 条之 3。

③ 参见《传染病预防及管理》第 77 条。

④ 参见《传染病预防及管理法》第 76 条之 2。

⑤ 参见《传染病预防及管理法》第 60 条之 2。

条规定的在公共卫生上可能造成重大危害的人员范围从“传染病患者和疑似传染病患者”扩大为“传染病患者、传染病接触者、暴露于传染病危险因素的人、从检疫管理区域入境或路经该区域入境的人”。对于此类人员,保健福祉部长官可要求法务部长官禁止其出入境。也就是说,对于从发生或有可能发生传染病的地区入境韩国的外国人,或经由该地区入境韩国的外国人,保健福祉部长官可要求法务部长官采取禁止其入境的措施。[①]

针对此次疫情中医疗机构内部感染频发的情况,国会重点修改了《医疗法》中的院内感染监测制度,新建了各种预防院内感染的制度,包括保健福祉部长官可建立和运行医疗感染监测系统,以便监测医疗感染的发生,并调查其原因;医疗机构的负责人、医生、患者等在得知医疗感染事实后,可自行向保健福祉部长官汇报,该自行报告人违反与该医疗感染相关法令时,可减轻或免除行政处罚;医疗机构的负责人不得对自行报告人采取不利措施等。[②]

总之,为了加强国家层面上的传染病应对能力,首先,通过修改《传染病预防及管理法》,将应对传染病的药品、装备之储备和管理纳入传染病预防和管理的基本计划之中;考虑到传染病危机中全民信息共享的重要性,具体规定了公开感染者移动路线等信息的范围和程序;为了有效应对因传染病而出现的危机状况,强化了国家对传染病的强制处理权限,扩大了流行病学调查官的规模。其次,通过修改《检疫法》,扩大检疫范围,增加了检疫部门的相关权利和职能范围。最后,通过修改《医疗法》,建立院内感染监测系统的同时引入自主报告制度,从而加强了院内感染的监测。

结　语

人类共处一个地球,各国共处一个世界。在新型冠状病毒肺炎暴发后,世界各国对中国伸出了援助之手。在新型冠状病毒的考验下,人类命运共同体的价值观更加突显。流行性病毒的暴发是世界各国共同面临的问题,任何国家都不应置身事外。韩国在中国疫情暴发初期给予了很大的支持;在韩国暴发后,中国更是伸出了援助之手,在各方面展开了相互合作、相互

---

① 参见《检疫法》第 24 条。

② 参见《医疗法》第 47 条。

学习。韩国在疫情暴发后迅速采取各种应对措施,在相对较短的时间内对疫情进行了有效控制。这不仅得益于韩国政府的应急能力,更是得益于较为完善的传染病防治法律制度。尤其是疫情发生后韩国国会迅速修改有关疫情防控的三部法律,使传染病疫情防控制度得到进一步完善。这为疫情防控工作的顺利开展、保护国民的生命安全、维护国家安全提供了坚实的法律基础。

韩国《少年法》保安处分制度对我国未成年人犯罪防控的启示

金光虎　朴成敏*

内容提要　随着社会的发展和网络的普及,未成年人所接受的信息与自身理解能力不匹配的现象开始出现,尤其是在缺少正确引导的情况下,非常容易引起成未成年人犯罪的发生。当前,我国对于未成年人犯罪行为难以进行有效惩罚,尤其是对不满16周岁的未成年人犯罪能够适用的处罚手段较少。基于此,对韩国《少年法》的研究,能够为我国未成年犯罪的防控提供一定的借鉴。

关键词　少年法;未成年人犯罪;保安处分;犯罪防控

从广义的角度看,未成年人犯罪是指未满18周岁的人实施的违反刑事法律规定的行为。从狭义的角度理解,未成年人犯罪是指已满12周岁未满18周岁的人实施的违反刑事法律规定的行为。从法律规定看,12周岁以下的未成年人实施的犯罪行为,不承担刑事责任。近年来,不满刑事责任年龄的未成年人犯罪行为较为频繁地发生,且不少属于大案、要案,尤其是2015

---

* 金光虎,法学博士,延边大学法学院讲师,主要从事刑法学研究;朴成敏,延边大学法学院硕士研究生,主要从事刑法学研究。

年“湖南邵东三少年杀害老师案”[①]、2019年“大连13岁男孩杀害女同学案”[②]，更是引发了是否要降低刑事责任年龄的热议。从案件的后续发展来看，上述案件中实施犯罪行为的未成年人未受到任何形式的处罚，在调查教育后就立即释放，并责令他的家长或者监护人加以管教。《刑法修正案》(十一)将刑事责任年龄下调到12周岁，但当前刑事法律规定的刑罚对低龄未成年人犯罪行为的规制依然有诸多无奈之处。[③] 未成年人是国家发展的基石，未成年人犯罪行为可以看成是一种成长道路上的“错误”，面对这种“错误”，应当通过合理有效的方式进行引导、教育并改善矫正[④]，对于未成年人犯罪行为“惩罚”手段的扩充是当前的必然选择。[⑤]

一、保安处分的概念及特点

(一)保安处分的概念

对于犯罪的处罚一直是刑法学科永恒追求并一直致力于解决的问题。随着时代的发展，国家对于犯罪的认识程度也更加深刻与全面，同时，对于犯罪行为所秉持的态度也开始发生改变。从世界范围内来看，将刑法作为最后的保障手段已成为各国的常识，因刑法不仅规定了何为犯罪行为，还通过规定具有国家强制力的刑罚实现对犯罪行为的惩罚。[⑥] 从浅层的意义上讲，刑法学科共包括三个内容：一是刑法的基本理论，即刑法学科的发展方向与其涵盖的基本内涵[⑦]；二是犯罪学科相关内容，即描述犯罪现象，并通过

---

① 2015年10月18日，湖南邵东县廉桥镇新廉小学发生一起命案：52岁女教师李桂云被人杀害后藏尸于床底，手机和现金被抢走。

② 2019年10月20日，大连大连市沙河口区发生一起命案：犯罪嫌疑人蔡某某(虚岁14岁)杀害11岁女孩琪琪。

③ 参见《中华人民共和国刑法》第17条。

④ 参见邬凡敏、王群：《“宽罚严管”的少年刑事司法政策》，《河北法学》2010年第1期。

⑤ 参见王军明：《预防未成年人刑罚处遇后再犯罪问题研究》，《犯罪学论坛》第5卷，第五届犯罪学论坛——2018年“国家治理体系中的犯罪治理与预防”研讨会，2018年5月。

⑥ 参见[德]汉斯・海因里希・耶塞克、托马斯・魏根特：《德国刑法教科书》，徐久生译，中国法制出版社2015年版，第89~92页。

⑦ 参见[英]威廉姆・威尔逊：《刑法理论的核心问题》，谢望原、罗灿、王波译，中国人民大学出版社2015年版，第4~7页。

对犯罪种类、类型、行为的划分,更加客观、理性地认识犯罪[①];三是刑罚学科的相关内容,即对何种类型、何种情节的犯罪,以何种方式科处以何种刑罚。[②] 可以说,犯罪学与刑罚学既是刑法学的延伸,又相互独立存在。

在与犯罪斗争的上百年时间里,人们逐渐认识到,并非所有的犯罪行为(或危险行为)都可以通过科处刑罚的方式予以规制,对于触犯刑法且有责的人,应当科处以适当的刑罚;而对触犯刑法,但因身体状况原因或年龄不适格的"特殊人群",应当通过特别的手段加以制裁。国家有义务保护居民免受不法行为的侵害,但是只有行为人不法侵害达到一定的程度,并产生危害的(或可能性)情况下,才可科处刑罚。可以发现,刑罚并不是总能实现对实施违法行为的人的惩治,如未满 14 周岁的犯罪行为人或精神失常的犯罪行为人,其往往不在刑罚的制裁行列。因此,就出现了刑罚的"双轨制"。[③]

19 世纪的工业革命从根本上改变了社会的发展轨迹和人们的生活方式,相对应的传统的报应刑主义与道德责任论的刑法理论不足以有效地解决日益严重的犯罪问题,尤其是对于未成年人犯罪难以进行有效的规制。[④] 基于此,有必要通过一些措施对未成年人犯罪、吸食毒品或是精神状态失常的人进行防控。

现代意义上的保安处分始于 1893 年瑞士学者司托斯(Carl Stoos)提出的保安处分理论,而该理论在瑞士的《刑法预备草案》中得到充分的体现。司托斯指出,刑罚的本质在于对犯罪的惩罚(报应主义),但是对精神病人、未成年犯罪人、失业者、中毒者等而言,仅仅依靠刑罚难以充分实现犯罪的预防目的。为了能够实现对上述人员的矫正或是改善,应当在刑法之中引入保安处分。同时,司托斯认为,保安处分和自由刑一样,是共同与犯罪作斗争的新时代刑事政策的必然选择,在传承传统的刑法理论的同时,能够最大限度地实现李斯特所说的刑事政策的目标。秉持这样的理念,德国于

---

① 参见[美]迈克尔·戈特弗里德森、特拉维斯·赫希:《犯罪的一般理论》,吴宗宪、苏明月译,中国人民公安大学出版社 2009 年版,第 6~8 页。

② 参见高铭暄、赵秉志主编:《刑罚总论比较研究》,北京大学出版社 2008 年版,第 29~30 页。

③ 参见[德]汉斯·海因里希·耶塞克、托马斯·魏根特:《德国刑法教科书》,徐久生译,中国法制出版社 2015 年版,第 1011~1014 页。

④ 参见王晓松、刘立杰:《论我国少年刑法的立法改革与完善》,《预防青少年犯罪研究》2014 年第 5 期。

1933 年在刑法中确立了保安处分制度。[①] 可以说,虽然并非所有的国家都引入了保安处分制度,但基本上所有的国家都承认保安处分制度的存在与其作用。

当前引入保安处分的国家可以分为两种:一种是在刑法典中明确规定保安处分制度,如德国、俄罗斯[②];而另一种则并未在刑法典中规定保安处分,但是在其他的特别法中规定了保安处分制度,如日本、韩国。

综上,保安处分是指,为了能够弥补刑罚的不足,以实现特殊预防为主要目的,对于有一定人身危险性,并符合法定适用条件的人所采用的,以强制性命令、矫正、感化、教育、收容、医疗等方式,能够改善适用人的思想与行为,减少并防止犯罪发生的特殊措施。[③]

(二)保安处分的特点

从严格意义上讲,保安处分也可以当作是对于犯罪或是危险行为的处罚。基于保安处分所采取的措施,可以将其分为两类:一是限制人身自由的保安处分[④],另一种则是非限制人身自由的保安处分[⑤]。限制人身自由的保安处分包括:精神病院的治疗、短期或是长期的少年院送致或是儿童福利院等社会机构的委托监管[⑥];非限制人身自由的保安处分包括:对物的没收、强制性命令及保护观察等[⑦]。因保安处分所具有的对行为的惩罚性,使得学界对于保安处分的性质存在争论。坚持一元论主义者认为,对于一个犯罪行为或是危险行为,只需要在刑罚与保安处分之间进行任一选择即可,不需要进行单独的定制。[⑧] 坚持二元论主义者认为,刑罚与保安处分存有性质上的根本差异,因而有区分的必要。为了解决二元理论下的竞合问题,衍生了两种不同的理论。并科理论认为,刑罚是对行为人过去与当下行为的惩罚,而

---

① 参见陈家林:《外国刑法理论的思潮与流变》,中国人民公安大学出版社 2017 年版,第 14 页。

② 参见[俄]Л.В.伊诺加莫娃-海格主编:《俄罗斯联邦刑法(总论)》,黄芳、刘阳、冯坤译,中国人民大学出版社 2010 年版,第 263~267 页。

③ 参见冷必元:《论我国保安处分的部门法归属》,《江西社会科学》2011 年第 7 期。

④ 参见高丽丽:《刑事强制医疗制度的刑法检视与反思》,《甘肃社会科学》2020 年第 2 期。

⑤ 参见赵秉志、商浩文:《论劳动教养制度的废止与刑法调整》,《法律科学(西北政法大学学报)》2015 年第 3 期。

⑥ 参见韩国《少年法》第 32 条。

⑦ 参见韩国《少年法》第 34 条。

⑧ 参见金昌俊:《韩国的保安处分制度初探》,《延边大学学报(社会科学版)》2003 年第 4 期。

保安处分是为了能够消除行为人未来危险性的一种针对性措施[①],因此,应以并科为原则。在以并科为原则的前提下,存有代替执行方式。当行为人同时被科处刑罚或是保安处分,则可以视情况先执行其中一种,另一种可在无必要时免予执行。而择一理论认为,可在刑罚与保安处分之中任选其一,即可以通过宣告保安处分而代替宣告和执行刑罚。[②]

虽然有两种不同的对于保安处分的理论,但并未能完整地诠释保安处分的意义。从刑罚的角度而言,一元论主义强调可以在刑罚或是保安处分中任意作出选择,虽然从理论上可以对刑罚与保安处分进行明确的区分,但实际上难以实现。同时,二元论主义的刑罚与保安处分的重复宣告与重叠执行,是对行为人不合理的惩罚,是一种惩戒的"过溢",并有违罪责刑相适应原则。

我们首先要对保安处分有着明确的认知。保安处分的目的,是为了避免犯罪人或是有危险的人继续实施侵害法益的行为,而并非追求其从"道德"层面的改善,从这个意义上,保安处分并非是一种简单的训诫,而是一种严厉的惩戒。因此,我们应当这么理解保安处分:第一,制定并实施保安处分,是因为刑法所规定的处罚内容不符合罪责刑相适应原则,并且不能实现个别预防目的;第二,为了对于那些实施了危险行为,但科处刑罚不适当的情况下有可供选择的适当的处分。[③] 基于此,保安处分有以下两个特点:

1.刑事处罚的弥补与替代

大量的司法实践表明,刑罚并不适用所有的犯罪行为,刑罚的适用总会受到一定的限制,如受犯罪行为人年龄的限制、犯罪情节的限制,抑或是受行为人本身状态的限制。[④] 因此,还需以另一种强制性手段来阻止、减少犯罪的发生。如,未满14周岁的行为人实施的贩卖毒品、放火等犯罪行为,是一种需要规制并惩戒的行为,是在道德上被评价为"恶"的一种行为。[⑤] 但受刑法最低刑事责任年龄的限制,并不能对其进行审判或是科处刑罚,在这

---

① 参见[韩]吴英根:《刑法总论》,博英社2005年版,第556页。

② 参见贾元:《预防性监禁制度的理论基础与正当性根据——从传统刑法理论到现代风险社会》,《理论月刊》2019年第7期。

③ 参见[德]汉斯·海因里希·耶塞克、托马斯·魏根特:《德国刑法教科书》,徐久生译,中国法制出版社2015年版,第1012~1013页。

④ 参见周光权:《转型时期刑法立法的思路与方法》,《中国社会科学》2016年第3期。

⑤ 参见[德]汉斯·海因里希·耶塞克、托马斯·魏根特:《德国刑法教科书》,徐久生译,中国法制出版社2011年版,第780页。

种情况下,就需要通过保安处分对不满 14 周岁的少年犯进行惩罚。同时,保安处分并不仅仅只是警告或是训诫,同样存在限制人身自由的处罚,因而从本质上讲,保安处分与刑罚是针对不同情况、不同人群所适用的不同惩罚,又因保安处分与刑罚之间所存在的内在联系,可以说,保安处分是刑事处罚的一种弥补与替代。[①]

2.独立适用

保安处分的适用具有高度的独立性,其独立适用体现在两个方面。第一,保安处分的适用并非依附于刑罚。若法庭确认适用保安处分,并不需要先行确认刑罚内容,再确定保安处分的内容,而只需要判断对于行为人是否适用刑罚,在不适用刑罚的情况下,判断是否可以适用保安处分。同时,在符合法定条件的情况下,可以直接适用保安处分,而不需要对是否适用刑罚作另行的判断。[②] 第二,保安处分的适用内容具有其独立性。虽然保安处分与刑罚具有相同的目的,但是其科处的内容并不完全相同。如刑罚一般分为生命罚、自由刑与财产刑,保安处分则可以是强制性的听课命令,或是义务劳动等。从科处的内容上看,保安处分有其自身的独特之处。[③]

二、韩国《少年法》保安处分制度内容探究

(一)《少年法》的立法沿革及目的

韩国的《少年法》始于 1942 年,当时韩国处于日本的殖民统治时期,从那时起韩国开始引用日本《少年法》而颁布实施《朝鲜少年令》。在韩国恢复为独立民主国家之后,认识到制定新少年法的必要性,并于 1949 年提议修改少年法,1950 年 6 月,因朝鲜战争的爆发,使得修订工作得到一定程度的推迟。从 1954 年开始,韩国转而研究美国的少年法律制度。在与韩国大法院协商之后,1955 年 7 月 7 日,少年法案提交到国会,但当时的国会未能进行处理,一年之后,1957 年 6 月 17 日,韩国大法院重新将法案提交到了国

① 参见李中良、毕宪顺:《从"孤立性"到"情境性":刑罚威慑理论的认知视野转向》,《山东社会科学》2019 年第 8 期。

② 参见肖吕宝:《罪刑法定原则与保安处分之适用》,《安徽师范大学学报(人文社会科学版)》2019 年第 2 期。

③ 参见查一凡、贾健:《二元化视角下的监护失职行为刑事治理模式研究——保安处分与刑罚处罚并存互补》,《西华大学学报(哲学社会科学版)》2019 年第 2 期。

会,但是当时该法案未能得到支持。直到1958年7月24日,国会司法委员会通过了法案(第489号法令)。可以说,韩国新少年法法案的通过历经9年零3个月的时间,同时,实施了十余年的《朝鲜少年令》得到废止。

新《少年法》的最大的特点在于,规定了矫正相关的保安处分制度。该法在制定颁布之后,历经了几次修改,如1963年7月31日,第1376号法案(部分修正)①;1977年12月31日,第3047号法案(部分修正)②;1988年12月30日,第4057号法案(全部修正)③。以上三次修正的主要内容见表1。

表1 韩国《少年法》修正内容概要

序号	1963年7月31日	1977年12月31日	1988年12月30日
1	少年保护案件的管辖法院由家庭法院少年部或地方法院少年部组成	法院少年部要参考少年鉴别所的鉴别结果和意见	对受调查的少年,承认其对犯罪事实的拒绝陈述权,并在审理开始时告知其审判的理由
2	少年部的保护案件对象包括犯罪的少年;触犯刑罚法令的满12岁而未满14岁的少年;与有犯罪性的人等有来往的事由,且对照其性格或环境,在将来有可能会实施触犯刑罚法令行为的满12岁以上的少年	法院少年部审判员在调查、审理案件时,可以就少年的保护问题委托少年鉴别所	取消保护处分中保护人监护委托处分、送监员处分,将保护观察细分为保护观察官的短期保护观察和保护观察两种,对保护观察期间的16岁以上少年可以下达社会服务命令或听课命令
3	发现成为保护事件对象的少年的保护者或学校校长、社会福利设施议长可以直接通知少年部	18岁以上少年可与成人一样接受刑事处分	分短期送致和长期送致,短期送往少年院,不能超过6个月

① 第1376号法案,1963.07.31,部分修正,1963.10.01开始施行。
② 第3047号法案,1977.12.31,部分修正,1977.12.31开始施行。
③ 第4057号法案,1988.12.31,全部修正,1989.07.01开始施行。

续表

序号	1963年7月31日	1977年12月31日	1988年12月30日
4	已经成年的人,故意虚伪陈述年龄,受到保护处分或少年刑事处分时,处以1年以下的惩罚	在保护处分前进行委托处分时,应将委托期间算入未处理期间	死刑、无期禁止年龄由16岁提高到18岁
5			除刑事案件外,作为保护案件进行调查、审理中的少年案件禁止报道

自1988年修改《少年法》之后,韩国再一次修正《少年法》是在2007年。2007年12月21日,韩国对《少年法》进行了专门修订。① 此次《少年法》的修订,是因为韩国青少年人口减少,少年犯罪案件数量下降,但即使如此,少年犯罪案件在比例上依然较高,且少年犯罪已经呈现集团化、暴力化、凶残化的趋势。因此,此次修订能够改善韩国对少年犯罪的处罚境遇,将处罚为主向教化为主进行过渡,以先导为中心改善少年司法体系。同时,随着韩国立法修订原则的改变,法律的制定进一步地规范化,法律用语以韩语为主,将原本晦涩难懂的法律术语更加简约化,对原本冗长的法律语句进行修正,并改善制度的运用方式,以完善韩国的法律体系。

修正后的韩国《少年法》第1条规定(立法目的),该法对具有反社会性的少年进行环境调整和品行矫正的保护处分等必要的措施,其目的是通过采取有关刑事处分的特别措施,帮助少年健康成长。同时,韩国《少年法》第24条规定了少年保护案件的审理理念。第24条第1款规定,少年案件的审理应当以亲切和温和的方式进行。第2款规定,案件不进行公开审理,但少年部法官可以许可适当的人参与审理;并且,通过赋予少年陈述的拒绝权(第10条)、任命案件辅助人(第17条)、国选辅助人(第17条之2)等方式,充分保证少年的合法权利。

---

① 第8439号法案,2007.05.17,部分修正(专门),2008.01.01开始施行。

(二)《少年法》保安处分制度相关内容

1.保护对象及实施机构

《少年法》第2条规定,该法所称"少年",是指未满19周岁的人,"监护者"是指法律上具有监督教育义务的人或是当下进行监护的人。根据第32条的规定,最低的保安处分的适用年龄必须年满10周岁。可以看出,《少年法》的适用年龄为年满10周岁但未满19周岁的少年。根据韩国《刑法》第9条的规定,最低的承担刑事责任年龄为14周岁,但往往不会令其承担全部的刑事责任,同时,未满14周岁的少年实施的犯罪行为不受刑罚处罚(见表2)。

表2　韩国刑事责任年龄

年龄	分类	责任能力	适用法律
未满14周岁	儿童	不承担刑事责任	少年法、民法
已满14周岁、未满19周岁	少年	相对刑事责任	刑法、少年法、少年法院法
已满19周岁	青年	全部刑事责任	刑法

韩国《少年法》第4条规定了该法调整及保护的对象。第4条规定,对于第4条第1项所发生的情形,由少年部按照保护案件进行审理,分别是:(1)犯罪的少年。(2)实施的行为触犯刑法规定,且是10周岁以上不满14周岁的少年。(3)存在以下各项事由,且性格或是根据其生长环境,日后有可能实施刑法规定行为的10周岁以上的少年:①以组团的方式四处走动并存在给四周的人造成不安感的行为倾向;②没有正当的理由而离家出走;③存在饮酒之后带来骚乱,或接近有害环境的行为倾向。

为了能够有效审理少年保护案件,韩国《少年法》第3条规定了案件的管辖地及管辖部门。该法第3条第1项规定,少年保护案件由少年的行为地、居住地或是当前位置管辖;第2项规定少年保护案件由家庭法院少年部或是地方法院少年部(以下简称"少年部")管辖;第3条规定,少年保护案件的审理与处罚决定由少年部独任法官进行。可以看出,韩国少年保护案件由法庭中的特别机构少年部担当审理。

2.保安处分的具体内容

《少年法》第32条规定了可以实施的保安处分的种类及时间。根据法律规定,少年部的法官如果认为有必要进行保安处分,可以决定对其处以法律规定的某一个处分(见表3)。

表3　韩国《少年法》第32条保安处分的具体内容

序号	保安处分的种类	期间或是时间限制	适用对象
1	监护者或是替代监护者对少年进行保护性监护委托	6个月(可再延长6个月)	10岁以上
2	听课命令	100小时以内	12岁以上
3	社会服务命令	200小时以内	14岁以上
4	保护观察官的短期保护观察	1年	10岁以上
5	保护观察官的长期保护观察	2年(可延长1年)	10岁以上
6	根据《儿童福利法》向儿童福利机构或其他少年保护机构委托监护	6个月(可延长6个月)	10岁以上
7	根据医院和疗养所意见或“保护少年等待遇相关法律”委托给少年医疗保护机构	6个月(可延长6个月)	10岁以上
8	1个月以内的少年院送致	1个月以内	10岁以上
9	短期少年院送致	6个月以内	10岁以上
10	长期少年院送致	2年以内	12岁以上

可以看出,韩国《少年法》第32条规定了10种保安处分制度。该10种保安处分可以分为两类:第一类,非限制人身自由的保安处分,即第1~5号的保安处分,不具有人身自由的限制性,更多的是一种强制性的命令,如听课、社会服务或居家观察等。第二类,限制人身自由的保安处分,即第6~10号的保安处分,具有限制人身自由的性质,如向第三方机构的委托监护、少年院短期或长期的送致。从年龄限制来看,第2号和第10号保安处分适用于年满12周岁的少年,而第3号保安处分则适用于14周岁以上的少年。可以看出,在适用对象上,充分考虑了少年的行动能力、承受能力及接受能力,并未进行盲目的保安处分的设定。从时间限制上看,除第2号听课命令及第3号社会服务命令以小时为时间单位外,其他的保护观察或是少年院送致等,均是以月为时间单位,其中时限最短的为第8号保安处分,即1个

月以内的少年院送致,而长期的包括6个月、1年,最长的时限为2年。[①]

韩国《少年法》第32条之2规定了保护观察处分附加处分内容。在决定适用第32条第4号、第5号的保安处分,即决定适用保护观察官的保护观察时,可以根据《保护少年等待遇相关法律》,同时命令涉案少年接受3个月以内的替代教育或咨询、引导。在执行第4号、第5号的保安处分时,可以规定1年以内的,将夜间等特定时间作为限制外出时间段的命令,作为保护观察对象的遵守事项(32条之2第2款)。少年部的法官考虑到涉案少年家庭情况等,如果认为有必要,可以要求监护人接受在少年院、少年分类审查院或保护观察所等地实施的少年保护特别教育(32条之2第3款)。

《少年法》第34条规定了没收的对象。根据该条规定,少年部法官对属于第4条第1款第1号、第2号的少年作出第32条的处分时,需请示上级后才能决定。没收对象包括为犯罪或旨在、打算以违反刑法的行为提供的物体,因犯罪或违反刑法而产生或获得的物体,通过第1号和第2号所获货物,且没收的对象必须是不属于案件本人以外的人的货物。

可以说,韩国《少年法》保安处分,在种类上设定较为齐全,内容较为丰富,时间设定较为合理,让少年部的审理法官拥有选择权利,可根据少年的年龄、罪行及后果严重程度,作出最为合理、正确的保安处分的决定。通过对于危险物品的控制与没收,减少少年犯罪的意向与危险程度,能够预防犯罪,并阻止少年实施危险行为。

3.社会力量的配合

韩国《少年法》能够顺利实施,离不开社会力量的密切配合。首先,韩国《少年法》第9条规定了对于少年犯的调查方针。第9条规定,调查应当是医学、心理学、教育学、社会学等或是其以外的其他专门知识的运用,以能够努力明确少年、保护者或是参考人的品行、经历、家庭状况及其他环境。第12条规定,少年部在进行调查或审理时,要考虑精神健康医学科医生、心理学者、社会事业家、教育者或其他专家的诊断,少年分类审查院的分类结果和意见,保护观察所的调查结果和意见等。可以看出,韩国《少年法》的适用及实施过程,离不开社会专门机构及专家的支持与配合。通过社会专门力量的配合,能够更加全面地了解少年的身体和心理的状态,能够更加确切地

① 参见[韩]吴英根:《刑法总论》,博英社2005年版,第565页。

掌握少年的成长环境，以准确判断少年的危险性，并对少年所实施的犯罪行为或是危险行为处以正确的保安处分。《少年法》第 28 条规定，少年部法官可以依据其职权，在必要且有正当理由时，要求所有行政机关、学校、医院和其他公私团体予以协助。从第 32 条保安处分的内容可以看出，少年保安处分的执行需要医院、福利院、少年院、法院的少年部、少年保护福利机构的配合，且与学校、社会场所也有着紧密的联系。

三、我国未成年人犯罪防控的展望

(一)保安处分制度的建立

通过韩国《少年法》的立法考察，我们可以发现，保安处分制度对于未成年人犯罪防控有着重要作用。保安处分制度的建立，能够有效弥补刑事法律对于未成年犯罪防控的不足。一直以来，全国检察机关坚持教育、感化、挽救方针和教育为主，惩罚为辅原则，坚持少捕、慎捕、少监禁、努力教育、感化、挽救每一个未成年犯罪嫌疑人。这一方针政策也在《人民检察院刑事诉讼规则》(2019)中得到确立。[①] 但值得注意的是，在坚持未成年人刑事政策的同时，我们也应当遵守刑法的罪责刑相适应原则与谦抑性原则。我们可以看到的是，当前我国对于未满 12 周岁的未成年人犯罪规制基本处于空白状态。同时，在贯彻未成年人刑事司法原则下，对于部分未成年人犯罪找不到合适的教育手段，只能通过训诫、教育等方式，并最终不予批准逮捕或是不予起诉。[②] 因此，保安处分制度的建立有着重要的现实意义。

第一，能够有效弥补当前刑事法律无法规制未满 12 周岁的未成年人犯罪的问题。我国对于未成年人犯罪的防控受最低刑事责任年龄的限制，对于未满 12 周岁的未成年人实施的任何犯罪行为，都不会要求其承担刑事责任。通过保安处分制度的建立，能够对于未满 12 周岁实施严重犯罪行为的未成年人科处一定的处罚，使其认识到犯罪的危害，并令其改正。

第二，能够有效补充当前检察制度对于未成年人犯罪防控手段的不足。[③] 我们可以看到，对于已经实施了犯罪行为，但是因程度轻微或是基于

---

① 参见《人民检察院刑事诉讼规则》(2019)第 457 条。

② 参见狄小华：《我国少年司法的困境与出路》，《法治研究》2015 年第 2 期。

③ 参见郭伟和：《专业实践中实证知识和实践逻辑的辩证关系——以循证矫正处境化实践为例》，《社会学研究》2019 年第 5 期。

未成年人刑事政策考虑,会使一部分已经犯罪的未成年人免予承担刑事责任。在这背后,不仅仅是对犯罪程度的考量或是贯彻刑事政策的原因,而是缺乏合适的惩罚手段与教育手段。通过大量的司法案例可以看到,一系列特殊的检察制度对于未成年人犯罪的防控有着非常重要的作用。如湖北省武汉市江汉区人民检察院,在开展未检工作 17 年间,重点帮扶教育 60 余涉罪未成年人,全部顺利回归社会,无一人重新犯罪。① 基于此,保安处分制度的建立对于未成年犯罪的防控起到重要的补足作用。②

不仅如此,保安处分制度的建立在我国具有高度可行性。第一,当前我国已经有类似于保安处分的一系列特殊检察制度。我国检察机关开启未成年人犯罪案件的专业化已经 30 余年,尤其是 2002~2012 年期间,各地检察机关积极开展检察工作,尝试了社会调查、合适成年人、社会观护、附条件不起诉、心理矫正、法律援助、刑事和解等一系列针对未成年人的特殊检察制度。从本质上讲,这些检察制度与保安处分具有类似的功能。只是当前我国的特殊检察制度只适用于未成年被害人与未成年犯罪人,不适用于未满 12 周岁的未成年人。因此,保安处分制度的构建与引入在我国有良好的制度基础与经验基础。第二,从立法动向来看,保安处分制度的建立具有良好的法律及政策基础。未成年检察工作开展的 30 余年间,我国已经制定了 10 余个与未成年人犯罪相关的法律性文件(如表 4 所示)。通过法律及司法文件的制定,我国对于未成年犯罪人相关的措施已经趋向于完备。在内容上,法律或是司法文件涵盖了未成年人犯罪防控、矫包括对于犯罪的预防及打击、法治教育的开展及法律意识的提高、未成年人刑事案件的办理及程序、未成年人刑事案件办理的专业化提高以及社会体系的引入等。③ 虽然我国当前并未建立保安处分制度,但是从司法实践看,我国并不排斥类似于保安处分制度的适用。从政策的动向来看,我国积极引导类似保安处分制度的架构与完善。

---

① 参见最高人民检察院第九检察厅编:《中国未成年人检察实录(2014~2019)》,中国检察出版社 2019 年版,第 70~71 页。

② 参见刘夏:《保安处分视角下的职业禁止研究》,《政法论丛》2015 年第 6 期。

③ 参见《未成年人刑事检察工作有关情况通报》,“为孩子撑起一片蓝天”新闻发布会,最高人民检察院,2014 年 5 月 29 日。

表 4　我国未成年人犯罪防控相关立法及司法文件

序号	制定/修改时间	制定机关	文件属性	文件名称
1	1995-10-27	公安机关	司法文件	公安机关办理未成年人违法犯罪案件的规定
2	1999-06-28 2012-10-26(修正)	全国人大常委会	法律	中华人民共和国预防未成年人犯罪法
3	1999-09-22	最高人民检察院	司法文件	关于认真开展未成年人犯罪案件检察工作的通知
4	2002-03-25 2013-12-09(修正)	最高人民检察院	司法文件	人民检察院办理未成年人刑事案件的规定
5	2012-10-29	最高人民检察院	司法文件	关于进一步加强未成年人刑事检察工作的决定
6	2014-12-02	最高人民检察院	司法文件	最高人民检察院关于进一步加强未成年人刑事检察工作的通知
7	2015-05-12	最高人民检察院	司法文件	检察机关加强未成年人司法保护八项措施
8	2016-03-25	最高人民检察院	司法文件	关于加强未成年人检察工作专业化建设的意见
9	2016-09-01	教育部等七部委	司法文件	关于加强青少年法治教育实践基地建设的意见
10	中办发〔2016〕26 号	中共中央办公厅、国务院办公厅	文件	关于进一步深化预防青少年违法犯罪工作的意见
11	2017-03-02	最高人民检察院	司法文件	未成年人刑事检察工作指引(试行)
12	2018-02-09	最高人民检察院、共青团中央	司法协议	关于构建未成年人检察工作社会支持体系的合作框架协议
13	2019-12-02	最高人民检察院	司法文件	人民检察院刑事诉讼规则(2019)

但是值得注意的是,虽然我国制定并实施了诸多未成年人犯罪相关的法律及司法文件,但是缺乏体系性及完整性。基于此,保安处分制度的建立,能够使当前对于未成年人犯罪相关的司法政策更具有体系性,并通过保安处分制度的构建使各个措施融会一体,在适用及实施上更具有效力,并对未成年人的犯罪防控起到更加有效的作用。

(二)完善未成年人犯罪防控机构的建设

当前,我国并不处罚未满12周岁未成年人实施的犯罪行为或危险行为,因此,更多的对于未成年人犯罪的防控任务由检察机关承担。但是需要看到的是,随着保安处分制度的建立,对于10周岁以上的未成年人实施的犯罪行为或是危险行为也可以进行处罚,届时,公安机关、检察机关及人民法院所面临的情况均有不同。同时需要看到的是,当前越来越多的未成年人犯罪行为具有高度的危险性。

我国开启未成年人犯罪防控及案件的专业化道路始于1986年。1986年6月,上海市长宁区人民检察院率先在起诉科内成立了少年起诉组。1992年8月,上海市虹口区人民检察院建立了全国首个未成年人检察科。截至2014年,全国成独立编制的未成年人刑事检察机构807个,至2016年3月,全国共设立有编制的未成年人检察专门机构1027个,公诉部门下设有未成年人检察工作办公室、专业办案组1400多个。[①] 当前,我国已经建立完善了"捕、诉、监、防一体化"的工作模式,推动建立完善的未成年人保护社会化工作体系。虽然我国并未在刑法或是其他法律中规定保安处分制度,但上述一系列针对未成年人的特别检察制度与保安处分制度有着相同的内涵与目标。同时,《刑事诉讼法》也专章设立了未成年人刑事案件诉讼程序,并建立了未成年法庭。但是通过法律及司法文件来看,对于未成年人犯罪防控工作更多地由检察机关承担。这使得检察机关所承担的工作更加繁重,且对于未成年人犯罪防控任务过于集中,不利于工作的有效开展。

通过研究韩国《少年法》对于未成年人犯罪的防控发现,对于未成年人犯罪防控的工作并非由单一机构进行完成。警察厅、警视厅有义务对未成年人犯罪行为进行调查及询问,并形成报告书,检察厅有义务对未成年犯罪

---

① 参见《未成年人检察工作30年》,"未成年人检察工作30年"新闻发布会,最高人民检察院,2016年5月27日。

进行起诉或建议,并进行监督。对于未成年人犯罪的审理工作由家庭法院的少年部或地方法院的少年部担任。少年部有权决定处以何种保安处分,并可以要求相关机构进行配合。可以发现,通过公、检、法三个机关的配合,并通过其他行政机构的辅助,可以实现对于未成年人犯罪的防控。

随着保安处分制度的建立,为了能够有效实现对于未成年人犯罪的防控,应当完善未成年人犯罪防控机构的建设,公安机关及人民法院应当重视未成年人犯罪问题,在减少并阻止未成年人犯罪行为发生的同时,对实施了犯罪行为或是危险行为的未成年人处以相应的惩罚。

(三)社会力量的配合

虽然我国有着针对未成年人的一系列特殊检察制度,但依然存在不足之处。最大的表现在于社会力量的配合与引入程度较低,与医疗、学校、家庭联动机制尚不成熟。长期的司法实践证明,仅仅依靠检察机关并不能贯彻落实对于未成年犯罪的防控。① 以检察机关的附条件不起诉为例,附条件不起诉中所包括的内容有:社会调查、定期观察、社会劳动、实时监督等②,但是仅依靠检察机关难以完成,且能够预期的效果有限。这就需要社会力量的介入与引入。对于实施危险行为或是犯罪行为的未成年人,由专门的社会机构对其调查评估、观察监督,检察机关可以根据社会专业机构的评估报告作出判断。③ 这样,不仅能够有效减轻检察机关的办案压力,也能够实现未成年人犯罪的体系化建设。同时,要加强与医院、学校、家庭的联动机制。医院应当承担对于未成年人身体及心理的专业评估工作,如针对身体状态、心理状态,进行一个对于未来活动的预测,并给出有效的治疗方案。学校、家庭则应当关注未成年人的生活状态,并时刻给予反馈。随着保安处分制度的建立,使学校、家庭也能认识到未成年人犯罪的危害性,有利于学校教师、家长、合法监护人重视未成年人犯罪问题。④

综上,在建立保安处分制度的同时,应当强化一系列配套措施,引入社会专业机构给予帮助,加强医院、学校、家庭的联动机制,完善我国未成年人

---

① 参见康姣、董志峰:《社会工作参与社区矫正的关系结构》,《甘肃社会科学》2019 年第 5 期。

② 参见《人民检察院刑事诉讼规则》(2019)第 476 条。

③ 参见刘政:《社区矫正的惩罚功能重塑与惩罚机制重构》,《法学论坛》2019 年第 6 期。

④ 参见熊贵彬:《社会工作、管理模式与有效预防重新犯罪分析——基于十省市社区矫正调查》,《中央民族大学学报(哲学社会科学版)》2020 年第 2 期。

犯罪防控体系。

结　语

当前,我国未成年人犯罪案件总体上呈现减少趋势,但是形势依然不容乐观。对12周岁以上实施犯罪行为的未成年人而言,在符合法定条件的情况下,可以通过一系列特殊检察制度,通过感化、教育等措施进行矫正或者改善;但是对于12周岁以下实施犯罪行为的未成年人而言,则缺乏有效的规制手段。

通过对韩国《少年法》的考察发现,韩国《少年法》第32条规定了保安处分制度。该制度的适用对象是实施犯罪行为或是危险行为的未成年人,及有实施危险行为或是犯罪行为可能性的未成年人。韩国《少年法》所规定的保安处分制度适用于满10周岁而未满19周岁的少年,有效弥补了刑事法律不能处罚未满14周岁未成年犯罪人的法律空白,且给法官提供了更多的处罚选择。

虽然我国并未建立保安处分制度,但是已经构建诸多针对未成年犯罪人的特殊检察制度,且在政策上也向其靠拢,因此,我国建立保安处分制度具有良好的制度基础与政策基础。当前,我国对于未满12周岁的未成年犯罪人依照法律能够采取的措施有限。基于此,保安处分制度的引入与建立对于我国未成年人犯罪的防控有着重要的现实意义。

韩国土地征收行政救济制度研究

全姬*

内容摘要　韩国以《土地补偿法》为中心，形成了完整的土地征收法律体系。尤其是对土地征收的行政救济方面，设有独立裁决机关的土地征收裁决委员会，对征收决定的裁决、异议申请、诉讼程序都有明确规定，通过完善救济制度，减少了大量的土地征收纠纷，值得我国借鉴。我国新《土地管理法》的修订推进了土地征收制度的发展，但是在程序公正以及补偿等方面尚未有清晰的图景，救济部分更是有待完善。本文将在阐述韩国土地征收制度的基础上，进一步分析土地征收的行政救济制度，以为我国的相关立法和实践问题提供解决的思路。

关键词　韩国土地征收；征收行政救济；土地征收裁决委员会

根据土地法律改革的需要，我国于2019年8月修订的《土地管理法》在土地征收的各方面都有了较大变化，主要内容包括缩小征地范围、规范土地征收程序、完善对被征收人员的权益保障，虽然相比于之前的《土地管理法》有较大进步，但是仍然存在很多不足。特别是违法征收的救济途径，新法并没有作出规定，但是该制度直接关系到征收行为的公共利益属性以及实现公正、合理的补偿。

韩国早在1962年就制定了《土地征收法》，之后进行了多次修订，后与

---

* 全姬，法学博士，辽宁大学法学院助理教授。

《公共用地的取得及损失补偿相关特例法》进行统合,2002 年出台了现行的《为公益事业的土地等的取得以及补偿相关法律》(以下简称为《土地补偿法》)。因此,二元化的补偿法制也称为现行的一元化法制。

一、韩国土地征收法制概况

(一)公共征收的法理和新动向

在韩国,公用征收制度是为了特定的公益事业以补偿为前提,对个人的特定财产权可以强制取得的、财产权保障的例外措施,其随着近代法治国家的成立而确立。宪法保障了作为现代法治国家经济基础的财产权,但是公用征收制度意味着对财产权的重大侵害,因此,近代法治国家初期对其进行了严格的制约。公用征收的制约主要有:(1)事业内容的公共性;(2)根据法律发动的征收权以及根据法律的征收程序的规制;(3)因征收受到的财产上的补偿等。现行韩国《宪法》第 23 条第 2 项规定:"因公共必要的财产权的征收、征用或者限制应当按法律规定支付正当的补偿。"公用征收法理的最新的动向主要从以下几个层面呈现:(1)公共性概念的扩大;(2)征收制度的体系综合化;(3)开发利益的社会还原;(4)取得公共用地的新的法律手段。[①]

(二)土地征收的理论依据[②]

韩国根据近代《民法》的基本原则制定了土地制度,包括对生产手段的私有财产制的保障、自由合同的认定以及过失责任主义等原则。但该原则也不是绝对的被接受,为了公共的利益可以用法律进行一定的限制。该原则一方面力求保障个人活动的自由,另一方面也在强调个人的社会性和公共性。韩国《民法》第 211 条规定:"所有权人拥有在法律范围内可以使用、收益、处分其所有物的权利。"所有权是指可以使用、收益、处分等全面支配的原始权利。韩国的经济结构是以市场经济体制以及资本主义经济体制为根基,为保护私人所有的法定所有权在资本主义经济体制里为私有财产的制度奠定了基础。韩国不区分生产手段和非生产手段,将物分为动产和不

① 参见[韩]石钟贤:《新土地公法论》,博英社 2019 年版,第 255~256 页。

② 参见[韩]全姬:《中韩土地征收及相关行政救济的比较法律研究》,梨花女子大学博士学位论文,2018 年。

动产,不动产分为土地和附着物。因此,土地和附着物为各自独立的不动产。[①] 土地为生产手段,但对于私有权土地,可以在法律规定范围内使用、收益、处分。[②] 由此可见,韩国土地制度不仅认定了生产手段的私所有权,还从制度上保障私有财产权。

公用征收是指为了公益事业或者行政上的目的将他人的特定财产以法律强制取得的行为。传统的征收概念是以特定的公益事业而强制取得特定土地,但是现在意义上的征收概念扩大到以福利行政为目的的财产权的强制取得。近期,也出现将征收、使用、限制等概念包含在内的公用侵害的概念。那么,为了能够进行征收,保障自由财产权的现代国家的宪法中必须有法律的根据。韩国《宪法》第 23 条 3 项规定:"因公共必要需要进行征收、征用或者对其限制财产权,应依据法律规定且需支付正当的补偿。"该条款明确了公共征收需要法律依据。公用征收不仅要遵守保障私有财产制度的宪法规定,而且还要遵守在公用征收的解释和运用以及立法过程中均不得违反保护私有财产制度的主旨。

公用征收依据的法律也可以分为一般法和特别法。规定征收的主要法律是《土地补偿法》。早期的一般法是《土地征收法》,后与《公共用地的取得及损失补偿相关特例法》进行统合制定了《为公益事业的土地等的取得以及补偿相关法律》(简称为《土地补偿法》)。《土地补偿法》以增进公共福利和财产权的适当保护为目的,通过公益事业有效地实现。现行《土地补偿法》进行过多次修订,由 9 个章节构成,主要内容有第一章总则、第二章公益事业的准备、第三章因协议取得或者使用、第四章因征收的取得或者使用、第五章征收委员会、第六章损失补偿、第七章异议申请、第八章回购权、第九章罚则。对公用征收的特别法并没有一个规定公用征收所有规定的特别法,只是对必要事项(如《土地补偿法》规定之外的新的事业、事业认定程序的特别规定、裁决申请期间的特例等情况)进行规定,其他事项一般准用《土地补偿法》的规定。

韩国宪法裁判所对公用征收的立场是:首先,根据《宪法》第 23 条第 3

---

① 韩国《民法》第 99 条(不动产、动产):(1)土地以及附着物为不动产。(2)不动产之外的物件都是动产。

② 韩国《民法》第 211 条(所有权的内容):所有权人拥有在法律范围内使用、收益、处分其所有物的权利。

项,存在违反其国民的意思强制取得的公益必要性;其次,征收补偿要有法律依据;最后,要支付正当的补偿,并且前述三个要件都要满足。除了第23条之外,还有其他条款也规定了社会拘束性以及限制性的根据。[①] 规定征收的主要法律是《土地补偿法》,韩国大法院判示公用征收的要件内容为"公用征收是为了公益事业对特定财产权基于法律强制取得,因此以公益事业的必要性为前提,征收的目的物范围要以必要的最小限度为原则"[②]。韩国《土地补偿法》第3条及第4条规定了可征收事业的范围。当前立法主要采用列举主义和概括主义,例如《土地补偿法》第4条[③]规定了事业的公益性的优先顺序[④],公益设施和事业的具体列举方式采取了列举主义;但根据《土地补偿法》第4条第8号的总括性规定,该列举并不是对公益事业的限制性的列举,由此可以认定第4条规定的公益事业仅为例示。

(三)公用征收的当事人

公用征收的当事人是指征收权主体的征收者和征收目的物财产的主体的被征收者。《土地补偿法》将公用征收的主体称为事业施行者,征收权的客体被征收者称为土地所有权人和关系人。公用征收的当事人也可以分为征收的主体和征收的相对方。在这里,事业施行者是指执行公益事业者,土

① 例如,《宪法》第120条第2项规定"国土和资源受国家保护,国家为了均衡的开发和利用要树立必要的计划";第121条规定"国家对农地要努力实现耕者有田的原则,并禁止农地租佃";第122条规定"国家与国民均为生产及生活的根基,国土的效率且均衡的利用、开发和保全,根据法律规定,可以对此赋予必要的限制和义务"。

② 大法院2005.11.10.宣告2003du7507判决;大法院1987.9.8.宣告87nu395判决;大法院1994.1.11.宣告93nu8108判决。

③ 韩国《土地补偿法》第4条(公益事业):根据本法取得土地或者使用的事业要对应以下各号之一的事业:(1)国防、军事相关事业;(2)根据相关法律得到许可、认可、承认、指定的以公益为目的实施的铁道、道路、机场、港口、停车场、公营车库、货物站、轨道、河川、堤坝、坝、运河、水道、下水道、污水处理、废水处理、砂防、防风、防火、防潮、防水、水库、用水路、排水路、石油储备、送油、废弃物处理、电、通信、广播、煤气以及气象观测相关的事业;(3)国家和地方自治团体设置的厅、工厂、研究所、试验所、保健设施、文化设施、公园、水木园、广场、运动场、市场、墓地、火葬场、屠宰场以及其他公共设施相关的事业;(4)根据相关法律得到许可、认可、承认、指定的以公益为目的实施的学校、图书馆、博物馆以及美术馆建设的相关事业;(5)国家、地方自治团体,《公共机关运营的法律》第4条的公共机关,《地方公企业法》的地方公企业或者国家、地方自治团体指定的者租赁或转让为目的施行的住宅建设以及宅基地、产业园区造成相关的事业;(6)为了施行(1)~(5)号的事业所需的通路、桥梁、电线路、材料堆积场或其他相关附属设施;(7)为了施行(1)~(5)号的事业所需的住宅、工厂等移居园区造成相关的事业;(8)其他根据法律可以征收土地或使用土地的事业。

④ 参见大法院1992.4.28.宣告91da29927判决。

地所有权人是指公益事业所需土地的所有者。[1] 关系人是指拥有事业施行者要取得、使用的土地,拥有该土地的地上权、地役权、传贳权、抵押权、使用借贷或者租赁合同相关的权利者,对土地的物有所有权或者其他权利的人。

通常情况下,公用征收的主体主要是国家或地方自治团体。但私人在承办公法任务的时候,也可以被国家和地方自治团体赋予公用征收的权利。[2] 并且,国家所有的土地也可以成为公共事业者当中公共团体为了公益事业而需要征收的土地。因此,地方自治团体在征收国有土地时认定相应资格后,可以把国家认定为被征收者,这时候国家就称为这种意义上的"私人"。[3]

对公用征收的主体,学界有不同的观点[4],主要的学说有"国家征收权说"和"事业施行者说"。国家征收权说认为征收权是国家的公权力,大部分情况下征收权的主体是国家,事业施行者仅拥有向国家请求是否可为自己事业所需要的土地进行征收的权利。该观点把公用征收的本质视为改变征收效果的力量,私人的事业施行者只是对国家有征收请求权的立场。事业施行者说将征收的本质看作财产权的强制取得,征收权是享有征收效果的能力,因此征收权的主体是享受公用征收的主体,取得财产权的主体是事业施行者。[5] 公用征收的主要意义是为了公益事业而强制取得财产权,其征收的强制性不过是为了征收效果的原因行为。因此,将征收权看作享受征收效果的能力更为妥当,由此征收权的主体是事业施行者,在这个观点上事业施行者说更为合理,在韩国的通说观点也是如此。

征收的相对方有被征收人和关系人。公用征收的相对方是指财产权的所有权人及其他权力者。不论是公法人还是私法人都可以成为被征收人,特殊情况下国家也可以成为被征收人。但是,事业认定告示之后取得权利的不属于关系人,在之前继承权力者除外。被征收者将同时拥有权利和义

---

① 参见韩国《土地补偿法》第 2 条第 3 号、第 4 号。

② 参见韩国《土地补偿法》第 2 条 3 号、第 5 条、第 19 条 1 项。

③ 参见大法院 1981.6.9.宣告 80da316 判决。根据法律成为征收对象的土地,可以征收或者使用的土地除了同法第 5 条的限制条款外没有其他任何限制,因此可以认为国家所有的土地也可以被征收。

④ 参见[韩]洪定善:《行政法学论》(下),博英社 2018 年版,第 612 页。

⑤ 参见[韩]金香奇:《行政法概论》,TOPBOOKS 2018 年版,第 959 页。

务。被征收人的主要权利有:(1)裁决申请公告时提出意见的权利;(2)因征收受到财产上损失的时候可以对征收者提出补偿请求权;(3)使用土地的购买请求权;(4)残余地的损失和修复费补偿请求权;(5)残余地等的购买以及征收请求权;(6)残余建筑物的损失补偿请求权及购买请求权;(7)营业损失的补偿请求权;(8)其他土地相关的费用补偿请求权及裁决申请权;(9)裁决的争讼权;(10)事业认定的实效;(11)回购权等。被征收人义务有:(1)事业施行者出入、测量土地或者对调查行为容忍义务;(2)土地的保全义务;(3)征收目的物的转让、移转义务等。

(四)公用征收的目的物

公用征收的目的物的范围,原则上应是为了公益事业的必要最小限度,超过限度的部分是违法的征收,因此超过征收的部分与征收的部分是不可分的情况下,要对其征收裁决全部进行取消。① 尽管公共征收是为了特定的公益事业能够迅速执行,可以强制取得他人的财产,但必须适用比例原则。不是所有财产权都可以成为征收的目的物,缺少该目的物将无法进行公益事业或者使得公益事业极为困难时,才可认定该财产权为目的物。共用征收的目的物原则上是不可替代的对象物,《土地补偿法》第 3 条规定相应内容,各个单行法律也有相应的规定。

成为土地征收的目的物的财产权有:(1)土地所有权;(2)土地及相关所有权外的权利;(3)公益事业所需的立木、建筑物、土地上附着物以及与此相关所有权外的其他权利;(4)矿业权、渔业权或对水的使用的管理;(5)所属土地上的泥、石、沙或者碎石相关的权利。公用征收的基本的目的物是土地所有权。② 事业施行者取得或者使用以下权利时同样适用。③ 此外,在特别法中规定的,如土石、竹木、搬运机等其他动产相关权利及无体财产权等也是目的物的范围。

能成为公用征收目的物的财产权也并不是无限制地被允许征收,有宪法上的财产权保障规定和从比例原则、平等原则衍生的一些限制。就是说,目的物的征收应是公益事业必要最小限度,物品本身的性质不能是不可征

---

① 参见大法院 1987.9.8.宣告 87nu395 判决。

② 参见[韩]洪定善:《行政法学论》(下),博英社 2018 年版,第 628 页;韩国《土地补偿法》第 3 条。

③ 参见韩国《土地补偿法》第 3 条、第 19 条第 1 项。

收或者有限制性的物。另外,拥有治外法权的外国使馆、公馆的建筑物以及特殊性质的公物等原则上不可征收。①

目的物的扩张包括全部征收、完全征收、移转征收等内容。全部征收也叫残余地征收,土地所有权人目的物土地的一部分被征收,剩下的残余地很难按之前的目的使用时,土地所有权人可以请求事业施行者对相应土地进行全部买收或者征收。完全征收是指对土地所有权人的土地利用存在明显的限制或障碍时,对其进行补偿的制度。事业认证告示之后,符合以下条件时,关系人可以对事业施行者或土地征收委员会请求对其权利的存续②:(1)土地使用期间为3年以上;(2)因土地的使用,土地的形质有变更;(3)使用的土地上有土地所有权人的建筑物时,土地所有权人可以根据《土地补偿法》第72条请求事业施行者买收或请求土地征收委员会征收相关土地。③ 移转征收是指以对征收的土地上的物补偿移转费后移转为原则,无法强行移转的例外情况下,一起征收相关物的制度。按照物的价格补偿的情形有:(1)移转困难或者因移转无法按原来的用途来使用物的情形;(2)物的移转费超过相关物的价格;(3)事业施行者为了直接用于公益事业的目的而取得的情形等。④

(五)损失补偿制度

行政上,损失补偿制度是指因行使合法的公权力对国民的财产有特别牺牲的情况下,对国民财产权的保障和平等负担形式的调节性补偿。⑤ 在过去,损失补偿制度主要以财产权补偿为主,而时至今日,财产权保障之外的生活补偿也是突出的特征之一。损失补偿曾有多种学说,有既得权说,即以自然权的既得权的不可侵为前提,主张公法目的的侵害要有补偿;有恩惠说,即主张补偿是国家施恩给予的;有公用征收说,即把实体法上的公用征收制度一般化为理论。但在今日,只有特别牺牲说得到广泛的支持。⑥

---

① 参见韩国《土地补偿法》第19条第2项

② 参见韩国《土地补偿法》第72条2文。

③ 参见[韩]刘海雄、许强武:《新征收补偿法论》,富联社2016年版,第164页;韩国《土地补偿法》第72条1~2文。

④ 参见[韩]金香奇:《行政法概论》,TOPBOOKS 2018年版,第961页;韩国《土地补偿法》第75条。

⑤ 参见[韩]金酉焕:《现代行政法讲义》,法文社2018年版,第523页。

⑥ 参见[韩]洪定善:《行政法学论》(上),博英社2018年版,第826页。

损失补偿请求权性质的学说主要分为公权说和私权说。通说为公权说,认为损失补偿的原因行为是公法性质的,其效果的损失补偿也当然地具有公法性。[①] 之前判例的立场是损失补偿的原因为公法性,但其损失的内容为私权以及损失补偿是私法性的。但是在 2006 年,大法院全员一致决定,将《河川法》上的损失补偿请求视为公法上的权利。因此,损失补偿制度从之前适用民事诉讼的案例对象变更为行政诉讼上的当事人诉讼的对象。[②] 近期,也有判例将损失补偿看作是财产权上赋予公法上的特别牺牲的理由,是公法上的权利。[③]

根据历史的变迁,损失补偿的对象从起初的对人补偿演变到对物的补偿,又从对物补偿变为对生活的补偿。行政上的损失补偿,原则上是对财产权的补偿,在大规模公共事业的情况下,特别是对失去生活基地移居的人们来说,单纯补偿财产权不能认定为是正当的补偿。[④] 生活补偿是被征收后可以维持与此前相同生活质量的实质补偿,又叫生活再建措施。生活补偿的种类主要有:(1)居住对策和生活对策;(2)一般生活再建措施和特别生活再建措施;(3)一般法上生活补偿和个别法上的生活补偿。

(六)土地征收的程序

土地征收的程序大体上可以分为协议取得程序和征收取得程序。协议取得程序主要有:(1)公共事业计划的决定;(2)土地调书、物件调书的制定;(3)补偿计划的公告、阅览;(4)补偿计划以及补偿额的计算;(5)协议程序。在协议不成立时启动征收程序,征收程序包括:(1)事业认定;(2)征收裁决;(3)事业施行;(4)异议裁决或者诉讼等。事业认定告示之后,事业施行者为了取得或者消灭相关土地的权利,与土地所有权人和关系人要进行充分的协议,坚持协议前置主义。协议内容包括征收土地的范围、征收时期、损失补偿等。相关的事业施行者和被征收人之间要进行充分的交涉,协议达成征收程序终结,事业施行者取得用于公益事业的土地等;若协议不成立,则进入裁决程序。在原则上,无论是事业认定前还是事业认定后,均认

---

① 参见韩国《土地补偿法》第 85 条第 2 项。

② 参见大法院 2006.5.18.宣告 2004da6207 判决。

③ 参见[韩]洪定先:《行政法概论》,TOPBOOKS 2018 年版,第 961 页;韩国《土地补偿法》第 75 条。

④ 参见[韩]金西焕:《现代行政法讲义》,法文社 2018 年版,第 523 页。

定该协议是私法上的合同，但是事业认定后，需进入协议管辖土地征收委员会的确认程序，通过土地征收委员会确认的协议可被认定为公法上的合同。[①]

二、韩国土地征收的行政救济制度

土地征收的行政救济制度主要有裁决、异议申请、行政诉讼。裁决是指事业施行者可以取得土地的所有权以及使用权，并由事业施行者支付损失补偿额的决定。[②]《土地补偿法》第 26 条规定，协议未能成立或无法进行协议的情况下，事业施行者在事业认定告示之后的一年内，根据总统令向被管辖的土地征收委员会申请裁决。[③]

土地征收委员会是裁决机关，为土地等的征收和使用进行相关裁决。国土交通部设有中央土地征收委员会，特别市、广域市自治道设有地方土地征收委员会。[④] 中央土地征收委员会具有既可以对原处分进行裁决，也可以对征收裁决不服提起的异议进行裁决的双重机关的权力。[⑤] 但只有事业施行者才有裁决之申请权，被征收者不得提起裁决，需寻其他救济途径。

土地征收过程中也可以提出异议申请，是指因土地征收委员会的违法或者不当的裁决处分，被侵害权利或者存在异议的相关人，对复审裁决机关的中央土地征收委员会请求作出取消相应处分的取消或变更的争讼程序。[⑥] 异议申请的程序适用行政复议法。事业施行者、土地所有权人或关系人对裁决不服时，收到裁决书之后 60 日内，或提出异议申请时，收到对异议申请裁决书的 30 日内，可提起行政诉讼。[⑦] 行政诉讼设有补偿金增减请求诉讼。提起的行政诉讼是关于补偿金的增减相关的诉讼时，若提起诉讼的主体是土地所有权人或关系人，则事业施行者为被告。

---

① 参见[韩]金酉焕：《现代行政法讲义》，法文社 2018 年版，第 555 页；大法院 2000.10.13.宣告 2000du5142 判决。

② 参见[韩]李哲焕：《行政救济法讲义》，FIDES 图书 2018 年版，第 630 页。

③ 参见韩国《土地补偿法》第 28 条第 1 项。

④ 参见韩国《土地补偿法》第 49 条。

⑤ 参见[韩]郑形根：《行政法》，PNC 传媒 2017 年版，第 903 页。

⑥ 参见[韩]李善英：《土地征用及补偿法核心问题》，REBOOKS 2012 年版，第 181 页。

⑦ 参见韩国《土地补偿法》第 85 条第 1 项第 1 文。

(一)裁决

1.裁决的申请

土地征收委员会的裁决是使事业施行者取得土地的所有权或者使用权,并确定事业施行者支付的损失补偿额的决定。[①]《土地补偿法》第26条的协议未成立或者无法进行协议时,事业施行者从事业认定告示之日起一年以内,可以根据总统令的规定向管辖土地征收委员会申请裁决。[②] 通常只有事业施行者有权申请裁决,被征收者没有申请权限。但是,在特殊情况下,区别于征收程序,对于出入他人土地测量与调查引起的损失[③]及征收对象土地之外的土地修复发生的费用损失[④]等的补偿请求权,土地所有人以及关系人也会认定裁决申请权。[⑤]

原则上,裁决申请必须在法律规定的事业认定告示之日起一年以内提出,个别法上规定允许在事业施行期间内申请裁决的特例规定是该原则的例外情形。裁决是在协议没有达成时进行申请,除了因事业施行者的过失导致不成立的协议之外,裁决申请即便被驳回,事业施行者在不违反裁决申请期限限制规定的情况下,可以重新申请裁决。[⑥] 大法院认为,如果事业施行者在事业施行期间内,申请了对土地的征收裁决,那么裁决在事业施行期间过后也依然有效,因此土地征收委员会在事业施行期间经过之后也可以进行征收裁决。[⑦]

2.土地征收委员会(裁决机关)[⑧]

为了进行土地等的征收征用相关裁决,国土交通部设有中央土地征收委员会,特别市、广域市、道、特别自治道设有地方土地征收委员会。中央土地征收委员会对国家或者市、道事业施行者的事业及征收或者征用的土地跨两个以上市、道的事业相关事项进行裁决。

中央土地征收委员会进行原行政处分征收裁决,也进行对征收裁决不

---

① 参见[韩]李哲焕:《行政救济法讲义》,FIDES图书2018年版,第630页。

② 参见韩国《土地补偿法》第28条第1项。

③ 参见韩国《土地补偿法》第9条第4项。

④ 参见韩国《土地补偿法》第79条第1项。

⑤ 参见韩国《土地补偿法》第9条第5~7项。

⑥ 参见大法院1966.4.23.宣告95nu15551判决。

⑦ 参见大法院2007.1.11.宣告2004du8538判决。

⑧ 参见[韩]洪定善:《行政法学论》(下),博英社2018年版,第643~645页。

服的异议裁决,因此具有双重机关的性质。土地征收委员会裁决的内容是征收或者征用的土地的区域、适用方法、损失的补偿、征收或者征用的起始日以及期间的事项,对事业施行者、土地所有权人以及关系人在申请的范围内进行裁决。[①]

土地征收的程序以裁决终结,在一定条件下发生征收的效果。因此,作出裁决法律关系当事人的征收权人和被征收权人之间发生权利和义务,裁决的效果可以整理如下[②]:

目的物的权利取得:作为裁决的效果,在一定条件下事业施行者的权利取得发生效果。根据征收的事业施行者的权利取得,并非是土地所有权人和事业施行者之间的法律行为的继承取得,而是根据法律规定的原始取得。

原则上,危险负担从所有权人或关系人转移到事业施行者。裁决以后,土地征收委员会征收或征用的土地上的物发生损失,在土地所有权人或者关系人不存在故意或过失的情况下,则该损失由事业施行者负担。

被征收土地的所有权人以及关系人取得损失补偿请求权。除了天灾、地变,事业施行者在征收或征用起始日之前支付管辖土地征收委员会裁决的补偿金。

土地所有权人及关系人和其他不包含在土地所有者和关系人之中的相关者,在征收或征用土地时享有其土地上的物的权利,在征收或征用的起始日之前将土地上的物转让或移转给事业施行者。[③]

被征收者的土地所有者以及关系人不履行土地和物的转让、移转义务时,确保其义务设有代行以及大执行制度。对被征收者发生回购权,征收目的物经过一段期限之后没有必要的情况下,原来的土地所有权人拥有可以回购的权利。

(二)异议申请[④]

土地征收的异议申请是指因土地征收委员会的违法或者不当的裁决处分,受到权利或者利益侵害者对裁决机关的中央土地征收委员申请其处分

---

① 参见韩国《土地补偿法》第 50 条;[韩]金南镇、金延泰:《行政法Ⅱ》,法文社 2018 年版,第 606 页。

② 参见[韩]朴俊成、都胜下:《土地补偿行政法》,博英社 2014 年,第 914~915 页。

③ 参见韩国《土地补偿法》第 43 条。

④ 参见[韩]洪定善:《行政法学论》(下),博英社 2018 年版,第 647~649 页。

取消或者变更的争讼程序。[①]

1.异议的申请

(1)对中央土地征收委员会根据第34条的裁决有异议者可以向中央土地征收委员会申请异议。(2)对地方土地征收委员会根据第34条的裁决有异议者可以经过地方土地征收委员会向中央土地征收委员会申请异议。(3)根据第一项和第二项,应在收到裁决书正本的30日以内进行申请。[②]土地征收委员会对征收裁决的异议程序具有行政审判的性质,因此除了有特殊规定之外,异议申请程序准用行政审判法的程序。[③]

行政审判不仅对行政处分的违法进行主张,对其不当也可以进行主张,因此程序具有比较简便等优势,不直接提起行政诉讼有申请行政审判的实益。如果在行政审判阶段没有达到权利救济的目的,在之后的行政诉讼程序根据行政审判记录提出命令制度[④]可以简便地得到诉讼资料。事业施行者对管辖土地征收委员会的征收裁决不服向中央土地征收委员会申请异议裁决时,预先支付预定补偿金额,根据裁决的补偿金的差额进行公托。[⑤]

2.异议申请的裁决

中央土地征收委员会受理根据第83条的异议申请后,认定第34条的裁决违法或者不当时对其裁决的全部或者一部分进行撤销或者变更补偿额。根据第84条第1项的规定增加补偿额的情况,事业施行者在收到裁决取消或者变更的裁决书正本的30日内,对增加的补偿额进行支付。但是,有第40条(补偿金的支付或者公托)第2项第1号、2号或者第4号规定的情形时可以公托其金额。[⑥] 在第85条规定的相关期间内没有提起诉讼或者因其他事由确定裁决的情况下,该异议裁决视为民事诉讼法上的确定判决,裁决书正本同有执行力的判决正本同等效力。事业施行者、土地所有者或者关系人对异议申请确定裁决时,可以向管辖土地征收委员会请求根据总

① 参见[韩]李善英:《土地征用及补偿法核心问题》,REBOOKS 2012年版,第181页。

② 参见韩国《土地补偿法》第83条第1项、第2项、第3项。

③ 参见大法院1992.6.9.宣告92nu565判决。

④ 参见韩国《行政诉讼法》第25条。

⑤ 参见韩国《土地补偿法》第40条第4项。

⑥ 参见韩国《土地补偿法》第84条第1项、第2项。

统令规定的裁决确定证明书的交付。[①]

(三)行政诉讼

1.行政诉讼的提起[②]

事业施行者、土地权人或者关系人对根据第34条作出的裁决不服时,收到裁决书的60日以内,在进行了异议申请的情况下,收到异议申请的裁决书的30日以内,可提起行政诉讼。[③] 根据上述规定,对土地征收裁决不服的情况下,在收到征收裁决书60日内可以直接提起行政诉讼,异议申请之后仍不服时,可以在收到异议裁决书之后30日内提起行政诉讼,并且《行政复议法》[④]第27条(行政复议提起期间)和《行政诉讼法》第20条(提诉期间)的期间规定是不适用的。[⑤]

对裁决不服的行政诉讼有:(1)裁决的取消或者确认无效的抗告诉讼;(2)请求补偿金的增额以及减额的形式的当事者诉讼。但是经过征收裁决的异议申请已有了异议裁决的结果,又提起取消诉讼的情况下,取消的对象是征收裁决还是异议裁决会成为问题。

2.补偿金增减请求诉讼

补偿金增减诉讼并不是针对征收本身,而是对征收裁决中的补偿金的决定和增额、减额进行判断,是法院直接决定补偿金的金额,这种诉讼叫补偿金增减请求诉讼。根据《土地补偿法》第85条第1项提起的行政诉讼是关于补偿金增减的诉讼时,提起诉讼者是土地所有者或者关系人时以事业施行者为被告,提起诉讼者是事业施行者时以土地所有者或关系人为被告。[⑥] 之前的法律将补偿金增减请求诉讼分为形式上的当事者诉讼和非形式上的诉讼两种意见,主要是因为其将裁决厅也列为共同被告。但是,《土地补偿法》将裁决厅从被告中删除,转换为以法律关系的一方当事人作为被告。当前,将《土地补偿法》规定的补偿金增减诉讼看作形式上的当事者诉

---

① 参见韩国《土地补偿法》第86条第1项、第2项。

② 参见[韩]洪定善:《行政法学论(下)》,博英社2018年版,第649~650页。

③ 参见韩国《土地补偿法》第85条第1项第1文。

④ 韩国行政复议法直译为行政审判法,本文为便于阅读理解将其统一为行政复议法。

⑤ 提诉期间比起一般的行政诉讼提诉期间更短是因迅速执行公共事业的必要性认定的(参见大法院1992.8.18.宣告91nu9312判决)。

⑥ 参见韩国《土地补偿法》第85条第2项。

讼的看法是较为常见的。①

对裁决不服提起补偿金增减诉讼,因要件的不具备被驳回或者原告撤诉时,确定裁决。在行政诉讼的提诉期间内没有提起诉讼时,该裁决视为民事诉讼法上的确定判决,裁决书正本与有执行力的判决书正本具有同等效力。②

补偿金增减请求诉讼的情况下,法院直接决定补偿金,因此诉讼当事人要根据判决结果履行义务,土地征收委员会不作另外的处分。对异议申请的裁决确定的情况下,该裁决视为民事诉讼法上的确定判决,裁决书正本与有执行力的判决正本具有同等效力。

3.取消诉讼的对象

(1)经过裁决的取消诉讼的对象

这里的裁决不仅指根据行政复议法程序的裁决,也包括像中央土地征收委员会的异议裁决等在个别法律中规定的裁决,是广义的概念。对行政厅的处分,经过行政复议的裁决(驳回裁决)后再提起行政诉讼的情况下,原处分和裁决都可以成为取消诉讼的对象,这时以原处分作为取消的对象还是以裁决作为取消的对象会成为问题。若两者都被允许作为诉讼对象,会导致判决的抵触或者是有违诉讼经济等问题。对此,立法形式上分为原处分主义和裁决主义。

原处分主义认为对原处分和裁决都可以提起诉讼,对原处分的违法只能在原处分的抗告诉讼中主张,裁决的抗告诉讼不是针对原处分的违法而是针对裁决的固有违法。裁决主义认为对原处分不允许提诉,只有裁决才可以成为诉讼的对象,抗告诉讼不仅针对裁决本身的违法,对原处分的违法也可以进行主张。③ 在原处分主义和裁决主义当中选择哪一个是立法政策的问题。德国采取原处分主义,但是其规律的形态跟韩国是不同的。日本规定原则上以原处分为对象提起诉讼,在裁决取消诉讼中只对裁决固有瑕

---

① 参见[韩]金南镇、金延泰:《行政法Ⅰ》,法文社2018年版,第690页。

② 参见韩国《土地补偿法》第86条第1项。

③ 采取裁决主义会导致因违法的处分权利和利益受到侵害也无法提起诉讼,只能等到裁决才能提起诉讼的层面上,未能充实地做到权利救济的问题。同时审理裁决的违法和原处分的违法时,判断的顺序、判决拘束力的范围等都会导致一系列问题[参见法院行政处:《法院业务制度(行政)》,1997年,第109页]。

疵提起诉讼,即主要采取原处分主义。[①]

(2)行政诉讼法上的取消诉讼的对象

取消诉讼原则上以"处分等"作为对象,"裁决本身有固有违法的情况"才可以提诉。这条规定也准用于无效等确认诉讼和不作为违法确认诉讼。[②]之前的判例的立场是,裁决如果具有行政处分的性质,例如中央土地征收委员会的异议申请的次裁决、监察院的再审判定等情况下,才可以提起取消诉讼,原则上裁决不成为取消诉讼的对象。但是,在判例一贯原处分主义的观点下,对原处分不能进行提诉或没有必要提诉的情况,对权益的侵害没有行政救济之路。因此行政诉讼法对裁决本身固有瑕疵的情况例外地允许了裁决也可以成为取消诉讼的对象。[③]

如上,韩国的行政诉讼法也是受到德国、日本的影响,基本上采取原处分主义。比起德国法,韩国采取更接近日本的立法方式,在决定取消诉讼对象时,将处分和裁决分别以不同的方式规定。[④] 韩国行政诉讼法规定"处分等"是指行政厅所作具体的事实相关的法执行,公权力的行使或者其拒绝或准予其行政作用及行政复议的裁决。这是对抗告诉讼对象的处分的概念作了定义。德国的情况是,对取消诉讼对象的行政行为没有任何概念定义的规定,在行政程序法中制定详细的行政行为规定。日本的情况也是其行政事件诉讼法中没有明文的处分相关定义规定,在行政程序法的行政手续法中规定处分的定义。[⑤]

(3)原处分主义的例外

个别法律有将裁决规定为取消诉讼对象的情况。这是原处分主义例外的裁决主义。[⑥] 通常裁决具有实质上的最终处分的性质,或者裁决不同于原处分可以评价为对当事人有实质上的意义时,认定裁决主义。这种情况下,原处分不能成为取消诉讼的对象,只有行政复议的裁决主义可以成为行政

---

① 参见[韩]金容葉:《作为取消诉讼对象的行政审判的裁决》,《行政法研究》1998 年第 3 号,第 216~218 页。

② 参见韩国《行政诉讼法》第 38 条第 1 项。

③ 参见韩国《行政诉讼法》第 19 条。

④ 参见[韩]金容葉:《作为取消诉讼对象的行政审判的裁决》,《行政法研究》1998 年第 3 号,第 218 页。

⑤ 参见[韩]柳志泰、朴宗素:《行政法新论》,博英社 2009 年版,第 646~647 页。

⑥ 参见宪法裁判所 2001.6.26.宣告 2000 宪 ba77 决定。

诉讼的对象,并且在个别法律上并没有像《行政诉讼法》第 19 条但书的限制条件,因此原告在裁决的取消诉讼中不仅可以主张裁决固有的违法,也可以对原处分的违法进行主张。①

(4)征收裁决后经过异议申请的取消诉讼对象

裁决主义认为,判例的立场是合理的。判例指出:"通过最终确定土地征收相关法律关系的异议裁决,排除其效力,对当事人是一个有效的救济方法。中央土地征收委员会对当事人在征收裁决和异议裁决的审理过程提出的土地征收具有专门的知识,因此法院综合考虑中央土地征收委员会作出的审查结果和补偿金额的计算基准等,可以更好地解决一次性纠纷,更能保障判决的适当性。"②

原处分主义认为,征收裁决后提起异议申请,对其异议不服申请取消诉讼的情况也要以原处分的征收裁决作为诉讼对象。其理由是:①《土地补偿法》第 85 条第 1 项规定的诉讼是针对土地征收委员会依据第 34 条作出的裁决而提出,即征收裁决;②采取异议申请任意主义;③没有将异议裁决作为对象的明文规定,因此要根据《行政诉讼法》第 19 条的一般原则将原处分的征收裁决作为对象。这是学说的一般立场。

三、借鉴意义

目前,我国《行政诉讼法》第 12 条赋予了被征收人对征收决定以及补偿的可诉性。但是《行政诉讼法》第 6 条同时规定:"人民法院审理行政案件,对行政行为是否合法进行审查。"问题是,赋予被征收人行政救济权,却阻断了法院对征收补偿的合理性审查,无法解决实际问题。③ 我国《行政复议法》第 30 条第 2 款④规定的土地征收决定是否具有终局性的问题,学界普遍认为省级人民政府对土地征收的决定具有终局性,对此无法再提起行政诉讼。但也有部分学者主张,这条规定是省级人民政府根据行政区划的勘定、

① 参见大法院 1991.2.12.宣告 90nu288 判决;大法院 1995.12.8 宣告 95nu5561 判决。

② 宪法裁判所 2001.6.28 宣告 2000 宪 ba77 决定;[韩]高英勋:《关于行政诉讼法上的抗告诉讼的对象处分等相关研究》,《安岩法学》2008 年第 26 号,第 372 页。

③ 参见房绍坤:《土地征收制度的立法完善》,《法学杂志》2019 年第 4 期。

④ 《行政复议法》第 30 条第 2 款:根据国务院或者省、自治区、直辖市人民政府对行政区划的勘定、调整或者征收土地的决定,省、自治区、直辖市人民政府确认土地、矿藏、水流、森林、山岭、草原、荒地、滩涂、海域等自然资源的所有权或者使用权的行政复议决定为最终裁决。

调整或者征收土地的决定，对物体所有权或者使用权的归属确认作出的复议决定，而非调整省级人民政府对征收决定本身作出的复议决定，因此是省政府的具体行政行为，具有可诉性。① 借鉴韩国相关法律，可从以下几方面进行完善：

第一，独立的征收裁决机关。在我国，土地征收的审查及裁决由国务院以及各级地方政府负责，没有设有独立的合议制行政机关土地征收委员会。为了国土的有效利用和防止过度开发行为，有必要确立一个专门机关，根据适法的公权力决定行使的补偿。那么在目前的体系下，怎样确保相关业务机构的公正性以及提高专业性是一个重大课题。这部分也有必要与行政复议制度的改革以及行政复议委员会发展相同步。

第二，征收决定的监督。目前，对征收决定没有监督机制也是土地征收的主要问题。韩国的情况是，独立的土地征收委员进行裁决，但是有异议时可以提起行政诉讼。我国的制度设计是裁决以及行政复议都由批准的行政机关进行，缺乏公正性。对违法的征收决定，有必要设置无效认定制度。

第三，行政救济主体范围的扩大。现阶段可以申请救济的主体范围过于狭窄，在这个部分，待征收程序确立以及完善之后，要对每个阶段的行政行为都赋予救济的权力，逐渐扩大其救济范围。

第四，补偿金增减请求诉讼。② 目前在我国，对补偿金额可以向批准土地征收的行政机关提起裁决申请。在韩国，提起的行政诉讼如果是与补偿金增减相关的，提起诉讼者是土地所有者或者关系人时以事业施行者作为被告，提起诉讼者是事业施行者时以土地所有者或者关系人作为被告。考虑到土地征收纠纷当中补偿金相关纠纷占多数，可单独设计补偿金增减诉讼制度。当然，有很多相关意见指出土地补偿金相关纠纷要以民事诉讼的方式进行，但是其很明显具有公法性质，因此以行政诉讼方式进行更为妥当。

结　语

本文针对韩国征收法制的行政救济作了整体的阐述及分析，目的是为

---

① 参见房绍坤：《土地征收制度的立法完善》，《法学杂志》2019 年第 4 期。

② 补偿金增减请求诉讼是在土地征收过程中对补偿金纠纷进行判断的诉讼，详见本文第二部分（三）相关内容。

我国相关制度的完善提供新的思路,当然这只是简要的概况,后续有必要进行深入的研究,包括通过个案分析导出土地征收救济上的问题点、征收纠纷的类型化、行政复议制度的完善等。不仅是救济,对整体的土地征收也有必要进行具体考察和比较研究。例如,可以从组织法角度对土地征收委员会的构成和角色进行考察,可以以程序法的观点对中韩两国征收程序进行比较,也可以探讨韩国公示低价制度对我国区片综合地价的参考意义等。同时,在我国土地征收的纠纷中不仅有公益和私益的博弈,也有相当一部分公益和公益的博弈,关于这类管理权的移管问题,也有必要进行进一步的相关研究。

韩国执行国际商事仲裁裁决中的公共政策实践

李永申*

内容提要　在立法上，韩国对公共政策的界定分为国内民法的解释和国际私法的解释。其国内民法的解释把违反人伦道德的行为、过度限制人身自由的行为和明显的射幸合同行为等视为违反公共政策；而国际私法在表述上虽然与国内民法相同，但不能与民法对公共政策的解释相同。在实践中，韩国法院主要从违反国际惯例、程序的欺诈、裁决是否附具理由、既判力、法律基本原则、强行法规等方面来审查是否构成违反公共政策。

关键词　公共政策；公共秩序；韩国；善良风俗；国际商事仲裁

随着我国和韩国间自由贸易协定的签订，"一带一路"倡议与韩国"欧亚倡议"的对接，两国间的贸易往来也更加频繁，随之而来的是国际商事争议的增多，国际商事仲裁由于其自身保密性的特点，受到两国商人的青睐。为了充分保障当事人尤其是胜诉方的权益，也为了体现对仲裁的支持，国际商事仲裁条约和各国国内法中通常都规定法院可以依职权审查仲裁裁决是否违反公共政策。韩国也不例外，《韩国仲裁法》和《韩国民事诉讼法》中都有此类规定。但是从这些规定的内容来看，韩国也像其他各国一样对公共政策没有准确界定。这就容易导致对公共政策的解释和适用的不确定性与不一致性等情况的出现，这些都会从客观上怂恿败诉方以"公共政策"为由

* 李永申，法学博士，河南师范大学讲师，主要从事国际私法、国际经济法的研究。

去抵制或至少去拖延裁决的执行，势必会影响仲裁裁决的终局性，也会影响到中韩两国经贸秩序的良好发展。为了准确把握公共政策的范围，本文将考察相关理论并对韩国商事仲裁中的经典案例进行分析与讨论，总结归纳出韩国对公共政策界定的通常标准，以期我国的当事人了解韩国商事仲裁制度和司法实践情况，从而正确应对，确保涉韩仲裁裁决能在韩国法院获得承认与执行。

一、国际商事仲裁裁决承认和执行中的公共政策

(一)公共政策的界定

公共政策在国际商事仲裁领域是深受各国欢迎的一项原则，但是其在文字表述上却不尽相同。英美法系国家称其为公共政策(public policy)，大陆法系国家称之为公共秩序(order public)，只不过大陆法系中的公共秩序比英美法系中的公共政策概念广泛一些。但是现在两者指的是同一个意思，在《纽约公约》中两者之间也没有区别。[①] 由于公共政策具有内容的动态性和使用的弹性化等特点，其概念也无法确定。也正是它的这种不确定性使得各国法院在实践运用当中没有共同的标准可以依据。

(二)公共政策的性质

目前，关于国际商事仲裁裁决承认和执行中的性质问题，大体上可以从两个方面进行区分：

第一，国内公共政策或是国际公共政策。进入 21 世纪以来，将公共政策细化为国内公共政策和国际公共政策逐渐演变为现行的国际习惯做法。[②] 其中，国内公共政策主要根据国内情况确定，涉及纯国内民商事案件；而国际公共政策主要涉及国际案件或者涉外案件。国际公共政策这一术语被广泛接受，许多国家通过适用“国际公共政策”标准来限定或限制公共政策的范围。对于“国际公共政策”的界定，成果最显著的应属国际法协会(International Law Association)，从 1996 年赫尔辛基会议起，其下属的国际商事仲裁委员会就开始对公共政策进行研究，经过六年的努力，最终在 2002 年 4 月的新德里通过了名为《以“公共政策”拒绝执行国际仲裁裁决的建议的最

---

① 英文版《纽约公约》采用“public policy”，法文版《纽约公约》采用“order public”。

② 参见宋航：《国际商事仲裁裁决的承认与执行》，法律出版社 2000 年版，第 172 页。

终报告》。该报告建议,“国际公共政策”应当按国际私法领域内的含义来理解,即如果违反一国的这一部分公共政策,将会产生阻止适用外国法、执行外国判决或外国裁决的效力;这不是指适用于各国的、国际间的公共政策或称之为“跨国公共政策”,不是国际公法上的公共政策;尽管“国际公共政策”还是一国内的公共政策,但其范围比各国一般国内公共政策的范围要窄。[①]

第二,主要条款或是剩余条款。从《纽约公约》第5条所列举的拒绝承认和执行外国仲裁裁决的理由来看,除了“公共政策”条款之外的六项理由都是较为具体的,其内容都较容易被各国所把握,各国法院在运用这些理由时,也都是优先采用其余六项理由来判断是否拒绝承认和执行外国仲裁裁决的,公共政策作为最后一项防御理由来保护法院地国的利益。正如有学者认为,在承认与执行方面,对于法院而言,公共政策是法院的一条“兜底防线”,可以补充公约规定的“穷尽性”事由之不足。[②] 也有学者认为,公约规定公共政策的目的,是在其他理由均不能适用的场合,为防止公约所罗列的公共政策理由的遗漏而规定的一个供各国法院使用的“剩余条款(residual clause)”。[③]

二、韩国对公共政策的解释

韩国是《纽约公约》的缔约国之一,因此,该公约第5条所列七项理由就成为韩国法院承认和执行外国仲裁裁决与否的重要依据。一般来讲,公共政策作为这些理由中的一项重要审查理由,是各国承认与执行外国仲裁裁决的兜底条款或者利益维护的安全阀,是一国利益转让的底线。

(一)公共政策在韩国立法中的规定

在韩国立法中,公共政策通常表述为“善良风俗和其他社会秩序”或者

---

① Pierre M., Audley S., “Final ILA Report on Public Policy as a Bar to Enforcement of Internationa Arbitral Awards”, *Arbitration International*, 2003, 19(2): 249-263.

② 参见杜新丽:《论外国仲裁裁决在我国的承认与执行》,《比较法研究》2005年第4期。

③ 参见张萍:《公共政策与国际商事仲裁裁决的承认和执行》,《河南省政法管理干部学院学报》2007年第3期。

“公共治安和传统美德”等用语。[①] “公共治安和传统美德”仅在《韩国国际民事司法协助法》第 12 条[②]和《韩国国际刑事司法协助法》第 6 条[③]中出现,根据这两条的规定,如果有违反韩国公共政策的情形将不提供司法协助。“善良风俗和其他社会秩序”使用相对广泛,在《韩国仲裁法》第 36 条第 2 款第 2 项[④],《韩国民事诉讼法》第 217 条第 3 款[⑤],《韩国国际私法》第 10 条[⑥]以及《韩国民法》第 103 条、第 105 条、第 106 条[⑦]都有相应规定,以上都被称为公共政策的条款。

除了上述条文是韩国法律中的明文公共政策条款外,在韩国法律中还有一些条文虽未明确使用“公共政策”这样的用语,但也被认为是一种公共政策条款。比如,《韩国国际私法》第 32 条第 4 款规定:“依据第 1~3 款规定适用外国法的情况下,因非法行为而产生的损害赔偿请求权,凡其性质明显不是受害人适当的赔偿,或其范围本质上超出了受害人适当赔偿的范围,则不予承认。”这是适当赔偿的基准赔偿额应有限度的规定,可以视为一种

---

① 实际上近些年来韩国法院判决也开始用“反社会秩序或社会秩序违反”“公序良俗”等用语来指代公共政策。“反社会秩序或社会秩序违反”出现在大法院 2017.9.7.宣告 2017Da229048 判决,大法院 2016.3.24.宣告 2015Da11281 判决。“公序良俗”出现在大法院 2016.1.28.宣告 2015Da239324 判决,大法院 2013.10.11.宣告 2013Da52622 判决。

② 《韩国国际民事司法协助法》第 12 条(协助的条件)规定:“外国请求司法协助必须具备以下条件:……不能是对韩国的公共治安和传统美德有危害的……”

③ 《韩国国际刑事司法协助法》第 6 条(协助的限制)规定:“有下列情形之一的不提供司法协助:……对韩国的主权、国家安全保障、公共治安和传统美德有危害的情形……”

④ 《韩国仲裁法》第 36 条(仲裁裁决取消之诉)规定:“法院依职权认为有下列情形的,可以取消仲裁裁决:……仲裁裁决的承认或执行违反韩国善良风俗和其他社会秩序的……”

⑤ 《韩国民事诉讼法》第 217 条(外国裁判的承认)规定:“外国法院的确定判决或者与此相同效力的裁判(简称‘确定裁判等’)具有下列全部条件才可以被承认:……对确定裁判等的承认,其内容及诉讼程序都不能违反韩国的善良风俗及其他社会秩序……”

⑥ 《韩国国际私法》第 10 条规定:“在适用必须依据的外国法时不能明显违反韩国的善良风俗及其他社会秩序。”

⑦ 《韩国民法》第 103 条规定:“以违反善良风俗或其他社会秩序为内容的法律行为无效。”第 105 条规定:“法律行为的当事人作出不同于与法令中的善良风俗及其他社会秩序无关的规定之意思表示时,应当依该意思。”第 106 条规定:“存在不同于与法令中的善良风俗及其他社会秩序无关的规定之习惯时,若当事人的意思不明确,则依该习惯。”

依据公共政策限制的特别公共政策。[①]《韩国仲裁法》第 39 条规定:“《纽约公约》缔约国作出的仲裁裁决的承认或执行,依据公约的规定;非缔约国作出的裁决的承认或执行,依据《民事诉讼法》第 217 条、《民事执行法》第 26 条和第 27 条的规定。”很显然,无论是《纽约公约》还是《民事诉讼法》中有关外国仲裁裁决承认与执行的规定,都是包含“公共政策”条款的,因此该条也应视为对“公共政策”作了规定。

看来韩国认为公共政策作为拒绝承认外国仲裁裁决的理由,违反了承认国的基本道德理念或者根本价值观念和正义观念,具有保全国内法律秩序的防御功能。这与《韩国民事诉讼法》第 217 条第 3 款规定的公序违反一样,应作狭义的解释。[②]

(二)韩国学界的界定

如上所述,国际商事仲裁领域通常将“公共政策”表述为“善良风俗或其他社会秩序”。这样的表述与《韩国民法》第 103 条和《韩国民事诉讼法》第 217 条以及《韩国国际私法》第 10 条等有关公共政策的表述一致,但仅仅是在立法条文中使用了相同的表述而已,并没有进一步解释说明。相比较而言,韩国学者对民法中“公共政策”的解释还是比较具体的。根据韩国《法律用语词典》中的解释,《韩国民法》第 103 条中的公共政策条款指的是:(1)以违反人伦道德为目的的行为,比如违反一夫一妻制的妻妾协议;(2)人身自由过度限制行为,比如人口买卖、过度限制经济自由等;(3)明显的射幸合同行为,比如赌博合同。[③] 也有学者认为,民法上的公共政策是指反社会的法律行为,具体包括:违反正义观念的行为、违反婚姻和其他家族秩序的行为、严重限制精神和身体自由及阻止人格发展的行为、作为生存基

① 韩国首尔北部地方法院 2013.5.29.宣告 2012GaHap20745 判决也认证了这一点。该判决指出:“适用衍生于宪法的法治国家原则,并在民事法律秩序中也同样合适的比例原则。在约定损害赔偿额方面,从我国损害赔偿法上的基准来看,非正常的高额部分不予承认,或者明显超过我国认定的金额的部分被认为违反公共政策限制承认。”参见[韩]韩胜洙:《韩国法律上公序条款比较:以民法、国际私法及民事诉讼法的规定为中心》,2019 年 5 月 20 日,https://www.kci.go.kr/kciportal/ci/sereArticleSearch/ciSereArtiView.kci? sereArticleSearchBean.artiId=ART002451434。

② 参见[韩]石光现:《欺诈取得的外国仲裁裁决的承认与公共秩序违反》,《判例研究》2010 年第 2 期。

③ 参见[韩]赵相元:《法律用语词典》,玄岩社 2018 年版,第 421 页。

础的财产处置行为、暴力行为、滥用私刑等。①

韩国《法律用语词典》的"国际私法编"中对"公共政策"的解释称,如果国际私法中的公共政策条款也按照民法的解释会减弱国际私法的功能,所以《韩国国际私法》第10条和《韩国民法》第103条中关于公共政策的表述虽然一样,但所指内容却差别很大。② 从这样的解释不难看出,韩国学界是将公共政策区分为国内民法上的公共政策和国际私法上的公共政策的。也就是说,韩国学界也是赞同将公共政策区分为国内公共政策和国际公共政策的。

与韩国国际私法中的公共政策相同,韩国民事诉讼法和韩国仲裁法中的公共政策也属于国际公共政策。而民诉法和仲裁法中的公共政策又有很大的相同点,主要以公共政策为由,决定是否承认与执行外国判决或外国裁决。再者,民诉法和仲裁法中的公共政策都分为实体性和程序性两种类型,其中程序性公共政策在两部法律中都作了明确的规定,而实体性公共政策则是如前面立法条文中表述那样,是一种抽象性的描述,对公共政策的具体判断只能由法院根据国际通行做法并结合实际案例来解释。

在国际商事仲裁领域,韩国学说一般认为,《纽约公约》中第5条第2款的"公共政策违反"中的公共政策是国内法律秩序的保护,是一种防御措施。它是与《韩国民法》第103条规定的国内公共政策不同的概念,但却与《韩国仲裁法》第36条、《韩国民事诉讼法》第217条的善良风俗和其他社会秩序以及《韩国国际私法》第10条的公共政策是相同的。③ 也就是说,韩国法院拒绝与承认外国仲裁裁决时主张的是国际公共政策。

从上述这些解释可以得出,韩国也将公共政策区分为国内公共政策和国际公共政策,并且在拒绝与承认外国仲裁裁决时也主张适用国际公共政策。但是,仅仅从这些解释中的立法和学者们的观点是不能明确何谓国际公共政策的,需要法官在具体的案件中根据实际情况作出裁量,从具体案件中总结出来。下面将探讨一下韩国法院在实践中是如何运用国际公共政策这一制度的。

---

① 参见[韩]金柱秀、金相容:《民法总则》,三英社2015年版,第322~325页;[韩]智元林:《民法讲义》,弘文社2017年版,第187~195页。

② 参见[韩]赵相元:《法律用语词典》,玄岩社2018年版,第13~25页。

③ 参见[韩]朴宗顿:《拒绝承认外国仲裁裁决的理由研究——以公共政策为中心》,《通商情报研究》2006年第1期。

三、韩国法院运用公共政策的司法实践

公共政策既是排除适用外国法的一种传统理由也是拒绝承认和执行外国法院判决的一种传统理由。在国际商事仲裁中，它也是拒绝承认和执行外国仲裁裁决的一项理由。

《韩国仲裁法》规定，如裁决的承认与执行与韩国的公序良俗相冲突，也可以裁定撤销裁决。《纽约公约》第 5 条第 2 款 b 项规定法院如认为裁决的执行违反执行地国的公共政策，则可以拒绝承认与执行外国仲裁裁决。因此，韩国法院如发现存在违反其公共政策的事由，可以拒绝执行裁决或撤销裁决。但在这一点上，韩国法院与其他一些国家对于公共政策的适用非常严格。一般认为，对国际商事仲裁裁决，韩国法院应参照国际公共政策而非国内公共政策来解释公共政策的概念。[①] 韩国法院判决中涉及公共政策的有以下几种类型：

（一）公共政策与国际惯例

一般来说，外国仲裁裁决中对迟延利息的高利率适用是违反韩国公共政策的，可以成为拒绝执行裁决的理由，但不能一概而论，需灵活运用。韩国法院判例中较为典型的是“美国银行优惠利率案”。在该案中，被告认为，在延迟利息的计算上没有采用英国的法定利率而采用美国的优惠利率符合《纽约公约》第 5 条第 2 款 b 的规定，应当拒绝执行仲裁裁决。但是，韩国大法院认为，一般情况下，国际商业交往中如果一方当事人债务不履行，要求根据国际利息支付迟延损害金是国际惯例，英国伦敦仲裁院要求依据国际利率之一的美国银行优惠利率支付迟延损害金这一事实不违反韩国公共政策。[②]

（二）法律上的强行法规违反

在韩国大法院判例[③]中，法院认为，《纽约公约》第 5 条第 2 款 b 项规定的基本原则是保护承认执行地国的基本道德信念和社会秩序不受此类承认和执行的损害。除从国内因素考虑外，应当对国际贸易秩序的稳定性予以

---

① 参见[韩]李浩元：《外国仲裁裁决在韩国的承认及执行：以韩国大法院判例为中心》，《仲裁研究》2003 年第 1 期。

② 参见大法院 1990.4.10.宣告 89DaKa20252 判决。

③ 参见大法院 1995.2.14.宣告 93Da53054 判决。

适当考虑,因此,本条应当狭义解释。如仲裁裁决中的外国法律规则违反韩国法律的强制性规定,此类违反并不必然构成拒绝承认与执行的理由。仅在承认此类裁决的具体结果与韩国的善良风俗和社会秩序相悖时,方可拒绝承认和执行裁决。在该案中,依仲裁裁决所适用的荷属安地列斯群岛时效法规定,期限为 30 年,长于韩国法律的强制性规定。法院认为,首先这个事实并不必然使裁决的执行与韩国公共政策相悖;其次,因为仅凭合同内容对被告不利不能断定为不公正行为,所以这并不违反韩国的基本道德信念和公共政策;最后,原告敲诈并对被告实施不当影响的主张没有证据支持,所以没有理由拒绝执行该仲裁裁决。

(三)公共政策与法律的基本原则

韩国大法院审理的一个案件中,买方请求执行越南商事仲裁院裁决。[①]卖方声称裁决作出后,自己依照裁决提供了履行协助,但这相当于违反了《纽约公约》第 5 条第 2 款 b 项中的公共政策,请求驳回买方执行判决的请求。韩国大法院认为,因为执行判决是赋予外国仲裁裁决执行力,使其能按照韩国法律上的强制执行程序执行,并在陈述结束后确定其有无执行力的判决。所以,仲裁裁决作出后,如果债务消灭等执行法上请求异议的理由产生,还按照裁决文根据强制执行程序执行,将违反韩国法律的基本原则,法院可以将其视为违反《纽约公约》第 5 条第 2 款 b 的公共政策,拒绝执行该仲裁裁决。

然而,在 2016 年的一个涉及强制执行的案件中,首尔高等法院却作出了不违反韩国公共政策的判决,不过 2018 年的上告审中韩国大法院仍以违反韩国法律基本原则为由,作出了视为违反公共政策而拒绝执行仲裁裁决

① 参见大法院 2003.4.11.宣告 2001Da20134 判决。

的判决。[①] 不久之后,韩国大法院又作出了一个外国仲裁裁决中存在民事诉讼法上再审理由而提出强制执行请求异议,从而违反韩国法律基本原则,被认为违反《纽约公约》第 5 条第 2 款 b 的公共政策的判决。[②]

2016 年的一起由首尔中央地方法院作出的案件判决也给出了不足以违反韩国公共政策的结论。该案被告称,该案仲裁裁决中引用的 71642300 欧元,根据被告的年收入约为 10 亿韩元(大约是 743551.86 欧元),非常多。特别是,上述金额中的 360000 欧元是因违反轻减义务和其他义务而引起的损害赔偿。与我国民事法对于损害赔偿额维持成比例原则的基本态度相比,要求被告全额支付违约损害赔偿金是韩国处罚违反损害赔偿法行为的基本原则。另外,这个案子的仲裁裁决中以"未来合同价值""因违反合同造成的损害赔偿金"等不明确的条款为依据,而让被告负担 266000 欧元的赔偿金,并且没有说明这些损失是如何被具体计算的,这在程序上违背了韩

① 首尔高等法院 2016.4.7 宣告 2015Na8423 判决;大法院 2018.11.29.宣告 2016Da18753 判决。该案详情如下:被告甲株式会社与原告乙外国公司就乙公司的专利等签订了许可协议,根据协议,被告有权从原告获得专利、商标和包含各种信息的一般专有技术,并以此为基础在韩国制造和销售产品。该许可协议从 1993 年 2 月 22 日生效。该许可协议第 15 条规定:"如果发生许可有关的争议,以荷兰海牙为仲裁裁决地,依据荷兰仲裁协会仲裁规则,用英语解决争议。"到了 2000 年,原告和被告之间发生争议协商不成,原告于 2007 年 3 月 12 日通知被告"因被告拖欠债务,将于 2008 年 2 月 22 日即协议签订满 15 年之日解除许可协议"。随后,原告依据许可协议第 15 条对被告向荷兰仲裁协会申请了简易仲裁程序,请求甲会社返还对专利的所有权利和利益等。2008 年 7 月 9 日,荷兰仲裁协会依据双方协议,作出了甲会社把所有因专利所得权利和利益移转给乙公司,如不履行义务,需支付间接强制赔偿金的裁决。该案仲裁裁决书于 2012 年 1 月 4 日送达给被告。之后,原告向仁川地方法院请求执行该案仲裁裁决,法院作出了该仲裁裁决不违反韩国公共政策可以执行的判决。于是,被告向首尔高等法院提起抗诉,首尔高等法院作出了维持一审判决中不违反韩国公共政策的判决。首尔高等法院认为:(1)专利权转让这样的意思表示债务在判决确定时,由于民事执行法第 263 条第 1 款规定了强制执行方法,根据间接强制补充性原则,专利权转让不允许间接强制;(2)与韩国民事执行法不同,对意思表示的债务,即使接受要求间接强制的仲裁裁决,间接强制毕竟只是通过心理压迫等间接手段自发地诱导意思表示,对意思决定的限制程度较小,无法断定凭这种间接强制就直接侵犯了宪法上的人格权。而韩国大法院经过审理认为,该案仲裁裁决中第 9 段规定甲会社不履行把所有因专利所得权利和利益移转给乙公司的义务时应支付间接强制赔偿金。因此,在甲会社履行上述专利移转义务和文件交付义务,导致裁决第 9 段的间接赔偿金支付义务消灭时,对第 9 段的请求异议理由将产生。执行判决是对外国仲裁裁决赋予执行力,允许走韩国法律上的强制执行程序,并在辩论结束时判断有无执行力的裁判。在执行裁判的辩论过程中,仲裁裁决作出后产生债务消灭等执行法上请求异议的理由,仍允许以仲裁裁决为基础采取强制执行程序,将违背韩国法律基本原则,法院可以认为其属于违反《纽约公约》第 5 条第 2 款 b 项公共政策的行为,可拒绝执行该仲裁裁决。

② 参见大法院 2018.12.13.宣告 2016Da49931 判决。

国的公共政策。因此,被告认为,这个案子仲裁裁决符合拒绝执行仲裁裁定的理由,即《纽约公约》第5条第2款b(违反公序良俗),应拒绝执行此案仲裁裁决。但首尔中央地方法院认为,该案件仲裁裁决金中损害赔偿金是原告和被告事前协议事项。综合被告违反义务的理由和损害赔偿金数额的话,很难认为要求被告支付仲裁裁决金是违反了韩国善良风俗及社会秩序。除此之外,仅凭被告的主张还不足以认定该事件仲裁裁决的执行违反了大韩民国的善良风俗及其他社会秩序。①

(四)仲裁裁决理由不附具

仲裁裁决应当附具所依据的理由,否则有可能成为取消仲裁裁决的理由。所以这是各国法院判断的问题。仲裁裁决是否有必要附具理由或者没有附具理由的仲裁裁决在要求仲裁裁决必须附具理由的国家能否被执行,韩国大法院判决认为,即使仲裁裁决没有附具理由,仅凭此不能看作违反韩国的公共政策。②

(五)与国内判决既判力相抵触

外国判决或者外国仲裁裁决与比它较早确定的国内判决的既判力相抵触时,其执行是否违反公共政策呢?韩国大法院认为:"同一当事人之间针对同一事件在韩国判决被确定后,在外国再次被宣布确定的,由于该外国判决与韩国判决相抵触,违反了韩国的善良风俗或其他社会秩序。"③这也就说明了,外国仲裁裁决与国内判决既判力相抵触是违背韩国的公共政策的。

(六)欺诈

联合国国际贸易法委员会的报告指出:"'公共政策'条款,在《纽约公约》和其他多个公约中都进行了规定,应理解为根本的法律原则和实体上的或程序上的争议。因此,舞弊、贿赂、欺诈以及类似行为构成拒绝执行有关仲裁裁决的理由。"在仲裁中,欺诈指仲裁庭或当事人的欺骗行为,如伪造文件、伪造证据等。仲裁庭的欺诈有两种情况:一是只有欺诈或舞弊行为影响了仲裁裁决的结果,才可以导致拒绝该仲裁裁决;二是只要仲裁庭有舞弊行为就可以导致拒绝执行该仲裁裁决。而对于当事人的欺诈,只有证明该欺

---

① 参见首尔中央地方法院2016.6.10.宣告2015KaHap516149判决。

② 参见大法院1990.4.10.宣告89DaKa20252判决。

③ 大法院1994.5.10.宣告93Meu10511068判决。

诈导致其赢得仲裁的结果才能作为拒绝执行该仲裁裁决的理由。[①] 但是,韩国法院仅仅把程序上的欺诈行为视为违反其公共政策,并直接拒绝该类外国仲裁裁决。

韩国大法院认为,《纽约公约》第 5 条第 2 款 b 的拒绝执行理由中也包含仲裁裁决采用欺诈方法骗取的情况。只是,执行国法院以审理该外国仲裁裁决是否骗取的名义,实质上对仲裁员的事实认定和法律适用的实体判断的对与错全面再审查之后,将该外国仲裁裁决视为采用欺诈方法骗取的情况,不允许拒绝执行。可是依据确凿的证据,申请执行该外国仲裁裁决的当事人仅在仲裁程序上确实被认为具有应受到惩罚的欺诈行为,并且另一方当事人在没有过失、对申请当事人的欺诈行为毫不知情、仲裁程序对此也无法防御的情况下,仅申请当事人的欺诈行为与仲裁裁决的争议有很大关联性这一点,不需要经过撤销、终止外国仲裁裁决的特殊程序,就可以直接拒绝执行该外国仲裁裁决。[②]

结　语

从前述韩国法院的实践来看,韩国法院在审查被申请执行的外国仲裁裁决时,对公共政策的适用还是非常慎重的。韩国法院作出的有关公共政策的外国仲裁裁决的承认与执行判决都援用《纽约公约》第 5 条第 2 款 b 的规定,并没有依据互惠原则的案例。韩国法院在多个判决中表明了其对《纽约公约》第 5 条第 2 款 b 的解释以及判断是否违反公共政策的方法。[③] 这些判决中写道:"《纽约公约》第 5 条第 2 款 b 的宗旨在于防止对承认与执行仲裁裁决国家的基本道德观念和社会秩序不利并希望予以保护。因此,对该条款中的公共政策的判断,不仅要考虑国内情况,还要兼顾国际交易秩序的稳定这一方面,并加以限制性解释;并且,外国仲裁裁决中适用的外国法违反韩国强行法规并不构成拒绝承认的理由,只有承认仲裁裁决的具体结果违反了韩国善良风俗和其他社会秩序才能拒绝承认与执行该裁决。"总体来看,韩国对公共政策的解释已经趋于国际化,希望狭义理解公共政策。但不

---

① 参见高晓力:《国际私法上的公共政策的运用》,中国民主法制出版社 2008 年版,第 225 页。

② 参见大法院 2009.5.28.宣告 2006Da20290 判决。

③ 参见大法院 1995.2.14.宣告 93Da53504 判决;大法院 2003.4.11.宣告 2001Da20134 判决;大法院 2018.11.29.宣告 2016Da18753 判决。

容忽视的是,公共政策关联案件涉及国际惯例、程序的欺诈、裁决是否附具理由、既判力、法律基本原则、强行法规等多方面,相当广泛,并且拒绝承认与执行的案件要多于承认和执行案件。

鉴于上述原因,为保证国际商事仲裁裁决的有效性,我国当事人在面对涉韩商事纠纷时应谨慎应对,以防止胜诉的仲裁裁决在韩国法院因违反其公共秩序而得不到执行,以致不能维护自己的利益。我国法学界和实务界应持续关注韩国司法实践中有关公共政策的适用问题及其发展趋势,提前作好应对准备。我国仲裁机构也应对韩国国际商事仲裁法制和司法实践中有关公共政策的理论及其具体解释进一步研究,确保我国仲裁机构作出的涉韩商事仲裁裁决既符合国际商事仲裁的通行做法,又不明显与韩国实践相冲突。

韩国管制 IUU 捕捞的国家法律措施评析*

郝会娟**

内容提要　非法、不报告、不受管制(IUU)捕捞是国际渔业治理的主要问题之一。控制 IUU 捕捞需要船旗国、沿海国、港口国、市场国的共同努力。韩国作为世界第三大远洋捕捞国,为摘除 IUU 捕捞黑名单的帽子,近年来,积极参与国际渔业治理和修订国内渔业相关法规,创建出韩国打击 IUU 捕捞的国家措施模式。虽取得一些成效,但其修订的某些条款完全照搬欧盟和其他国家地区法律,引发了国内远洋渔业从业者的不满,导致其 2019 年再次被美国列入"预备非法捕捞国"。为此,2019 年 11 月,韩国再次大幅修订渔业相关国内法。韩国的做法,可以为同样被指责过 IUU 捕捞的我国提供借鉴。虽然我国非常重视打击 IUU 捕捞,也在努力修订相关法律法规,但在港口国、市场国措施方面还有些不足,新修订法规的实施效果也令人期待。期望能从韩国的措施中吸取经验教训,也为面临同样问题的国家提供借鉴。

关键词　韩国 IUU 捕捞;船旗国;沿海国;港口国;市场国

---

*　本文系国家社会科学基金项目"中日韩岛屿和海洋权益争端解决机制研究"(20CGJ035)和福建省社科基金项目"21 世纪海上丝绸之路沿线主要国家参与相关国际组织合作策略的研究"(2018JDZ042)成果。

**　郝会娟,宁波大学东海研究院研究员、厦门大学法学流动站博士后,研究方向为海洋渔业、海洋争端解决、船舶油污损害赔偿。

一、国际法中管制 IUU 捕捞的国家责任

(一)法律框架

自 1982 年《联合国海洋法公约》通过之日起,便确立起了处理渔业管理的国际框架,自 20 世纪 90 年代开始,渔业管理文书也不断更新、增加。在这些文书中,有若干条款和要求专门适用于处理非法、不报告、不受管制捕捞(以下简称 IUU 捕捞)问题,内容涉及有关港口国措施、船旗国表现、沿海国责任、市场国措施的条款和指导意见。此类文书是打击 IUU 捕鱼的一系列强有力工具,但也只有在各国依据该框架履行责任时,才能切实地消除 IUU 捕捞问题。

目前已经批准的打击非法捕捞的国际文书主要有:

(1)《联合国海洋法公约》为保护和利用世界海洋的生物和非生物资源提供了国际法基础。该公约是养护海洋生物资源、有约束力或自愿国际渔业文书的起点。

(2)《促进公海上渔船遵守国际养护和管理措施的协定》旨在提高船旗国的作用,确保一国强化对其船舶的控制,保证其遵守国际养护和管理措施。该协定重点关注船旗国确保未授权船舶不得在公海捕鱼方面的特殊责任,以及确保其船舶遵守国际措施的职责。该协定还寻求防止公海上捕鱼船舶以"改挂船旗"的方式,越境到没有能力或不愿意遵守国际养护和管理措施的国家的行为。保留渔船记录、国际合作和执法等条款被广泛地包含在该协定中。

(3)《执行 1982 年 12 月 10 日〈联合国海洋法公约〉有关养护和管理跨界鱼类种群和高度洄游鱼类种群的规定的协定》(以下简称《联合国鱼类种群协定》)旨在确保在《联合国海洋法公约》框架内跨界和高度洄游鱼类种群的长期养护和可持续利用。该协定明确了船旗国的责任,包括有关船舶注册和登记、授权、MCS(监测、控制和监视)以及遵守和执法的责任。另外,该协定还涉及国际、区域和次区域执法合作、登临检查程序以及港口国措施等内容。

(4)联合国粮食及农业组织(FAO)《负责任渔业行为守则》就渔业行业负责任行为确立国际标准。其目的在于确保水生生物资源的有效养护、管理和开发,并给予生态系统和生物多样性应有的尊重。这些标准在国家、次

区域和区域层面主张共同而有差别的责任,可依照实际情况酌情实施,以此谋求各国在渔业领域的行为更为负责。这些标准和规范的实施将引导国际渔业产业实现长期可持续的发展。

(5)依据粮农组织的《防止、阻止和消除非法、不报告、不受管制捕捞的国际行动计划》[①](International plan of action to prevent, deter and eliminate illegal, unreported and unregulated fishing, IPOA-IUU,简称"IUU 捕捞国际行动计划")制定并落实打击非法、未报告和无监管捕捞行为的国家行动计划;确保各国家法律为非法、未报告和无监管捕捞设立具有威慑力的制裁措施,适用对象包括支持或参与非法、未报告和无监管捕捞行为的公民。

(6)《港口国措施协定》是第一个专门针对 IUU 捕捞的有约束力的国际协定。其主要目标是通过禁止从事 IUU 捕鱼的船舶利用港口卸货来预防、阻止和消除 IUU 捕捞。该协定试图减少船舶非法捕捞作业的动机,同时阻止来自 IUU 捕鱼的渔业产品进入本国和国际市场。

(7)《船旗国表现的自愿准则》(VGFSP)就船旗国在挂旗和控制渔船方面的国际责任、义务的强化以及监测执法方面提出了指导意见,包括基于国际法中基本要素的船旗国的有关责任。该准则中心内容是渔业管理、船舶注册和记录、授权、MCS 以及船旗国和沿海国之间的合作,明确了各国采取行动的适用范围,即通过包括监测、控制和监视(MCS)行动在内的方式,例如船舶监测系统(VMS)和观察员,确保在其旗帜下注册的船舶不从事 IUU 捕鱼。这些准则有利于促进各国之间的信息交流和合作,方便了船旗国拒绝试图以"跳跃式挂旗"方式注册另一船旗国的船舶,以及被报告从事了 IUU 捕鱼的船舶的注册。同时,该准则也鼓励各国遵守相关规定,协约国可对不守约的船舶采取行动,也可为如何提升国际合作水平协助发展中国家履行其船旗国责任提供建议。

(8)FAO《捕捞产品证明文件计划自愿准则》(VGCDS)是关于 CDS[②] 的

---

① 2008 年 9 月 29 日通过的欧洲委员会第 1005/2008 号规定,设立一个预防、减少和消除非法、未报告和无监管捕捞的社会体系(OJ L 286,29.10.2008)。

② CDS 是确定整个供应链的鱼产品是否是来自符合适用的国家、区域和国际养护和管理措施的产品的系统,根据有关的国际义务确立。作为预防、阻止和消除非法、不报告和不管制(IUU)捕鱼的与贸易相关的措施,CDS 在与其他国际文书协同实施时可发挥最大作用,包括港口国措施协定(PSMA)和渔船、冷藏运输船和补给船全球记录。

首个综合详细阐述国际政策的文件。其目标是在确立和实施新的 CDS,或协调、审议现有 CDS 时,为各国、区域渔业管理组织、区域经济一体化组织和其他政府间组织提供协助。

这些国际条约和协定的签订,建立起了管理、监督监控捕捞活动以及执法措施的法律框架。同样,这些法律文书也为国家作为船旗国、沿海国、港口国、市场国应该履行的责任提出了以下要求。

(二)国家责任

1.船旗国的责任

船旗国应该履行管控本国旗船舶行为的义务。主要包括以下四个方面:

(1)船舶登记

船旗国应该作好有效的船舶登记,包括船舶特征细节、历史、所有者、运营者、标记和唯一船舶标识等。所有元素都应确保船舶和船旗国之间存在真实联系,以此确保相关国家机关之间的有效合作,便于船舶登记部门和渔业管理部门之间的配合。船旗国在作船舶登记时,应该调查船舶及船主是否参与过非法、未报告无监管捕捞活动,以便于在今后违反规定时可撤销其船舶登记。为此,我国应建立国内变更登记管理部门,加强对船舶的控制与信息记录。

(2)船舶授权机制

船旗国应设立并实施捕捞及相关活动的授权机制。确保船舶在船旗国专属经济区范围之外进行捕捞必须持有有效捕捞授权证明。

(3)监督监控

船旗国应确保设立与渔船规模相符的监督监控能力,即确保对捕捞活动、靠岸、转运活动具有足够的监察能力,制定国家监察计划。具体措施包括设立捕捞监督中心以持续收集船舶监测数据,以及要求船舶必须配备船舶监测系统并持续汇报船舶监测数据。

(4)执法

船旗国应确保有足够的能力发现违法活动并对其依法处理。对违法活动实施制裁的过程是透明的,且具有一致性。

2.沿海国的责任

沿海国应当依据现有科学建议和所应承担的国际义务,设立明确的养护和管理措施,制定并实施国家渔业管理计划,此外还可要求在海岸国专属经济区作业的船只必须获得授权或取得许可证。沿海国需对授权捕捞船舶做好记录工作并确保专属经济区内的许可数量、捕捞规模与渔储量保持一定的平衡;需实施有效的监督和监测,以确保海岸国家的养护和管理措施能够有效执行,具体包括持续监控船舶监测体系数据、设立捕捞监督中心等;确保执法能力和专属经济区内颁发的许可证数量、捕捞活动规模能够保持平衡;能够对在海岸国家专属经济区内的违法行为快速采取行动,透明且一致地对其实施制裁。

3.港口国责任

港口国责任主要为确保所有利益相关方相互协作。这样既可以帮助港口阻止非法捕鱼者上岸,又可以防止非法捕捞的海产品进入供应链。港口国的职责主要体现在以下几个方面:

(1)要求进入港口的船长必须向渔业局提供资料,包括船舶的名称、船上渔获、捕鱼和转运许可以及已经完成的所有转运细节。这些资料必须提前提交,以便港口国能够有足够的时间对其进行处理。

(2)港口官员应审核船舶的报告和所有其他现有信息,确定该船舶是否可能从事 IUU 捕鱼或支持此类捕鱼活动,以此决定是否批准该船舶进入港口。如果船舶被准予进港,那么该船舶将受港口国管辖。

(3)如果有足够证据表明该船舶曾参与或支持 IUU 捕鱼活动,港口国可以拒绝该船舶进港。但是基于相关检查或采取其他适当措施而允许其进港的问题船舶,则必须拒绝该船舶利用港口对渔获进行卸货、转运、包装和加工,禁止使用其他港口服务,包括加燃料和补给、维修和进坞。

(4)如果船舶进入港口,并且有合理理由相信该船舶曾参与了 IUU 捕鱼活动,则必须拒绝该船卸载或转运其渔获,并禁止其使用港口服务。

(5)港口国发现船旗国或沿海国并未有效授权船舶从事捕鱼或捕鱼相关活动,或者港口国收到证据表明船上渔获是违反沿海国要求捕捞而得的,又或者船旗国未能在合理时间内确认船上渔获是按照区域性渔业管理组织(RFMO)要求而捕捞的,则港口国均可拒绝船舶对渔获进行卸货或转运,以及使用其他港口服务。

(6)如果船员或船舶的安全或船员的健康受到威胁时,不得拒绝该船舶使用港口服务。

(7)港口国可采取超出协定最低要求的其他措施,包括与船旗国协商或合作,以及酌情与沿海国和 RFMO 协商或合作。

(8)港口国必须向船旗国提交检查报告以及关于检查后采取的措施资料。这些资料亦可酌情向其他相关国家、RFMO、粮农组织和其他相关国际组织提供。

4.市场国责任

无论是合法捕捞还是 IUU 捕捞,渔获物都需要通过市场转为货币形成利益。从经济学角度讲,事实上,市场刺激了 IUU 捕捞的发生。① 因此,从市场上来杜绝 IUU 捕捞的发生可能更为有效。2006 年《联合国鱼类种群协定》中就有通过贸易措施来解决 IUU 捕捞的问题。美国、欧盟等国家地区也已经实施贸易措施。国际上市场国应该严格执行追溯性规定和认证机制,并对运营者提供的信息进行核实。此外,市场国还应与船旗国进行合作以确保产品的可追溯性和加工产品的合法性。除此以外,包括进出口限制、捕捞文件计划、水产品标签计划、IUU 捕捞船舶黑白名单制度等都是市场国在履行责任时可以采取的措施。

二、韩国相关国内法实践

(一)韩国被列入 IUU 捕捞黑名单

自 1961 年以来,韩国远洋渔业为其国家经济发展作出了重要贡献。战后经济发展初期,韩国政府将海洋作为日常生活、粮食和出口的重要来源,20 世纪 50~70 年代期间,渔业部门通过出口海产品在进口外汇方面发挥了重要作用。但 21 世纪初,这种趋势发生了变化,韩国的渔业经济重点由出口转为进口②,为此韩国政府决定大力发展远洋渔业。渔业部门的突然扩张使得其在资源管理、治理体系以及监测方面产生了很多问题,埋下了诸多隐患。

许多以韩国为船旗国的渔船在西非水域从事 IUU 捕捞,给该地区造成了严重的经济损失与生态危害。根据环境正义基金会(Environmental

---

① Antonia Leroy, Florence Galletti, Christian Chaboud, "The EU restrictive trade measures against IUU fishing", *Marine Policy*, 2016,64: 82-90.

② OECD,"Annual Report 2003", 2019-08-15, https://www.oecd.org/about/2506789.pdf.

Justice Foundation,EJF)的报告,2010~2014 年期间,EJF 记录了大量悬挂韩国国旗的渔船在非洲西部进行非法作业,尤其是在塞拉利昂共和国这种违法行为更为普遍。[①] 尽管欧盟采取措施阻止了多艘韩国船只进行 IUU 捕捞,但许多悬挂韩国国旗的船只直到 2013 年仍在该海域从事 IUU 捕捞活动,为此同年,欧盟将韩国列为 IUU 捕捞国家,次年 1 月向韩国发出了黄牌警告。[②] 2017 年 12 月,在南极水域渔场关闭通知下达后,韩国远洋渔船"Southern Ocean 号"和"洪进 701 号"依旧继续捕捞。[③] 韩国政府内部调查后判定"洪进 701 号"无违规嫌疑,仅对"Southern Ocean 号"作出了缓期起诉的处分。同为利益相关方的美国认为,韩国政府没有对这两艘渔船作出正确有效的违规纠正,严重违反了国际渔业管理机构制定的保全和管理方针,为此 2019 年 9 月 19 日,美国第二次将韩国列入"预备非法捕捞国"。[④]

来自渔业大国的多次黄牌警告以及国际范围内对 IUU 的重视,使韩国认识到船旗国、沿海国、港口国以及市场国各自义务的重要性。加之韩国是欧盟渔产品交易的重要贸易伙伴,为了撤销黄牌警告,韩国海洋水产部于 2014 年 6 月与 EJF 签署备忘录(Memorandum of Understanding,MOU),承诺持续努力以遏止 IUU 捕鱼。自 2014 年起明显提高了鱼类船舶的监测、MCS 能力,并加强了对 IUU 捕鱼活动的制裁。

法律方面,韩国为防止 IUU 捕捞,以国内外相关文献、研究、调查资料等为蓝本,在韩国海洋水产部、韩国远洋产业协会、韩国水产开发院(KMI)等团体的支援下,经过不断地研究分析,多次修订完善相关的法律法规。与此同时,除本国法律措施外,韩国还积极参与和履行国际 IUU 法律框架下的相关规定。

具体来说,韩国依据 2001 年国际行动计划以及 2009 年《港口国措施协定》,对国内相关法律例如《水产业法》《远洋产业发展法》《船舶法》《渔船

---

① Amaj Rahimi Midani and Sang-Go Lee, "Confronting Illegal, Unreported and Unregulated (IUU) Fishing with Proper Port and Flagged States Policies: The Case of South Korea and European Union", *Journal of Fisheries Sciences.com*, 2016, 10(3): 43-51.

② 参见[韩]金先定:《国际法上 IUU 相关的各国的义务和责任》,首尔国际法出版社 2015 年版,第 62 页。

③ "EJF: South Korea Allows Sale of Illegally Caught Fish", 2019-10-22, https://www.maritime-executive.com/article/ejf-south-korea-allows-sale-of-illegally-caught-fish.

④ 参见美国海洋大气厅:《改善国际渔业管理》,2019 年。

法》《领海及毗邻区法》和《对韩国专属经济区管理水域的外国人渔业活动行使主权的相关法律》(以下简称《专属经济区渔业主权法》)以及韩国海洋水产部及所辖机关等的相关法令进行修订。

除了国内法以外,韩国还不断同中国和日本就渔业协定中的 IUU 现象进行协商。2010 年,韩国同俄罗斯签订《韩国政府和俄罗斯联邦政府关于预防、阻止和消除非法、不报告和不管制海洋生物资源的合作协定》。2015 年至今,韩国共同其他国家就专属经济区渔业许可的取得等问题签订了 13 项双方渔业协定。[①] 2019 年 10 月,为应对美国将韩国列入"预备 IUU 捕捞国"带来的不利影响,加强彼此间合作,韩美召开了第一次水产领域的定期协商会议。

(二)韩国国内控制 IUU 捕捞的法律措施

1.《远洋产业发展法》中的针对性措施

该法案自 2008 年制定至今共进行了 10 次修订,其中 3 次是因其他法律的修订而修订,修订的主要内容涉及管理部门的变化或与新制定法律间的协调,因而整体变化不大。然而 2014 年韩国被欧盟发出黄牌警告,此后的 6 次修订中,其围绕 IUU 捕捞等内容法案作出了较为重大的修改,主要包括以下几个方面:

(1)增加对于中大型非法捕鱼的规定。《远洋产业发展法》第 13 条中远洋渔业经营者的遵守事项包括:对遵守国际规则和韩国参加的国际组织相关规定、船舶登记、渔获量记录、捕捞限额、渔具、船舶标识、渔业资源养护、观察员行为、港口规定遵守、渔船监测系统安装等 12 项相关内容予以明确划定。

(2)对即时措施的修订。《远洋产业发展法》第 13 条规定,远洋渔业经营者如发生违反行为,海洋水产部长官应立即对远洋渔业企业的经营者采取以下措施:①立即中止相关渔业活动;②进入指定港口;③禁止丢弃和转运渔获物。

(3)对转载许可(变更制度)的修订。根据韩国《远洋产业发展法》第 16 条,获得远洋渔业许可的经营者和渔业实验获得许可者,如果要转载渔

---

① 参见[韩]李溶熙:《IUU 渔业国际法上的国家义务和韩国国内法的态度相关研究》,《韩国海洋政策学会集》2017 年第 1 卷第 2 号,第 56 页。

获物,需在转载前向海洋水产部长官取得许可。海外水域捕获的渔获物如需转载则应在渔船船长以及船运公司 24 小时作业进行转载,且在此之前要向东海渔业管理团长提交转载申请书。船长及船公司根据第一款规定提交转载许可申请书等材料,如果内容有变更,则还需要提交转载变更申请书以及相关资料。东海渔业管理团长同意后向船长及船公司发放转载许可证明书,且需确保收到的材料等毫无遗漏地发给申请人。

(4)对报告监督制度的修订。《远洋产业发展法》实施规则第 25-2 条(捕捞情况等的报告)规定:"①根据法规第 16 条第 1 款规定,获得远洋产业许可证的经营者应当报告目前的相关渔业的运作状况、渔获量、卸货量、转运或销售数量给海洋水产部长官。②根据第 16 条第 1 款报告的渔获量和根据第 25 条第 1 款、第 3 款报告的数量,以及根据第 25-3 报告的转载量之间差异数值不能超过 10%。"根据第 25-3 条(转载量报告)的规定,获得远洋许可证的经营者,对在海外水域捕获的渔获物进行转载时,需要按照各项规定提交报告书(电子文书也包括在内),制定完整的转载材料于 24 小时内向东海渔业管理团长进行报告。另外,还需要将依法报告的转载量同所取得的许可转载量间的差异控制在各鱼种均不能超过 10%的范围内。如果渔获量和转载量、卸货量间的差异超过 10%,则属于 IUU 渔业重大违反。需要根据本法律第 33 条规定的罚则进行惩罚。

除此以外,韩国将 VMS 作为一项渔业监视计划,要求渔船必须随船携带 VMS,让卫星能够追踪到这些渔船动态,利用渔船上安装的设备监控渔船位置和活动的信息。

2019 年 11 月 26 日,为了增强远洋产业的法律透明度,加强渔船的安全管理,建立和运营远洋渔业作业监视系统,制定安全管理指南,该法律进行了新一轮的修订。主要内容包括对远洋捕捞者行为以及一些禁止捕捞事项进行细化,根据违反规定的轻重程度进行分类;建立远洋捕捞监视系统来加强远洋捕捞的透明性;制定安全管理方针,设立安全管理负责人,以此确保远洋渔业作业者的安全;为非法从事远洋捕捞的罚款设立依据等。

2.船旗国义务履行的相关立法措施

韩国对 IUU 捕捞的相关规定在《渔船法》《远洋产业发展法》《船员法》《船舶安全法》《海洋环境管理法》《海事安全法》等国内法中均有涉及,海洋水产部及相关机关的职责也有具体规定。这些规定与国际法赋予船旗国的船舶登记义务、渔业许可义务、统计监视以及职务履行等方面相契合。

在船舶登记注册方面,相关法律主要体现在《渔船法》和《船舶法》中。比如韩国的《渔船法》第13条,渔船的船舶所有人需根据海洋水产部令的规定,向管辖该渔船或船舶主要进出港的港口及码头的市长、郡守、区厅长登记,责任方应对渔船记录进行注册登记,具体的实施令和实施规则对责任方需记录的注册信息中船舶的相关信息(包括船舶的特征细节和历史)等也都作了具体规定。《船舶法》第2条对船舶登记制度作了修订,规定更加严格,如若经核实发现船舶所有人参与过IUU捕捞活动或有相关违法行为,则可取消其注册。这一修改使得韩国的国内法更好地达到了国际法对于船舶登记义务的要求。

船舶授权方面,《渔船法》的第13条、15条、16条对船舶国籍证书的发行作了详细规定,明确了对于未经登记的渔船禁止使用的条款。2019年8月27日最新修订的船舶国籍证书备案条文中,渔船所有人在航行或者用于作业目的时,应当依照第13条第3款规定,将船舶国籍证书、装船证书或登记证书进行备案。渔船的船舶所有人在获得船舶国籍证书后,应按照海洋水产部令的规定,立即在渔船上标注渔船名称、装船港、总吨位等信息。

另外,《远洋产业发展法》的第6~11条也对远洋渔船的许可和取消等相关的细则作了具体的说明。韩国《水产业法》对在外国专属经济区捕捞作业的船舶专门作了规定:(1)任何打算在与韩国政府就渔业问题达成协议的外国专属经济区内进行捕捞作业的人,获得外国有关行政当局的允许后方可进行这些行动。(2)在与韩国政府就渔业问题达成协议的外国专属经济区内从事捕捞作业的任何人,应遵守外国主管行政当局发布的命令,及时阻止或转回渔船,以防止非法操作。

监督监控方面,《远洋产业发展法》第15条(渔船监测系统的安装)规定,远洋渔业经营者应在离港前按照《远洋产业发展法》第6条规定在渔船上安装渔船监测系统,渔业产品运输业务的海外货物运输业务经营者也应该注册该系统。海洋水产部所属机关职责手册第2条和第5章(第24~28条)规定成立渔业管理团与东海渔业管理团捕捞监测中心。捕捞监测中心(FMC)主要义务是:(1)远洋渔船作业情况实时监控;(2)远洋渔船许可事项、许可权;(3)IUU渔业信息等记录及管理;(4)IUU渔业信息收集、分析、预警和报告;(5)远洋渔船转载信息及捕捞限额管理;(6)远洋渔船VMS启动状况检查及记录保存管理;(7)与 IUU 捕捞相关的国内外有关机构的信息交流及合作。[①] 另外,《远洋产业发展法》第 13 条、第 16 条等对船舶的航行日志包括汇报捕捞相关数据(包括捕捞量、捕捞方式、登临和转运)等都作了具体规定。

执法方面,《远洋产业发展法》第 33 条相关处罚的规定使韩国可以及时开展调查,进一步确保其有足够的能力发现违法行为并采取有效执法措施,以及对违法行为进行透明的和一致性的制裁。此外,韩国在船旗国义务履行中对船员等相关的管辖权的履行、海上安全的确保等,在《船舶法》《船舶职员法》《渔船法》《船舶安全法》《海洋环境管理法》《海事安全法》中也作了相应修订,以保持与国际规定相一致。

3.沿海国义务履行的相关立法措施

沿海国在内水、领海、专属经济区等管理韩国国民以及外国人 IUU 捕捞时,主要以《领海及毗邻区法》《专属经济区及大陆架法》《专属经济区渔业主权法》《水产业法》《水产资源管理法》等法案为依据,对管辖水域的入渔许可、法律遵守、船舶登记、特定水域管理、渔船通行、监视、违反后的制裁等作了明确的具体规定。

《专属经济区渔业主权法》依据《联合国海洋法公约》制定,对韩国专属经济区管理水域内外国人渔业活动行使主权权利作出规定,对入渔许可标准、条件,渔获物的转载和登陆,固定鱼种和溯游性鱼种的保护以及违反后的处罚等都作了具体细致的规范与说明。

《领海及毗邻区法》第 5 条第 2 项第 10 号规定,如果外国船舶在通行时从事渔业捕捞活动,则被视为损害了韩国的和平、公共秩序和安全。《专属经济区及大陆架法》第 3 条还规定了外国或外国人在韩国专属经济区和大陆架行使权利并履行义务时,应适当考虑韩国的权利和义务,并遵守韩国的相关法令。《水产业法》第 41 条、42 条以及 57 条对渔业许可、限时渔业、渔获物的运输许可等相关事项作了规定,对渔业的种类、渔船的规模、捕捞区域、渔具渔法、渔具的规模以及标识提出了限制条件。《水产业法》第 5 条则对外国人渔业营业执照的颁发作了规定。

---

① 参见韩国东海渔业管理团捕捞监测中心,2019 年 8 月 30 日,http://eastship.mof.go.kr/content/view.do? menuKey=366&contentKey=42。

《水产资源管理法》中关于IUU捕捞对应的措施主要体现在第14条、15条、25条、36条和37条中。第14条为对水产资源的繁殖进行保护,对其捕获时期、水域、捕获物的体长体重、水深等作出了限制。第15条划定了禁止捕捞的区域。第25条规定了禁止使用爆破物、有害物质、电击等有害捕鱼方式。第36条和第37条限制了总的许可捕捞量,为管辖水域内水产资源的保护提供了多种措施。

对管辖水域渔船的管理、监视、制裁等内容在《渔船法》的第5条第2项中有所体现,为确保渔船的安全运营,将渔船定位装置的安装作为渔船所有人的义务。《水产业法》第72条对渔业监督员的具体职责作详细说明;同法第96条规定了渔业数据库建立的事项,即用于保存相关渔业数据和材料。《专属经济区渔业主权法》第6条第2项对涉嫌非法捕捞的船舶下达停船命令的行为作了规定,即检察官或大总统令规定的司法警察官,可对在专属经济区管理水域内涉嫌非法捕捞活动之一的外国船舶下达停船命令,船舶须服从。

关于违反上述法律规定的制裁措施,近年来也作出了相应的调整。如《领海及毗邻区法》第6条:"如果外国船只被认为涉嫌违反第5条渔业捕捞的规定,有关当局可以对其发布必要的命令或采取停船、检查、缉拿等必要命令或措施。"第7条规定,对违反渔业捕捞规定的外国船舶的所有人及船员处以5年以下有期徒刑以及3亿韩元以下的罚款;情节严重的情况,必要时没收相关船舶、船上设备、采捕物以及其他违反物品。对上述第6条所发布的命令或采取的措施抗拒、不服从、进行阻碍或予以回避的外国船舶上的船长或其他船员处以2年以下有期徒刑以及不超过1亿韩币的罚款。如果同时对上述行为都有违反,可以同时处以有期徒刑和罚款的处罚。渔捕行为若同时触犯了上述两条以外的其他法律,则选择适用触犯的法律中最重的惩罚。《水产业法》对违反规定的人,将处以不超过3年的监禁或不超过3千万韩元的罚款,犯罪者拥有或携带的渔获物、产品、渔船、渔具、爆炸物或有毒物质,将被没收。但如果该人因违反该法第97条规定的渔业违法行为而在最近5年内受到两次或两次以上处罚的,则应没收渔获物、渔船或渔具等。

另外,《中韩渔业协定》和《日韩渔业协定》也对进入韩国专属经济区捕捞的中日渔船的入渔和许可按照上述法律作了调整。[①]

4.港口国义务履行的相关立法措施

港口国义务履行相关的法律主要体现在《远洋产业发展法》的第14条关于港口国监督检查的相关规定中。内容涉及对载有海外渔获物的船舶进入韩国港口时的入境报告及材料的提交规定。负责海洋水产部令规定的港口国检查的公职人员应登船检查进入港口的船舶,对涉嫌非法、未报告或无管制捕捞的渔获物、日志、文件或其他物品进行检查,或对涉案人员进行查询。如果发现涉及IUU捕捞,海洋水产部长官可以阻止该船进入、离开和使用港口,或限制其卸货、转运、包装、渔获处理、燃料和货物供应以及包括维护和维修在内的港口服务的使用。

另外,韩国在港口使用限制措施、相关的入港前措施、检查后措施等方面也分别进行了规定。韩国努力履行NPOA规定的港口国职责,以防止、制止和消除IUU捕鱼。这主要体现在韩国制定了港口国检查计划,该计划的适用范围和覆盖面更广,可用于管制从事IUU捕捞或运载IUU鱼/渔产品的船只。目前,所有携带在韩国管辖范围以外水域捕捞的鱼类并试图进入韩国港口的船只都必须向国家水产品质量管理服务局(NFQS)的相关地区办事处提交事先通知,并附上有关船只和鱼/渔产品的信息。在确定批准或拒绝进入港口之前,包括捕鱼授权、转运证书、VMS记录、航海日志、渔具、设备、文件和船上鱼/渔产品在内的所有信息都将被检查。一旦确认了对一艘外国渔船的IUU指控,便立刻采取行动,或通过其他方式拒绝该船在韩国的港口入境或卸载其货物。检查结果将同时转发到相关船只和相关RFMO的船旗国。

如果发现韩国本国船只从事IUU活动,该船将根据韩国法律被扣留在港口等待法律诉讼。韩国对已经获得授权的本国船舶的远洋活动实施"预警原则",以此防止韩国国旗船舶到其他国家专属经济区进行非法捕鱼,为此启动了批准粮农组织《港口国措施协定》的流程,并正式加入《港口国措

① NOPA,"National Plan of Action of the Republic of Korea to Prevent, Deter and Eliminate Illegal, Unreported and Unregulated, Fishing", 2019-09-15, http://www.fao.org/fishery/docs/DOCUMENT/IPOAS/national/KoreaRep/NPOA_IUU_Korea_Republic.pdf.

施协定》。[①]

5.市场国义务履行的相关立法措施

《水产业法》第 58 条第 1 项,涉及渔业捕捞运输业务的限制、暂停或撤销。如果已经登记为从事渔业捕捞运输业务的人员,违反了与外国关于渔业的相关法规以及与外国签订的相关渔业协议或者该协议中规定的相关物种的捕捞、采集、养殖以及由该海洋生物制成的产品或者动物本身的情况,则市长、郡守、区厅长的负责人可以限制其运营注册渔业捕捞运输业务,或发出命令暂停其业务(最长 6 个月),或撤销其注册登记。

《水产资源管理法》第 17 条规定了对于违反《水产业法》规定的捕捞、采集水产资源或者对产品的收集、流通、加工、保管以及买卖等相关规定的任何人,韩国有权在管辖海域内进行管理。

《远洋产业发展法》第 13 条第 9 项中,海洋水产部长官如发现违反该法规定的行为,应立即中止远洋水域渔业企业经营者的渔业活动,并要求进入指定港口,其间禁止排放和转运鱼类等行为。除此以外,韩国还实施彻底可追溯性措施与认证体系,对运营者提供的信息进行核实,以此确保市场、贸易相关措施程序的透明性。

(三)立法措施评析

1.关于《远洋产业发展法》的相关措施

韩国《远洋产业发展法》的制定和实施具有重要意义与价值。该法的制定为韩国远洋产业的发展提供了法律保障。

首先,政府制定远洋产业综合发展计划,大力发展远洋渔业,在一定程度上缓解了近海捕捞过度的问题。21 世纪初,韩国的渔业进口已经超过出口[②],随着经济的迅速发展,韩国境内海洋资源的过度开发已经导致了近海鱼类资源枯竭。该法规的制定,为韩国渔业的发展指明了新的方向。

其次,远洋渔业的大力发展改变了传统的渔业产业结构,拓展了韩国渔业的发展空间,提高了整个水产业的综合实力和国际竞争力。

---

① 参见环境正义基金会(EJF)、世界海洋保护组织(OCEANA),美国皮尤慈善信托基金会(PEW)世界自然基金会(WWF):《加大力度制止非法、未报告和无监管(IUU)捕捞〈欧盟 IUU 条例〉发牌警告程序综述》,《专题简报》,2016 年 6 月,http://www.iuuwatch.eu/wp-content/uploads/2015/06/3rdCountryCardingGuidelinesReport_CH_low-1.pdf。

② OECD,"Annual Report 2003",2019-08-15,https://www.oecd.org/about/2506789.pdf.

再次,提高了韩国在远洋渔业领域的地位和影响力。经过近几年的发展与完善,韩国已跻身为世界主要远洋渔业国家,其间韩国不仅不断加强与国际渔业组织的联系,通过加入会员、促进发展等方式扩大与渔业组织内成员国的合作,另外还通过这些渔业组织的管理章程,不断为国内法案的修订提供借鉴与蓝本。这对加强国内渔业治理、养护渔业资源起到了非常有效的作用。

最后,发展远洋渔业还带动了韩国船舶及装备设计制造、水产品冷藏加工和物流等相关产业的发展,对于促进韩国渔业产业发展、增加就业、提高国民收入、调剂市场水产品供给等具有重要意义。

法规修订具体内容与对应措施主要体现在以下几个方面:

(1)对中大型违反非法捕捞规定的修订是根据欧盟及IUU相关法律的规定,在综合考虑损害程度、价值、违反范围以及是否反复发生等因素后制定的。韩国在最初修订这项法律时,也曾引起了远洋产业经营者的抗议。韩国渔业界力排众议,考虑到当时政府面临的情况,为尽快脱掉预备非法捕鱼国的帽子,对IUU采取了比较重的惩罚制度[①],法规修订后韩国远洋渔船IUU捕捞明显减少,也最终达到了使欧盟撤销黄牌警告的目的。

但是韩国是为了应对欧盟和美国的制裁而匆忙修订的IUU捕捞相关法律,其目的也是为了迅速摘掉IUU帽子,因而缺乏调研基础。就目前的实施情况来看,不仅引发了韩国国内远洋渔业从业人员的不满,包括中国在内的与韩国签订渔业协定的国家近几年也不断发生渔船被抓扣的情况,每次抓扣都面临高额的罚款。这严重损害了远洋渔船渔民的利益并直接导致了中韩、日韩渔业冲突的加剧。

(2)关于临时措施的规定也是根据欧盟的IUU控制法第43条进行制定的。该条文规定,只要怀疑对方有违法的行为就可以中断其捕捞活动,同时要求进入指定的港口进行检查,并且还以法律的形式明文禁止丢弃和转运渔获物的行为。

韩国《远洋产业发展法》对IUU捕捞的控制与欧盟的做法有所不同,例

---

① 主要参见该法第33条(罚则):严重违反者将被列为刑事罪犯,可能被判处5年以下有期徒刑,以及以3年平均批发价格为基准的水产品价格的5倍以下罚款或者5亿以上10亿韩币以下的罚款,另外5年内如果有两次以上的违反,将被处以5年以下有期徒刑和3年平均批发价格为基准的水产品价格的8倍以下和16亿韩币以下中选择最高金额来处罚。

如韩国只有在对方确实违反了相关法规后才可以采取行政措施。关于进入指定港口进行检查的内容也不尽相同,虽然借鉴了欧盟的做法,但韩国沿岸发生的 IUU 捕捞行为大部分都是一日或者两日停留捕捞的渔船,要求其进入指定港口并进行检查在实施层面较为困难。我国今后制定《渔业法》《远洋渔业管理规定》等相关法规也应借鉴该经验,即考虑到不同渔船的实际情况,对于短暂停留的渔船要求入港检查或者调查时,相关行政措施的制定和执行方面需要根据不同渔船的实际情况分类对待。

(3)24 小时内报告转载制度对于远洋渔船来讲同样存在很大困难。以在中西部太平洋渔业委员会(WCPFC)水域作业的远洋渔船为例,由于该海域远洋渔船的作业特点为单次捕鱼量巨大,作业地域多为太平洋岛国区域,一般工作 6~12 小时就需要转运一次。此种作业模式在进港时通知搬运船、调整转载日程是没有问题的。但 24 小时内报告转载制度的存在使得渔船在入港时就必须提前安排配合转载时间以便遵守相关法律,这在无形当中增加了作业船的损失。另外,北纬 10~20 度以北水域的北太平洋渔业委员会管辖地区内,主要猎捕鱼种是金枪鱼、鲑鱼、秋刀鱼等,加之此处天气多变,24 小时内完成转载亦是非常困难。

我国远洋渔船 IUU 捕捞被抓扣案例中,很大部分也是由于非法转载问题被扣留。2018 年农业部办公厅关于部分远洋渔业企业及渔船违法违规问题和处理意见通报的 10 起案例中,有 2 起涉及非法转载问题[①],需要引以为戒。

(4)VMS 系统的安装与使用使得韩国政府有能力控管所有 IUU 渔船,包括没收违法捕捞的渔获物及限制捕鱼许可等。当韩国国民在韩国管辖范围水域之外发生 IUU 捕鱼行为时,政府也可利用该系统提高管制的行动力,加强对渔船的监测、管控及监督,包括可对严重违反规定的渔船进行更严厉的制裁等。

(5)按鱼种划分的渔获总量 10%的规定也是按照欧盟的标准进行制定的。欧盟的远洋渔业捕捞量并没有韩国那么大,按照规定实行申报、销售、上报制度,遵守渔获总量 10%规定并不困难。但韩国将该法律直接移植到

① 参见农业部办公厅《关于部分远洋渔业企业及渔船违法违规问题和处理意见的通报》(农办渔〔2018〕12 号)。

本国法案中，实际运行起来就具有很大难度。以韩国的远洋渔船“连胜”为例，通常 45～60 天出海一次，几乎每次都是全载而归，渔捕过程中各鱼种超过 10%的限制也只是时间问题。[①] 我国远洋渔捕总量更为巨大，因此在该问题上没必要借鉴发达国家和韩国的先例，在鱼种具体划分百分比时，应实际调研我国的远洋渔船情况，根据我国远洋渔业的实情来划定标准。

（6）2019 年的法规修订对禁止捕捞行为的要求更加明细化，这有利于实现法律的公正性和透明性。另外，安全管理措施确保了远洋渔业作业者的安全，法律的完善也有利于韩国远洋渔业未来发展更加规范。

2.关于船旗国义务履行的法律措施

船旗国义务履行的责任方面，韩国分别从船舶登记、授权机制、监督监控和执法方面进行法律规制。船舶的登记、授权以及入档是获得捕捞许可的最基本要求，有利于减少三无船舶的数量，减少 IUU 捕捞渔船逃逸的可能性，也有利于对船舶展开调查，防止 IUU 捕捞行为的发生。与此同时，VMS 系统的实施也对监督监控产生了重要作用。

韩国在船旗国义务履行方面，不仅对国际文书上规定的一般性责任以法律形式作出了规定，而且在渔船登记、渔业许可、统计监视以及惩罚方面制定了较为完备的国内法规。

但是韩国的船旗国义务履行措施也存在一些局限性，例如对渔船登记制度的加强导致不少韩国渔船到开放登记国去注册，使得政府对本国渔船监管能力缺乏。另外，VMS 系统对于船舶监督虽然起到一定的作用，但是受系统本身传输接收设备以及韩国地理位置的限制，距离进行 IUU 捕捞的船舶一般非常远，无法及时展开调查采取行动。VMS 系统自身也存在设计缺陷，虽然可以追踪到船舶的位置但依然有一些 IUU 捕捞船舶无法被发现。此外，韩国的船旗国义务履行相关国内措施中，未见观察员计划的具体实施方案，即便 2019 年最新修订的《远洋产业发展法》也未对观察员经费、培训等进行相关规定或说明，这也使得船旗国义务履行的预设效果大打折扣。

3.关于沿海国义务履行法律措施

韩国对管辖水域的入渔许可、法律遵守、船舶登记，对特定水域的管理、

① 参见韩国海洋水产部：《远洋渔业事态调查》，2019 年 9 月 15 日，http://www.fao.org/climatechange/youth/78616/en/，http://www.nmfs.noaa.gov/aboutus/our_mission.html。

渔船的通行、监视、违反后的制裁,以及对渔业资源的养护和管理等都在法律上作了规定,并调整了《中韩渔业协定》《日韩渔业协定》中入渔许可的条件。

对本国内渔业资源的养护和管理措施确保了韩国近海以及内水面渔业资源可持续发展。目前,韩国5个海洋牧场示范区、50个小规模海洋牧场建设已全部完成,可捕量达到15万~20万吨。[①] 以统营海洋牧场为例,该海区渔业资源量大幅增长,目前已达900多吨,比项目初期增长了约8倍。在建设海洋牧场之前资源量已经减少到近乎绝迹的平纳鱼种,目前资源量已达到100多吨,大大超过了预期目标,当地渔民收入也不断增加。[②] 韩国海洋牧场的建设也为周边国家海洋渔业资源的养护和管理提供了示范,《水产业法》《渔业资源保护法》的制定与实施则为海洋牧场的建设与发展提供了保障。

与周边国家签订的渔业协定中关于入渔许可、渔具等方面的修订,进一步减少了外国渔船进入韩国专属经济区进行捕捞的行为。据统计,2015年中国因非法捕捞被韩国海警扣押的渔船数为378艘,2018年为136艘,2019年1~8月份仅为47艘。[③] 数量的减少也从侧面说明了韩国作为沿海国相关法律的实施效果。

韩国《专属经济区渔业主权法》《领海及毗邻区法》《专属经济区及大陆架法》等法案中惩罚力度不断提升甚至有违比例原则,但对于某些具体违法行为却没有明确分类和处理,这使得中韩渔业纠纷一直持续,对两国关系也产生了不利影响。

4.关于港口国义务履行法律措施

韩国加入《港口国措施》对于防止船舶从事违法行为具有重要效果,通过降低渔民的预期经济效益来打击IUU捕捞,减少了IUU捕捞渔获物上岸的机会和IUU船舶逃逸的可能性,增加了IUU捕捞船舶被检查的可能性,弥补了作为船旗国对IUU捕捞船舶管辖的不足。韩国制定的港口国检查计划适用范围和覆盖面比国际法文书上的规定更加广泛,对已经获得授权的韩

---

① 参见杨宝瑞、陈勇:《韩国海洋牧场建设与研究》,海洋出版社2014年版,第101页。

② 参见中国海洋发展研究中心:《国外海洋牧场建设经验借赏》,《中国农村科技》2018年第4期。

③ 参见[韩]孙金珠:《最近5年间非法捕捞中国渔船1千余艘被逮捕》,2019年10月3日,https://blog.naver.com/nowjs21? Redirect=Log&logNo=221666812649。

国船舶的远洋活动实施“预警原则”,这可以有效防止韩国国旗船舶到其他国家专属经济区进行非法捕鱼。这些措施的实施对于韩国作为港口国打击IUU 捕捞成效显著。对于检查的渔获物,涉及渔获物的名称、捕捞水域等确切信息,这些在 2019 年新修订的《远洋产业发展法》中作了明确的规定,反映了韩国法律日趋完善和进步。

但是韩国对港口国的措施中,对本国渔船和外国渔船施行双轨制,使得渔船纷纷趋利避害进入其他港口国,加大了管制难度。同时,港口国措施协定对国内各机构的协作要求比较高,韩国目前出台的法律中,对相关港口负责的职能并不明确。例如,《远洋产业发展法》虽然规定了负责海洋水产部令规定的港口国检查的公职人员登船检查进入港口的船舶,但在具体的实施细则中,并未对具体职责作出明确规定与划分。

5.关于市场国义务履行法律措施

韩国市场国措施的履行主要体现在《水产业法》《水资源管理法》和《远洋产业发展法》中,基本上也属于禁止某类某国鱼产品进口、卸载或者转载黑白名单制定等措施,实施成效较为明显。禁运和转载条款可以有效地促进一些发生禁运和转载行为的国家遵守规则,加强其对船舶的控制力度,也可以促使这些国家加入相关渔业管理组织,形成共同管理。另外,市场国措施总体来说是通过降低经济效益来应对 IUU 捕捞,这一办法也可从源头上减少 IUU 捕捞发生的可能性。

但是该措施具体实施时,海关检查不仔细、监督程度不高、双标严重、船舶逃脱处罚的情况时有发生。例如 2017 年 12 月,由洪金公司所有的韩国远洋水域捕鱼船“Southern Ocean”和“Hong-Jin 701”违反了南极海洋生物资源保护委员会(CCAMLR)的养护措施,在南极水域进行 IUU 捕捞①,韩国政府对本国渔船的消极做法就遭到了非政府组织和相关渔业组织的谴责。

(四)小结

韩国是世界第三大远洋捕捞国。迫于欧盟市场和规制的力量,韩国采取措施尽力履行其国家责任。包括依据国际规定大规模修改管理远洋船舶的法律框架并更新其国家行动计划;加入国际渔业相关活动的监督和监控

① “EJF: South Korea Allows Sale of Illegally Caught Fish”, 2019-10-22, https://www.maritime-executive.com/article/ejf-south-korea-allows-sale-of-illegally-caught-fish.

网络,并加强与其他国家和非政府组织在打击IUU捕捞行为方面的合作;在船旗国责任方面,加强监控,设立渔业监测中心,加大执法和惩罚力度;在沿海国措施方面,加强渔业养护与管理;在港口国措施方面,加入港口国措施协定;在市场国措施方面设立捕捞证明体系等。但这些措施的履行,也存在不少问题。比如观察员制度有待完善,执法和惩罚相关规定不够明确等。这也给我国在修订相关法律时提供了经验教训。

三、对我国的启示

近日,我国新修订的《远洋渔业管理规定》经农业农村部常务会议审议通过,以部令形式公布,自2020年4月1日起施行。新《远洋渔业管理规定》主要按照"适应国际规则,促进转型升级,加强监督管理,强化法律责任"的原则进行修订。

在船旗国责任方面,新《远洋渔业管理规定》进一步加强了渔船和船员责任,对渔船淘汰报废、悬挂国旗、外观标识、船员配备、变更国籍等作出明确要求。进一步强化安全生产,增加了对渔船海上作业、登临检查、通航他国水域、进入他国港口、环保排污等要求。同时,进一步强化船位监测、渔捞日志、观察员派遣、涉外事件和安全事故处置等监管措施,减少涉外违规事件发生,将IUU捕捞行为列入违法行为,建立远洋渔业从业人员"黑名单"制度。在沿海国责任方面,更强调养护和合理利用海洋渔业资源、可持续发展远洋渔业、合理控制船队规模,充分体现我国重视渔业资源保护的负责任态度。在港口国责任方面,禁止使用IUU渔船从事远洋渔业生产,禁止远洋渔船从事IUU渔业活动,禁止外国籍IUU渔船进入我国港口,充分体现我国打击IUU渔业活动的坚定立场。所有涉及远洋企业、渔船、船员的责任和监督管理措施,尽量与现行国际规则和要求相衔接。在市场国责任方面,加强了对远洋渔船作业涉及的项目的具体要求。

我国正努力与国际法相接轨,但新《远洋渔业管理规定》还未付诸实践,在港口国和市场国责任方面与国际法和韩国相比,还有不少改善的空间。总结上述韩国关于船旗国、沿海国、港口国、市场国的措施,结合我国目前实际情况与具体要求,未来可以在以下几个方面予以完善:

(一)吸收借鉴国外立法经验完善国内法

国际规定和国际法的吸收借鉴方面,韩国非常积极,其不仅是《联合国海洋法公约》《船旗国表现自愿准则》《生物多样性公约》《港口国措施协定》等国际公约和协定的缔约国,而且时时根据国际规定和欧盟 IUU 控制条款等修订国内法。我国目前尚未加入《船旗国表现自愿准则》《联合国鱼类种群协定》及《港口国措施协定》,主要原因是我国监督执法力量相对薄弱、部门之间缺乏协调、基础设施不够完善等。为加入这些组织,我国首先需要建立渔业、海事和海关部门之间的协调机制,完善电子信息设施,共享港口资料,以此构建信息安全。目前,我国加入这些国际协定的条件还不够成熟,因此可以先从国内法律方面进行规制,尽量将国外先进经验吸收纳入国内法律中。但在实际操作过程中,也应避免出现类似韩国一心求快,很多国内法条照搬欧盟法律,最终导致药不对症、顾此失彼的情况。

我国打击 IUU 捕捞在法律方面的主要任务是尽快推进完成《中华人民共和国渔业法》(以下简称《渔业法》)的修订工作。该法是我国法律系统修订的重要法律。2019 年 8 月《渔业法修订草案》(征求意见稿)出台,特别将远洋渔业管理核心制度写入草案,明确了从事非法捕捞的外国船舶不得进入我国港口,以及进入我国港口时的处罚措施。另外,法案中对远洋渔业的资质也作了具体规定,将规范非法捕捞的管理措施上升为法律,明确了相关违法行为的处罚措施,确立了违法人员黑名单制度。

(二)船旗国责任

船旗国的责任履行方面,为了强化监管效能,着力解决基层渔政人员执法困难情况,提升渔业执法的可操作性,修订草案特新增"监督管理"一章。该章的设定一是赋予渔政执法人员检查、调查、检验、鉴定、查封、扣押等必要执法权限;二是加强执法权力运行监督,对渔政执法人员资质、违法责任等事项作出规定;三是明确依法取得的电子数据、船位轨迹及影像资料可作为行政处罚证据;四是明确适用简易程序的适用范围和条件;五是明确了县级以上人民政府及相关部门对非法渔获物流通环节的监管责任;六是将严重违法行为责任人列入严重失信人名单,实施联合惩戒。①

上述草案如果能够得以实施,将对我国履行船旗国责任起到重要作用,尤其是信息交流合作方面,草案鼓励加强对外合作交流,积极参与国际渔业相关活动的监督和监控网络的相关活动,要求加强与其他国家和非政府组

① 参见《中华人民共和国渔业法修订草案》(征求意见稿),2019 年 8 月。

织在打击非法捕鱼行为方面的合作。具体实践方面,我国可基于与越南、菲律宾、韩国等周边国家签订的渔业合作协定,主动请求对方国家提供中国渔船在该国港口登陆的信息等。然而,我国虽然有意将渔船统一纳入数据系统管理,但与国际海事组织(IMO)形成的船舶识别码还是有一定差距,观察员制度的配备方面也有待提高。

信息监测和共享问题方面,韩国政府的做法是建立一个包括海洋水产部在内的所有相关机构联合的治理结构,并促进这些机构间的合作、协调和信息共享。我国在这方面也有所借鉴,即设立一个管控在所有大洋上航行的中国船舶的渔业监测中心,对所有挂中国国旗的远洋捕捞船舶安装船舶检测系统,力图完善登船视察项目的报告,建立监察控制体系,雇佣足够的员工来进行管控,以保证其有效运营。同时,对所有船舶安装电子航海日志系统,实时共享捕捞和渔业活动的信息,以此保证信息的透明度和可靠性。

(三)沿海国责任

关于沿海国责任的履行,我国渔业法草案中专门新增了水产种质资源管理的条目。实施细则方面,需要整合现行法中分散于"养殖业"和"渔业资源的增殖与保护"中的相关内容,并根据水产种质资源管理的需要和实践。具体来说,以保护生态多样性和本地物种遗传优势为目标,确立了水产种质资源名录、水产种质资源库、水产种质资源保护区以及进出口限制的体系化保护机制;以规范水产种业和促进产业良性发展为目标,对水产苗种建立了原良种场、新品种选育和审定、生产记录管理的整体管理制度。水产养殖领域,一是强化养殖水域滩涂规划的编制,明确严禁侵占养殖水域滩涂,收回养殖水域滩涂应予补偿;二是加强养殖生产过程,建立养殖生产档案制度。目前,这些内容在草案中均已有所体现,韩国实施的海洋牧场计划也同样值得我国学习和借鉴,其中增殖放流、建造人工渔礁等手段可以有效扩大海洋渔业资源,实现渔业资源的可持续发展。

草案中,在我国专属经济区作业的船只必须获得授权或取得许可证,并对授权捕捞船舶做好记录工作。这有利于确保在我国专属经济区内的许可数量、捕捞规模与渔储量保持一定的平衡。为确保这些措施的有效实施,建议设立持续监控的捕捞监督中心,确保透明且一致地实施制裁以保证对我国专属经济区内的违法行为能够快速采取行动。渔业法草案还对外国渔船的入渔许可纳入对外国船舶实施港口国沿岸国监督检查措施机制作出了规定,对于非法捕捞行为加大惩罚力度。

(四)港口国责任

我国还未加入《港口国措施协定》,但修订草案也从港口建设发展方面给予了相应的监管。对于加入港口国措施协定面临的港口监督检查体系、渔业执法、部门协作等要求,草案中都有所涉及并制定了相关规定。草案内容专门增设监督检查一章,主要内容为对部门采取分级分层管理的方案。相信未来草案落实与法规的落地,有助于我国更好地履行港口国责任。

(五)市场国责任

修订草案对我国作为船旗国、沿海国、港口国的责任都进行了细化。但相对而言,对于市场国责任的履行,尤其是在进出口限制方面的规制还不够具体。未来详细规则的制定与完善可以参考韩国对采集水产资源,对产品的收集、流通、加工、保管以及买卖的具体规制。与此同时,市场国责任方面,可以建立水产品认证制度,国际捕捞文件计划及水产品标签制度、单一窗口制度等多重进出口规制,以此对进出口的渔业产品进行审查。我国是水产品的重要出口国,因此,在履行市场国责任方面也可以重点从出口限制方面来规制。要建立严格的出口制度,对于 IUU 捕捞黑名单船舶的渔获物予以禁止。

(六)积极加入区域性渔业组织

目前,区域性渔业国际组织已经成为全球渔业治理的重要力量,在渔业管理和养护中发挥着重要作用。韩国在此方面表现积极,51 个全球区域性渔业相关组织中韩国已经加入了 18 个,其余未曾加入的机构则大多是因为区域的限制等客观因素。相比之下,我国只加入了 8 个国际渔业组织,仅与 12 个国际渔业组织建立了多边合作关系。[①] 未来在这方面我国还有很大的发展空间,应该借鉴韩国经验,与对我国捕捞行为及渔储量有管辖权的区域性渔业管理组织积极合作,通过成为该组织成员国的方式,确保船舶遵守监督和监测的规定以及对违法活动的积极调查和制裁,更好地致力于预防和打击直至消除非法捕鱼。对于无法成为会员的区域性的渔业组织,我国也可通过成为其观察员国的形式来参与其中。结合我国发展实际与“一带一路”布局,借助中国与海上丝绸之路沿线国的合作机制,未来应该加强同非

---

① 参见韩长斌:《不断提升远洋渔业综合实力和国际竞争力》,《中国渔业报》2012 年 6 月 4 日。

洲地区渔业组织的合作,该地区渔业资源丰富,这不仅有利于促进我国远洋渔业的发展,而且可以规范我国的远洋渔业捕捞,有利于在了解这些国家远洋渔业法律制度的同时,吸纳这些国家地区的航海人才,组成新的远洋渔业企业,实现捕捞、消费一体化。

结 语

韩国作为国际上重要的远洋捕捞国家,近年来因 IUU 捕捞案件频发遭到国际指责。为此,韩国采取了一系列立法措施来履行船旗国、沿海国、港口国、市场国责任,致力于国内渔业相关法规的修改与完善。经过多年努力,韩国远洋渔业法制建设日趋健全,海洋治理水平不断提高,渔业产业与远洋捕捞等取得长足进步。但韩国渔业法律的修订也存在较大隐患,即很多法规等的修改与订立照搬欧盟渔业法律,规章制度不能完全适应本国渔业实际,尤其是在罚款和海上执法方面漏洞明显。具体实施时不仅引发了国内远洋渔业从业者的不满,不合理的条款也加剧了其与周边国家的冲突。韩国渔业法规实操性欠缺,导致其多次被列入 IUU 捕捞黑名单,国家信誉受损、远洋渔业发展受阻,2019 年其再次被美国列入"预备非法捕捞国"。为此,韩国决定再次对相关渔业法律进行大刀阔斧的修订,内容主要涉及《远洋产业发展法》《渔船法》以及《水产业法》等法律的某些具体条款,对于作为船旗国、沿海国、港口国、市场国的相关义务履行也进行了细化。这些法规的制定与实施,能够强化韩国政府对捕捞过程中的全程监督,黑名单制度的确立则是履行市场国责任的重要举措。但值得注意的是,韩国制定相关法律时照搬照抄的做法,既不符合自身发展实际又带来了诸多弊端,我国在法案具体订立与实施上应避免重蹈这一覆辙。

2019 年 8 月,我国公布《渔业法》修订草案征询意见稿,特别新增监督检查一章,对水产种质资源保护、水产养殖、远洋渔业规范、渔船安全生产等方面作出了具体规定。至此,我国已基本完成国际社会所要求的渔业捕捞相关国家责任的履行。

该法案立足于渔业治理,着眼解决目前渔业发展中的突出问题,尤其是针对日益严重的非法捕捞。草案新增水产种质养殖一章,这对强化水产养殖管理、切实履行我国的沿海国权利与义务具有重要意义。草案中还涉及捕捞强度、船舶及渔获物产量控制以及渔具标签管理等方面,这也体现出我国作为船旗国和市场国的责任与担当。同时,规范远洋渔业,将远洋渔业管理核心制度写入《渔业法》,明确从事 IUU 捕捞的船舶不得进入我国港口以及新增监督检查措施等款项,也是我国严格履行港口国和船旗国责任的重要措施。

总之,《渔业法》草案对于我国履行船旗国、沿海国、港口国、市场国责任具有重大意义。但目前法令还在意见稿征求阶段尚未具体实施,关于市场国措施中进出口限制方面的规制、对于观察员制度的建立与发展以及转载问题等,仍需要以事实和调查为基础,进一步考量与优化,力求制定出真正符合我国实际的条文规则。